地図に描かれた「ドイツ」（上）**1957年連邦共和国**　東方領土を含んだ1937年12月31日時点の国境線によるドイツ領が描かれている。　（左下）**1952年民主共和国**　東方領土を含まず、オーデル=ナイセ線を東方国境としたドイツ領が描かれている。（右下）**1974年連邦共和国**　オーデル=ナイセ線が「国家の境界」として明瞭に描かれているが、「1937年12月31日のドイツ東方国境」も赤い点線で記されている。

[出典]

（上）1957 年連邦共和国

Diercke Weltatlas (Georg Westermann Verlag, Braunschweig, 1957), S.21, "Deutschland, politische Gliederung"

（左下）1952 年民主共和国

Weltatlas: Die Staaten der Erde und ihre Wirtschaft (VEB Bibliographisches Institut, Leipzig, 1952), S.12, "Deutschland, politische Übersicht"

（右下）1974 年連邦共和国

Diercke Weltatlas (Gerog Westermann Verlag, Braunschweig, 1974), S.28, "Deutschland — Historisch-politische Übersicht, III"

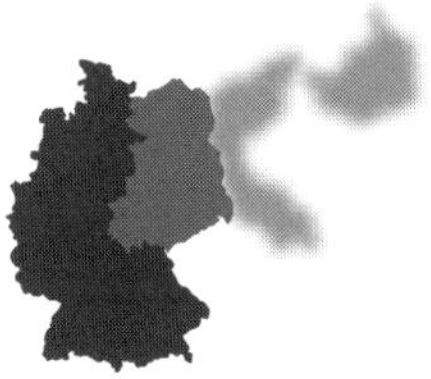

ナショナル・アイデンティティと領土

戦後ドイツの東方国境をめぐる論争

佐藤成基

新曜社

はじめに

一般に領土問題といえば、国家間の国境線の引き方をめぐる国際政治上の問題と考えられることが多い。しかし、国境線をめぐる紛争において当事国が主張する国境線の引き方は、その国が標榜するナショナル・アイデンティティの問題に深くかかわっている。領土問題は国際政治上の問題であると同時に、ナショナル・アイデンティティをめぐる国内政治上の問題でもあるのだ。本書は、そのような視点から戦後ドイツの東方領土問題を考察しようというものである。

領土をめぐる紛争の歴史は古い。少なくとも地球上に国家（state）と呼べるような統治システムが登場して以来、至るところで繰り返されてきた。しかし一九世紀以降、「ネーション」の名を負う国家すなわち国民国家（nation-state）の時代に入るにしたがい、領土紛争の性質は大きく変わった。一言で言うなら、領土問題はナショナリズムの論理によって争われるようになった。それ以前の領土紛争は、基本的に為政者の権力欲に発して展開され、その解決は為政者たちの軍事・政略上の力関係によって決まっていた。したがって、ある国家が領有できる領土の範囲に、原理上の制限はなかった。しかしながら国民国家の時代に入ると、領土紛争は「ネーション」（国民あるいは民族と訳すことができる）の名によって、「ネーション」の名を背負って行なわれるようになった。それは国家統治の正当性の論理が根本的に変化したからに他ならない。いまや国家の領有範囲は「民族が本来持つべき領土」に限定された。仮にその「本来持つべき領土」を他の民族が支配していたとしたら、それは「不当」な「異民族支配」と見なされ、その領土を「わが民族」へと奪還する運動が展開されるであろう。これをナショナリズム研究の分野では「イレデンティズム（失地回復）」と呼んでいる。国民国家時代の領土紛争には、かならずこのイレデンティズムが伴っている。

このように、国民国家時代の領土紛争は単に国境線をめぐる外交上・軍事上の対立にとどまるだけでなく、国家が標榜するナショナル・アイデンティティを賭した闘いでもある。そこでは、一旦掲げた領土要求を外交取引の理由から簡単に取り下げることはできない。そのようなことをすれば、国民国家の正当性それ自体に抵触しかねないからである。「わが民族が本来持つべき領土」の奪回や守護に失敗した政府は、「国益」を損なったものとして国内から大きな非難を浴びることになるだろう。領土交渉にあたる政府代表は、単に相手国と対峙しているだけではなく、しばしば国内世論をも敵に回すことになる。

しかしそこで領土要求の前提となっている「本来持つべき領土」の概念はどこから来ているのだろうか。それは決して自明のものではない。社会学的に見れば、その概念は特定の社会的・政治的文脈の中で共有されるようになったナショナルな（民族・国民の）物語ないし規範の一つということになる。したがってそれは不変のものではなく、時代状況や国際環境の中で変化する。また国内においても、その概念に関する解釈や、その概念に付与される価値の重みは立場によって様々になる。そのような観点から領土問題にアプローチするならば、領土に関する概念がどのように形成され、どのように主張され、そしてどのように変化してきたのかが問われなければならない。

本書があつかう戦後ドイツの東方領土問題は、「領有すべき領土」の概念が大きく変化した例である。東方領土とは、第二次大戦でドイツが失った、オーデル川、ナイセ川以東の領土のことで、戦前のドイツ領の約四分の一に及ぶ。ドイツ連邦共和国（いわゆる西ドイツ）では、建国当初から東方領土の回復を主張してきた。連邦共和国が国是として掲げた「ドイツの再構築」とは、ドイツ民主共和国（いわゆる東ドイツ）との統一だけでなく、それよりもさらに東に広がる東方領土の回復をも意味するものだった。しかし現在のドイツに東方領土は含まれていない。ドイツは一九九〇年の統一に際し、オーデル＝ナイセ線をドイツの国境として認め、東方領土を最終的に放棄した。ドイツは戦後四五年をかけて、東方領土に対する「イレデンティズム」を撤回したのである。

しかしその過程は決して平坦なものではなかった。国境を接するポーランドとの間に対立があっただけではない。ドイツ国内においても、国境線承認や東方領土の処遇をめぐってしばしば激しい論争が展開されてきた。本書が関心を持つのは、東方領土をめぐるこのようなドイツ国内（主としてドイツ連邦共和国内）での政治対立や論争である。

本書は、この問題を戦後ドイツ史全体の文脈の中に置きながら、特に第二次大戦やナチズムに関する「過去」がいかに語られてきたのかという問題と関連づけながら考察していきたい。

目次——ナショナル・アイデンティティと領土

第Ⅱ部　戦争終結から東方諸条約批准まで

装幀——虎尾　隆

序章　失われた領土

――戦後ドイツの東方領土問題

【図１】戦後ドイツの分割

忘却、歴史的誤謬といってもいいでしょう。それこそが一つの国民の創造の本質的因子なのです

（Renan1987＝1997：47［邦訳］）

これは有名なエルネスト・ルナンの『国民とは何か？』からの一節である。国民（ネーション）とは、過去の歴史的事実の忘却と誤解によって成り立っているというこのルナンの見解は、ナショナリズム研究の中ではいまやなじみのものになっている。だが、一九九〇年に「再統一」を果たしたドイツも、実は戦前（ナチスの対外侵略以前）の領土の約四分の一にあたる領土を「忘却」した上で成立しているということは、意外に知られていない。ドイツは第二次大戦の結果、東西二つの国家に分裂することになっただけではない。

東の国家ドイツ民主共和国（いわゆる「東ドイツ」）のさらに東に広がるオーデル川とナイセ川以東の約一一万四〇〇〇平方キロメートルの領土をポーランドとソ連に譲り渡すことになった。東プロイセン、ポンメルン、東ブランデンブルク、シュレージエン、オーバーシュレージエンを含むこの地域は、「東方領土」あるいは「オーデル＝ナイセ領」と呼ばれ、全体でドイツ民主共和国とほぼ同じ広さをもつ【図1】。戦争末期のソ連軍の軍事侵攻を受けて占領されたこの地域は、戦後ドイツの分割政策において連合国四カ国の管理下には置かれず、直接ポーランドとソ連の行政下に置かれるようになった。それ以後、この地域は二度とドイツ国家の統治下におかれることはなかったのである。さらにこの東方領土の喪失に伴い、約一四〇〇万のドイツ人が東欧一帯から強制的な移住を強いられることにもなった。そのうち約一五〇万人のドイツ人が移住の過程で死亡したと言われている。だがドイツは、そうした事情があったにもかかわらず、一九九〇年一〇月の統一の翌月、ポーランドとの間に国境条約を締結し、オーデル＝ナイセ線をドイツとポーランドの国境として確定し、東方領土を最終的に放棄するに至った。「統一」されたドイツとは、したがってドイツの「再統一」ではない。それはいわば、縮小された統一であり、被追放者連盟のヘルベルト・チャーヤの挑発的な表現を借りれば、「最小ドイツへの陥落」だったのである。

だが、ルナンがフランスの忘却された過去としてあげた「サン・バルテルミーの虐殺」は、決して本当に「忘却」されていたのではなかった。ルナンが『国民とは何か?』の中で「サン・バルテルミーの虐殺」に触れているということ自体が、彼自身がそれについて（「サン・バルテルミーの虐殺」として）「記憶」していることであり、また読者も同様に「記憶」しているであろうということを彼は前提にしているということなのである。ベネディクト・アンダーソンの言うように、この大規模な宗教紛争は、フランス史の中の「安心できる兄弟殺し」のエピソードとして記憶されていた（Anderson 1991＝1997：328［邦訳］）。つまり、ルナンの言う「忘却」とは、ある特定の方法による記憶ということになる。

同様に、東方領土も決して忘却されたわけではない。むしろ一九九〇年の国境の最終的確定の後、東方領土の歴史や記憶はそれ以前よりより盛んに語られるようにさえなった。しかしそれは、失われた領土、もはやドイツには還ってくることのない過去の土地として語られ、記憶・追憶されるようになったのである。それは忘却されたというよりも、ある特定の記憶の仕方と言うべきであろう。

しかし、本書で問題にしたいのは、忘却されたわけではないとはいえ、かつての四分の一にあたる領土が、統一ドイツの下で、国民的合意の手続きを踏んだ上で「平和的」に放棄されたという歴史的事実なのである。領土の事実上の喪失は、戦後のソ連軍の侵攻により、暴力的に行なわれた。その喪失を、ドイツ連邦共和国（いわゆる、西ドイツ）は長い間認めようとはしなかった。オーデル＝ナイセ以東の領土は、依然として「ドイツ」に帰属するものであるというのが、戦後長らく連邦共和国の公式の立場であった。たしかに事実上オーデル＝ナイセ線以東はポーランドないしソ連の統治下に置かれていた。しかし連邦共和国では東方領土に対し、外部からは分かりにくい複雑な法解釈をほどこすことによって、法的にはドイツの領土として存続しているという立場をとってきたのである。それを戦後四五年たって、連邦共和国は連邦議会の決議によって、つまり「自己決定」によって正式に放棄したのである。かつての四分の一にあたる広大な土地を、平和的に、「自己決定」によって放棄したこと。これはナショナリズムの歴史から見て、実に驚くべき事実だった。

二〇世紀はナショナリズムの時代である。多くの民族や国民が、数百年、時に数千年前の歴史的記録を掘り起こし、自分たちの「固有」な姿を蘇らせ、自分たちに正当に帰属すべき「固有」の領土に対する主張を行なった。例えば、セルビアにとってのコソボは中世以来の「歴史的領土」である。イスラエルにとってのパレスチナは、旧約聖書の記述に基づく「約束の地」になる。日本も江戸時代の記録に基づいて、北方領土を「わが国固有の領土」と主張している。そのような中にあって、一八七一年のドイツ国家成立以来ドイツの領土であり続けた東方領土を、戦争で失いながらも、その領土への要求を自らの意志の表明により（少なくとも形式の上では）放棄した戦後のドイツは、近代ナショナリズムの歴史の中では稀有の例といってよい。

なぜ、いかにしてそのような驚くべき「放棄」が行なわれたのか。これは戦後ドイツ史にとっての大問題であるだけでなく、近代ナショナリズム史の中の大問題でもある。

しかしながら、このドイツの「喪失」の歴史は、その規模の大きさ、ドイツ人に与えたインパクト、そして学問的な意味での重要性のわりに、それほど広く知られているとは言いがたい。特に日本では、ヒットラーとナチズムという、よく知られた「ドイツの過去」の影で、東方領土の喪失とドイツ人強制移住という「もう一つの過去」は、ほとんど語られてこなかったと言えるだろう。それはアメリカなど、他国のドイツ認識においても同様である。もちろん、ドイツ連邦共和国内では、東方領土喪失とそこからのドイツ人の強制移住（「追放」と呼ばれる）の歴史は、戦争直後から何度となく語られてきた。しかしながらヒットラーとナチズムという強力な「過去」の影で、このドイツが敗戦時に負った「犠牲」の歴史は、それを強く言い立てることはナチズムの「罪」を相対化する、「修正主義的」言動と見なされる傾向が強く、半ばタブー視されていた時期も長く続いたのである。本書はこの東方領土という失なわれた領土に関する公共的な場における「語り」のしかたを、戦争直後から現代まで包括的に考察していくものである。

＊

一九四九年に建国されたドイツ連邦共和国政府は、当初オーデル＝ナイセ線を承認していなかった。連邦共和国の主要政党や国民世論も、総じて東方領土を「ドイツ」の領土であると見なしていた。そのような政府、諸政党、世論の一般的傾向が大きく変化していくのは一九六〇年代だった。オーデル＝ナイセ線を承認してもよい、あるいは承認するべきだとする意見が次第に力を増してきた。そして一九六九年に成立した左派リベラルのヴィリー・ブラント政権は、ポーランドとの間にワルシャワ条約を結び、オーデル＝ナイセ線をポーランドの西側国境として承認した。これは東方領土をめぐる戦後ドイツ史の流れの中で、画期的な意味を持つ条約であったことは間違いない。しかしながら、その「承認」は最終的なドイツとポーランドとの国境の無条件の承認ではなかった。ワルシャワ条約における「承認」とは、統一までの暫定国家である連邦共和国が暫定的にオーデル＝ナイセ線を承認したにとどまるものであり、将来の再統一されたドイツはその規定に拘束されないと解釈されていたのである。その解釈を根拠に、国内にはオーデル＝ナイセ線の最終的な承認に反対する勢力が根強く残存した。

しかしベルリンの壁が崩壊した一九八九年秋以来、事態は大きく変わった。オーデル＝ナイセ線の最終的承認は、二つのドイツ国家からなる「統一」のためには不可欠な条件だった。そしてオーデル＝ナイセ線の最終的な確定は、ドイツの統一の翌月に達成されたのである。

そこに至る過程は、長く複雑で、絶えず抵抗をはらむものであった。何よりもその抵抗は、東方領土の喪失に伴って、戦後かつての東方領土を含む東欧一帯から強制移住させられ、「故郷」を奪われることになった大量のドイツ人（「被追放者」と呼ばれる）たちからの抵抗であり、またそのドイツ人たちを組織化した利益団体からの抵抗だった。戦後ソ連軍のドイツ東部への侵攻、そして連合国の戦後処理にかかわって、東方領土を含む中東欧から大量のドイツ人の「追放」。東方領土の放棄を認めるということはこの暴力的かつ非人道的な行為を追認し、正当化することになってしまう。「被追放者」のみならず多くの連邦共和国の国民がそのように考えた。連邦共和国が東方領土の最終的な「放棄」に時間を要したのはそのためだった。

にもかかわらず、ドイツ連邦共和国は最終的にはオーデル＝ナイセ線を認め、東方領土を放棄した。その苦渋に満ちた過程の中で、東方領土がどのように理解され、語られてきたのか。東方領土への主張はどのように行なわれ、東方領土の「放棄」はいかに説明され、実行され、正当化されてきたのか。本書はそうした問題を、政府や主要政党、被追放者の利益団体、メディアや主要知識人たちが公共の場で展開した議論や論争を検討しながら明らかにしていく。

＊

なぜ連邦共和国はオーデル＝ナイセ線を承認するにいたったのか。客観的状況として、少なくとも二つの要因を指摘できる。第一に、冷戦状況が固定化し、現実に国境線の修正が困難になったこと。特に一九六一年のベルリンの壁の建設以後、ドイツ連邦共和国は冷戦の現実を受け入れ、東欧社会主義諸国との「正常化」へと向かう。その中で東欧諸国との関係を拗《こじ》らせてしまうような国境修正の主張を、連邦政府は打ち出しにくくなった。当初東側諸国との対立の中でオーデル＝ナイセ線支持を表明して英米仏も、次第にその主張を曖昧なものにしていった。第二に、東方領土からの被追放者が連邦共和国内に比較的順調に編入・統合されていったことである。オーデル＝ナイセ線問題の最大の当事者である被追放者たちが構成する諸団体は、オーデル＝ナイセ線修正を強硬に主張していた勢力であり、政府や主要政党もその影響を受けていた。しかし被追放者たちは連邦政府の「負担均衡」政策により、また何よりも連邦共和国の「驚異的」な経済復興により、連邦共和国社会に統合されていく。東方での「古い故郷」よりも西側の「新しい故郷」に馴染んでいくにつれ、彼らの「故郷」へ帰還したいという欲求も低下し、国境線修正要求の声も次第に弱いものになっていった。さらに被追放者の世代交代は、国境修正要求の低下に拍車をかけた。

だが、このような客観的・状況的要因だけでは、かつてのドイツの四分の一の領土と多大な人的な喪失、非人道的強制移住という歴史的事態を受け入れるに至る過程を説明するには不十分なのではないだろうか。東方領土は、単に「時代の流れ」や「状況の変化」から「やむなく」、消極的に放棄せざるをえなかったというだけなのだろうか。むしろ、その領土を放棄することを積極的に意味づけ、正当化するような、何らかの解釈の仕方が存在したのではないのか。オーデル＝ナイセ線を承認「せざるを得ない」と述べるのではなく、逆に「すべきである」とまで積極的に主張できるような論法があったのではないのか。でなければ、民族の「自己決定権」を根拠に領土の放棄に反対する国内の勢力を納得させることはできない。東方領土の回復要求にも、十分に正当な「理」があったのだから。その土地は決してヒットラーの対外侵略で一時的に得たものではなく、一八七一年のドイツ統一以来のドイツ領であり、かつまた数百年前から「ドイツ人」が住み続けてきた土地だった。二〇世紀の多くの国民や民族と同じように、歴史的な根拠を持ち出そうとすれば、東方領土への回復要求は十分な「理」を得ることができたのである。

しかしまた、オーデル＝ナイセ線承認を積極的に推し進めようとする勢力の主張を基礎付けているものも、ドイツの過去の歴史だった。ナチスの非人道的犯罪という「過去」を背負ったドイツ人は、その「過去」を「克服」するためにもオーデル＝ナイセ線を承認し、ポーランドとの「和解」にむけて努力すべきであるという論法が、そこで用いられた。それは戦後ドイツ固有の、ドイツに関する有力なナショナルな自己理解の方法の一つだった。

本研究では、東方領土の回復と東方領土の放棄という対立的な言論を、二つの異なった戦後ドイツのナショナル・アイデンティティの形態との関連から分析する。ドイツに限らず、領土の回復要求は、何らかの歴史的・文化的、あるいは法的な観点からのナショナルな自己理解を基盤として行なわれてきた。連邦共和国でも一九六〇年代まで、戦前のドイツの国境を前提にして「ドイツ」の自己決定権を主張するという方法で、東方領土への領土要求を行なっていた。しかし東方領土を放棄し、オーデル＝ナイセ線を認めようという主張もまた、それとは別の、戦後ドイツ固有のナショナル・アイデンティティによって妥当性根拠を与えられ、正当化されたのである。

そこで本書が注目するのは連邦共和国におけるナショナル・アイデンティティをめぐる政治文化状況が、一九六〇年代を境にして大きく変化したことである。それ以前は、戦前との連続性を前提にした「帝国アイデンティティ」が支配的であった。「帝国アイデンティティ」については後で詳しく説明するが、要するに「一九三七年段階でのドイツ帝国の領土は戦後も存続する」という自己理解の仕方である。だが、一九六〇年代に入り、このアイデンティティの正当性は急速に低下し、それに代わるかのように新たなアイデンティティのパターンが浮上してくる。それが、ナチスの「過去」を「克服」し、ヨーロッパの「平和」と「和解」に貢献することをドイツ人の使命ととらえる「ホロコースト・アイデンティティ」であった。このナショナル・アイデンティティをめぐる勢力関係の転換が、ブラント政権下でのオーデル＝ナイセ線の「承認」につながっていったのである。しかしそれでも、「帝国アイデンティティ」が簡単に消滅したわけではない。一九七〇年代以後の連邦共和国では、双方のアイデンティティが対立しあった。国内世論の主流はオーデル＝ナイセ線を承認していたが、それに抵抗する国境非承認派の力も根強かった。彼らにとって「帝国アイデンティティ」は依然として「ドイツ」概念の正当なる前提だった。しかし一九九〇年、統一ドイツが最終的にオーデル＝ナイセ線を認めたことにより、「帝国アイデンティティ」は、少なくとも領土的な概念としては消滅した。その後「ホロコースト・アイデンティティ」は、ベルリンに首都を置く新たな統一ドイツの「公式」のナショナル・アイデンティティへとして定着していくが、他方で「帝国アイデンティティ」の方も、「追放」をめぐる記憶や権利・人権の問題という形において、その痕跡を依然として残している。本研究では、東方領土をめぐる公共的な言論（特に政治的言論）を、このような二つの対立するナショナル・アイデンティティの攻防との関連で把握していくことになる。

＊

本書は一面において、公共的言論界という場に焦点を定め、戦後連邦共和国での東方領土問題の論争の経緯をたどったドイツ現代史研究である。資料としては、連邦議会や連邦参議院、政党党大会等の議事録、政党、被追放者の諸団体、有力政治家等の公的発言を集めた資料集、主要出版メディアの記事やインタビュー、政治家の回想録などを用いている。

東方領土ないしオーデル＝ナイセ線問題に関する歴史学的研究は、これまでもドイツ語や英語でいくつかのものがある。Hans Georg Lehmann, *Der Oder–Neisse–Konflikt*（1979）は、一九七〇年代までのオーデル＝ナイセ線問題の発生と経過を辿った古典的研究である。また最近では、国境修正をめぐる連邦共和国での政治状況を分析した Pertti Ahonen, *After the Expulsion : West Germany and Eastern Europe 1945–1990*（2003）、特に被追放者諸団体の活動に焦点を当てた力作 Matthias Stickler, *"Ostdeutsch heißt Gesamtdeutsch"*（2004）がある。これらは、どれも豊富な一次資料を用いたすぐれた研究であり、本書もこれらの著作から様々な情報や知識、そして多くの示唆を得ることができた。だがこれらの研究も、ワルシャワ条約以後は触れていないか、触れていたとしても断片的なものにとどまっている。戦争直後からワルシャワ条約を経てドイツ統一、そして現在まで視野に納めた本書は、その包括性においてこれらの既存研究と並べても、それなりの意義をもつものであると筆者は考えている。

しかし、本書が置いているもう一つの力点は、戦後ドイツの東方領土問題に限られない、領土問題とナショナル・アイデンティティ、さらにはネーションやナショナリズム全般に関する分析的枠組みを提示するところにある。ここでとりわけ中心的な役割を果たす概念が「ナショナル・アイデンティティ」である。戦後のドイツの東方領土問題をめぐる政治過程の中で、ナショナル・アイデンティティがどのように解釈されているのか、また東方領土をめぐる論争の中でどのような作用を果たしているのか。それを説明するための分析枠組みを、本書では提示してみたい。まずここでは、「ネーション」（国民・民族）という共同体の存在を前提にしてその「アイデンティティ」を問うのではなく、「ネーション」という共同体について成員たちがもつ自己理解のための解釈図式を問うという方法によってナショナル・アイデンティティを把握する。よって「ネーション」という共同体は、何か単一のアイデンティティへの合意を必要としているわけではなく、様々なアイデンティティの解釈図式が複合的に錯綜する意味論的なネットワークとして成り立っている。言い換えれば、ネーションは「ネーション」の自己理解の仕方に関する論争があり、様々な解釈が投げかけられているという コミュニケーションの状態として存在している。本研究ではそのネーションの自己理解の「物語」に関する論争を、公共的な言論の場という次元において把握しようとしている。

＊

ここで本書の全体の構成について述べておこう。

まず第1章で本書での分析全体の前提となる理論枠組みの説明を行ない、第2章では本書のテーマである「東方領土問題」に関する基本的な歴史的背景の説明を行なった。この二つの章をまとめて第Ⅰ部「理論的・歴史的前提」としてある。

第1章では本書の中心的な分析概念である「ナショナル・アイデンティティ」「公共的言論界」などの概念を中心に説明を試みている。先にも述べたように、この研究はナショナル・アイデンティティに関する一般的な分析枠組みの提示を目指しているので、この章が本書の中で占める位置はとりわけ重要なものである。しかしながら、本書の読者の誰もがこうした理論的な議論に関心を持つわけではないだろう。もしこの章の議論を難解に感じる読者は、この章をスキップして第2章から読み始め、全体を通読した後で第1章に戻っていただいても構わない。そういう読み方をしても理解可能なように本書は書かれている。また、第3章以下で用いられている分析概念は第1章で説明されているので、その概念について不明な点があったならば、その都度第1章に遡り、その意味を確認していただきたいと思う。

第2章では、そもそもいかにして「東方領土問題」が発生したのかを、主として戦争中から戦争終結時における歴史的経過に即して概説した。オーデル＝ナイセ線の形成とそれに伴う大量のドイツ人の「追放」の過程が中心となる。これらの問題に関してはこれまで多くの歴史学的研究がなされてきた。第2章は、従来の研究から得られる知見を集約し、その概要を述べたものである。よって、これらの問題に関してすでに詳しい知識を持っている専門的な読者にとっては、既知の事実の羅列に過ぎないと思われるかもしれない。そのような読者には、この章をスキップしていただいても構わない。しかし一般的に言って日本では、ドイツ現代史に相当の関心を寄せる読者にとっても、オーデル＝ナイセ線の形成や「追放」について、それほど馴染みがあるものではないだろう。やはり現在でもドイツ現代史に対する関心は、ナチズム（国民社会主義）の歴史に支配されているからである。しかしながら最近、ドイツを中心にして戦争終結期の「追放」に関する歴史学的な関心が高まっている。本章では、なるべく最近の研究を利用しながら歴史的な概要をまとめてみた。

第3章以下が歴史的な考察を試みた本書の中心部分である。ここでは、戦争が終わった一九四五年から現在に至るまでの歴史を、章を時系列的に並べ、各章それぞれの時期における東方領土問題をめぐる公共的言論を分析している。その際、戦争終結から一九七二年のモスクワ、ワルシャワ両条約（まとめて「東方諸条約」と呼ぶ）批准までを扱った第3章から第6章までを「第Ⅱ部」とし、それ以後を「第Ⅲ部」としている。ドイツ連邦共和国における東方国境問題に関する政治と言論の状況は一九七二年のモスクワ、ワルシャワ両条約の批准をきっかけに大きく変化した。それが、第Ⅱ部と第Ⅲ部を分けた理由である。

各章を区切る年号はまた、戦後連邦共和国の歴史にとっても重要な意味をもつ年になっている。第3章と第4章を分ける一九五五年は、ドイツ条約が発効しドイツ連邦共和国が主権を確立した年である。これ以後連邦共和国は連合国の占領から脱し、外交政策の自由の幅も大きく拡大する。第5章が始まる一九六一年はベルリンの壁が建設された年であり、ドイツの東西分裂は決定的となる。第6章は社会民主党と自由民主党の連立によるブラント政権が成立した一九六九年から一九七二年の東方諸条約の議会批准までを扱っている。この短い期間に連邦共和国の東方政策は大きく転換したが、同時にまた一九六〇年代後半から始まる国内の政治文化状況全体の変化が決定的になった時代でもある。

第Ⅲ部では、第7章が東方諸条約批准後からキリスト教民主／社会同盟と自由民主党の連立によるコールの政権が成立する一九八二年までである。この政権交代は「左派リベラル」政権から「保守中道」政権への「転換」とされる。

続く第8章はこの「転換」以後ベルリンの壁が崩壊する一九八九年までであり、第9章はベルリンの壁が崩壊してからドイツの歴史的「統一」が実現し、オーデル＝ナイセ線の最終的確定を行なったポーランドとの国境条約が議会で批准されるまでを扱う。最後の第10章は、国境が確定し、ドイツが「普通の国民国家」となってから以後の状況を論じている。

東方領土をめぐる公共的言論の状況もまた、各章で区切られた期間にそって変化している。第3章、第4章が扱うのは、オーデル＝ナイセ線修正要求が形成され、その主張は規範的拘束力を維持していた時代であり、第5章が扱う一九六〇年代はそのような言論状況が変化し始めた時代に相当する。また、第一次ブラント政権を扱った第6章の時代には、東方政策やオーデル＝ナイセ線問題をめぐり国論を二分する激しい論争が繰り広げられた。

東方諸条約が批准された後も、オーデル＝ナイセ線と東方領土をめぐる言論の攻防戦は続いた（第7章と第8章）。しかしその形勢は、左派リベラルから保守中道への「転換」を境に微妙に変化している。そしてドイツ「統一」の過程（第9章）の中で、オーデル＝ナイセ線は再び外交的テーマとして召還され、ドイツ「統一」とともに正式に国境線として確定された。しかし、それによって東方領土問題が終わったわけではなかった。国境線確定後（第10章）、「東方のドイツ」や「追放」の歴史について、むしろ以前よりオープンに語られていくようになる。

終章では、本書の考察からもたらされた知見をまとめた。時間のない読者のために、この終章だけを読めば全体の要旨がとれるように書いたつもりである。

なお、補論ではシュミット元首相のインタビューでの発言を手がかりにしながら、ドイツの東方領土問題と日本の北方領土問題の比較を試みている。ドイツの東方領土問題をあまり身近なテーマとして感じられない読者には、この比較が本書の理解のために何らかの手がかりになるのではないかと筆者は期待している。

＊

なお、本書は戦後からドイツ統一までの期間、連邦共和国、つまり「西ドイツ」に話を限定している。これは東側のドイツ民主共和国に重要性がないと考えているからではない。本論でも述べるように、民主共和国のリーダーたちは一九四七年頃にオーデル＝ナイセ線を承認するようになり、一九五〇年のゲルリッツ協定でポーランドとの間の国境線を正式に承認した。結果的に見ると（つまり一九九〇年の経過から見ると）、この協定がその後のオーデル＝ナイセ線の運命に決定的な意味を残したといえる。ドイツは（ないし「ドイツ」を代表すると称する国家は）オーデル＝ナイセ線を結局三度「承認」するのだが、その最初がゲルリッツ協定であり、その歴史的意義は大きい。しかしながら本書は、一九四〇年代後半の短い期間を除きドイツ連邦共和国の問題は取り扱わない。というのは、そこにはドイツ民主共和国と並べて扱えるような「公共的な言論」の場が出現していないからである。一九五〇年の承認は、決して公共的言論において議論された結果達成されたものではない。むしろ民主共和国では、東方領土と「追放」の問題は、戦後早い時期からタブー視され、公的に言及することさえまれであった。よって、あえて一九九〇年までのドイツ民主共和国における「オーデル＝ナイセ線問題」を扱うことはしなかった。

最後に本書で使っている用語について重要な一言。本書では、「東ドイツ」「西ドイツ」という一般に広く用いられている名称を意図的に用いていない。なぜ用いないのかの理由は、本書全体の論旨にも関わる問題なので、ここで詳述することはできない。だが、あえて簡単に言えば、連邦共和国における「東ドイツ」という語の意味が時代と共に変化しており、その変化自体がこの研究の対象だからである。すなわち建国当初の連邦共和国での用語法では、「東ドイツ」といえばオーデル＝ナイセ以東の東方領土のことであった。その後用語法は変化するが、東方領土を「東ドイツ」と呼ぶのか、民主共和国を「東ドイツ」と呼ぶのかが、オーデル＝ナイセ線に対してどういうスタンスをとるのかを直接反映する、政治的意味をもつ問題となった。この研究が双方のスタンスから可能な限り等距離をとるという「中立的」な立場を志向する限り、そのどちらかを選ぶかという問題には介入しないことが適切と考える。よって、あえて「東ドイツ」「西ドイツ」という用語法を避けたのである。

第Ⅰ部　理論的・歴史的前提

第1章　ナショナル・アイデンティティの分析枠組み
——理論的前提

「ナショナル・アイデンティティ」は、本書における中心的な分析概念である。それは次の二つの点において言える。第一には、「ドイツ連邦共和国は、戦争で失った東方領土をなぜ放棄することが可能になったのか」という、序章で提示した問題に対する説明において、ナショナル・アイデンティティの概念が重要な役割を果たすことになるからである。第二には、本書ではこの問題をドイツ連邦共和国の戦後六〇年にわたる政治文化の変化の文脈の中に置いて議論するのだが、その政治文化の変化がそこで表象されているナショナル・アイデンティティ、すなわち「ドイツ」についての自己理解の仕方の変化を通じて見て取ることができるからである。その際、ナショナル・アイデンティティは何より過去の出来事に関する「集合的記憶」と深く関連している。ナショナル・アイデンティティは、その国の歴史に依拠して「自己」を理解する方法のことだからである。(1)

そこでまず本章は、本書の中心的概念であるナショナル・アイデンティティに関する分析枠組みについて説明することにする。第1節では、アルフレート・シュッツに依拠しつつ、ナショナル・アイデンティティを、自己理解のための「解釈図式」として抽出し、分析していくための枠組を提示し、第2節では、そのナショナル・アイデンティティが用いられるコンテキストとして「公共的言論界」について説明する。第3節では、「類型」によるナショナル・アイデンティティ把握の方法について論じ、第4節では領土問題におけるナショナル・アイデンティティの意味について論じる。

1　ナショナル・アイデンティティの解釈学

共同体の想像

ベネディクト・アンダーソンが、ネーションを「想像の共同体」と呼んだことは有名である（Anderson 1991＝1997）。アンダーソンは、ネーションという共同体のメンバーのほとんどが、互いに名前も顔も知らない事実上の赤の他人から成り立っているにもかかわらず、彼らは「我が国民」「我が民族」というように、あたかも親しい仲間であるように見なしてしまう状況をさして、「想像の共同体」と言った。ネーションとは直接的な対面的関係から成り立つような「事実の」共同体ではなく、想像の中でのみ構成されうる共同体なのだ、というわけである。

アンダーソンはさらに、出版物が商品として売買される「出版資本主義」の勃興、そして国家行政内部のエリートのキャリア形成経路である「巡礼」の過程などを指摘し、「想像の共同体」の形成を促す社会的な要因とした。

このようなアンダーソンの分析が、ナショナリズム研究を大きく活気づけ、学界におけるナショナリズムへの関心を著しく高めたことの意義は強調してもしすぎることはない。だが、そのアンダーソンが十分に問わなかった問題がある。ネーションが「想像の共同体」であるとして、それがどのように「想像」されてきたのかという問題がそれである。その想像のされ方はケースによってまちまちである。日本のネーションと、フランスのネーションとの想像のされ方は異なっている。また同じ日本のネーションでも、昭和初期の日本と現在の日本では異なっている。さらには同じ時代の日本のネーションでも、その想像のされ方は、置かれた立場、抱いている利害関心や思想によって違ってくる。誰がそのネーションのメンバーなのかについてさえ、様々な想像のされ方がある。

ネーションという共同体の想像の仕方は一様ではなく、しかも歴史的に変化する。これはアンダーソンの分析と決して矛盾する点ではない。しかしアンダーソンが、ネーションという「想像の共同体」を均質なものとして描き、それぞれの「想像」の差異にあまり着目していなかった点は指摘されなければならない(2)。ネーションやナショナリズムの実証的な研究においては、そうしたネーションの固有な、そして多様な想像のされ方を、想像する側の観点に立って明らかにしていくことが必要である。

本書で筆者は、ネーションの想像のされ方を、「ネーション」というカテゴリーを用いて自分たちのことを理解する方法、すなわち「ナショナル・アイデンティティ」という言葉で把握したい(3)。

「ナショナル・アイデンティティ」の概念

本書の中心的な分析概念となる「ナショナル・アイデンティティ」の概念を、あらためて以下のように定義しておこう。

《ナショナル・アイデンティティとは、ネーションあるいはそれと等価なカテゴリーを用いてなされる自己理解の方法である。》

「それと等価のカテゴリー」とは、国名や民族名、あるいはそれらを表象する概念のことである。ナショナル・アイデンティティは、こうしたカテゴリーないし概念を用いて、人々が自分たち（「われわれ」）の存在の仕方やあるべき姿を理解し解釈する、ある固有の方法のことなのである。

ナショナル・アイデンティティ（あるいは、より一般的に「集合的アイデンティティ」）の概念は、これまでも社会学において何度も用いられてきた概念であり、その含意やニュアンスも様々である。「アイデンティティ」の概念があまりに多義的で曖昧なので、この概念の使用を止めるよう提言する議論さえ出されている（Brubaker and Cooper 2000）。そうした議論を踏まえながらも、ここではあえて「ナショナル・アイデンティティ」の概念を右のように限定的に定義し、使用することにしたい。その際、この定義で前提としている次の三つの点を指摘しおく。

第一に、帰属の対象として「ネーション」という集合体を実体視しないということである。「ネーション」という集合体の存在を最初に前提にしてしまえば、ナショナル・アイデンティティはその集合体への帰属意識・帰属感情として唯一のものが想定されてしまう。となると、ネーションというカテゴリーを用いてなされる自己理解の方法としてナショナル・アイデンティティをとらえ、その意味の多様性や変異を問うという余地がなくなってしまう。

第二に、ナショナル・アイデンティティは個々のアクター（個人であれ集合体であれ）が、その実際的活動の場面において理解し・解釈するものである。各アクターは、それぞれの文脈の中で、その置かれた地位や利害関心の下、「ネーション」を様々に解釈し、主張する。また、そのように主張されたナショナル・アイデンティティを受け入れ、違和感を抱き、批判し、あるいは忘却する。このような個々の解釈行為を超えた何らかの超越的かつ不動な理念として、ナショナル・アイデンティティを想定することはできない。

しかしながら第三に、ナショナル・アイデンティティは個々の行為者の主観の中で別々に構想されるものの単なる集積ではない。ナショナル・アイデンティティは、個々の主観的認識から相対的に独立する、集合的に共有された自己理解の枠組みである。たしかに個々の行為者の理解するナショナル・アイデンティティはそれぞれに異なっているであろう。しかし、そのような個々の行為者の理解するナショナル・アイデンティティを積み上げることによって、ナショナル・アイデンティティの「全体像」に迫れるというようなものではない。ナショナル・アイデンティティとは、個人のアイデンティティではなく、あくまで集合的なアイデンティティなのである。集合的アイデンティティは、「私」のアイデンティティではなく「われわれ」のアイデンティティであり、また「われわれ」のアイデンティティとして一定程度の集合的共有があってはじめて作動する。しかしそれは、先の第二点で否定したような、超越的で不動な理念ではない。その共有の程度は様々であり、複数のアイデンティティが競合し、錯綜し、共存する。その勢力布置情況は時と共に変化する。このアイデンティティの競合の場を、本書では後に「公共的言論界」という概念で把握するつもりである（第2節でこれについて論じる）。

以上の前提を踏まえたナショナル・アイデンティティの分析において、「ネーション」は現実の集合体の一種としてではなく、ナショナル・アイデンティティを理解する際に用いられる認知カテゴリーの一種と見なされる。つまり

「ネーション」は、人々が日常的実践の中で、世界を区分し、特定の種類の人間に分類して理解するための認知手段なのである[4]。だが、同時にその認知カテゴリーとしてのネーションは、錯綜する社会関係の中で競合し・妥協し・協力し・連帯しあう行為者コミュニケーションの中で共有された文化的(ないし意味論的)資源のネットワークでもあるということである。その中でネーションのカテゴリーには多様な解釈が許容されるとしても、共有された文化的前提を無視して勝手に「でっち上げる」ことはできない。ネーションの概念は、他者に理解され、受け入れられて初めて社会的に機能しうるのである。

「理解社会学」からのアプローチ

次に本書の分析にとって重要になるのは、ナショナル・アイデンティティという自己理解の方法を、どのように社会学的観点から理解していくのかということである。ここではこの問題を、アルフレート・シュッツの「理解社会学」のアプローチを基礎にして考えていきたい。現実の行為者が世界を理解する方法を、社会学者がどう理解すればよいのか。これはシュッツが「理解社会学の根本問題」と呼んだ問題である(Schütz 1932＝2006)。

社会的現実は、そこにかかわる当事者が付与する「意味」によって構成されたものである。よって、当事者の意味付与の仕方によって社会的現実も変化する。この点において、社会的現実を対象にする学問と自然的現実を対象とする学問の間に決定的な差がある。このことを指摘したのが、シュッツがマックス・ヴェーバーの行為論を踏まえて展開した「理解社会学」だった。シュッツ以後、「社会」について何らかの研究をしようとする者は、この「理解社会学」の地点から後戻りすることはできなくなってしまっている。そのことはまた、ナショナル・アイデンティティの研究についても言えることである。

アントニー・ギデンズは、理解社会学には「二重の解釈学」が要求されると述べている(Giddens 1976＝1987)。二重の解釈学とは、社会的現実の研究は二重の意味理解の過程から構成されているということである。第一に、現実の当事者が目の前にある社会的現実を理解する際の当事者自身にとっての意味連関があり(シュッツはそれを一次的構成と呼ぶ)、第二にそれを研究する研究者が当事者の構成する意味連関を理解する際の意味連関(これをシュッツは二次的構成と呼ぶ)がある。つまり、研究者は当事者が構成する意味理解をさらに意味理解する必要がある。ここで研究者に課せられた課題は、当事者が行なう理解過程で構成された主観的意味連関を、どうにか科学的に「客観性」をもつ意味連関にしていかなければならないということである。シュッツはこのことを、「社会的世界のあらゆる科学の主題は、一般に主観的意味連関の、あるいは特定の主題的意味連関の客観的意味連関を構成することにある」(Schütz 1932＝2006：335［邦訳］)とまとめている。

だが、この「二重の解釈」を経て科学的に「客観的」な意味連関を構成するということは、決して簡単なものではない。残念ながら社会学においても、その方法論が確立されているわけではない。もちろん、単に当事者の主観的意味連関をそのまま記述しただけでは(このこと自体、実は不可能なことなのだが)学問的な研究にはならない。研究者は、何らかの学問的「客観性」をもった概念で社会学的研究を記述しなければならない。だがその「客観性」の追及が度を過ぎると、当事者の主観的意味連関から乖離してしまう。それでは社会的現実の構成過程を理解できなくなってしまう。このディレンマが「理解社会学の根本問題」と呼ばれるものである[5]。

本書ではこの「根本問題」に対し、シュッツにならって「解釈図式」という概念を用いてアプローチしてみたい。解釈図式とは、未知の経験を把握するための、予め形成された意味連関のパターンである[6]。本書での言葉で言い換えるならば、ネーションの自己理解における、定型化された意味理解のパターンがナショナル・アイデンティティであるということになる。主観的な意味理解は決してランダムに行なわれるのではなく、ある予め形成された定型的な(そしてある程度共有された)意味連関の「図式」を通じて可能になる。ナショナル・アイデンティティにしても、その自己理解は決して勝手気ままに、気分の赴くままに行なわれているわけではなく、ある種の定型化された理解の形式がある。それによって初めて、ナショナル・アイデンティティの解釈図式は相互に理解され、共有され、広く受け入れられることになる。

よってまず必要になるのは、このナショナル・アイデンティティの解釈図式の抽出である。だが、その解釈図式をどこから抽出するのか。原理的に言えば、その解釈図式は人が考えたり語ったりする場面では必ず用いられているものである。だがその中でも、実際に人々が対話し・コミュニケーションをしている場面での「語り」（口頭と文書両方を含めて）において、解釈図式は最も明確に表現される。それは人に向けて理解されることが前提として語られていて、外に向けて発せられているから、記録も可能である。そのような語りのことを、本書では「言論 discourse」と呼ぶ。(7) 第3章以後、本書ではナショナル・アイデンティティの言論の中において用いられている特定の語句や語法、論理や連想のパターンに注目し、そこから解釈図式を抽出し、それを分析していく。その方法を本書では「解釈学」と呼んでいる。

ナショナル・アイデンティティの語法と論法

次に、ナショナル・アイデンティティの解釈図式の抽出の方法に関して、より具体的な説明をしていこう。ナショナル・アイデンティティには、それ固有の解釈図式があると考えられる。日本、フランス、ドイツなどそれぞれ異なる。また一国内でも様々な解釈図式が共存し、時に対立しあったりもする。それを含め、ナショナル・アイデンティティには、それを語ったり思考したりする際に頻繁に用いられる固有の表現パターンのレパートリーがある。その表現パターンを、ここでは「語法」および「論法」という概念で把握してみたい。

語法　ネーションを特徴付ける表現の方法を「語法」と呼ぶ。例えば、戦後の日本には「われわれは単一民族国家である」としてネーションを特徴付ける語法が定着してきた。フランスであれば、平等の原則に基づく「共和国市民」と特徴付ける方法が根付いていることはよく知られている。またドイツでは、「われわれは移民国家ではない」という語法が、比較的最近まで頻繁に用いられていた。このように様々な語法が、自らのネーションを理解する定型化された方法として用いられている。それは時代と共に変化するものでもある。

本書で論じるドイツのケースから一例を拾うならば、一九五〇年代のドイツ連邦共和国では、「一九三七年の国境におけるドイツは存続している」という語法が、オーデル＝ナイセ線問題を論じる中で広く用いられていた。しかしこの語法は、一九七〇年代以後急速に用いられなくなっていく。それに代わって広く用いられるようになるのは、「ヨーロッパの平和と和解に貢献するドイツ」という語りの方法である。どのような語法が広く用いられ、受け入れられているのかを観察することにより、ナショナル・アイデンティティの変遷を捉えることが出来るのである。

論法　自分たちのネーションを特徴付ける論拠の示し方のパターンを「論法」と呼ぶ。「〜だからわが国は××なのだ」という形で、自分たちのネーションの特徴を論証する方法である。歴史的事実、法律上の定義、地理や習慣といった「客観性」を保障しやすい素材が、その論拠として動員される。例えば「万邦無比の国体」という戦前日本のアイデンティティには、「万世一系の天皇が神代以来連綿と続いてきた」という歴史的「事実」が論拠とされ、さらにそこには『日本書紀』『古事記』の記述以来の様々な歴史的知識が動員されるという議論のパターンが広く用いられた。また、フランスの「共和国市民」には、フランス革命以来の歴史がその論拠として持ち出される。本書の中での例で言うと、「一九三七年のドイツは存続する」という自己理解の場合、終戦時の連合国の国際協定がその論拠として用いられている（この自己理解を本書では「帝国アイデンティティ」と呼ぶ）。それに対し、一九六〇年代以後「ナチス犯罪の克服は戦後ドイツ人に課せられた道徳的責任である」という論拠から、「ヨーロッパにおける和解と平和に貢献するドイツ」という自己理解が生まれてくる（この自己理解を本書では「ホロコースト・アイデンティティ」と呼ぶ）。これらナショナル・アイデンティティの論法は、そのネーションが他に類例のない独自のものであることを示していなければならない。ホロコースト・アイデンティティの信奉者たちが、ナチス犯罪の比較可能性（唯一無二の犯罪ではないこと）を主張する「歴史修正主義者」に対して強い反発を示したのは、そのためである。

これらナショナル・アイデンティティの語法と論法は、その素材となる様々な概念から構成されている。例えば、帝国アイデンティティの場合は、連合国の合意を記したロンドン協定やポツダム協定などの文書、それを受けて作成された国内法の諸文書などに由来する諸概念を素材として用いている。これらの概念素材が相互に連動して意味論的ネットワークを形成し、帝国アイデンティティの解釈図式を「理のあるもの」として機能させている。だがこの意味論的ネットワークは、決して論理一貫的に統合されているわけではなく、概念素材相互の間での意味の矛盾や非一貫性もありうる。例えば帝国アイデンティティを構成する「一九三七年のドイツ帝国」の概念と「故郷権」の概念との間には、連動する側面と矛盾する側面との両面が混在している（第3章参照）。しかし、こうした内部での矛盾や非一貫性を含め、入手可能な概念的資源としての語法や論法のレパートリーがいかに豊富であるのかが、ナショナル・アイデンティティの根強さの一つの指標になる。

2 ナショナル・アイデンティティと公共的言論界

ナショナル・アイデンティティを語ることの「利得」

ナショナル・アイデンティティの研究において、その解釈図式を構成する諸概念の内在的意味連関を明らかにするだけでは十分とはいえない。そもそもナショナル・アイデンティティは、どのような場面で語られるものなのだろうか。もちろん、研究者がインタビューや質問票により、対象者に直接「あなたのナショナル・アイデンティティはどのようなものか」と尋ねれば、対象者から何らかの答えは得られるかもしれない。しかし、実際の社会生活の中でそのような場面はきわめて稀である。人は通常、あえてナショナル・アイデンティティについて尋ねられたりはしないものである。そうだとすれば、ナショナル・アイデンティティが語られる場合、それはなぜ語られるのだろうか。ナショナル・アイデンティティが語られるからには、そこには何らかの「語る理由」があるからに他ならない。では、その「理由」とは何なのか。

その問題への答えとして、ナショナル・アイデンティティを語る行為者個人の「語られざる真の意図」や「潜在的な欲求」を想定する方法があるだろう。しかし本書では、そのような主観主義的方法をとらない。そのような行為者個人の意図や心理を、個別の個人を超えて一般化することが困難だからである。むしろここでは、ナショナル・アイデンティティを語ることに関して「利得」が発生する、社会的ないし政治的コンテキスト（文脈）に注目したい。つまり、ナショナル・アイデンティティを語ることは、実際にそれを語る者の置かれた社会的ないし政治的な位置や状況の中で、その位置・状況に応じた「利得」をもたらす。その結果として、ナショナル・アイデンティティが社会において「語られる理由」が生じてくるのである。ただし、行為者の置かれたコンテキストが、その行為者の行動を完全に決定するというわけではない。そこには様々な例外や逸脱の事例があるだろう。だが、にもかかわらず社会的・政治的コンテキストとナショナル・アイデンティティを語る「利害関心」との間の関連に、ある程度以上の高い蓋然性を想定できる。少なくともナショナル・アイデンティティを語ることそれ自体には何ら「利得」がない以上、そのような蓋然性を想定した上で、ナショナル・アイデンティティの「語り」とその社会的・政治的コンテキストの関係性を問題にすることには一定の意義があるものと思われる。別の言い方をすれば、ナショナル・アイデンティティの言論を、それが語られるコンテキストとの関係性を離れて、ただ言論それ自体の内在的意味連関を分析するだけでは不十分なのである。

公共的言論界の政治学

本書では、そのようなナショナル・アイデンティティが語られるコンテキストとして、「公共的言論界 the field of public discourse」という概念を導入してみたい。公共的言論界とは、様々な政治アクターが参加して主張や議論を行なう言論の場である[8]。そこでナショナル・アイデンティティは様々な公共的言論の一種として語られ、用いられる[9]。

公共的言論界には、ハーバーマスのいう「市民的公共圏」が含まれている（Habermas 1991＝1994）。つまり、国家に対抗する民間の諸集団（政党、利益団体、ＮＧＯ、マスメディア、知識人）などの活動は、公共的言論界の重要な一部である。しかし本書でいう公共的言論界は、ハーバーマス的な「市民的公共圏」だけに限らない。国家の諸機構（政府、議会、裁判所、軍隊等）による「公式の」（「上から」の）活動も含む。つまり、公共的言論界は、民間の諸団体と国家の諸機構とが交じり合う場において形成される、諸機関・諸集団による政治闘争の場である[10]。

公共的言論界の政治アクターは、錯綜した権力のネットワークを形成しつつ、国家の政治的意思決定をめぐって権力闘争を繰り広げている。政府は法令で民間社会を規制し、資金援助で特定の諸団体を保護する。政党は議会で立法に関わり、選挙のために世論を動かし、選挙に勝てば政権を獲得する。利益団体はロビー活動により政府や政党に影響を及ぼし、政府とのコネクションを形成し、世論の認知を受ける。マスメディアはまた、独自の力で政府、政党、世論に影響を与える。言論の自由が保証され、政治体制が民主的であればあるほど、公共的言論界に参加する政治アクターは多様となり、そこでの言論のスペクトル(「左」から「右」まで)は拡大し、言論界は多元化していく。[11] 政治アクターはそれぞれの立場に応じて主張を行なう。こうして様々な主張が共存し、時に対立し、融合・連動する言論の場が形成される。

このような公共的言論界での「ヘゲモニー闘争」において、ナショナル・アイデンティティは有効な「武器」たりうる。というのも、ナショナル・アイデンティティは、「われわれ」のあるべき姿を語る理念として、広範な説得力を持ちうるからである。公共的言論界における、ナショナル・アイデンティティの政治的効用には、主に次の二つがある。

第一に、政治アクターは自分の行動、方針、政策、理念などを説明し、理由づけを行ない、広く一般の人々の合意や共感を得、自らの政治目的のために人々を動員するための手段としてナショナル・アイデンティティを利用することができる。その際ナショナル・アイデンティティは、方針や政策などを正当化するための妥当性根拠として作用する。なぜ軍事費を増やすのか、なぜ増税をするのか、どう年金制度を変えるのか、移民を排除するのか、あるいは受け入れるのか、なぜ憲法を改正するのか、どのような国籍法にすればよいのか、教育制度をどう変えるのか等々、国民国家の根幹に関わる課題における政治的決定の場面において、政治家や諸政治団体が何らかの方針を打ち出すとき、ナショナル・アイデンティティはそれへの支持や合意を動員するための手段として用いられる。[12]

例えば本研究の事例でも、オーデル＝ナイセ線はなぜ認められないのか、あるいは、なぜオーデル＝ナイセ線を認めなければならないのか、二つの対抗する意見をそれぞれ正当化する根拠として、ナショナル・アイデンティティは極めて有効に作用することになる。

第二には、政治アクターが公共的言論界において自己の存在意義をアピールする手段として（ドイツ語でいう“sich profilieren”する手段として）ナショナル・アイデンティティが用いられる。近代国家では、単に「暴力や詐術」だけで権力の地位を獲得することは不可能であり、常に権力は何らかの公共的言論を伴っていなければ、その地位の正当性を維持することはできない。また、権力の座から外れている政治アクターは、権力の側の標榜する支配的言論に対抗する、新たな言論を表明することが必要となる。ナショナル・アイデンティティは、政治アクターが存在をアピールするための公共的言論の一つとして、広く用いられてきた。

しかしながらナショナル・アイデンティティは、単なる政治闘争の手段に留まるものではない。ナショナル・アイデンティティのヘゲモニー闘争は、ナショナル・アイデンティティの意味解釈それ自体をめぐる闘争でもある。政治アクターがナショナル・アイデンティティを正当化の根拠として用いる場合、彼らはそれを説得力や魅力のあるものとして提示し・表明しなければならない。どのようなナショナル・アイデンティティを提示できるのか。それが政治闘争の争点になるのである。特に「権威」のある支配的言論に対抗しようという場合、その対抗的政治アクターは自らの提示する言論の差異に「賭け」なければならない。このようなナショナル・アイデンティティの意味解釈をめぐる闘争が、ナショナル・アイデンティティの言論のヘゲモニー状況を変化させていくのである[13]。

本書で扱うドイツ連邦共和国の場合は、こうしたナショナル・アイデンティティをめぐるヘゲモニー状況の変化を典型的に示すものである。一九六〇年代まで続いた支配的なナショナル・アイデンティティの「権威」に対し、左派リベラル勢力が新たなアイデンティティを掲げて対抗した。そこで表明されたのが「ホロコースト・アイデンティティ」であった。その転換は、単なる議会内の与野党逆転という現実政治における権力関係の転換と同時に、連邦共和国における政治文化の転換をも伴っていた[14]。

ヘゲモニー闘争の勢力布置

公共的言論界では、異なる複数のナショナル・アイデンティティが、様々な立場の政治アクターによって表明され

	主流	非主流
公式的	支配的	官孤立的
非公式	民主導的	周辺的

【図2】公共的言論界での勢力布置

ている。またナショナル・アイデンティティの「ヘゲモニー」をめぐる闘争を通じて、ナショナル・アイデンティティの解釈図式も変化していく。そのようなヘゲモニー闘争の勢力布置状況を素描するための枠組みとして、以下の二つの対概念からなる四セルのマトリックス【図2】を提示しておこう。もちろん、この枠組みは公共的言論界のヘゲモニー闘争の見取り図として単純化を施したものである。だが、戦後ドイツ連邦共和国におけるナショナル・アイデンティティの変容を説明するための、一つの手がかりにはなるだろう。

このマトリックスについて説明しておこう。

これを構成する第一の対概念は、公共的言論界で規範的に優勢なナショナル・アイデンティティと、それ以外の（時にそれに対抗的な）ナショナル・アイデンティティという軸である。前者を〈主流〉のナショナル・アイデンティティ、後者を〈非主流〉（対抗的な場合は〈反主流〉）のナショナル・アイデンティティと呼ぶ（後者のアイデンティティは複数可能である）。何が〈主流〉で、何が〈非主流〉なのかは、必ずしも明確にならない場合もある。二つの言論が、相互にほぼ均衡している場合もあるだろう（その場合、ナショナル・アイデンティティは「分裂」の状況にあると言える）。〈主流〉と〈非主流〉は、大まかな目安でしかない。だが世論調査を通じて、その布置状況が明確になる場合もある。

第二の対概念は、政府などの国家の機関が標榜する〈公式的 official〉なナショナル・アイデンティティと、非政府・民間社会の側（それを構成する中間諸団体）から表明される〈非公式的 unofficial〉なアイデンティティとの軸である。前項でも述べたように、本研究で「公共的言論界」という場合、政府・行政レベルのそれと、民間社会（いわゆる「市民社会」）レベルのそれとを共に含んでいる。そしてその両者は時に対立する。自由な言論が行なわれている「民主的」な国民国家においては、〈非公式〉（ないし〈民間的〉）な言論が、しばしば政府や行政に圧力をかけ、また議会を通じて政府の〈公式〉の見解を動かすこともある。

この二つの対抗軸を組み合わせてできるのが、次の四セルからなるマトリックスである。

〈公式的〉なアイデンティティが〈主流〉でもある場合、それを〈支配的〉なナショナル・アイデンティティと呼ぶことができる。このアイデンティティは、政府と民間諸勢力の大多数が合意しているものであり、よって国内での強い規範的拘束力を持っている。それに対し、〈非公式〉で〈非主流〉の場合、そのアイデンティティを〈周辺的〉と呼ぶことができる。場合によっては「反体制的」なものでもある。〈周辺的〉であっても、それが根強い力を持続する場合、無視することはできない。また〈周辺的〉アイデンティティが民間レベルで多数の支持を得て〈支配的〉アイデンティティに挑戦する場合、ナショナル・アイデンティティは歴史的な転換を経ることになる。

〈公式的〉ではあるが〈非主流〉な場合、これを〈官孤立的〉アイデンティティと呼ぼう。これは、政府・行政が標榜しているにもかかわらず、社会一般には浸透していない、あるいは受け入れられていないアイデンティティのことである。政府・行政は、教育や様々な宣伝手段を用いてそれを〈主流〉なアイデンティティへと転換させようとするだろう。だがそれが〈非主流〉のものであり続ける限り、そのアイデンティティはアドホックで建前だけのものになる。政府・行政は一般の民間社会から孤立した形となる。

〈非公式〉であるが〈主流〉であるというアイデンティティを〈民主導的〉アイデンティティと呼ぼう。これは、民間社会では一定のアイデンティティへの「流れ」が形成されているにもかかわらず、それが政府・行政の政策や方針にはそれが反映されていない場合である。政府は民間社会から「非国民（民族）的」と見なされ、反政府運動などが発生しやすく、政権交代や体制転換などの政治状況が生まれる可能性がある。

この四セルで把握される勢力布置状況は固定的ではない。〈支配的〉なアイデンティティと〈周辺的〉なアイデンティティが、その位置を逆転させてしまうこともある。この枠組みは、そのようなナショナル・アイデンティティの勢力布置状況のダイナミックな変化を捉える大枠として利用することができる。

ドイツ連邦共和国の例で言えば、一九六〇年代前半まで〈支配的〉であった帝国アイデンティティがそのヘゲモニーを失い、当初〈周辺的〉であったホロコースト・アイデンティティが次第にそれと拮抗する位置に上昇し、次第に〈支配的〉な位置へと接近していく。その過程で、二つのアイデンティティの間にヘゲモニーをめぐる攻防が繰り広げられ、ホロコースト・アイデンティティが〈支配的〉になり、「体制化」された一九九〇年代末以後においても、帝国アイデンティティは変容されつつ残存し、ホロコースト・アイデンティティの解釈図式に基づく自己理解に対峙し続けている。本書は、東方領土問題という争点をめぐりこの二つのナショナル・アイデンティティが攻防戦を繰り広げる過程を分析しようというものである。

3　ナショナル・アイデンティティと「類型」

ナショナル・アイデンティティの解釈図式の抽出は、これまで「類型」という方法を用いて行なわれてきた。類型概念によるネーション概念の特質の把握は、今でもナショナリズム研究の中でもっともよく用いられる分析手法の一つとなっている。類型論の古典として今日でも影響力をもっているのがハンス・コーンの一連の研究である。彼はナショナリズムにおけるネーション概念の理解のされ方を二つのパターンに分け、それぞれ「東のネーション」「西のネーション」と名づけた。「東のネーション」とは、文化や血統を根拠とした「非合理的」なネーション概念であり、「西のネーション」とは政治意識を根拠とした「合理的」なネーション概念であるとされる（Kohn 1946）。コーンはこの二項類型をドイツとフランスの比較研究に用い、ロマン主義的傾向の強いドイツを「東のネーション」として、革命から共和国へと発展するフランスを「西のネーション」として説明した（Kohn 1967）。

このような古典的類型論の最大の問題は、現実を単純化して提示してしまうところにある。少し考えてみればあたり前のことではあるが、ドイツのネーション理解が「文化と血統」だけでなされるわけでも、フランスのそれが「政治意識」のみでなされるわけでもない。フランスやドイツに限らず、どのケースにおいてもネーション概念には様々な解釈が現われる。コーン流の古典的類型論では、そのようなネーション概念の歴史的変異や意味の多様性を十分に把握することができない。例えば、ドイツのネーションは常に「ロマン主義的」なものと理解することで、古典的類型論はネーション概念を一つの代表的特徴だけに固定化してしまい、それ以外の可能性を排除する。そのため文化的宿命論に陥ることさえある。特にドイツ研究においては、このような類型論的把握が「西欧」との対比でドイツの「異質」な特徴を一面的に強調する「ドイツ特殊な道」論に陥る問題性が、これまでも指摘されてきた[15]。

解釈学的視点から見ると、古典的類型論の欠陥は、研究者の解釈によって構成された「類型」という概念を、「社会的現実」と同一視する誤りにあるということができる[16]。そこには研究者の明確に自覚しない「イデオロギー的」な要素もまた加わるだろう。実際の「社会的現実」においては、様々なネーション概念が打ち出され、また出現するネーション概念の意味も変化する。しかし古典的類型論から見ると、このような「類型外」の現象は、副次的なものとしてしか理解されないのである。

最近のナショナリズム研究では、ロジャーズ・ブルーベイカーがコーンの類型を「エスノ文化的」「国家中心的」という類型として再構成し、その「ネーションの自己理解」の二つの類型をもとにドイツとフランスの国籍形成の過程を比較するという研究を行なっている（Brubaker 1992＝2005）。ここでブルーベイカーは、コーン流の古典的類型論のもつ欠陥に十分に自覚的である。二つの類型は、決して「ドイツ」と「フランス」を個別的に特徴づける概念として用いられてはいない。二つの類型は、あくまで「ネーションの自己理解の方法」一般を特徴づける分析概念とされている。したがって、ドイツにもフランスにもこの二種類の自己理解の方法が出現している。例えばフランスにも普仏戦争以後の第三共和制期に「エスノ文化的」なパターンが現われているし、第二帝政期のドイツでも「国家中心的」なネーション概念が強く作用していた。ブルーベイカーは、この二つのネーション概念の理解の方法（それを彼は「文化イディオム」という概念で捉える）が、実際の国籍法制定・修正をめぐる立法・政策論争の中でいかに用いられているのかを分析している。論争の中で二つの異なったネーション概念が対立しあい、結果としてフランスでは「国家中心的」な概念が、ドイツでは「エスノ文化的」な概念が優位に立つことになる。ブルーベイカーの分析はその過程を明らかにするところにある。

複数のネーション概念が対立しあう過程に注目するというブルーベイカーの分析は、本書のアプローチとも一致する。しかしブルーベイカーの分析の最大の問題は、「ネーションの自己理解」を「エスノ文化的」と「国家中心的」

の二つの種類だけに限定しているところにある。それ以外のネーション理解の可能性は事実上排除されている。ところがネーションの自己理解の方法が、この二つだけに限られるという保証はどこにもない。ドイツの例で言えば、オットー・ダンの研究が明らかにしているように、歴史的状況や政治的・党派的立場によって様々なネーション概念に基づく、様々な「ナショナリズム」がこれまで出現してきた（Dann 1993＝1999）。例えば、第二帝政期における国家的ネーションの概念と、ヴァイマール共和国における国家的ネーションの概念は同じではない。社会主義者、保守主義者、極右など、様々な集団がそれぞれのネーション概念を提起している。[17] 本書が考察する戦後の連邦共和国におけるネーション概念の状況も、「エスノ文化的」と「国家中心的」の二つの概念では、とても把握しきれない。

たしかに、こうした多様なヴァリエーションをそのまま記述したのでは社会学的分析としての有効性が低下するかもしれない。分析概念の変異を限定化することは、複雑な現象を「より分かりやすく」解明するための手法として必要なものではある。それが「類型」化の方法がもつ利点でもある。ところがブルーベイカーの分析の場合、ネーションの自己理解の方法を二つの「文化イディオム」に限定してしまったことによる問題は、より現実的であった。というのも、この著作が発表されてから七年後になされたドイツの国籍法改訂を、ブルーベイカーの分析がほとんど「予知」できなかったからである。彼は一九八〇年代からすでにあった国籍法改訂派の言論を適切に把握することができなかった。それは、戦後のドイツ連邦共和国でのネーションの自己理解を、「エスノ文化的」と「国家中心的」の古典的二分法で理解することの限界から来るものだった。[18]

このようなブルーベイカーの分析における問題点は、彼が「類型」を演繹的に設定してしまっているところにある。前述のように「エスノ文化的」と「国家中心的」の二分法はハンス・コーンの議論に基づいている。また最近ではアントニー・スミスがやはり「エスニック」「シヴィック」というネーションの二分法を展開している。ブルーベイカーの二分法は、いわばこうした研究史の中から演繹的に導き出されてきたという側面が強い。たしかにある時期においては、この二分法がドイツやフランスの分析に有効なこともあるだろう。しかし、例えば一九世紀初頭に有効であった概念が、同じく二〇世紀後半においても有効であるという保証はないのである。

ナショナル・アイデンティティの解釈図式を「類型」として把握することは必要であろう。しかしそれはあくまで研究者が構成した概念であり、それとは無関係に現実の行為者のレベルでは様々な「図式」が構成されていることに常に注意を向けていかなければならない。そこで本書では、逆に帰納的手続きを重視した「類型」の構成を試みている。それは各時代にその当事者が用いたナショナル・アイデンティティの意味連関をさらに「解釈」するという解釈学的方法を通して、帰納的に解釈図式のパターンを構成するという方法である。ある特定の問題に関して、現実に語られたナショナル・アイデンティティのパターンを抽出し、それをいくつかのパターンに類型化していく。時代とともに重要な役割を果たすアイデンティティのパターンは変化するかもしれないが、時代を通して出現してくるアイデンティティのパターンはいくつかに限定することが出来るだろう。本書で用いている「帝国アイデンティティ」と「ホロコースト・アイデンティティ」という二つの「類型」は、戦後の東方領土問題に関しての政治論争の中で頻繁に現われ、かつ東方領土に対する主張や立場表明の中で重要な役割を果たすナショナル・アイデンティティのパターンである。この二つも、連邦共和国における東方領土問題の政治論争を観察する中から、筆者が帰納的に抽出してきたものである。よって、この二つは論理整合的な二分法になっているわけではない。「帝国アイデンティティ」が主として「ドイツ」の領域的範囲を意味するアイデンティティであるのに対し、「ホロコースト・アイデンティティ」はナチズムという歴史の記憶を中心として構成されたアイデンティティである。二つの解釈図式における概念化の位相は異なっている。しかし現実の論争の中では、この二つの解釈図式が対立的な作用を果たしているのである。

だが、戦後ドイツのナショナル・アイデンティティがこの二つだけに限定されるわけではもちろんない。本書で主張するのは、こと東方領土問題に関して言えば、この二つが重要であったということだけである。他の問題領域では、別のナショナル・アイデンティティが重要となるであろう。例えば、ブルーベイカーが分析しているように、国籍法や移民の領域では、たしかに「エスノ文化的」ないし「国家中心的」なアイデンティティのパターンが重要な役割を果たす場面は多かった。それに加え、ナショナル・アイデンティティの布置状況も内外の社会的・政治的環境の中で変化する。東方領土問題に関しても、先の二つのパターンが未来永劫重要であり続けるという保証はない。帰納的に抽出された「類型」も、常に他の可能性に対して開かれたものでなければならない。

4 ナショナル・アイデンティティと領土

領土紛争における「ナショナル」な論理

領土をめぐる紛争の歴史は古い。すでに古代から国家間の土地に対する領有権をめぐる争いは行なわれていた。それは主として軍事力・婚姻関係・君臣関係・世襲によって処理されており、国家の領土の範囲に本来的な限定はなかった。だから軍事力と政治力に長けた支配者は広範な領域を統治し、周辺部を従属的な地位へと従属させる「帝国」を形成した。「帝国」はその場合、宗教や文明などの普遍的な原理によってその統治を正当化したのである。住民の話す言語や文化などは、その統治の版図を制限しはしなかった。

しかし一九世紀にはいると、世界の国家統治の形態が大きく変わっていく。国家は、その統治を「ネーション」の概念を用いて、「ネーション」の名によって正当化していくようになった。[19] 住民が何語を話し、どのような「民族」を構成するのかが、国家の統治範囲に大きな制限を加えるようになった。「異民族」による統治は「不当」なものとなり、「民族自決」の原則が「正当」なものとなったのである。そうなると、領土をめぐる紛争も、単なる軍事力・政治力のみの勢力争いではすまなくなる。領土紛争は同時に「ナショナル」な紛争にもなったのである。この場合領土紛争は、同じ領域に対し、二つの国家が異なった解釈によって主張された「ナショナル」な論理によって領有権を主張することから発生する。

例えば、一九世紀ヨーロッパの例で有名なのがアルザス＝ロレーヌの領有権争いである。普仏戦争の勝利によってこの地域の領有することに成功したドイツ（第二帝政期）は、ここの住民がドイツ語を母語としていることを根拠に、この土地の領有の正当性を主張していた。他方フランスでは、アルザス＝ロレーヌの住民がフランス革命以来「フランス国民」としての帰属意識を持っていることを根拠に、この土地の奪還をめざした。有名なエルネスト・ルナンの

「ネーションは毎日の住民投票である」（つまり政治的帰属意識がネーションを決定する）という理解は、アルザス＝ロレーヌの領有問題を念頭においたものでもあったのである。これはドイツの「文化的ネーション」に対しフランスの「市民的ネーション」が対抗しているという構図である。

領土問題と歴史

領有権の主張の根拠となる「ナショナル」な論拠の一つとしてしばしば用いられるものが、その土地との歴史的結びつきである。歴史に回帰し、歴史の記録や記憶を根拠にすることによって、ある領域への領有権が主張される。ここでは「われわれの祖先が昔、その土地で――」という論理は、領有権の主張の有効な根拠となる。しかし、同じ土地に対して異なった歴史解釈がしばしば対立しあう。これが領土紛争である。例えば、イスラエルは旧約聖書の記述に基づいて、パレスチナの地に国家を建設した。そしてそこにいるアラブ人を領域外へと追放した。しかしながら、アラブ人の側からすると、そこは歴史的に正当なアラブ人の土地なのである。この歴史解釈の対立に終止符を打つことは難しい。また、セルビアがコソボに対して行なった領土要求も、やはり歴史的根拠に基づいている。コソボは中世において、セルビアの首都が置かれていた場所であった。しかしオスマン帝国との戦いに敗れ、その土地を失ってしまった。つまりセルビアにとってコソボは、「失地回復」の土地なのである。しかし、アルバニア人の側からすれば、そこは長くアルバニア人が暮らしてきた土地なのであり、絶対に「異民族」に譲るわけにはいかないのである。もっと身近な例として、日本の北方領土がある。日本は歴史的な根拠によって、「北方四島」を日本の「固有の領土」と主張している。しかしそこを「実効支配」しているロシアもまた、その土地の領有に対する歴史的正当性を主張しているのである。

一旦打ち出した歴史的根拠に基づく領土要求の範囲を、その後自主的に縮小・撤回するという例は、あまり見られない。あるとすれば、敗戦などの外的力によるものである。でなければ、その国がそれまでの自らの歴史的解釈の誤りを自主的に認めるということになる。それはその「国民国家」としての正当性全体に致命的な損害を与えるものであり、実行しようとすれば大変な困難を伴う。国民国家の正当性は、国外に対してのみならず、国内に対しても作用するものだからである。例えば政府が「われわれの」領土の喪失を公式に受け入れたとする。するとそれは、その国家の領有範囲に関する既存の解釈と矛盾し、国家の代表がその国家のナショナルな正当性の論理を自ら破ってしまうことになる。そうなれば当然、国内の非政府的・反政府的勢力から「国民の権利」を侵害する「売国奴」として攻撃される可能性は高い。領土問題は単に、国家間の領土の領有をめぐる争いであるだけでなく、国家内での「ナショナル」なアイデンティティをめぐる勢力争いをも伴うものである。本書が関心を持つのは、この領土紛争の国内的な側面にある。

ドイツの東方領土問題――その特異性

戦後ドイツの東方領土問題は、近代国民国家の領土問題としては特異な経緯をたどった。周知のように、ドイツは戦後の占領によって政治的に分断された。しかしドイツ連邦共和国はその分断を確定的なものとしてはとらえず、「暫定的」なものと見なし、「統一ドイツの再確立」を国是に掲げた。それは「ドイツ」の名を掲げる国家が国民国家としての正当性を主張する際に必要となる手続きであっただろう。ドイツは政治的に分裂した。しかし「ドイツ」というネーションは戦前から現在に至るまで連続している。そして連邦共和国はその「ドイツ」というネーションを唯一代表する国家である。これが建国当初ドイツ連邦共和国が掲げた「ナショナル」な論理である。そこまでは国民国家としてことさら特異なわけではない。特異だったのは、戦前からのドイツの一部である東方領土を、ドイツ連邦共和国が主体的に放棄してしまったということなのである。これはそれ以前の「ドイツ」との歴史的つながりを自ら断ち切ってしまったということに他ならない。そのようなドイツ連邦共和国が国民国家としての正当性を維持するには、戦前からの歴史的連続性とは別の「ナショナル」な自己理解の概念的資源を調達する必要があった。

しかしドイツ連邦共和国では建国当初から東方領土を放棄していたわけではない。むしろ東方領土に対する強い失地回復（イレデンティズム）の主張が行なわれた。東方領土が一八七一年に建国以来ドイツの領土だったことを考えれば、それは決して不思議なことではない。ここで注目すべきなのは、東方領土に対する主張のしかたである。

たしかにドイツ連邦共和国は当時、歴史的連続性の論拠に基づいて東方領土に対する主張を行なっていた。中世以来ドイツ語住民（「ドイツ人」と呼ぶこともできる人々）の東方植民により、早くからドイツ文化圏が形成されていたことなどは、そのような歴史的根拠の一つとなった。現に被追放者の同郷人会などでは「七〇〇年にわたるドイツ人の土地」というような表現が打ち出されていることもある。しかしながら、このような無限定的な歴史的主張は、東方領土の領有をめぐるドイツ連邦共和国の公共的言論界の中では、決して主流のものにはならなかった[20]。

むしろ主流であったのは「一九三七年のドイツ帝国」という時間的に限定された歴史的概念に依拠した主張であった。この概念を本書で「帝国アイデンティティ」と呼んでいる。その内容については本論の中で詳しく説明していくことになるだろう。一九五〇年代までの連邦共和国は、「一九三七年のドイツ帝国は戦後も連続する」という理解に基づいて、オーデル＝ナイセ線の不当性を主張していたのである。

この帝国アイデンティティは、一九三七年という過去の時間を掲げる点で歴史に志向しているように見えるかもしれない。しかしこれは無限定的に歴史的なものではない。「一九三七年」という時間的限定がついていることに注目する必要がある。「ドイツ帝国」概念に依拠すれば、一八七一年の「第二帝国」、さらには一五世紀以来の「ドイツ・ネーションの神聖ローマ帝国」にまで時間を遡ることが出来るだろう。しかしそのような歴史的遡及はあまり行なわれなかった。「一九三七年」という時間的限定は、終戦時の連合国の外交文書に由来するものであり、戦後の連邦共和国政府および世論・主要政党の大多数はこの限定を受け入れていたのである。

だがドイツ連邦共和国は、このように時間的・法的に限定された「ドイツ帝国」概念すらも、やがて放棄してしまうようになる。東方領土への領有を主張する帝国アイデンティティは、一九六〇年代以後次第にその規範的拘束力を喪失する。それに代わって、東方領土の放棄を積極的に正当化するもう一つのナショナル・アイデンティティが台頭してくる、それを本書では、ドイツの社会学者ベルンハルト・ギーゼンにならって「ホロコースト・アイデンティティ」と呼ぶ（Giesen 1993）。ナショナル・アイデンティティが領土放棄を正当化する論法として作用したという例は、他にあまりない。しかしホロコースト・アイデンティティは領土の放棄と同時に連邦共和国それ自体の正当性をも担保する概念的資源として作用したのである。

このように戦後のドイツは、戦前の領土の約四分の一にあたる領土を平和的かつ自主的に放棄するに至った。しかもそれを正当化する新たなナショナル・アイデンティティの概念的資源も調達することができた。これは近代国民国家の歴史の中でも稀有の例である。しかし当然、そこに至る過程は決して平坦ではなかった。様々な対立があり妥協があった。本書はその経過を明らかにしていく。

第2章　東方領土問題の発生
――歴史的前提

この章では、本書での考察の具体的な対象である、戦後ドイツの東方領土問題が発生するにいたる歴史的な経過について説明しておくことにしたい。

東方領土問題は、ドイツが第二次大戦の敗戦により、オーデル＝ナイセ線以東の領土を喪失したことに端を発している。しかしながら、領土問題とは、単に国家の境界線の画定や変更の問題にとどまるものではない。国境線の画定や変更は、それに伴い人々の生活や法的地位の状況全般を大きく変化させる。つまり領土問題とは、地理上の国境線設定をめぐる属地的側面と共に、それが人々の生活に課す様々な負担という属人的側面をはらんだものである。ドイツの東方領土問題にも、やはりその二つの側面がある。オーデル＝ナイセ線が国境として設定され、ドイツは地理的な意味で領土を失った。またそれに伴い、大量のドイツ人が強制的に移住を迫られ、また残留したドイツ人は他国の支配下に置かれることになった。

本章では、戦争中から戦後にかけて展開した東方領土喪失の過程を、オーデル＝ナイセ線の形成という側面と、ドイツ人の大量強制移住（「追放」と呼ばれる）という側面との二つにわけて説明を行なっていくことにする。言うまでもなく、この二つの側面（属地的側面と属人的側面）は深く関連している。その後の東方国境をめぐる論争の中でも、この二つの側面が相互に密接に絡み合っていくことになる。

【図3】オーデル＝ナイセ線と1937年の国境線内の東方領土（1914年の国境線を付記）

1　東方領土の喪失とオーデル＝ナイセ線の形成

東方領土の位置と大きさ

まず、東方領土の地理的な位置を確認してみよう。東方領土とは、オーデル川とラウジッツ・ナイセ川（西ナイセ川）からなる「オーデル＝ナイセ線」と、一九二三―一九三七年の期間におけるドイツ（以後「戦前のドイツ」と呼んでおく）の東方国境との間に広がる領域のことである【図3】（地図の中で濃く色づけられている部分）。この領土は東プロイセン、ポンメルン、ブランデンブルク東部、シュレージエンから成っている。その面積は一一万四二九六平方キロメートルで、戦前のドイツ領、すなわち一九三八年にヒットラーがオーストリアとチェコスロヴァキアのズデーテンラントに侵攻する以前のドイツ領（その面積が四七万七一四平方キロ）の約四分の一（二四・二八パーセント）にあたる（Weinhold 2003：95–96）[1]。それは、第二次大戦後のソビエト占領地域（後のドイツ民主共和国）（一〇万七四六〇平方キロ）よりも若干広く、西側地区（後の連邦共和国）（二四万五二九一平方キロ）のほぼ半分にあたる（Lehmann 1979：66）。戦後この東方領土（「オーデル＝ナイセ線以東」ということで「オーデル＝ナイセ領」とも呼ばれる）は、ポーランドとソ連の「行政下」に入って、両ドイツ国家から分離されることになったのである。

それ以前、すでにドイツは第一次大戦の敗戦で西プロイセンとポーゼン地方を中心とした東方の領土を失っていた。その時喪失した領土の面積は約五万一〇〇〇平方キロメートルで、第一次大戦以前のドイツ領（第二帝政時代のドイツ領）の約九・四パーセントにあたる（Weinhold 2003：88）。つまりドイツは、一八七一年の建国以後、二度にわたって東方の領土を失ってきたことになる。しかし第二次大戦により喪失した領土は、第一次大戦で喪失した領土よりも、面積の絶対量でも、またそれ以前の領土の総面積との比率においても上回っていた。

ドイツ／ポーランドの国境紛争――オーデル＝ナイセ線形成の前史

ドイツ／ポーランドの国境紛争に関しては、第二次大戦後以前からの複雑な前史がある。この紛争の記憶が第二次大戦後の東方国境問題にも複雑な心理的作用をおよぼしている。

二十世紀の国境紛争は単なる地図上での境界線の設定だけにとどまるものではない。国家と住民との繋がりが緊密になった国民国家の時代には、国境線がどこに引かれるかは住民の生活環境にも大きな影響をもたらすものとなっている。国境線変更に伴い帰属する国家が変われば、それまである国家の中でマジョリティ民族であったものが、別の国家内でのマイノリティの位置へと転落し、差別や強制的同化の対象となることにもなった。公共の場で使用可能な言語も変更され、自分の母語で教育を受けられなくなるような事態も発生した。またこうした生活環境の悪化は、自分たちの「同胞」がマジョリティを占める国家（「祖国」）への移住を促すことにもなった。

このような二十世紀的な問題は、すでに第一次大戦後におけるドイツとポーランドの国境画定の際にも発生していた。第一次大戦時のロシア帝国とハプスブルク帝国の崩壊、そしてドイツの敗戦は中欧の国境線を大きく塗り替えた。十八世紀末のポーランド分割以後国家をもっていなかったポーランドは、第一次大戦後に国家的独立を果たした。

ヴェルサイユ条約により、ポーランドはドイツ領から西プロイセンとポーゼン（旧ポーゼン州）を獲得した。またアレンシュタイン周辺の東プロイセン南部とカトヴィッツ周辺のオーバーシュレージエン地方は、後の住民投票によって帰属が決定されることになった。

ポーランドに割譲された西プロイセンとポーゼンには、当然多くのドイツ人が住んでいた。国境変更に伴い、彼らの多くがドイツ国内へと移住し、領内に残ったドイツ人は国民化を進めるポーランドでの強圧的同化と差別の対象となった。ドイツ政府や国内世論からは、このヴェルサイユ条約による領土の割譲に対し、「民族自決」に反した「不当」な決定であるという強い反発が生まれ、政府から民間団体に至るまでの広い範囲で、国境修正と失地回復を目指す様々な動きが起こる。一九二一年に戦勝国の管理下で行なわれたオーバーシュレージエンでの住民投票では、約六割がドイツへの帰属を選択した。その結果、ポーランド人住民が多いカトヴィッツ周辺の東部地域がポーランドに割譲され、その他の地域はドイツへと返還された。この過程でこの地方では、ドイツ人に対抗するポーランド系住民の蜂起が繰り返し発生し、両民族は対立を深めることになる。またドイツの側からも、オーバーシュレージエンを東西に分割するという戦勝国の決定に対して、「不当」であるという不満の声が高まった。他方、東プロイセン南部では圧倒的多数がドイツへの帰属を選択したため、この地域はドイツに返還された(2)。

しかしドイツとポーランドの国境紛争をさらに一層複雑にしたのが、一九三九年以後のナチスによるポーランド侵略である。一九三九年九月、ナチスドイツはポーランドに軍事侵攻し、ソ連とともにポーランドの領土を分割した。この分割は、独ソ不可侵条約の際の秘密協定ですでに決められていたもので、ナレフ川、ビスワ川、サン川を境界としていた。ナチスは、ワルシャワからクラクフに広がる中南部に「総督管轄区」と呼ばれるポーランド地区を創設し、その他の地域をドイツ帝国に編入する。その後一九四一年六月に独ソ戦が始まると、ナチスドイツはさらに東へと侵攻し、ソ連が獲得した地域も併合してしまうのである。

ナチスのこうした東方侵攻は、単なる領土拡大にとどまるものではなかった。ナチスの東方拡大を歴史上極めてユニークなものにしているのが、そこでの人種的民族概念に依拠した一連の民族政策であった。それは、ドイツ帝国に編入した地域に住むユダヤ人やポーランド人を国外（特にポーランド地区）へと強制的に移住させ、労働力になる者には強制労働に従事させ、その多くを虐殺するという実に残酷なものだった。それと並行して、新たにドイツ帝国に編入された民族的ドイツ人を集団的に帰化をさせるとともに、帝国領外の東ヨーロッパに散在する民族的ドイツ人を帝国内に移住させた。これを「帝国への帰還 Heim ins Reich」政策と呼ぶ。このようなナチスの政策は、ある意味で国境問題をわかりやすく「解決」する試みであったとも言える。つまりそれは、ユダヤ人やポーランド人をはじめとする国内の非ドイツ人を物理的に排除し（国外への追放もしくは虐殺）、国外のドイツ人もまた物理的に国内へと編入（移住）させることにより、帝国と民族の境界を一致させようというものだったからである。だが、このような暴力的な民族政策はナチスの軍事的敗北によって失敗に帰した。ここで行なわれた史上稀に見る残虐行為は、第二次大戦後現在に至るまで、ドイツとポーランドの関係にも深い影を落とすことになる。

オーデル＝ナイセ線の形成——その外交史的概略

一九四三年一月のスターリングラードにおけるドイツ軍の敗北は、第二次大戦の行方を大きく転換した。それ以後ドイツ軍は東方戦線で後退を続け、ソ連軍はドイツが占領した地域を奪還し、戦前のポーランドとの国境を越え、さらに西へと侵攻した。一九四四年の秋には、ソ連軍は戦前のドイツ帝国の東側国境を越え、東プロイセン、ポンメルン、シュレージエンへと侵攻を続けた。こうしてドイツは、ナチスが獲得した地域を全て失っただけでなく、ナチス以前の領土までをも失うことになるのである。そして、新たに形成されたドイツとポーランドとの国境線が、オーデル＝ナイセ線だった。

ソ連の西方侵攻

第二次大戦末の混乱期においてオーデル＝ナイセ線が形成されるに至る過程では、様々な政治勢力の思惑と力が複雑に交錯している[3]。だがそこで決定的な原動力となったのが、スターリンによるソ連の西方拡大戦略であった。

スターリンは、ドイツとの分割で獲得した旧ポーランド領の東部を戦後も保持し続けるため、その代償としてポーランドに対しドイツの東方領土を供与するという構想を抱いていた。つまり、ドイツの犠牲の上に、ポーランドを西側に大きく移動させるという考え方である。「代償論」と呼ばれるこの構想を、スターリンはすでに一九四一年ころから抱いていたと言われているが、その構想にはじめて公式の場で言及したのが、一九四三年一一月二八日から一二月一日に行なわれたテヘラン会談（チャーチル、ローズベルト、スターリンの会談）に、連合国の一員として出席にした時であった。

この会談でスターリンが持ち出したのは、「カーゾン線」と呼ばれる国境線であった。「カーゾン線」とは、第一次大戦後にイギリスの外相カーゾンが、この地域の言語や民族に関する調査に基づき、ソ連とポーランドの国境線として提唱したものだった。しかしポーランドは独立後、ソ連の内戦に乗じて攻め込み、ソ連との国境線をカーゾン線よりも東方に設定することに成功していた。その後一九三九年にソ連がナチスドイツとのポーランド分割によって設定した境界線の南約三分の二は、このカーゾン線にほぼ近いものだった（北部ではカーゾン線より西側、つまりソ連に有利に設定されていた）。つまりスターリンは、連合国に対して「カーゾン線」を持ち出すことで、ヒットラーとの分割によって得たポーランドの東方領土のほぼ全部を保持しようとしたのである。イギリス外相が提案した「カーゾン線」は、英米にとっても受け入れられやすいものだったからである。

他方で英米は、戦争遂行上ソ連の協力を必要としており、ソ連とドイツとの単独講和は絶対に避けたかった。そのため英米はソ連に対して妥協的・友好的にならざるを得なかった。彼らはスターリンの要求を認め、ポーランド領を西側に移動し、「オーデル川からカーゾン線まで」とすることに合意したのである。しかしこの時、ポーランドとドイツの国境線に関しての詳細は未決定のままだった。

しかし、このような連合国首脳の合意に対し、ロンドンにあるポーランド亡命政府は激しく抗議した。彼らの抗議は、「カーゾン線」と呼ばれる新たなソ連との国境線の設定に向けられていた。だが、独ソによる分割の直後にロンドンに設立されたポーランド亡命政府は、単に分割によって失った東方領土を回復することだけでなく、安全保障上の理由からオーデル川とナイセ川を結ぶ線にまでポーランドの領土を拡大することまでも、早い時期から主張していた。

　しかしソ連は、ポーランド共産主義者をあつめて「ポーランド国民解放委員会」と呼ばれる親ソ政治団体を組織し、一九四四年七月にルブリンにその根拠を置いた。以後ソ連は、ロンドンの亡命政府ではなく、この通称「ルブリン委員会」をポーランドの代表として処遇した。ソ連は、「ルブリン委員会」との間に秘密国境協定を結び、東プロイセンのケーニヒスベルク周辺地域をソ連の領土として認めさせる代わりに、シチェチン（ドイツ名はシュテッティン）を含んだオーデル川と西ナイセ川（オーデル＝ナイセ線）以東の旧ドイツ領をポーランドの領土とすることを保証した。戦後のドイツ東方領土に関する国境線はこの秘密協定によってまず合意されていたのである。しかしその協定は英米には知らされていなかった。その後ソ連は、英米の抗議にもかかわらず、ルブリン委員会を「ポーランド人民暫定政府」として国際的に承認することを宣言した。このときすでにソ連政府にとって、オーデル＝ナイセ線の存在は既成事実であった。そして一九四五年一〇月には、ソ連軍が東プロイセンに侵攻し、ドイツ領の東部を軍事的に占領していく。

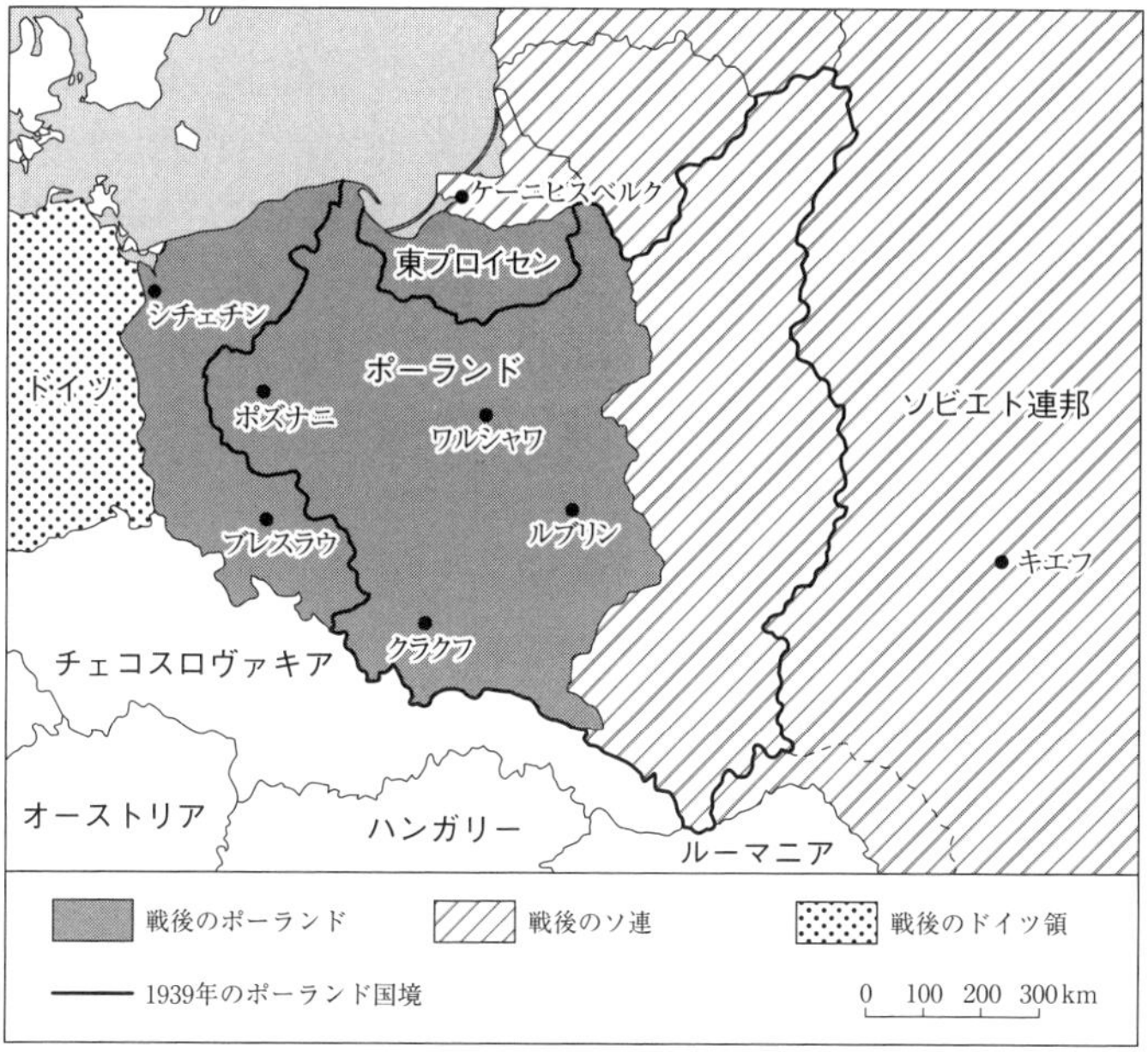

【図４】ポーランドの西方移動

　このようななか、英米ソは一九四五年二月に、クリミア半島のヤルタで再び会談を行なった。そこでソ連のモロトフ外相は、ポーランド暫定政権との合意事項として、オーデル＝ナイセ線をポーランドの西側国境として提案した。しかし英米は、オーデル川に関しては認めるが、ナイセ川の部分は認めなかった。チャーチルは、ポーランドがナイセ川までの地域を領土として統合していく困難さ、発生が予測されるドイツ人移住者の多さをその理由にあげた。結局会談の最終報告書では、東側国境としてのカーゾン線が明記され、「西部、北部での相当量の領土の割譲」（これには東プロイセン、ダンツィヒ、オーバーシュレージエン、ポンメルンの一部などが含まれる）が認められながらも、ドイツとポーランドの国境線に関する「最終的な確定は平和条約を待つ」ものとされた。

このようにヤルタ会談では、ポーランドの西側国境は明確化されなかった。だがソ連の側では、英米首脳がこの会談でオーデル＝ナイセ線をドイツとポーランドの国境として受け入れたものとみなし、占領したドイツの東方領土をポーランド暫定政権に譲渡し、ポーランドの行政機構を設置していく。

英米はソ連のこうした単独行為に対して抗議を行なった。だがソ連は、治安の維持上ポーランド人による行政府が必要であること、行政府の設置は国境問題とは無関係であると答えて、既成事実作りを進めていった。このようにソ連が有利に事態を進めていったことの理由の一つとして、英米にとって国境問題は必ずしも最重要課題ではなかったことがある。英米にとってはむしろ、ポーランドそれ自体の共産主義化の方が憂慮すべき問題であった。

第二次大戦の終結とオーデル＝ナイセ線
――ドイツ軍降伏からポツダム協定まで

ドイツ軍は一九四五年五月八日に降伏した。その後、七月一七日から八月二日にかけて英米ソの首脳は、ベルリン近郊のポツダムで会談を開く。あの有名なポツダム会談である。イギリスの代表は政権交代の結果チャーチルから途中でアトリーに交代、アメリカの代表は首脳会談には初めて臨むトルーマン、そしてソ連はヤルタから引き続きスターリンである。またここで英米はソ連の対日参戦を必要としていた。これらの状況はソ連の交渉上の立場を有利にしており、それがオーデル＝ナイセ問題の行方にも反映される。

この会談でも英米は、ソ連の提案するオーデル＝ナイセ線に異議を唱えた。チャーチルは国境修正による大量の移住者の発生がもたらす道義上の問題、またそれを実行する場合の実際的困難さを指摘した。スターリンはそれに対し、

「オーデル＝ナイセ以東のドイツ人は、避難か戦死かの理由でもはやほとんど生存していない」と回答した（しかし、後述するように実際には依然として多くのドイツ人が残存しており、しかも避難していたドイツ人の帰還も始まっていた）。さらに英米は、オーデル＝ナイセ以東の領土をポーランドに割譲することによって生じる賠償問題への影響、また連合国占領地域における食料や燃料に関する問題をあげてオーデル＝ナイセ線を国境にするというソ連の案に反対した。

英米とソ連との間の対立は、結局ソ連が賠償問題で譲歩した一方で、それへの代価としてオーデル川、ナイセ川以東のドイツ領をポーランドの「行政下」に置くことを認め、最終的国境確定は平和協定まで留保するということに帰着した。この帰結を示すのが、ポツダム協定の第九条「ポーランド」の条項である。この条項は、その後のオーデル＝ナイセ線問題にとって、極めて重要な意味をもつことになるものである。

Ⅸ．ポーランド

三人の首脳は、ポーランドの西側国境の最終的確定は平和協定を待つべき［should await the peace settlement］であるという［ヤルタ会談での―引用者］意見を再確認する。

三人の首脳は、スヴィネミュンデの直西のバルト海からオーデル川に沿って西ナイセ川との合流地点、さらに西ナイセ川にそってチェコスロヴァキアとの国境に至る境界線の東側で、この会談での合意によってソビエト社会主義共和国連邦の行政下には置かれてはいない東プロイセンの一部および旧自由都市ダンツィヒの領土を含む旧ドイツ領が、最終的なポーランド西側国境の確定の時までポーランド国家の行政下［under the administration］に置かれることに合意する。（QE：297–298）（引用文における傍線は引用者による強調。以下同様。）

これは、**多義的な解釈**を許容する条文となっている。オーデル＝ナイセ線が地理的に定義されているが、「境界線の東側」に関する記述が明確ではない。その地域はポーランドの「行政下に置かれる」とされている。[4] さらに「最終

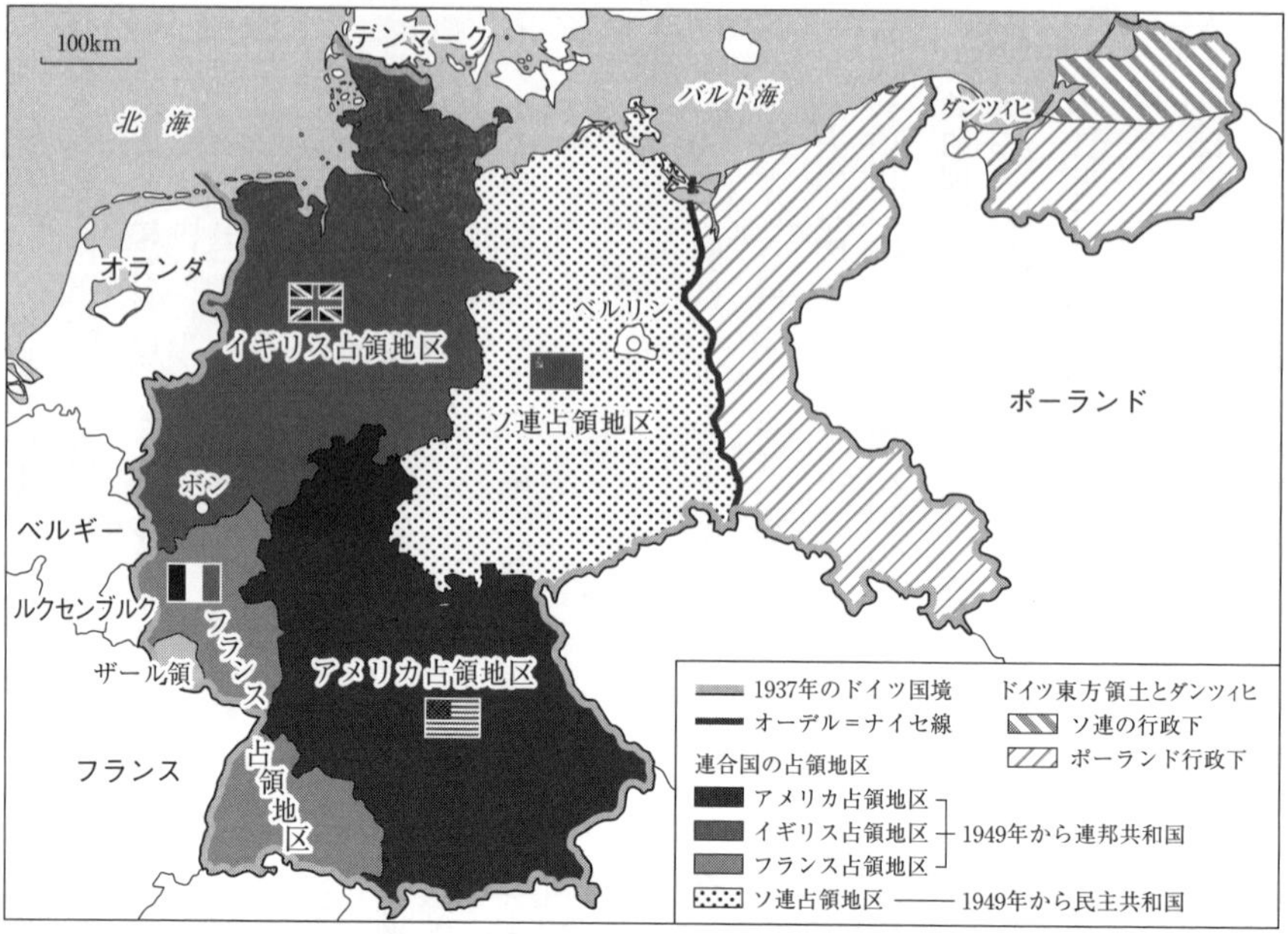

【図5】戦後ドイツの占領［出典：Weltalmanach–Redaktion（Hg.），*Die Fischer Chronik Deutschland*（Frankfurt am Main 2001），“Besatzungszonen 1947–1949”，S. II］

的」な国境確定は平和条約まで延期されるとも書かれている。これらの記述を総合すると、オーデル＝ナイセ線は国境線としては暫定的なものであり、オーデル＝ナイセ線以東は、平和条約までの一時的な措置としてポーランド行政下に置かれることになったという解釈が生まれてくる。これが後にドイツ連邦共和国が採用する解釈である。

しかし他方で、「行政」上の境界線の修正は国境線の実質上の修正を意味し、後に予定されている平和条約はこの境界線を追認するだけであるという解釈も出てくる。その解釈によれば、ポツダム協定はオーデル＝ナイセ線を承認した国際条約であるということになる。しかも、条文には「旧ドイツ領」という表現も登場し、これはこの条項が国境線の移動を規定したことを意味するものと解釈することが出来る。こうした解釈が、ソ連を始めとする社会主義諸国（ドイツ民主共和国を含む）が後に採用するようになるものである。さらに社会主義諸国の側の解釈では、ドイツ人の「移送」について規定した第一三条（後述）は、ポツダム協定がオーデル＝ナイセ線を最終的な国境として認めていることのもう一つの根拠であるとも見なされた。

ポーランド政府は、この社会主義的解釈を前提にドイツ東方領土の「再ポーランド化」を進めた。この地域に住むドイツ人を「追放」し、ソ連に割譲した東方領土から追放されたポーランド人をここに移住させた。[5] また地名・道路名等も変更し、「ドイツ」の痕跡を消滅させた。[6] こうして、オーデル＝ナイセ線という新たな国境線が実質的なものにされていったのである。

オーデル＝ナイセ線問題と冷戦

第二次大戦が終結してドイツ・日本という共通の「敵」を失い、それに代わって米ソを軸とする冷戦が始まるなか、オーデル＝ナイセ線は東西対立の争点の一つとして浮上していった。両陣営は、ポツダム協定に関するそれぞれに異なった解釈に基づきながら、オーデル＝ナイセ線に関する対立的な立場を明確に打ち出すようになる。

ポツダム会談の直後にはオーデル＝ナイセ線を事実上認める立場を示していたアメリカ合衆国政府は、一九四六年以後その立場を転換させる。国務長官のジェームス・バーンズは、一九四六年九月六日のシュトゥットガルトにおける演説で、オーデル＝ナイセ線の暫定性を明確に表明する。バーンズはこの演説の中で、アメリカ政府がポーランドの西側国境の「最終な確定」を留保していること、「シュレージエンと他のドイツ領」はポーランドの「行政下」に置かれているに過ぎないこと、そして平和協定においてアメリカ政府は、これらの領土のポーランドへの割譲に合意する義務がないことを明言した（MO：45）。この表明に対し、イギリスのベヴィン外相も歓迎する意向を示した（Hartenstein 1997：86）。これに対し、ソ連の外相モロトフ外相が直ちに反応し、オーデル＝ナイセ線はすでにポツダム協定により国境として決定されていると主張し、西側陣営の国境修正の立場を批判したのである（Lehmann 1978：83–84）。

その後アメリカ、イギリス両政府は、一九四七年のモスクワ、ロンドンにおける二回の外相会談において、オーデル＝ナイセ線の修正案を提示する。当然それは、ソ連からの強い反発を招いた。だが、英米の側はオーデル＝ナイセ線修正の立場をとり続けた。一九四七年一月にポーランドでは共産主義政権が誕生し、着々と国家建設を開始しており、もはやオーデル＝ナイセ線修正の実現性は乏しくなりつつあった。その中で英米があえてオーデル＝ナイセ線問題を持ち出す理由は、単に対ソ対決姿勢の表明というだけでなく、西側占領地区のドイツ人住民の西側陣営への結束を固めようという目論みもあったものと推察される。後に述べるように、当時の西側占領地区のドイツ人のほとんどが、オーデル＝ナイセ線という新たな国境を受け入れてはいなかった。そのような中、「ドイツの国境線は平和条約締結まで未決定である」という立場を表明することは、ソ連側からの「ドイツ統一」をめぐる様々な「誘い」から西側ドイツ人を防御し、彼らの反共的世論を喚起するためにも有効と見なされたのである（Hartenstein 1997：91–92）。さらに一九五〇年には、それまでザールラントをめぐるフランス自身の領土的思惑から、オーデル＝ナイセ線修正にも否定的であったフランス政府も、オーデル＝ナイセ線修正の立場へと変化させていくことになる。

それに対し、ポツダム協定の第九条と第一三条を根拠にしてオーデル＝ナイセ線はすでに既定のものという立場をとるソ連は、その路線を東側諸国の間に浸透させていった。一九四八年六月に開かれたワルシャワ会議において、オーデル＝ナイセ線は「平和国境」であると宣言される。[7] 戦争直後ドイツのソビエト占領地区では、オーデル＝ナイセ線修正を求める声も強かったが、そのような声は抑圧された。そして一九五〇年にポーランドとの間に結ばれた「ゲルリッツ協定」において、ドイツ民主共和国はこの国境線を「平和国境」として正式に承認するに至る（次章を参照）。オーデル＝ナイセ線を「平和国境」として称え、その修正を主張する西側陣営を「ファシズム」「戦争遂行勢力」と攻撃する語法は、ソ連、ポーランド、そしてドイツ民主共和国政府によってその後繰り返し用いられるようになる。

オーデル＝ナイセ線とドイツ統一

だが、オーデル＝ナイセ線問題を、このような国際的な東西対立軸の枠中だけでとらえるのは適切ではない。オーデル＝ナイセ線問題はまた、ドイツにとっての「ナショナル」な問題でもあった。敗戦において、ドイツは東西二つの国家に分断されただけでなく、戦前の約四分の一にあたる東方領土を失った。その外交上のプロセスの中に、ドイツの代表は全く加わっていない。戦後のドイツの「ネーション」にとって、失われた「統一」を回復するというのが、一つの大きな課題になっていく。その課題を戦後一貫して代弁し続けたのが、西側のドイツ連邦共和国であった。連邦共和国の憲法に当たる基本法前文（一九四九年）では、連邦共和国がドイツ統一に至るまでの「過渡期の国家」とされ、「全ドイツ人民（民族）は……自由な自己決定によりドイツの統一と自由を完遂するように要請されている」と述べられている。ドイツの「自由な自己決定によるドイツ統一」は、連邦共和国の国是となった。

このように戦後のドイツ連邦共和国は、一方で西側陣営のメンバーとして、冷戦という「グローバル」な対立に参戦しなければならなかったが、他方では「ドイツ統一」という「ナショナル」な（ドイツ固有な）国是を追求した。連邦共和国の外交政策は、この「西側志向」と「ドイツ統一」という二重の目標の間のバランスをどのようにはかっていくかという課題を担うことになる[8]。

だが「ドイツ統一」という国是において、その統一すべき「ドイツ」とはどこまでなのか。その認識のしかたは、戦後の歴史の中で大きく変化する。

一九四〇年代から五〇年代にかけての連邦共和国では、統一すべきドイツの概念として、「一九三七年一二月三一日時点のドイツ」が一般的に想定されていた（この概念の根拠については、次の章で詳しく述べる）。その「一九三七年一二月三一日時点のドイツ」には、オーデル＝ナイセ以東の東方領土も含まれている。しかしながらその後、「一九三七年のドイツ」概念は批判され、否定され、次第に忘れさられ、オーデル＝ナイセ線を東方の国境線とする戦後的な「ドイツ」概念が広まっていくことになる。そして最終的に東方領土は放棄され、二つのドイツ国家の合体としての「ドイツ統一」が達成されたのであった。

本書では、この「ドイツ」概念の変遷の過程に注目していく。東方領土を含めた「一九三七年のドイツ」の回復は、すでに一九五〇年時点で客観的に見て実現困難な目標になっていた。にもかかわらず、連邦政府や連邦共和国の国内の諸政党・世論は、簡単には「一九三七年のドイツ」を撤回しはしなかった。最終的に東方領土を放棄し、オーデル

＝ナイセ線を認めたのは、一九九〇年のドイツ統一の時であった。なぜここまでオーデル＝ナイセ線承認が遅れたのか。その一因は、ドイツにおいて（少なくともドイツ国民の一部において）、「一九三七年のドイツ」というドイツのナショナルな自己理解に対する拘りが続いたことにあった。

2 「追放」

ドイツの東方国境の修正にともなう強制移住は、ドイツ連邦共和国においてはこれまで「追放 Vertreibung」ないし「避難と追放 Flucht und Vertreibung」と呼ばれてきた[9]（【図6】参照）。この一連の歴史的出来事が、戦後ドイツの東方領土問題を単なる領土の境界線画定の問題にとどまらず、それによって故郷を喪失した人々の人権問題、さらには彼らのトラウマ経験の絡んだ感情的で実存的な問題にした[10]。こうした「被追放者」への視点なしに、東方領土問題を理解することはできない。

「追放」は、ソ連軍のドイツ領内への侵攻が始まる一九四四年秋から戦争終結の後一九五〇年に至るまでの約五年間に、さまざまな経緯で発生した一連のドイツ人の強制移住の過程からなっている。ドイツの東方領土、およびその他の中東欧地域の広い範囲（チェコスロヴァキア、バルト諸国、ロシア、ポーランド、ハンガリー、ユーゴスラビア、ルーマニアなど）から、大量のドイツ人（それはドイツ国籍をもったドイツ領内のドイツ人だけでなく、国籍をもたない民族的ドイツ人も含む）が戦火を避けて避難し、あるいは暴力的に居住地から追放され、あるいは組織的な方法で「移送」させられた。それらのドイツ人の大部分がオーデル＝ナイセ以西の連合国の占領地区（一九四九年以後は二つのドイツ国家の領土）へと移住することになる。その数は、オーストリア等他国に移住した小数の人々の数も合わせると一二四五万に上る（Reichling 1986：26、本章末の別表も参照せよ）。その過程では約一五〇万人が死亡したとされている（Ibid.：34）[11]。よって、「追放」に巻き込まれたドイツ人住民の数は約一四〇〇万になる。さらには、その過程でソ連に連行された民間ドイツ人が一〇〇万人以上いる。それをも含めると、一五〇〇万人以上のドイツ人が戦

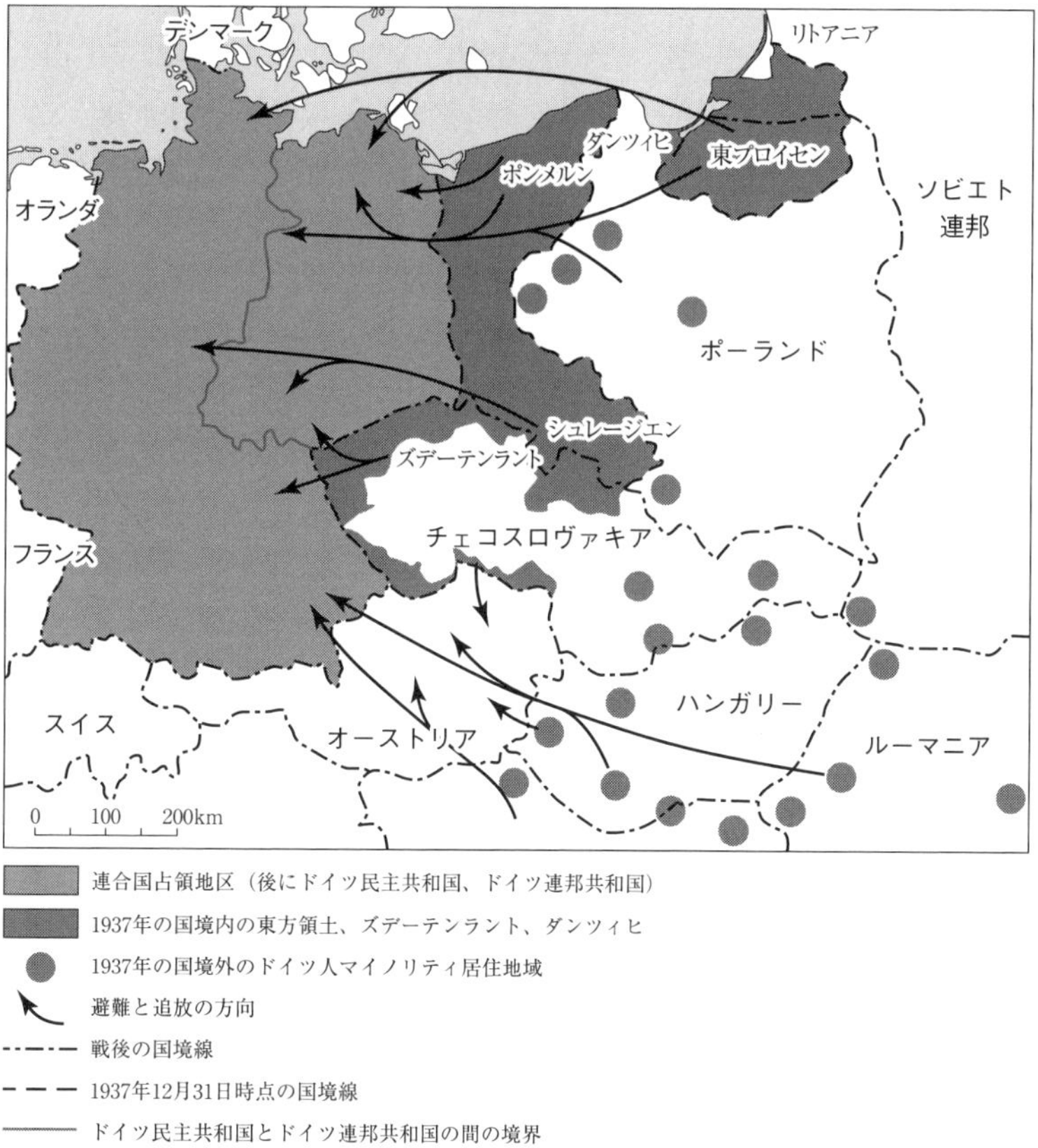

【図6】1945—1950年のドイツ人の避難と追放［出典：Haus der Heimat des Landes Banden-Württemberg（Hg.）, *Umsiedlung, Flucht und Vertreibung der Deutschen als internationales Problem*（Stuttgart 2005）, M72 “Deutsche Flüchtlinge und Vertriebene 1945–1950”, S. 73］

争終結時の「避難と追放」過程全体における犠牲になったことになる（Ibid.：28–32）[12]。

「追放」の三つの段階

この「追放」の過程は、戦争末期の混乱期の中でもあり、簡単に整理して理解することは難しい。その移動の方向も、単に「東から西」への一方向ではない。途中で迂回があったり、往復があったり、また強制収容所に収監されて強制労働させられる場合もあった。なかには、ソ連に送られて強制労働に従事させられる者も少なくなかった。さらにはその経験に関しても、鉄道を使って比較的スムーズにオーデル＝ナイセ以西の占領地区へ移住したもの、極寒の中の長期の徒歩移動で飢えや死の危険に晒されたもの、ソ連軍の攻撃や非ドイツ人住民の激しい暴力の被害に遭ったものなど様々である。しかしこれまでの「追放」に関する研究を踏まえると、その過程はおおまかに見て以下の三つの段階からなっていることがわかる。

第一段階は一九四四年秋頃から一九四五年五月八日のドイツ軍降伏に至るまでのあいだ、戦況の悪化とソ連軍の侵攻にともなうドイツ人住民の「避難」が行なわれた段階である。すでに一九四四年夏から、ドイツの勢力下にあった南東ヨーロッパでルーマニア、ユーゴスラビア、スロヴァキアから、それぞれ数十万規模でのドイツ人住民の避難が始まっている。だが、大規模な避難が始まるのは、一九四四年一〇月にソ連軍が東プロイセン北部に侵入してからである。翌年一月までに、ソ連軍はビスワ川を越えてダンツィヒ、マズーレン、シュレージエン、東ポンメルン、東ブランデンブルクとドイツ東方領土内へと侵攻してゆく。ソ連軍はこれらの地域で一般のドイツ人住民に対しても無差別の攻撃を加え、各地で略奪、殺人、強姦などの暴力行為に及んだ。ドイツ人の多くはソ連軍の攻撃から逃れるために、雪と極寒の中、長い列をなして西方へと向かい、陸路の絶たれた者は船を用いてバルト海へと出た（【図7】）。この過程で、「ネンマースドルフの虐殺」[13]や「ヴィルヘルム・グストロフ号の悲劇」[14]など、「避難と追放」にまつわる様々な事件が発生することになる[15]。

この時のソ連兵の残虐性は、戦後被追放者たちの間に根強い反ソ感情を植えつけることになる。だがソ連の側もドイツとの戦争ですでに約七〇〇万人もの死者を出しており、ソ連兵の残虐性が彼らの報復感情から発している面も無視することはできない。しかしそれに加え、ソ連も徹底した反ドイツのプロパガンダを行なっており、それがソ連兵の意識に作用していたものと思われる。

この段階でドイツ東方領土から避難したのは四百万から五百万人と言われている。しかしこの時点では、避難は一時的なものと考えられていたようで、一九四五年五月八日に戦争が終わると、避難したドイツ人の多くがかつての居住地に帰還してきた。だが、そこは既にソ連兵やポーランド人によって占拠されていた。

第二の段階は、一九四五年五月八日の停戦からポツダム合意がなされる八月までの間の「無法の追放 wilde

Vertreibung」と呼ばれる段階である。[16] 戦闘は終わったが、いまだ強制移住を法的に根拠付けるものがない空白期間にあたる。「追放」は、チェコやポーランドなど、ナチス支配から解放され、新たに確立されつつある新政権の下で行なわれた。その「追放」は、チェコ人やポーランド人のドイツ人に対する報復感情に動機付けられているため、やはり暴力的で残虐なものとなった。チェコやポーランド人の間では、「ナチス」と「ドイツ人」とは同義語として理解され、ナチスへの復讐心がドイツ人全員への復讐心として表明されたのである。ドイツ降伏直後の五月一二日におけるブリュンにおけるエドヴァルド・ベネシュ（チェコ亡命政府の大統領）の演説は、この時代の雰囲気を良く伝えている。

ドイツ民族はこの戦争において、人間であることを、人間として堪えることを止めたのだ。彼らはわれわれにとって、単なる人間の形をした怪物としか映らない。……われわれはこれまでも言ってきた。この共和国におけるドイツ人問題を抹消しなければならないのだと。（Brandes 2005：411–412における引用）

戦争が終わり、ちょうどドイツ人とチェコ人あるいはポーランド人の立場が全く逆に入れ替わったかのようである。ドイツ人は居住地から退去を強制され、財産を略奪・没収された。体力のあるものは工業や農業、瓦礫整理などの労働力として強制労働させられた。また、収容所（それは元来ナチスが使用していたものだった）に収容されたものもあった。作業場や収容所の衛生状態は悪く、食糧も欠乏していたため、多くのドイツ人が命を落とすこととなる。[17] また、ソ連に送られて強制労働をさせられたドイツ人も数十万人いた。

またドイツ東方領土では、ポーランドがソ連に割譲したポーランドの東方領土から、百万人以上のポーランド人が移住させられて来る。彼らはドイツ人が去った後、ドイツの東方領土で新生活を始めることになる。ドイツ人の「追放」は、ポーランド東部からのポーランド人の強制移住とも連動していたのである。

第三段階は、ポツダム協定から一九五〇年までの間、協定の規定に従って連合国による組織的なドイツ人の「移送

transfer」が行なわれた段階である。一九四五年八月のポツダム協定において、英米ソがドイツ人住民の「移送」について合意した。その第一三条は次のように書かれている。

三政府は……ポーランド、チェコスロヴァキア、ハンガリーに残るドイツ人人口（あるいはその一部）のドイツへの移送が実施されなければならないことを認める。三政府は、どのような移送も秩序だった人道的な方法で実行されるべきであるということで合意している。（QE：298）

【図７】東プロイセンからダンツィヒに向けて避難するドイツ人（1945年１～２月頃）©Ullstein

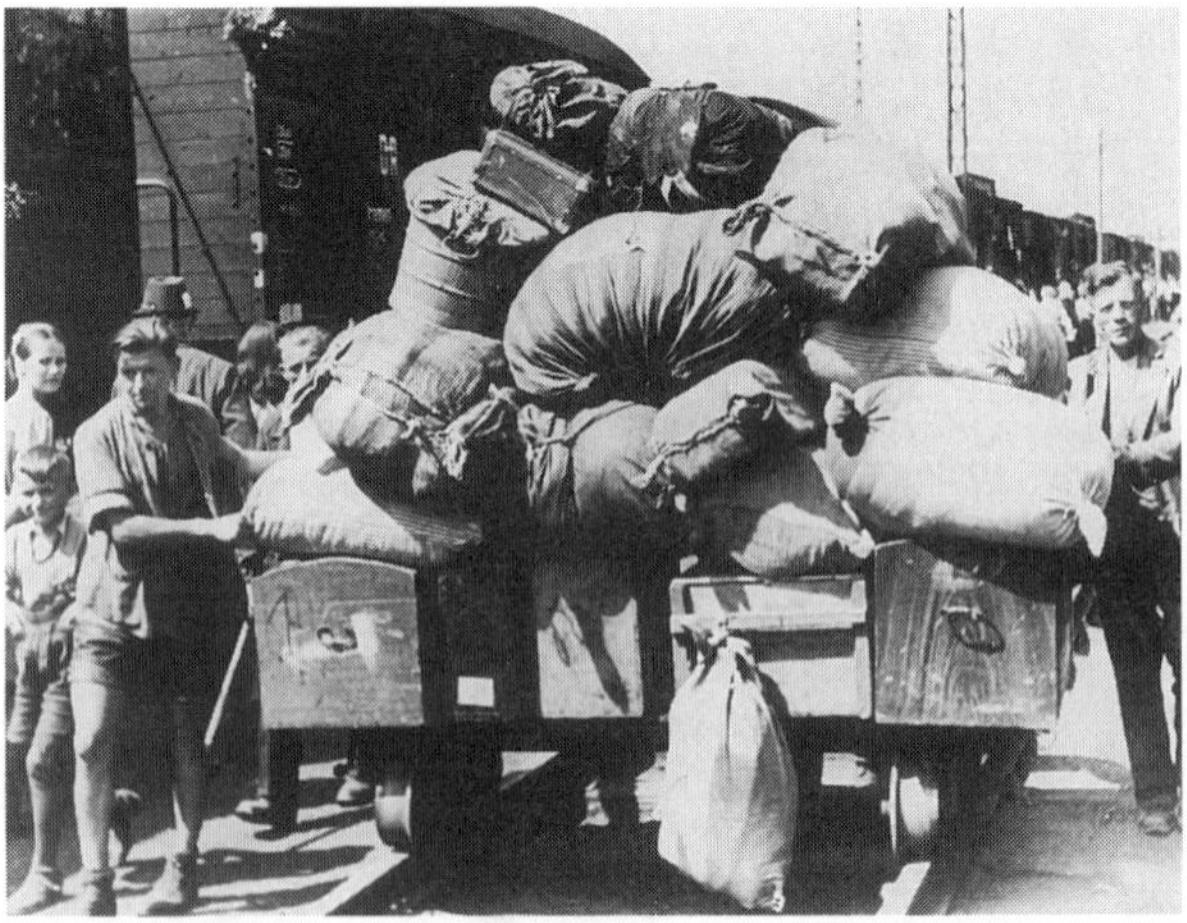
【図８】ズデーテンラントから鉄道でヴィーザウ（バイエルン）の通過収容所に到着したドイツ人（1947年）©Ullstein

この条項に従って、秋に連合国共同管理委員会が設置され、ドイツ人の「移送」に関する計画が立てられた。その計画に基づいて組織的な移送が実行されるようになるのは、一九四六年に入ってからであった。「移送」は主として鉄道を用いて行なわれた（【図8】）。それ以前の「追放」に見られた露骨な暴力性は後退したものの、ドイツ人は好むと好まざるとにかかわらず強制的に退去を迫られ、その「移送」もポツダム協定に書かれていたような「秩序だった人道的な方法」に合致したものとは言いがたかった。[18]また「移送」が行なわれた範囲も、協定に書かれた三地域（チェコスロヴァキア、ポーランド、ハンガリー）に限らず、中東欧の民族的ドイツ人の居住地域全域に拡大されてしまう。また、ポーランドやチェコスロヴァキアでは、ドイツ人の国籍剥奪や財産没収を合法化する法律が出され、「追放」が国策として行なわれたことを示している。[19]

強制移住の時代――「民族的に純粋な国民国家」の理念

だが、それにしてもなぜこれほどまでの大量の人口移動が発生することになったのだろうか。スターリンの領土拡大への飽くなき野心にその原因を求めたり、またヒットラーの残虐な民族政策がその根本的原因であると指摘したりすることもできるだろう。また第二次大戦末期における戦禍による中欧の混乱も、「追放」を生み出す背景にあったことは疑いがない。しかしこのドイツ人の「追放」を、単に一部の政治指導者の政治的意図にのみ起因させたり、戦時期の混乱という偶然的要因に起因させて理解するのでは不十分である。最近の研究では、ドイツ人の「追放」を、イスラエル建国によるパレスチナ人の移住、パキスタン独立による住民交換、旧ユーゴスラビア解体に伴う大量の難民の発生など、大規模強制移住という二〇世紀に広く見られる現象の一つとして理解し、その背後で「民族的に純粋な国民国家」という国民国家観が大きな役割を果たしていたとする議論が提起されている。[20]

第一次大戦前後のヨーロッパでは、国民国家の「民族化」が進んだ（Brubaker 1996）。単一の民族からなる「民族的に純粋な国民国家」を、国民国家の理想型とする考え方が広まっていった。「民族的に純粋な国民国家」の建設のためには国内の異民族を人為的・組織的に外部へと移住させなければならない。安全保障や国際平和のためには、そのような方法をとることも必要である。このような姿勢は、当時の政治指導者たちにも広く共有されるようになっていた。第一次大戦後の政治指導者たちにとって、「民族自決」とはそのような意味で理解された。この原理を現実化したのが、一九二三年のローザンヌ条約におけるトルコとギリシャとの間の住民交換である。これにより約一二〇万人のギリシャ人がトルコ領に、約四〇万人のトルコ人がギリシャ領に、それぞれ強制的に移住させられることになった。ヨーロッパの国際政治の場では、この住民交換は「成功例」と見なされ、その後の民族紛争解決のモデルケースとして見なされるようになる（H-D. Henke1985：50）。

「民族的に純粋な国民国家」の理念が、一九三三年以後のドイツにおいて、ナチスの手によって暴力的な形で追求されたことに関しては多言を要さないだろう。しかし、同様の理念は、ナチスによって支配されたチェコスロヴァキアやポーランドによってもまた取り入れられていた。例えば、一九三八年のミュンヘン協定（これによって、ドイツはチェコスロヴァキアのドイツ人居住地区であるズデーテンラントの併合を認めさせた）の後、ロンドンにあったチェコスロヴァキア亡命政府の大統領ベネシュは、ズデーテンラントからのドイツ人の強制移住を構想していた（Brandes 2005：333–334）。同じくロンドンに設立されていたポーランドの亡命政府においても、東プロイセンやシュレージエンからのドイツ人の強制移住が考えられていた（Nitschke 2004：57–58）。

戦争中におけるスターリンによる国内の民族強制移住政策も、このような文脈の中で理解することが出来る。「民族的に純粋な国民国家」の建設を目的としたものではなかったとはいえ、スターリンの政策は、ナチスと「協力」したソ連邦内のドイツ民族やクリミア・タタールを、中央アジアやシベリアへと強制移住させたものだった。

さらに「民族的に純粋な国民国家」概念は、イギリスやアメリカにおいても、戦後のヨーロッパ平和秩序構築のための方策の一つとして模索された。イギリスでは、すでに一九四〇年の段階で、ドイツ人大量移住に関する議論や諮問が行なわれ[21]、一九四二年七月の戦時内閣は、戦後中東欧のドイツ人を移住させることが「必要であり望ましい」とする決議を出している（Brandes 2005：168）。

テヘラン会談以後、英米ソ「ビッグスリー」の会談が始まると、ドイツ人の西方移住政策はより現実的な問題として論題に上るようになる。イギリスは大量のドイツ人移住者の発生に難色を示しながらも、ソ連の国境修正要求に伴うドイツ人の「移送」には原則的に合意していた。一九四四年四月には、イギリス政府が「ドイツ人住民移送に関する独立委員会」を設置し、細かい「移送」の方法についての検討が始まっていた（Beer 2004：57）。チャーチル首相は、同年一二月の下院において、ドイツ人の強制移住の必要性に言及し、「追放はわれわれが知る限り、最も満足でき、最も持続性の高い方法です。際限なく問題を引き起こすような住民混住は消滅するでしょう」と述べているのである（Beer 2004a：135）。

アメリカ政府も、ローザンヌ条約での住民交換の前例に依拠しつつ、戦後のヨーロッパの安定のためにはドイツ人の移住が有効であるということを認め、ローズベルト大統領はポーランド亡命政府に対し、国境修正に伴うドイツ人移住への支持を伝えていた（Beer 2004：37）。

一九四五年八月のポツダム協定第一三条におけるドイツ人の「移送」に関する規定は、このような（ドイツ以外の）関係諸国の「合意」の上に決められたものである。その「合意」は、その実現方法はどうあれ、「民族的に純粋な国民国家」という理念型に対する合意でもあった。[22] しかしその実現のためには、多くの住民の強制移住が（そして時に死が）必要となる。それは結果として、多くの住民にとって負担や犠牲を強いることになった。

ドイツは、こうした二〇世紀を象徴する強制移住の歴史の中で極めて重要な位置を占めている。というのも、ドイツは強制移住の加害国（ナチス時代）であるとともに、被害国（戦後の「追放」）だったからである。ともに、量的に最大級の移住（そして虐殺）であった。この二つの歴史に対してどのように向き合うのか。戦後のドイツにとって、国民国家の理念がもたらした両義的な歴史は、「歴史の記憶」の問題として、現在に至るまで複雑な重みをもってのしかかっている。

連邦共和国の中の被追放者

「追放」されたドイツ人たち（「被追放者」）は、その後どのような経過を辿るのか。ここでは連邦共和国を中心に、被追放者たちがどのように受け入れられ、定着していったのか、その動向について簡単な概説をしておきたい。

被追放者の数と分布

「追放」された約一二〇〇万のドイツ人のほとんどは、東西の連合国占領地区（後の連邦共和国と民主共和国）に移住した。「追放」が終結したとされる一九五〇年時点で、被追放者約一二〇〇万の三分の二にあたる約八〇〇万人が連邦共和国に、残りの大部分にあたる約四〇〇万人は民主共和国に移住していた（本章末の別表参照）[23]。連邦共和国では一九五〇年九月の時点で、全人口の約一六・五パーセントが「被追放者」であったのに対し、民主共和国では総人口の二五パーセントにも達していた（Beer 2004：24）。その後、民主共和国から連邦共和国へと移住したドイツ人の約三分の二が被追放者であったため、一九六〇年には連邦共和国内の被追放者の数は約九七〇万人まで増加し、一九六一年には被追放者が連邦共和国総人口に占める割合が二一・五パーセントにまで上昇した[24]。被追放者たちの移住先は、最初はシュレスヴィヒ＝ホルシュタイン、ニーダーザクセン、バイエルンなど、戦争の被害の比較的少なかった地域に向いていた。しかし一九四九年から一九五六年までの間、その他の州への再移住計画が実行された。その結果、被追放者達自身の自発的な再移住とも相まって、被追放者は連邦共和国内にほぼ均等に分布するようになるのである（Frantzioch–Immenkeppel 1996：5–7；Beer 2004：51）。

なお、約一二〇〇万人の「追放」されたドイツ人のうち、約七〇〇万人が「東方領土」の出身者であり、連邦共和国に移住した約八〇〇万人の内では約四四〇万が「東方領土」出身者であった。つまり、被追放者の半分以上が東方領土出身者ということになる。

「統合」と「故郷」

連邦共和国社会において被追放者がどのように統合されていったのか。この問題は、本書での今後の議論でも重要な意味を持つ[25]。

言うまでもなく大量の被追放者の受け入れは、戦争で荒廃した戦後ドイツ社会にとって大きな負担となった。同じ「ドイツ人」とはいえ、他の地域からやってきた被追放者（移住者）は、言語（方言）、服装、習慣等が異なり、西側の現住のドイツ人にとっては「よそ者」であった。しかも財産をほぼ全て失っていた被追放者は、経済的にも困窮していた。連邦共和国で彼らの多くは、空家や空き部屋に住み、あるいは仮設住宅に集住し、仕事を見つけるのにも苦労していた。彼らは「第五身分」「ドイツ人パーリア」「新プロレタリアート」などと呼ばれることさえあった[26]。一〇〇〇万人以上の被追放者のドイツ社会への「統合」は当時、「ドイツの問題 №１」とも呼ばれたのである（Beer 2004：24）。

連邦政府は「被追放者・戦争被害者省」を設け、困窮状態にあるに被追放者を援助し、彼らの生活を改善していくための様々な政策を行なっている。一九四九年には緊急措置として「緊急援助法」が制定されるが、その後被追放者に対する被害補償政策が一九五二年の「負担均衡法」として結実した。これは被追放者や戦争被害者が喪失した財産を、戦争被害の少なかったものの負担によって補償しようという政策を規定した法律である[27]。その一年後の一九五三年には、「連邦被追放者法」が制定され、「被追放者」という地位の法的定義が確立した。これらの一連の対策によって被追放者の生活状態はかなり改善し、連邦共和国への「統合」が進むことになる[28]。

だが、これらの諸政策と並んで、戦後の「経済的驚異」と呼ばれた劇的経済復興がもつ役割を無視することは出来ない。おそらく被追放者の「統合」にとってより大きな要因となったのは、政府の政策ではなく連邦共和国経済の復興・発展だっただろう。

こうして何百万人もの被追放者の「統合」は、一九六〇年代までにかなりの程度進展した。現在、何百万人もの被追放者が比較的平和裏に「統合」されたことが、戦後連邦共和国の「偉業」の一つと見なされている[29]。

しかしながら、被追放者は、「故郷」への帰還に対する望みを簡単に捨ててしまったわけではなかった。戦後の国際政治の現実は、彼らの故郷帰還を著しく困難なものにしていた。だが、彼らの多くが先祖の代から住み続けてきた土地からの強制的な「追放」は、彼らにとって全く不当な行為と見なされ、簡単に受け入れることはできなかった。彼らの故郷喪失というトラウマ経験は、オーデル＝ナイセ線を承認するということに対しても深い感情的反発を産み出していた。こうして被追放者の多くは、戦後長らく「民族の自決権」や「故郷への権利」を訴え、オーデル＝ナイセ線を承認せず、自分たちの「故郷」への帰還を求め続けたのである。そのような被追放者のスタンスは、連邦共和国と東欧諸国との「正常化」にとって、しばしば障害ともなった。

もっとも、被追放者の全員が、オーデル＝ナイセ線の承認に最後まで抵抗していたというわけではない。特に一九七〇年を大きな境目にして、彼らの多くがオーデル＝ナイセ線を承認する方向へと変化していった。だがそれは、彼らの多くにとって苦渋の決断であった。また連邦共和国の政治指導者たちにとって、オーデル＝ナイセ線の承認を実現するには、最大の当事者である彼らの同意をとりつける努力が絶対的に必要であった。そのため連邦共和国政府は常に、東方政策に関し、被追放者への説明や説得を行なわなければならなかった。

被追放者諸団体

被追放者達は、自分たち自身の相互扶助や利益表出のための団体形成を行なった。それは次章で論じる通り、メンバーが重複しあう諸団体の複雑なネットワークからなっている。それをまとめて本書では「被追放者諸団体」と呼ぶことにする。[30] 被追放者諸団体は、一方で被追放者への保障と援助を要求し、被追放者の連邦共和国社会への「統合」に貢献した。しかし他方では、「追放」の不正を訴え、「故郷への権利」を主張し、オーデル＝ナイセ線の承認にも強硬に抵抗した。彼らの明確な「領土修正主義」的スタンスは、東欧諸国からしばしば批判に晒された。だが、連邦政府や主要政党は、利益団体として労働組合に次ぐ規模を持つ被追放者団体の存在を無視することはできなかった。主要政党にとって被追放者団体は、重要な票田として機能していたのである。

一九六〇年代末から、被追放者諸団体は社会民主党や自由民主党と疎遠な関係になり、世論の多数派からも孤立していくようになる。しかしキリスト教民主同盟、社会同盟との関係は維持し続け、この二つの保守政党を通じて政治的影響力を行使した。連邦共和国がオーデル＝ナイセ線の承認に戦後約四五年を要した原因の一つは、この被追放者諸団体の存在にあったといってよいであろう。

被追放者達は、「新しい故郷」への定着と「古い故郷」への帰還という矛盾する二つの志向のディレンマの中にあった。被追放者諸団体は、被追放者達の故郷帰還願望を表出する公共的な回路となると同時に、被追放者の連邦共和国の社会と政治への「統合」を促進するという、矛盾した微妙な役割を担い続けてきたのである。

【表】1950年における被追放者の数［Reichling（1986：26–36，59–61）のデータをもとに作成］

喪失した故郷ごとの故郷被追放者／故郷被追放者以外の被追放者	受け入れ地域ごとの被追放者 総　数		連邦共和国		民主共和国と東ベルリン		オーストリア		西欧諸国と海外		追放における死亡者	
	（1000）	（%）	（1000）	（%）	（1000）	（%）	（1000）	（%）	（1000）	（%）	（1000）	（%）
故郷被追放者[1]	**11990**		**7560**		**3945**		**370**		**115**			
ドイツ東方領土	6980	56.1	4380	55.4	2600	64.0	–	–	–	–	730	50.7
自由都市ダンツィヒ	290	2.3	220	2.8	70	1.7	–	–	–	–	35	2.4
ポーランド	690	5.5	410	5.2	265	6.5	10	2.7	5	4.2	134	9.3
チェコスロヴァキア	3000	24.1	1900	24.1	850	20.9	200	54.1	50	41.6	216	15.0
バルト諸国	170	1.4	110	1.4	50	1.2	–	–	10	8.3	25	1.7
ソビエト連邦[2]	100	0.8	70	0.9	5	0.1	–	–	25	20.8	–	–
ハンガリー	210	1.7	175	2.2	10	0.2	20	5.4	5	4.2	74	5.1
ルーマニア	250	2.0	145	1.8	60	1.5	40	10.8	5	4.2	42	2.9
ユーゴスラヴィア	300	2.4	150	1.9	35	0.9	100	27.0	15	12.5	96	6.7
被追放者[3]	**460**	**3.7**	**340**	**4.3**	**120**	**3.0**	**–**	**–**	**–**	**–**	**88**[4]	**6.1**
総　計	12450	100	7900	100	4065	100	370	100	115	100	1440	100

1）当地に1937年12月31日時点で居住地を持っていた者。地域分類は1937年12月31日時点での国境線をもとにしている。

2）西部ポーランドから追放されたロシアドイツ人「行政移住者」（戦争末期に帝国軍撤退と共にソ連から西部ポーランドに移住させられたロシアドイツ人）を，ここではソビエト連邦からの故郷被追放者と見なす。

3）1937年12月31日時点で追放が行なわれた地域に居住地を持っていなかった被追放者。1938年以後当地に継続的に定住する目的で移住した者，居住地は持たないが当地で継続的に働いており，追放の結果それを辞めざるを得なかった者などが含まれる。なお，「故郷被追放者」とそれ以外の「被追放者」との区別は，連邦被追放者法第1条，第2条に基づく法的なものである。

4）戦争中に移住したため1937年12月31日時点での居住地を追放が行なわれた地域として同定できない者。ここにはオーストリア人も含まれている。

被追放者諸団体の存在により、東方領土問題は単に外交上の問題であるだけでなく、「国内問題」にもなった。政府や諸政党は国内にいる大量の被追放者の要求や利害関心に対処していかなければならなかった。被追放者たちの意に反して、東方領土に関する政策を一方的に決めるという方法は、被追放者諸団体からの強い反発を招くことになった。被追放者諸団体の意向に応えながら、いかに実効性のある外交政策をすすめていくのか、これが連邦共和国の東方政策に課せられた課題となった。

第Ⅱ部　戦争終結から東方諸条約批准まで

第3章　一九四五―一九五五　国境修正要求の形成
――帝国アイデンティティと東方領土

現在の感覚からすると想像しにくいかもしれないが、終戦直後から一九五五年頃までの間、ドイツの西側占領地区、そしてその後のドイツ連邦共和国において、「オーデル＝ナイセ線をドイツの国境として認めない」ということに関して、政府、主要政党、住民の世論全般における広い合意が存在していた。たしかにドイツ軍は降伏し、ナチスドイツは解体し、連合国によって占領され、オーデル＝ナイセ線以東にはポーランドがすでに新しい社会主義国家建設をはじめていた。にもかかわらず、回復すべき「ドイツ」の範囲にはオーデル＝ナイセ線以東の東方領土が含まれているという認識が共有されていたのである。本章では、戦争終結の一九四五年から一九五五年に至るまでの間、連邦共和国の主要な政治的アクターがいかなる語法と論法をもって東方領土の回復を主張していたのかを検討しながら、そこにおいて用いられていた「帝国アイデンティティ」の解釈図式を構成する、濃密な概念的資源の意味論的ネットワークを明らかにするとともに、この問題について最大の利害当事者であった被追放者諸団体のもつ政治的ダイナミズムの基本的パターンについて考察したい。

1　ポーランドとドイツ民主共和国における東方領土問題

東方領土に直接関係する国家は連邦共和国だけではない。ポーランド、そしてもう一つのドイツの国家であるドイツ民主共和国も、やはり東方領土問題の当事国である。この節ではまず、ポーランドとドイツ民主共和国において、ドイツ東方領土がどのように解釈されていたのかを検討してみたい。その後で、本研究のメインテーマである連邦共和国の分析に向かおう。

この三国の中で、東方領土から地理的に隔たっているのは連邦共和国のみである。ポーランドは東方領土を事実上統治下に置き、民主共和国の方はオーデル＝ナイセ線を介して直接東方領土と接していた。また連邦共和国が西側自由主義圏に属していたのに対し、ポーランドとドイツ民主共和国は東側社会主義圏に属していた。こうした状況は、東方領土問題に対するドイツ連邦共和国の立場を決定的に不利なものにしていた。

ポーランド

ポーランドは、戦争末期のソ連の西方侵攻の結果、約三八万九〇〇〇平方キロの領土のうち東部の約一八万平方キロを喪失したが、その一方でドイツから領土約一一万四〇〇〇平方キロを獲得した。その結果ポーランドは、全体として約二五〇キロほど西に移動したことになり、元の領土のうちでポーランド領にとどまった部分は約五四パーセントにすぎなかった。この領土移動によりポーランドが喪失した東方領土から約一五〇万人のポーランド人がドイツ東方領土へと強制移住させられた（Urban 2004：154，158）（第2章の【図4】を参照）。

ドイツから獲得した領土（ドイツの東方領土）を、戦後のポーランドは「原ポーランド領への帰還」「西方領土の奪回」「ピアスト家のポーランドの回復」など、歴史的なポーランド領を戦後ポーランドが回復したものと解釈した。それは、ドイツ人がこの土地をドイツ化する以前の歴史に基づいて根拠づけられていた。この見方は、ポーランド共産主義暫定政権が、ポツダム会談以前からすでに主張していたものでもある（Lehmann 1979 120，131：Hartenstein 1997：75–77）。その「原ポーランドの領土」は、その後のドイツの侵略主義（ドイツ人の「東方への衝動 Drang nach Osten」）によって強制的にドイツ化されたというのが、ポーランド側での解釈なのである。それに対して、ポーランド東方領土の喪失、そこからのポーランド人の追放・強制移住に関してはタブー視されることになった。

ポーランドが「奪回」した東方領土には、「追放」が終結した一九五〇年段階で、約一七〇万人のドイツ人（ドイツ国籍保持者）が残留していた。ポーランド政府は、終戦直後から「奪回した領土」におけるドイツ人に対し民族審査を行ない、「ドイツ化されたポーランド人」と識別されるものを「原住者 Autochthone」と規定し、彼らにポーランド国籍を付与した。オーバーシュレージエンや東プロイセンでは、多くのドイツ人が「原住者」に分類された。「原住者」の数は一九五〇年に約一一七万人であった。ドイツ国籍が剥奪された「原住者」にはドイツ語の使用やドイツ文化の保持が禁ぜられ、「再ポーランド化」政策が行なわれた。他方ポンメルンやニーダーシュレージエンでは、「原住者」（「原住者」は今や「ポーランド人」である）の他に、「ドイツ人」と認知されたドイツ人が約七万人残っていた。彼らにはドイツ国籍は認められなかったものの、民族的には「ドイツ人」と認知され、ドイツ語の学校や文化施設も一部許容された。彼らの多くが炭鉱や工場の労働者として働いていたが、法的地位の不安定（彼らの国籍は「未確定」とされた）な「二級市民」に留まった[1]。

このように、ポーランドには「ドイツ化されたポーランド人」（「原住者」）の他にも「ドイツ人」が存在することを事実上認められてはいるが、「民族的に同質な社会主義国家」を標榜するポーランド政府は、戦後一貫して集団としてのドイツ人マイノリティの存在を認めてこなかった。「原住者」や「ドイツ人」には明に暗に同化や抑圧の力が加えられ、それが彼らのドイツ連邦共和国への「出国」の大きな要因となっていく。連邦共和国も彼らを「アウスジードラー」として受け入れる体制を整えていた（後述）。このポーランドからのドイツ人移民をめぐる綱引きは、戦後の両国の大きな外交問題の一つとなっていく。

ドイツ民主共和国と社会主義統一党

オーデル＝ナイセ線問題での路線変更

ドイツ民主共和国も、ドイツ連邦共和国同様、東方領土喪失とドイツ人「追放」の被害国のはずだった。しかも戦争の直後、直接にポーランドに接しているソビエト占領地区には、多くの被追放者（ソビエト占領地区の語法では「移住者」）が殺到していたのである。

そのような中にあって、戦後最初期の社会主義統一党（ＳＥＤ）の指導者たちは、オーデル＝ナイセ線を修正不可な現実とは必ずしもみなしていなかった（Malycha 2000）。一九四六年秋に行なわれた州議会選挙の期間中、故郷への帰還を待ち望む被追放者たちを前に東方国境の修正を掲げていたキリスト教民主党や自由民主党（ＬＤＰ）に対し、社会主義統一党もこの問題を無視することは出来なかった（当時まだソビエト占領地区では複数の政党の存在が認められていた）。しかし占領国であるソ連は、オーデル＝ナイセ線はポツダム協定で確定したものという立場を明確にしていたため、社会主義統一党はディレンマに置かれることになった。一九四六年九月一九日、同党の中央委員会の声明は、「ファシスト的」「ショービニスト的」な政治に陥ることを戒めながらも、東方国境が「暫定的」なものであり、最終的な国境確定は平和条約においてなされるという立場を表明していた（DB：4）。また同党の議長ヴィルヘルム・ピークは、ポーランドとの国境付近の町グーベンやコトブスでの演説の中で「社会主義統一党は東方国境の修正を支持します。しかしキリスト教民主同盟や自由民主党のリーダー達が宣伝しているような手段や方法に対しては反対します」と述べている（Malycha 2000：197）。ピークや彼とともに社会主義統一党の議長だったオットー・グローテヴォールには、「資本主義」的勢力には批判的な立場を維持しつつ、ソ連の立場とは一線を画したオーデル＝ナイセ線の修正の可能性を模索する余地が残されていたのである。党指導部に対しては、メックレンブルクなど被追放者を大量に抱える州の地方レベルからも国境修正への要求の声があがっており、それを無視することはできなかった。

しかし一九四七年に入り、ソ連が東側ブロックの一体性を強めるようになると、社会主義統一党はオーデル＝ナイセ線に関して独自の路線をとることが困難になっていった。ソ連は同党に対し、オーデル＝ナイセ線問題についても、明確な国境線承認を強要してきた。一九四八年六月に東側諸国が集まって開催されたワルシャワ会議では、オーデル＝ナイセ線を「平和国境」とする宣言が採択されている。社会主義統一党の指導者達にもはや選択肢の余地は残されていなかった。そして彼らは、オーデル＝ナイセ線をポーランドとドイツとの友好を推進する「平和国境」であり、国境修正要求は「反動的」な「人民敵対的プロパガンダ」であり、「戦争に繋がるもの」と見なす社会主義圏独自の語法と論法を受け入れるようになっていく。例えば、一九四九年一一月二日付けのグローテヴォールからポーランドの指導者ビエルトへの書簡には、次のように書かれている。

ドイツ社会主義統一党は、すでに何度も明らかにしてきたように、オーデルとナイセの国境を平和の国境とみなし、その修正を要求するものは皆、ドイツ、ポーランド両人民の敵であると同時に戦争推進者であるとみなす。（DB：36）

国境修正を主張している連邦共和国を含む西側諸国がここで念頭に置かれている。東側諸国は、この論法を用いて、連邦共和国を「ファシスト的」で「戦争推進勢力」であると批判するようになる。

ドイツ民主共和国建国の翌年、一九五〇年の七月六日にはポーランド人民共和国との間にゲルリッツ協定が結ばれ、オーデル＝ナイセ線が国際法的に確定される。一九四七年から始まった国境問題に関する路線変更の終結点であった。その協定の前文には次のようにある。それは東側ブロックにおけるオーデル＝ナイセ線に対する見方を鮮やかに表現するものとなっている。

全般的な平和の確立への意志に表現を与えようという願望に導かれ、平和を愛する諸民族の友好な協力関係の偉大なる仕事への貢献を志し、ドイツ人民とポーランド人民との間のこの協力がソビエト連邦によるドイツファシズムの破壊とドイツにおける民主的勢力の発展により可能になったことを考慮に入れ、ヒットラー体制期の悲劇的経験の後に両民族間の平和的で善隣的な共生の揺るがぬ基礎を構築する意志と、オーデル川とラウジッツ・ナイセ川における国境を画定したポツダム協定に依拠して相互の関係を安定させ、確固たるものにする願望とともに……画定された現存の国境を不可侵な平和と友好の国境、両民族を分け隔てるのではなく一体化させる国境であることを承認して次の協定を締結する……。（DB：41）

オーデル＝ナイセ線の承認は、両人民（民族）の「平和の確立への意志」の産物であるということ、そして今後オーデル＝ナイセ線は「両民族を分け隔てるのではなく、一体化させる国境」「平和と友好の国境」であるという見解は、今後も継承されていく民主共和国の公式の解釈となっていく。これはまたソ連の協力の下に「ドイツのファシズム」と戦って勝利した「平和勢力」であるという、ドイツ民主共和国指導部固有のアイデンティティとも符合している。それに対し、国境修正を主張する西側のドイツは、依然としてファシズムを払拭していない「戦争勢力」ということになる。

このような上からの一方的な国境確定に対し、党の地方レベルからは不満の声も上がらなかったわけではない（Malycha 2000）[2]。しかし党指導部は、オーデル＝ナイセ線に関する「不明確」な態度は、ソ連やポーランドに対する敵対心を煽るものであり、党除名の対象となるという方針をとり、不満の声を厳しく押さえ込んだ。その結果、一九四六年段階までは党内にも存在していた国境修正の声は、ほとんど聞かれなくなったのである[3]。

だが、ドイツ民主共和国の住民が、党指導部の方針に合わせてオーデル＝ナイセ線を承認してしまったとは考えにくい。住民の間には、依然として国境線の確定に反対の者も少なくなかったであろう（Lehmann 1979：156–157）。一九五〇年代前半に連邦共和国の研究者が「試験的に」行なった調査によれば、多くの被追放者はこの国境線を拒絶していたようである（Seraphim 1954：175–176）。しかし彼らは、公共の場で国境線問題について発言する回路を奪われていたのである。

「移住者」問題のタブー化

このようなオーデル＝ナイセ線承認への動きは、被追放者問題のタブー化とも関係してくる。占領の最初期から、ソビエト占領地域では「追放」や「被追放者」という語の代わりに、「移住 Umsiedlung」ないし「移住者 Umsiedler」という語が用いられてきた。「移住」という言葉には、「追放」の歴史的経緯、特にその強制性や暴力から注意をそらすという作用がある（この用語法については第2章注12を参照）。国境の西方移動とドイツ人住民の強制移住を積極的に推進してきたソ連にとって、「追放」は反ソ的な挑発を意味する語と見なされた。

しかし戦争直後の時期に、ソビエト占領地区で積極的な「移住者」受け入れ政策が行なわれていたことを無視することは出来ない。西側占領地区での「被追放者」政策が停滞気味であったのと対照的に、ソビエト占領地区での対応は迅速であった。一九四五年九月には「移住者中央管理部」が設置され（Lehmann 1978 : 63）、一九四六年からは「移住者」に対する緊急援助が開始されている。しかしより重要な意味をもったのは、ソビエト占領地区における土地改革である（Schwartz 1997 : 179–180）。「ユンカーの土地を農民の手に」をスローガンにして行なわれた土地再配分政策の結果、多くの「移住者」にも現地住民と同様土地が供与された。その政策は、少なくとも「移住者」の物質的生活状況に関してはかなりの成果をあげたものと思われる。

しかしソ連軍政部と民主共和国政府は、「移住者」を独自の人口カテゴリーとして扱うことはしなかった。彼ら自身による団体形成も認めなかった。そのため、「移住者」が公式の統計データによって把握されることはなく、また連邦共和国のように彼ら独自の利害関心を表明する諸団体も出現しなかった。むしろソ連軍政部と民主共和国政府は、彼らが独自のアイデンティティを持つこと（連邦共和国における「被追放者」のような）を出来うる限り回避しうることに努めたのである。そこには、「移住者」の故郷回帰願望が、国境修正要求につながることを避けるという意味もあった。

一九四〇年代末から、民主共和国政府は「移住者問題は解決した」というスタンスをとるようになっていく。それは、同時期に民主共和国がオーデル＝ナイセ線を承認し、「移住者」たちの故郷帰還が政治的にほぼ不可能になったことと連動するものだったと考えられる（Schwartz 1997 : 190）。さらには「移住者」という語でさえ、公式の場では用いられなくなる。一九五〇年には社会主義統一党の中央委員の一人が、「移住者たちが、もはやこれまでのように自分たちを特別の利害関心をもった特殊な集団とみなすことがないように注意する時代である」と発言しているが、この発言は民主共和国の指導者たちの「移住者」に対する見方を良く示している（Ibid. : 186）。こうしてドイツ民主共和国では、「追放」という歴史的事実のみならず、「移住者」という語すらタブー化されていってしまうのである。(4)

2　国境修正要求の語法と論法
――帝国アイデンティティの作用

ポーランド、ドイツ民主共和国という、直接国境を接する二つの社会主義国がいちはやくオーデル＝ナイセ線を国境として承認したのに対し、ドイツ連邦共和国は建国時から一九六〇年代にかけて、一貫してこの国境線の修正を要求し続けた。そこで繰り返し登場してくるのが、「一九三七年のドイツ帝国」という概念であり、「一九三七年のドイツ帝国は存続する」という理解であった。このような理解の方法（それをここでは「帝国アイデンティティ」と呼んでいる）は、いかに現われ、どのような根拠を持ち、どれほどの有効性をもつものだったのか。本節はこれらの問題について論じる。

「一九三七年のドイツ」――ロンドン議定書から来る「ドイツ」概念

西側占領地域では、大戦直後からオーデル＝ナイセ線の修正が主張されていた。一九四七年四月には、ヘッセン州が閣議において、「ドイツ人は決してオーデル＝ナイセ線を承認しない。ドイツが存続している限り、一九三七年まで保有していた領土を保有し続けなければならない」（Lehmann 1979：113）という決議を出していた。「一九三七年まで保有していた領土」という概念は、一九四四年九月一二日に英米ソの間に取り交わされた「ロンドン議定書」の文言から来ている。この議定書は、戦後ドイツの占領政策についての合意文書であり、「ドイツは一九三七年一二月三一日の国境内において存続し、占領の目的で三つの地区に区分される」（DD：59）と明記されている。「一九三七年一二月三一日の国境におけるドイツ」という概念は、ドイツ軍降伏後の一九四五年六月五日に英米仏ソがドイツの占領を宣言した「ベルリン宣言」にも踏襲され、その第二条には「連合国代表によって与えられた指示に従って、「ドイツの」兵力はドイツの国境（一九三七年一二月三一日の時点における）の外側にある全てを撤収する」と書かれた

(DD：66)。

「一九三七年のドイツは存続する」。この連合国の合意によってつくり出された解釈が、今後一九九〇年にドイツ連邦共和国が最終的にオーデル＝ナイセ線を承認するまでの間、国境線修正の要求の前提としてのドイツの自己理解のパターンになる。

この自己理解のパターンに依拠してオーデル＝ナイセ線修正を主張する論法は、戦争直後の西側占領地区の州政府や諸政党の間に広まっていた。ドイツ社会民主党（ＳＰＤ）の党首クルト・シューマッハー（彼は西プロイセン出身の被追放者である）は、早いうちから積極的にオーデル＝ナイセ線の修正を主張し、一九四七年六月二七日の党大会では、次のように述べている。「われわれ社会民主主義者がドイツの領土について語るとすると、つねにヴァイマル共和国の領土でしかありえない。……われわれ社会民主主義者は、オーデル川、ナイセ川以東の全ての領土が失われたものと見なしてはいない」(Jahn 1985：37)。ここでは、シューマッハーの言う「ヴァイマル共和国の領土」とは、「一九三七年のドイツ」の領土と同一であるという点が重要である。「一九三七年のドイツ」とは、一九三八年にナチスが対外侵攻する以前のドイツであり、領土的にはヴァイマル共和国の範囲と同一だった。つまり「一九三七年のドイツ」という概念は、ナチスに敵対的だったシューマッハーのような社会民主主義者も共有できるナショナル・アイデンティティだったのである。

ここに、帝国アイデンティティの利点の一つが見てとれる。一九三七年がすでにナチス時代であったため、現在から見ると誤解を招きやすいが、「一九三七年のドイツ」はその国境線においてナチス前のドイツのことを意味していた。少なくとも、当時の論者達にとってはそうだった。ナチス前のドイツと戦後のドイツとの連続性を主張することで、論者達はナチス時代の歴史を括弧の外へと括り出し、ナチスの過去に触れることなく国境修正を主張することが出来たのである。

「ドイツ帝国は存続する」――憲法上の理解

「一九三七年のドイツ」は、「一九三七年のドイツ帝国」とも呼ばれた。「一九三七年のドイツ」という概念が、連合国の合意文書に由来する「外来」の概念であるとすれば、「ドイツ帝国」の概念は「土着」である。しかし「ドイツ帝国 Das deutsche Reich」の概念の意味には注意を要する。しばしばナチス時代の「第三帝国」のことであると誤解されているからである。

戦後連邦共和国の法的論議でしばしば登場する「ドイツ帝国」は、特定の政治体制を指すものではなく、ドイツの法的・領域的枠組み一般を指す概念である。例えば、ナチス以前のヴァイマル共和国も、ヴァイマル憲法によって「ドイツ帝国」と呼ばれていた[5]。戦後の西側地区で「ドイツ帝国は存続する」と論じられたときに意味されていたのは、ナチスドイツが存続しているということではなく、複数の占領地区への分裂にも関わらず、ドイツという国家の枠組みは消滅していないということであった。それはまた、占領が終了した後にドイツという国家はその「一体性」を回復するということを意味するものでもあった。ドイツ軍の降伏、ナチスの解体にもかかわらず「ドイツ帝国は存続する」という理解は、すでに西側占領地区の法学者、行政官、政党政治家の間ではほぼ一致した見解となっていた(Diestelkamp 1985)。

この解釈は、連邦共和国の憲法にあたる基本法にも反映されていた。基本法制定に関わったドイツの政治家達は、基本法において将来の「ドイツ」の国家的・国民的「再確立」を可能にするような法的状態を設定した。つまり連邦共和国は存続する「ドイツ帝国」の一部が組織化された過渡的・暫定的な政治体に過ぎず、新たなドイツ国家の建設ではないという状態である。政治的事実として連邦共和国は実効力のある主権国家ではあるが、法的にはドイツ帝国が存続している。このような政治的実効力と法的原理の二元論が、連邦共和国の「ドイツ」に関する公式の見解であった。この解釈は、連邦憲法裁判所でも繰り返し確認されている[6]。

さらに戦後の連邦共和国の法的理解によれば、存続している「ドイツ帝国」とは「一九三七年一二月三一日時点の国境におけるドイツ帝国」のことであった。基本法では第一一六条一項において、この「一九三七年のドイツ帝国」概念が現われる。ただ、それは直接的な表現ではない。この条項は、「基本法の意味でのドイツ人」を定義した部分である。それによれば「基本法の意味でのドイツ人とは、……ドイツ国籍［Staatsangehörigkeit］を持つか、あるいはドイツ人の民族帰属［Volkszugehörigkeit］をもち難民か被追放者あるいはその配偶者や子孫として一九三七年一二月三一日時点でのドイツ帝国の領土に受け入れられたものである」（BGBl I/1949）。

この条項の主要なテーマである「ドイツ人」概念の理解（国籍保持者としてのドイツ人と民族帰属をもつ被追放者としてのドイツ人の二種に分ける方法）の意味に関しては、ここでは説明を省略する。ここで差し当たり重要なのは、「ドイツ人」が、「一九三七年一二月三一日時点のドイツ帝国の領土に受け入れられたもの」と規定されている点である。建国当初の連邦共和国では、これを戦後のドイツの領域的範囲を示すものと理解するのが一般的であった。よって、基本法で規定された「統一」すべき「ドイツ」の範囲も、「一九三七年一二月三一日時点」での領土であるとするのが、憲法上正当とされた解釈だったのである。(7)

「平和条約規定」――ポツダム協定からドイツ条約へ

ポツダム協定の解釈

前章で述べたように、オーデル＝ナイセ線はポツダム協定第九条において規定されていた。ポツダム協定は東方領土をポーランドの「行政下に置いた」に過ぎず、「ポーランドの西側故郷の最終決定は平和条約まで延期される」と規定している。連邦共和国の解釈ではその平和条約が結ばれ、統一が回復されるまで「ドイツ」の国境は未決定であるというものだった。この「平和条約規定」は、「ドイツ帝国の存続」と連動して、今後の連邦共和国におけるオーデル＝ナイセ線修正要求のもっとも重要な法的根拠の一つになっていく。その論法は、初期の議会での討論に明確に現われている。例えば、一九四九年九月二〇日にコンラート・アデナウアーが、首相就任直後の演説で次のように述べている。

ここでドイツにおいてことのほか切実で、我々民族（人民）全体にとっての死活問題である問題に移らせていただきたい。その問題とはヤルタとポツダムの協定とオーデル＝ナイセ線にかかわることです。ポツダム協定には次のようにあります。「三政府の首脳は、ポーランドの西側国境の最終的確定は、平和条約まで延期されなければならないことを確認する。」

（右側より：「よく聞け」）

ですから我々は、どんなことがあっても、ソ連とポーランドが一方的に企てた領土の分離を認めることはできないのです。

（右側、中間、社会民主党から：「まさにそうだ！」そして活発な拍手。）

この領土の分離はポツダム協定に違反しているだけではありません。また一九四一年の大西洋憲章にも違反しているのです。この大西洋憲章にはソビエトも明らかに加わっているのです。

（さらなる同意。右、中間から。）

大西洋憲章の決議の意味は疑問の余地なく明確です。国際連合の総会では一九四八年一一月三日に、できうる限りこの原理に基づいて平和条約を締結するよう諸大国に要求しています。われわれは、この領土への要求を秩序だった法的手続き［Rechtsgang］によってさらに追及していくことをやめることはありません。（BT 1/5：28–29）

ここでアデナウアーの主張のその根拠として第一に強調されているのが、ポツダム協定第九条の条文だった。彼はその条文を引用し、領土問題に関する「秩序だった法的手続き」を追及していくべきだと述べている。

また、アデナウアーが大西洋憲章に言及していることにも注目すべきである。これも連合国が戦争中に定めた戦後の世界秩序に関する共同宣言であり、侵略拡大主義の否定、人民の意志に反する国境修正の禁止などがうたわれている。ポツダム協定同様、その宣言にはドイツ代表は参加していないどころか、ドイツを敵国と想定したものだった。アデナウアーはこの国際的合意文書を逆手にとり、それを根拠にドイツの領土に関する「秩序だった法的手続き」を要求するという方法をとったのであった。それは戦後の連邦共和国が、ナチス時代の侵略・拡大主義の非難を回避し、国際的に受け入れられやすい形で領土要求を行なうことの出来る、一つの有効な方法であった。

ポツダム協定の平和条約規定を根拠にした国境修正要求の論法は、一九五〇年六月一三日の連邦議会決議においても用いられている。この決議は、ドイツ民主共和国がポーランドとの間に結んだゲルリッツ協定（本章第1節参照）に抗議し、ドイツ共産党を除く連邦議会の全会派が、連邦参議院と連邦政府の同意の下に出した、まさに連邦共和国の「総意」を表明する決議文であった。

社会民主党の長老議員パウル・レーベ（彼は戦前シュレージエンでの労働運動に関わっていた）が、連邦議会でその決議文を読み上げる場面を引用してみよう。

ポツダム協定に従うなら、ドイツのソビエト占領地区の一部としてのオーデル＝ナイセ以東のドイツ領は、ポーランド共和国に当座の間だけ統治を委託されただけのものであります。この領土はドイツの一部なのです。

（長い、活発な拍手。ライマン議員［ドイツ共産党］：「発言をさせてください」。さらなる拍手。ドイツ共産党の議員を除く全ての議員と連邦政府、連邦参議院の代表者が席から立ち上がる。拍手が継続。ドイツ共産党からの野次：「静かにしろ！」）

皆さん、何人たりとも

（ドイツ共産党からの野次：「戦争連合だ！」）

独断で土地と人間を犠牲にさせ、放棄の政治を強要する権利は持たないはずです。東側であろうが西側であろうが、ドイツの全ての領土問題同様、この問題の決着は、平和条約でのみ実現されるものであり、その平和条約は、民主的な選挙で選ばれたドイツ政府によって、友好関係と全ての諸国民とのよき隣人関係の条約としてできるだけ早期に締結せねばならないものです。

皆さん！　オーデル＝ナイセ線を「不可侵」なドイツの東部国境と確定することに協力することに対し、いわゆるドイツ民主共和国の暫定政権が賛同の意を表わしています。これはこの政権が外国権力に対し恥ずべき従属状態にあることを示すものです。連邦政府は、このような行為を拒否することが、ソビエト占領地区のドイツ人の名に

おいて語っていることにもなるのだということを承知しています。(BT 1/68：2457–8)

この決議文はまた、オーデル＝ナイセ線に対するドイツ民主共和国とドイツ連邦共和国とのスタンスの差を明確に表わすものでもある。民主共和国はオーデル＝ナイセ線を「平和国境」と見なしたが、連邦共和国の側から見れば、オーデル＝ナイセ線を承認してしまった民主共和国は、ソ連への「恥ずべき隷属状態」にあった。

オーデル＝ナイセ線に反対するという点では、野党の社会民主党も政府やキリスト教民主／社会同盟とほぼ同様の立場をとっていたことは強調しておく必要があるだろう。というのも、社会民主党は後に、党首となったヴィリー・ブラントの下、オーデル＝ナイセ線を承認する「新東方政策」を推進していくことになるからである。しかし一九五〇年代の社会民主党は、明確に「修正主義」の立場だった。一九五二年の党の活動綱領には、以下のように書かれている。ポツダム協定に依拠すると共に、「一九三七年のドイツ」概念も動員され、この時代の連邦共和国の修正主義要求の典型的論法が見られる。

平和と自由な中でのドイツ統一の再確立はドイツ人民（民族）の緊急の政治的要求である。……ドイツの領土と国境の規定は平和条約に委ねられている。ドイツの一部分の政権が占領国との取り決めによってこの問題について決定を先取りしてはならない。一九三七年にドイツに帰属した領土の割譲は、新たな公正ではなく、新たな不公正をつくりだす。ドイツ社会民主党は、西においても東においても、そのような領土の割譲を認めるわけにはいかない。(DP：265)

この文言は、一九五四年の同党の活動綱領にも受け継がれている。

ドイツ条約　ドイツ条約とは連邦共和国の主権獲得を認めた、英米仏との間の条約である。一九五二年に作成され、最終的には一九五四年にパリで調印され、翌年から施行されることになった。そこで、ポツダム協定の平和条約規定が引き継がれることになった。以後連邦共和国のオーデル＝ナイセ線修正要求の法的根拠が、このドイツ条約の第二条と第七条に求められるようになる。そこには次のような文章が記されている。

第二条
　ドイツの再統一と平和条約締結をこれまで阻んできた国際的状況をかんがみ、［英米仏の］三カ国はこれまで行使され、あるいは所持されてきたベルリンおよび全体としてのドイツ［Deutschland als Ganzes］に対する、再統一と平和条約締結に関する権利と義務を持ち続ける。

第七条
(1)　署名国は次のことに合意する。その本質的な共通の政治目標は、ドイツとかつての交戦国との間に自由な合意によって結ばれた、全ドイツ［ganz Deutschland］に対する平和条約規定である。その平和条約規定は永続的平和の基礎を構築するべきものである。署名国はさらに次のことに合意する。ドイツの国境の最終的な確定［Festlegung］は、この平和条約規定が結ばれるときまで延期されなければならない。
(2)　平和条約規定締結まで、署名国はその共通目標を平和的手段で実現するために協力する。その共通目標とは、連邦共和国と同じような自由で民主的な憲法をもち、ヨーロッパ共同体に統合された、再統一されたドイツのことである。（DD：86–87）

　ここには、ドイツの最終的国境線が平和条約締結まで未決定であるということ、それまでのあいだ英米ソ三カ国が「全体としてのドイツ」の状況に対して権利と義務を持ち続けている（つまり、英米仏が「全体としてのドイツ」の存在を認めているということを意味している）ことが明記されている。「全体としてのドイツ」とは表現が曖昧だが、一九五〇年代には、「全体としてのドイツ」とか「全ドイツ」という概念は、「一九三七年のドイツ帝国」を意味するものと受け取られることが一般的であった。また、それを前提とした場合、「再統一されたドイツ」とは、「一九三七年」時点の国境が回復されたドイツのことを意味することになった。

ドイツ条約に、こうした文言を盛り込むことができたことは、アデナウアーの外交的成功と言ってよい（Frohn 1996：501–507）。というのは、英米はすでに一九五〇年の段階で、ドイツの「再統一」がオーデル＝ナイセ線以西の範囲でしかありえないことを認識し、それをアデナウアーに伝えていたからである（Foschepoth 1985：87）。アデナウアーは交渉の過程で、オーデル＝ナイセ線が将来修正可能であるような法的文言を含んでいない限り、連邦議会や世論はドイツ条約を認めないであろうと述べた[8]。その結果、「一九三七年のドイツ帝国は存続する」という連邦共和国内での解釈と、矛盾が起こらないような条文が作成されたのであった。

帝国アイデンティティの歴史的限定性

ドイツにおいて「帝国 Reich」とは、ビスマルクにより達成されたドイツ帝国、さらには一五世紀の「ドイツ・ネーション の神聖ローマ帝国」にまで遡ることのできる歴史的概念でもある。戦後の連邦共和国においてもやはり「帝国」の概念は、ナチス以前から続く「祖国」の歴史的連続性を暗示するものだった。しかしまた「帝国」の概念が、歴史的に極めて限定された形で理解されていたことに注意する必要がある。「一九三七年一二月三一日時点」という限定は、戦争終結時に出された国際法的な規定、しかもドイツが参加していない敵国の間での国際的合意文書に基づいてなされたものであった。

たしかに東方領土を始めとする東方におけるドイツ人居住地域の歴史は、中世の東方植民にまで遡って解釈することが可能であり、「七〇〇年の歴史をもつドイツ人の土地」というような表現も、東方領土を語る際に用いられることもあった。しかし、それを公的な根拠として国境修正について要求するという論法は、連邦政府や主要政党の言論を見るかぎり、あまり見られない。戦後ドイツでの公式ないし主流の論法では、歴史的というよりもむしろ法的な側面が強かった。その理由としては、法（特に国際法）的根拠が、敗戦国としてのドイツの国家が国境修正要求のために用いることのできる、国際的に通用する根拠として、考えられうるかぎり最良のものだったということがあるだろう。また一九五〇年代のドイツ連邦共和国において、過去からの連続性に依拠して自国の存在を語るということ自体が、回避される傾向にあった。ナチズム時代との過去を断ち切り、新たな出発点に立とうという自己認識が、その背景にあった。[9]「未来に焦点を当てることで過去を回避するということが、「経済の驚異」と呼ばれる一九五〇年代全体を特徴付けていた」のである（Olick 2007：63）。[10]「ドイツ帝国」概念の理解が、一九一四年以前に遡及されにくかったことの一因は、ここにあると思われる。

一九五〇年代前半までの主要政党・世論の状況

オーデル＝ナイセ線は承認しない。「一九三七年のドイツ帝国」は戦後も存続している。このような広範囲な合意に対し、連邦共和国の初期において、連邦議会に議席を持っていた主要政党の中で、唯一抵抗していたのはドイツ共産党であった。ドイツ共産党は、社会主義諸国と友好的な関係にあり、その主張もポーランド、ドイツ民主共和国などの社会主義諸国のものとほぼ同様であった。当時のドイツ共産党がいかに孤立していたのか、それが以下のドイツ共産党議員マックス・ライマンの発言に対する議場の混乱ぶりからも鮮烈に伝わってくる。この発言は一九四九年九月二二日、前述のアデナウアーの就任演説の二日後に行なわれたものである。ライマンは、戦争末期における連合国間の的合意文書を示しつつ、次のように述べる。

ライマン［ドイツ共産党］：これらの資料から見まして……次の疑問が沸いてきます。ドイツ人の移住をあれほど熱心に支持し、オーデル＝ナイセ線を共に画定していた西側連合諸国が、今日彼らによって促進された方針を変更しようとしているのは、いったいどうしてなのかということです。

（シュトラウス議員：「ドイツ人としてあなたは、オーデル＝ナイセ線を支持しようと言うのか？」）

答えは簡単です。

（中央からの野次：「ドイツ人として振舞え！」）

なぜなら、あなた方が望んだのと違い、ポーランドとチェコスロヴァキアはイギリスとアメリカの影響下から解放されたからです。……ポーランドに英国寄りの政権が成立していたのなら、チャーチルは……

（さらに活発な野次）

国境がシュプレー川［ベルリン市内を流れる川―引用者注］まで移動していたとしてもそれを容認していたでしょう。

（さらなる憤慨した野次：「暴徒め！」――レンナー議員［ドイツ共産党］：「いったいどこに暴徒が座っているというんだ？」）

しかしイギリスとアメリカの影響力がそこから排除されてしまったので、国境を修正しようと考えるようになったわけです。

（大混乱。レンナー議員：「その通り！　見事だ！」。中央、右側からの笑い。野次。）

そして、ドイツ人民（民族）に戦争目的を与えることになったのです。……国境修正はわれわれのポーランドとの関係を壊してしまうだけではなく、最終的には戦争を意味します。……そうあってはいけません。われわれ人民（民族）が、第三次世界大戦で消滅してなくなるようなことになってはならないのです。

（活発な野次）

オーデル＝ナイセ国境は平和国境なのです。

（継続する憤慨のヤジ：「この野郎」――騒擾――議長の鐘――憤慨の野次：「出て行け」）――ライマン議員：「わたしは全て話しを終えるまで出ては行きませんよ。」）（BT1/7：64–65）

ライマンは、英米の態度の矛盾をつき、オーデル＝ナイセ線修正が、西側陣営の単なる反共政策であり、ドイツに「戦争遂行」の目的を与えるものであると主張するのである。「オーデル＝ナイセ線は平和国境である」「その修正は戦争を意味する」。これらはもちろん、社会主義国の政府が行なう主張と同様のものである。他の議員はそのようなを得なくなる。これは、連邦議会におけるこの問題に関する合意がいかに強固であったかを示すものでもあるだろう。

発言に激しく反発し、盛んに野次を飛ばす。議場が混乱する中、最後に議長は次のような異例の「仲裁」に入らざるを得なくなる。これは、連邦議会におけるこの問題に関する合意がいかに強固であったかを示すものでもあるだろう。

ケーラー議長：ライマンさん。わたしは昨日から……

（継続する大混乱と野次：「この野郎。出て行け」――シュトラウス議員：「やつをモスクワへ送ってしまえ！制服を着せろ！」――ライマン議員：「わたしは出て行きませんよ」）

ライマンさん。あなたはオーデル＝ナイセ線は平和国境だとおっしゃいました。

（大混乱は鎮まりつつある）

昨日から全ての政党がここで話し合ってきましたが、全ての政党はオーデル＝ナイセ線を国境とすることを否定することで一致してきました。ここでわたしはこのことをはっきりさせたい。

（中央と右側から拍手）

あなたがこのような話をされることは、この議場の圧倒的多数を挑発するものです。あなたには口を慎むようにお願いしたい。

（ブラボーの野次と拍手が中央と右側から――野次と笑いがドイツ共産党から）（BT 1/7：66）

もちろん、このような諸政党・政府の合意の背後には、国内世論の存在があったことは言うまでもない。当時の世論もまた、その圧倒的多数がオーデル＝ナイセ線を認めていなかった。

例えば、連邦共和国を代表する世論調査機関であるアレンスバッハ研究所の調査によれば、一九五一年にはオーデル＝ナイセ線を「承認する」はわずか八パーセントに過ぎず、「承認しない」が八〇パーセントにものぼっている。ドイツ人住民の圧倒的多数はオーデル＝ナイセ線を認めていなかった。それは一九五六年においても大きくは変化しておらず、「承認する」は九パーセントであった（Noelle-Neumann 1983：525）（巻末表三九四頁参照）。他の世論調査機関の調査としては、連合国のドイツ高等弁務官が一九五二年三月から四月にかけて行なった調査がある。それによれば、「西ドイツ人」の八五パーセントが「東西プロイセン、ポンメルン、シュレージエンに対する正当な要求」を主張したという結果が出ている（Merritt and Merritt 1980：175）。また、同じく一九五五年三月から四月にかけての調査によれば、七六パーセントという「圧倒的多数」が、「再統一との引き換えに、オーデル＝ナイセ線を永久に東側国境として認めることに反対」していたという（Ibid.：256）。やはり、圧倒的多数がオーデル＝ナイセ線を認めてはいなかったのである。

このような当時の世論の状況は、地図上における「ドイツ」の表記の仕方とも符合する。一例として、一九五七年にゲオルク・ヴェスターマン社から発行された『世界地図帳』からのドイツの地図を紹介したい（【口絵】参照）。ここでは「一九三七年のドイツ帝国」が、赤く太い実線による国境とその国境内の着色によって周辺国から浮き立たせられている。オーデル＝ナイセ線は、ドイツ連邦共和国と民主共和国の境界線と共に、国境線とは区別された赤い点線で表記されている。東方領土内に関しては、都市名と地域名（ポンメルン、シュレージエン、東プロイセン）がドイツ語で表記され、赤字で「ポーランドの行政下」（東プロイセン北部は「ソヴィエトの行政下」）と記されている。

このようなドイツの表記法は、建国直後から一九六〇年代の終わりに至るまで、連邦共和国内で発行された地図において一般的に採用されていたものだった。それは当時における「ドイツ」の領土的自己理解の枠組みを、鮮明に表現したものと言えよう。一九六一年には、連邦政府の「全ドイツ問題省」（「全ドイツ問題」を担当する省で、一九七〇年まで存在していた）が地図表記のガイドラインを出し、「一九三七年の国境線」を表記するように指示まで出している（Vonhoff 1980：7）。

この「一九三七年のドイツ」の表記に従えば、ドイツは二つではなく三つに分断されている。一九五〇年代には、この三つの領域を「西」「中部」「東」と区別する用語法が一般的に通用していた。すなわち、ドイツ連邦共和国は「西ドイツ Westdeutschland」、ドイツ民主共和国の地域は「中部ドイツ Mitteldeutschland」、そしてオーデル＝ナイセ線以東の東方領土は「東ドイツ Ostdeutschland」となるわけである。「ドイツ」がこのような三つの地域からなるという認識の方法は、政府が認めた公式のものとなっていた[11]。

それに対し、ドイツ民主共和国で発行されていた地図を見ると、すでに一九五二年発行のものにおいて、「ドイツ」はオーデル＝ナイセ線は東側国境として描かれ、それより東側の地域は全く省かれている【口絵参照】。一九五〇年にオーデル＝ナイセ線を承認しているのだから、当然であろう。民主共和国では、オーデル＝ナイセ線以東はもはや「ドイツ」ではなかった。また、連邦共和国を「西ドイツ」、民主共和国を「東ドイツ」という呼称も公式に用いられていた[12]。

3　東方領土問題と「追放」

「追放」の記憶

前節では、東方領土に対する国境修正要求の根拠として、「ドイツ帝国の存続」という論理を構成する法的な枠組みを中心的に見てきた。しかしそれと共に、「追放」という被害体験の記憶も重要な意味を持っている。オーデル＝ナイセ線設定の「不当さ」は、「追放」の苦難と重ねあわされ、増幅されて理解されたのである。むしろ一般ドイツ人住民に対するアピール力という点では、「追放」がもたらした、身体的・心情的インパクトの方がより「リアル」であっただろう。しかも「追放」の「不当さ」に関しては、戦争直後から西側地区のドイツ人住民の間に広く認められていた（Merritt and Merritt 1970：144–145）。

「追放」の記憶は、連邦共和国建国後も、オーデル＝ナイセ線問題の議論の中でしばしば言及された。例えば、就任直後のアデナウアーの連邦議会での演説の中で、先に引用したオーデル＝ナイセ線に関する発言に続けて、彼は次のように述べている。

被追放者たちの追放は、ポツダム協定での合意に完全に反していると思われる点を、私は指摘したい。

（右側から：「大変に正しい」）

私にとっては、皆さん、被追放者の方々の運命を考えますと、そこでは何百万の方が亡くなっているのですが、

（中央からの野次：「五〇〇万だ！」）

感情を抑えて発言することが大変に難しいのです。……連邦政府はこれら全ての問題に対し、最大限の関心を払っていきます。われわれに与えられている権利にも注意を向けます。

（中央、右側から活発な同意）（BT 1/5：29）

ここでアデナウアーが「ポツダム協定の合意に完全に反している」と述べている理由の一つは、ドイツ人の「追放」が、ポツダム協定の第一三条に規定された「秩序だった人道的な方法」によって行なわれていないという点にあると思われる。何しろその過程で、「何百万の方が亡くなっている」のだから（「五〇〇万」は誇張されすぎているにしても）。アデナウアーは「追放」の過酷さや悲惨さを指摘し、議員の感情に訴えている。それは議場内からかなりの反響を得ていることが伺える。最後に述べている「われわれに与えられている権利」とは、このような「追放」の「不当さ」を、法的合理性のスタンスから主張していくという意志を示していると思われる。

連邦共和国初期において、まず「克服」すべき「過去」とは、ナチス犯罪が招いた犠牲に対する対処ではなく、ドイツ人自身が戦争で受けた様々な被害に対する対処のことを意味していた。そのドイツ人が受けた被害を象徴するものが、東方からの一〇〇〇万人以上ものドイツ人の「追放」であった[13]。このいまだリアルな「追放」というドイツ人犠牲の記憶は、オーデル＝ナイセ線問題との関連でも頻繁に喚起され、動員されたのである。

「追放」の記録

連邦政府は、こうした「不当」な「追放」の歴史を記録する作業を始めていた。連邦共和国に設けられた「被追放者・戦争被害者省」は、一九五〇年代の初めから一九六〇年代にかけて、国内の著名な歴史家を動員し、ドイツ人の

「追放」の歴史に関する大規模な公式記録の作成を行なった（Beer 1998）。それが、『中東欧からのドイツ人追放の記録』と題された全五巻計八冊、総頁数四三〇〇頁に及ぶ大部な書物へと結実することになる。そこには、東方領土、ハンガリー、ルーマニア、ズデーテンラント、ユーゴスラヴィアの地域別に「追放」の歴史の経緯が記述され、それと共に七〇〇以上にも及ぶ被追放者個人の体験談・目撃談が収録されている。[14] 全巻の「巻頭言」には、「追放」という「悲劇」に関する公式記録を作成する必要性が以下のように述べられている。

第二次大戦後ヨーロッパ東部でのおぞましい出来事について後世に伝える本格的な記録は何もない。この悲劇の犠牲者達は、何ら正式な手続きによる公式の報告を行なっていないのだ。これらの犠牲者達に、自分たちの経験の記憶を記録に残し、それを文書にする機会が与えられないならば、彼らは後世から忘れられてしまうであろう。このような考えから、歴史的伝承におけるこの空白を、何千人、何百万人の運命を描き出す一連の記録文書によって埋め合わせようという、被追放者省によって推進された計画が生まれたのである。（DVD I/1：I）

収録された被追放者たちの体験談・目撃談には、暴力、虐待、レイプ、財産没収、家族離散、愛するものの死といった「悲劇」と「苦難」の記憶が数多く物語られている。ソビエト軍の暴虐と非人道性との対比で被追放者は彼らの無辜の犠牲者として語られているが、この語り方は、その後の「追放」の体験談の典型的な語りのパターンとして受け継がれていくことになる。

また、編者達は「巻頭言」の中でこの記録の学問的な客観性を強調しているが、その政治的意味は明らかだった。「追放の記録は、予期される平和条約交渉においてドイツの立場を有利にしうる保証金のようなものとして見なされていた」（Beer 1999：112）のである。編集代表者を務めた歴史学者のテオドア・シーダーも、この記録が「然るべき時に、例えばアメリカ合衆国などにおいて、特にオーデル＝ナイセ以東の地域の問題に関して、ドイツ民族に有利になるような心の変化」をもたらすことを期待していた（Moeller 2001：62）。ドイツの国境が最終的に決定されるはずの平和条約において、「追放」、そしてそれをもたらしたオーデル＝ナイセ線の設定の「不当さ」を明らかにするための「証言集」という意味合いが、この『中東欧からのドイツ人追放の記録』にはあったのである。そのためこの記録は、他国、とりわけ東欧社会主義諸国からは「帝国主義的、ネオファシスト的プロパガンダ」という批判を受けることにもなった（Ibid.：113）[15]。

「被追放者」に対する保護政策

さらに連邦共和国は、東方領土を含む中東欧全体から追放されたドイツ人（「被追放者」）を保護することを特別な義務と見なし、建国時から被追放者を国内に受け入れるための法体制を確立していた。

まず、法的地位の問題に関しては、先に紹介した基本法第一一六条一項の規定により、「民族帰属」をもつ「被追放者」を「基本法の意味でのドイツ人」と見なし、彼らに自動的にドイツ国籍を付与してきた。また、基本法に現れる「被追放者」の概念については、一九五三年に「連邦被追放者法」を制定し、その法的地位を明確化した[16]。

さらに連邦政府は、第2章でも紹介したように、「被追放者・戦争被害者省」（通称「被追放者省」）を設け、被追放者の被害に対する物的な支援や保障を行なっていった。その基盤となったのは、一九五二年に制定された「負担均衡法」である。被追放者を中心とした戦争被害者の「負担」を、連邦共和国の国民全体で「均衡」して「負担」し合おうというこの法律は、国内の全資産に対し評価額の五〇パーセントの税金をかけ、それを財源にするという大規模な施策だった[17]。それでも、被追放者の全ての被害（失った財産など）をカバーするには不足していた。しかしこの法律は、戦争直後の連共和国のとった被追放者に対する補償政策の中心として、被追放者を連邦共和国という「新たな故郷」へ統合する大きな要因となった。

しかし、東方領土との関係で特に重要な意味を持つのは、こうした被追放者の連邦共和国内における保護よりは、むしろ被追放者の「故郷」に関する保護政策の方であろう。

連邦共和国にとって、「追放」は決して一九五〇年で終わった出来事ではなかった。それはその後も継続しているものと見なされていたのである。よって、「被追放者」の受け入れも戦後一貫して続けられた。一九五〇年以後に受け入れる「被追放者」のことを、「アウスジードラー」と呼ぶ。アウスジードラーの地位は、連邦被追放者法の中に、「被追放者」の下位概念として明記されている（注16を参照）。戦後社会主義諸国に残留したドイツ人たちは、その多くが居住国で国籍を付与されていたはずだが、彼らはまたドイツ連邦共和国にとっては「被追放者」としてドイツ国籍付与の対象となったわけである。

特にドイツ東方領土に残留したドイツ人は、連邦共和国の公式の法的解釈に従うなら、依然としてドイツ国籍保持者であった（Mangoldt 1985）。「一九三七年の国境におけるドイツ帝国」の領域内において、一九一三年制定の「帝国国籍法」は戦後も効力を持ち続けていたからである。だが、もちろんこのような法的解釈は、ポーランドの側からすれば領土修正主義以外の何物でもなかった。

さらに連邦被追放者法は、その第九六条において、追放が行なわれた領域（これを「追放領土」と呼ぶ）におけるドイツ文化財の保護を義務付けていた。すなわち「連邦と州は、基本法によって与えられた権限の範囲において、追放が行なわれた領域における文化財を被追放者・避難民およびドイツ民族全体の意識の中に保持し、また文書館や図書館の中に保護し、追加し、有効に利用しなければならない」（BGB I 22：219）。東方領土を含む中東欧全域における「ドイツ文化」の歴史を、ドイツ国民の記憶の中に保存しようというのである。この条文に基づき、オーデル＝ナイセ線以東のドイツの文化や歴史を保存研究する博物館、図書館、研究所などへの補助が行なわれた。次に述べる被追放者諸団体も、この条文の枠組みの中で援助を受けることになった。

このように、連邦共和国における「被追放者」保護の体制は、被追放者の「故郷」に対し連邦共和国が介入できる法的根拠を提供するとともに、「追放」とオーデル＝ナイセ線設定の「不当さ」を内外に向けて主張し続ける制度的基盤として作用することになるのである。

4 被追放者諸団体と「故郷権」

被追放者は、自分たちの利害や関心を表明する団体を多数結成した。これをまとめて「被追放者諸団体」と呼ぶ。戦争における東方国境修正の最大の当事者である被追放者たちの団体が、東方領土に対して強力な主張を行なうのは当然であろう。じっさい彼らの国境修正要求は、政府や主要政党よりもはるかに徹底したものだった。

被追放者の団体形成

戦争直後、被追放者たちは団体をつくることを禁じられていた。占領軍が、被追放者たちの間から過激な反民主主義的ナショナリズムが発生することを恐れたからである。しかし一九四七年頃から、その団体形成禁止のルールは次第に緩和され、最終的には撤廃されることになる。その結果、被追放者の間で様々な団体が結成されるに至った。その喫緊の目的は、行方不明者探しや生活の相互扶助であった。その組織の規模は次第に拡大し、やがては行政や立法において意見表明を行なう利益団体へと発展していく。

被追放者諸団体は、大きく言って二つの方向から組織化が行なわれた。一つは連邦共和国内での居住地を基盤として形成された経済社会的利益団体、もう一つは被追放者の出身地を基盤として形成された同郷人会（Landsmannschaft）である。[18]

第一の組織化においては、一九四五年に全国組織として「被追放者ドイツ人中央協会（Zentralverband der vertriebenen Deutschen、略称ZvD）」が結成された。この全国組織を構成する諸団体は主として、被追放者の生活保護や援助・補償を求めて政府や主要政党に対して働きかけを行ない、負担均衡法成立以後は負担均衡政策における諮問・助言により行政の補助機関としての機能も果たした。一九五四年に被追放者ドイツ人中央協会は、被追放者諸団体の統一を目指して「被追放者ドイツ人連盟（Bund der vertriebenen Deutschen、略称BvD）」へと改組された。だがそのころから、この組織の政治的影響力は低下し、メンバー数も減少していった。

第二の組織化においては、シュレージエン、ポンメルン、東プロイセン、オーバーシュレージエン、ズデーテンラント、ダンツィヒ、西プロイセンなど、各地域ごとの多数の同郷人会が乱立する状況にあった。これらの同郷人会は、社交の場の提供や出身地域の文化や習慣の保存を通じて、物質的援助だけでは十分に充たされえない被追放者の精神的拠り所としての役割をになった。それと同時に同郷人会は、自分たちの出身地、すなわち「故郷」に対する政治的要求を行なった。彼らの「故郷政策 Heimatpolitik」は連邦政府の外交政策への介入へと向かった。オーデル＝ナイセ線問題は、この「故郷政策」の中心的なテーマである。一九四九年には、「統一東ドイツ同郷人会（Vereinigte Ostdeutsche Landsmannschaften、略称ＶＯＤ）」が結成され同郷人会の統一組織となった。それは、一九五二年に「同郷人会同盟（Verband der Landsmannschaften、略称ＶｄＬ）」へと改組された。被追放者ドイツ人中央協会／被追放者ドイツ人同盟とは対照的に、同郷人会同盟は一九五〇年代後半になると外交問題において次第に政治的な存在感を強めていった。

これらの諸団体は、それぞれに利害も異なり、また人的な対立関係もあって、一致した行動をとることが難しかった。しかし紆余曲折の後、一九五七年一〇月に全被追放者団体を統一した「被追放者連盟（ＢｄＶ）」が結成された。被追放者連盟は、被追放者諸団体の緩やかなネットワークを形成しており、決して強固に統合された団体ではない。しかし、被追放者連盟の誕生は被追放者諸団体の歴史には画期的な転換点となった。一九六三年に被追放者連盟のメンバーは二二〇万人を数え（Wambach 1971：51）、連邦共和国における労働組合に並ぶ巨大な利益団体として大きな政治的影響力をもつようになる。

「故郷権」の概念

被追放者諸団体の「故郷政策」の中核となった概念が「故郷権」である。「故郷権（Heimatrecht ないし das Recht auf die Heimat）とは、文字通り自分たちの「故郷」での生活を保証する権利のことである（Kimminich 1996）。この概念は英語や日本語などには対応するものが見当たらないドイツ語独自の概念である。連邦共和国においては、「故郷権」は普遍的な「人権」の一部として政府や主要政党の政治家によって広く言及されるようになる。彼らはこの概念を根拠として用いることで、「追放」やオーデル＝ナイセ線設定の不当性を主張することが出来た。暴力的な国境修正や「追放」は、ドイツ人に対する「故郷権の侵害」と見なされたのである。例えば、社会民主党の党首シューマッハーも、「オーデル＝ナイセ問題は、領土問題のみならず、故郷帰還権と故郷権の問題でもあるのです」（BT 1/168：2470）という発言を行なっている。ちなみに、シューマッハー自身も西プロイセンの「故郷」から「追放」された人物であった。このように「故郷権」概念は、「一九三七年のドイツ帝国」と共に、国境修正を主張する根拠としての「ドイツ」の自己理解、すなわち帝国アイデンティティを構成する法的概念の一つとなった。

【図9】被追放者の大会（1950年8月5日、シュトゥットガルト）。ここで「故郷被追放者憲章」が採択される。ⒸUllstein

その「故郷権」概念が最初に登場する公的文書は一九五〇年八月五日に採択された「故郷被追放者憲章」である。この「憲章」は、ポツダム協定五周年を記念してシュトゥットガルトで開かれた被追放者の大会で採択されたものであり、その後被追放者諸団体の政治活動の「バイブル」的存在として、現在に至るまで繰り返し引用されている。「故郷権」に関する部分は次のように書かれている。

> われわれは自らの故郷を喪失した。故郷喪失者はこの地上における異邦人［Fremdlinge］である。神は人間の身体を故郷に置いた。その人間から強制的に故郷を奪うということは、精神において人間を屠るということだ。

われわれはこうした［強制的に故郷を追われたという辛い］運命をこうむり、経験をした。よって、故郷への権利を、神から授かった人間の権利として認め、実現していくことを要求する使命がわれわれにあると感じている。……（EDP 1：17）

「憲章」は、「故郷権」を「神から授かった人間の権利」という、ある種の普遍的原則として打ち出している。そこには、ナチス時代の人種的民族概念への回帰であるという疑いを回避し、「故郷権」を国際的に受容可能な概念にしようという、被追放者のリーダーたちの意図が反映されている（Ahonen 2003：42）。

また、ここで注目すべきなのは、「故郷権」についての記述の前段で「報復と復讐を放棄する」という「決意」が述べられ、「この決意はこの一〇年間の間に人間に加えられた、果てしない苦しみを心にとどめたうえでのものであり、われわれにとって真剣かつ神聖なものである」とされていることである（EDP 1：17）。さらに「憲章」は、「われわれは、恐怖や強制なく諸民族が生活することのできる、統一されたヨーロッパの構築にむかうどのような出発点も支持する」と述べている。これらの平和志向・ヨーロッパ志向の言明は、「報復主義」とか「侵略主義」というような被追放者の主張への批判に対する回答として、被追放者のリーダーたちが用意したものであろう。いかにすれば「報復と復讐を放棄」し、「統一されたヨーロッパ」の中で、侵害された「故郷権」を回復できるのか、その方法論は明確ではない。しかし、その後この「報復と復讐の放棄」という言明は、「故郷権」概念と並んで現在にいたるまで頻繁に引用されるものとなっていく。

被追放者諸団体の活動

被追放者諸団体はその政治的目的を達成するために様々な手法を用いた。それを簡単に列挙しておこう。

まず第一は、行政への直接の介入である。被追放者諸団体は、州政府・連邦政府の行政に対し、情報や人材の提供、業務の分担などを通じて影響力を行使した（Wambach 1971：67–69）。「負担均衡」などの社会政策に関しては、政府からの諮問やヒアリングを受け、また助言を行なった。前述の通り、連邦政府には「被追放者省」が設置されており、文字通り被追放者の問題（特に彼らへの援助・補償）を専門に担当していたが、これが政府と被追放者諸団体との協力関係を促進する基底的制度として作用した。また、この省では被追放者が多く官僚として働いていた。外交的な問題に関しては、全ドイツ問題省や外務省が、被追放者諸団体の活動の舞台となった。一九五三年以降、ベルリン四カ国会談（一九五三）やアデナウアーのモスクワ訪問（一九五五）など、国境線問題に関わるような国際会談には、被追放者諸団体が常にオブザーバーを送っていた（Ibid.：82–91）。また、被追放者諸団体は、外務省に対して被追放者諸団体と共同の外交委員会の設置を求めたり、外務省内に「東方局 Ostabteilung」の設置を求めたが、これらは実現するに至らなかった。

第二の手法は、政党への介入である。まず被追放者諸団体は、選挙の際の票の組織化を通じて主要政党に圧力をかけることができた（Brües 1972：169–187）。国内における被追放者の数を考えれば、政党に対する彼らの影響力は大きかったことが容易に推測できるだろう。一九五七年に結成された被追放者連盟は、労働組合に次ぐ規模をもつ利益団体であった。また被追放者諸団体は、政党内での委員会や作業グループへの参加を通じて、情報や人材面での協力を行なった（Wambach 1971：94–98）。それは当然、政党の政策に対する影響力を恒常化する制度的基盤となるものでもあった。しかし被追放者諸団体は、どこか特定の政党との関係を強化することを避け、「超党派」の立場を維持し、その立場から複数の政党に対する影響力を行使しようとした。その方針は、被追放者諸団体を党派的に分裂させないためにも（実際被追放者諸団体のメンバーの中には、右から左まで様々な立場の人間がいた）、また被追放者相互のコミュニケーションの促進のためにも重要な意味をもった（Brües 1972：81）。

第三の手法としては、直接の議会活動への参加がある。後述するように、被追放者は一時独自の政党（ＢＨＥ）を結成していた。ここでは一般の政党内における被追放者議員の個別の活動のことについて述べたい。多くの被追放者諸団体関係者が、主要政党への加入を通じて州議会や連邦議会の議員となり、直接議会において被追放者の意志や利害を代弁した。連邦議会における被追放者議員の数を見ると、一九四九年の第一議会で四〇二人中六〇人、一九五三年の第二議会で四八七人中六五人、一九五七年の第三議会で四九七人中五五人などとなっている（Neubach 1989）。このうち、第二議会では被追放者政党（GB／BHE）の議員二七人が含まれているが、その他は一般政党に所属する被害放者議員である。被追放者議員の全てが、被追放者諸団体の活動を支持していたわけではなく、むしろそれに対して消極的ないし対立的な立場をとるものもいた。しかし、被追放者諸団体の幹部の多くは連邦議会において議席を持ち、議会での発言の持ち時間や個別の委員会・作業グループなどへの参加を通じて、被追放者の意志や利害を代弁した。

被追放者諸団体との関係の深い議員は、しばしば自分の所属する政党の方針と被追放者諸団体の方針との間のディレンマに苛まれた。特にオーデル＝ナイセ線問題に関し、外交上の配慮から明確な態度表明を控える政党と、この問題を第一義的に考える被追放者諸団体との間の対立は、被追放者議員の活動にも影響を与え、彼らの明確な「故郷返還」の要求は緩和されざるを得なかった。結果からすると、このディレンマを通じて、被追放者は次第に連邦共和国の政治体制に「統合」されていったのである。

第四の手法は、世論へのアピールである。出版物や集会・式典を通じ、被追放者諸団体は積極的に世論へのアピールを行なった。各同郷人会の大会、六月の聖霊降臨祭の日の「ドイツ人故郷の日」、そして九月初旬に行なわれる「故郷の日」などが、集会・式典としては有名である。そこでは被追放者諸団体の幹部のみならず、主要政治家（例えばアデナウアーなど）がしばしば出席し、演説を行なった。そこで政治家たちは、議会や会談などの公式の国事行事では決して行なわないようなリップサービスを行ない、参加する被追放者たちを喜ばせようとした。それは具体性を欠いた「日曜演説」と揶揄されながらも、対外的には「修正主義」の兆候として常に批判の対象となった。

被追放者政党（GB／BHE）の興亡

議会に対して、被追放者自身により、彼らの利害を直接反映するため結成されたのが「故郷被追放者・権利被剥奪者の連合（Block der Heimatvertriebenen und Entrechteten、略称BHE）」（以下BHE）という長い名称をもつ政党だった。

一九五〇年にシュレスヴィヒ＝ホルシュタイン州キールで、ポーゼン出身の被追放者ヴァルデマール・クラフトにより結成されたこの政党は、同年の州議会選挙で二三・四パーセントの得票率を得て、政権にも参画して世論を驚かせた。それは被追放者たちの行政に対する不満の現われであったと推測できる（Neumann 1968：20–29）。その後ＢＨＥは、バーデン＝ビュルテンベルク、バイエルン、ヘッセン、ニーダーザクセン等の諸州でも選挙で躍進し、政権にも参加した。そして一九五二年には、組織を拡大すべく「全ドイツ連合／故郷被追放者・権利被剥奪者の連合（GesamtdeutscherBlock／ＢＨＥ、略称ＧＢ／ＢＨＥ）」（以下ＧＢ／ＢＨＥ）として再編成された。

しかしＧＢ／ＢＨＥは、一九五三年の連邦議会選挙で期待されていたほどの票を獲得することが出来なかった。その得票率は五・七パーセントで、二七議席を獲得した。しかしＧＢ／ＢＨＥは第二期アデナウアー内閣に連立与党として参加し、テオドア・オーバーレンダー（被追放者大臣）、ヴァルデマール・クラフト（特任大臣）の二人を入閣させた。しかしその後同党は、一九五五年にザール問題をめぐってアデナウアー首相と対立し、連立を去って野党にまわる。その際に、二人の大臣はキリスト教民主同盟に移籍し大臣の職にとどまった[19]。

被追放者諸団体と同様、ＢＨＥ（ＧＢ／ＢＨＥ）は、被追放者の社会経済的支援や補償に関する問題と国境線や「故郷権」に関する問題の双方に関わった。一九五二年の負担均衡法成立までは、負担均衡の問題が党の中心的な活動テーマであった（Neumann 1968：174）。一九五一年の党綱領でも、「公正な負担均衡による連邦共和国内での全ての住民への戦争被害の公正な配分」を要求している（Ibid.：441）。

国境線や「故郷権」に関わる問題が前面に出てくるのは、一九五四年頃からである（Neumann 1968：121–122）。例えば、一九五四年五月の党大会で（当時ＧＢ／ＢＨＥは政権与党だった）、党首のクラフトは次のように述べている。「故郷権」という概念を用いた、極めて明快な国境修正要求である。

世界は、連邦政府と連邦議会が、全人民（民族）特にドイツ人故郷被追放者とドイツの東方領土を決して放棄しないということで一致していることを知っています。そのような放棄は考えられないし、あらゆる理性的な思考の埒外にあるものです。……ある民族が、その神聖な権利である故郷への権利を「自由意志で」放棄するなどということは、人間性を無視したソビエト体制において考案されうるような政治的手法に他なりません。(Neumann 1968：121における引用)

しかしGB／BHEは一九五七年の選挙で五パーセントの得票を超えることが出来ず、議席を失い、その後急速に勢力を減退させていった。当時国内の住民の約六分の一が被追放者であったにもかかわらず、GB／BHEが政党として長続きしなかったことの理由は何であろうか。いくつかの理由が考えられる。第一は、負担均衡法が成立し、連邦共和国の経済復興も進んで、被追放者たちが初期の経済的苦境から脱しつつあったということがあげられる。被追放者は、もはや独自の社会経済的利害をもたなくなってきた。第二は、被追放者諸団体との連携を作ることに失敗したことがある。被追放者諸団体は、前述のように「超党派」の立場をとっており、被追放者政党の結成がかえって被追放者の政治的影響力をそぐ可能性があるとして反対の立場をとる幹部も少なくなかった。そのため、被追放者諸団体の幹部議員たちの多くは、GB／BHEに移籍することをしなかった。そのため、被追放者諸団体との間に、当初BHEのリーダーが考えていたような、社会民主党と労働組合のような関係を築くことはできなかった。第三は、アデナウアーによる切り崩しである。アデナウアーやキリスト教民主／社会同盟のリーダーたちは、GB／BHEの成長が被追放者の過激化を招き、それが国内の被追放者たちの同調を得ることを危惧していた。そこでアデナウアーは、GB／BHE抜きですでに過半数を得ているにもかかわらず、あえてGB／BHEを政権与党に取り込み、二人の議員を入閣までさせた[20]。このアデナウアーの切り崩し戦略は、この二人の大臣のキリスト教民主同盟への移籍によって成功する。これがGB／BHEの勢力喪失への契機となった。

こうしてGB／BHEの政治生命は短命に終わった。しかしその存在が連邦共和国の政治に残したインパクトは軽視できるものではない。GB／BHEの躍進は、既存の諸政党に、被追放者の票田としての重要性を再認識させることになったからである。諸政党はこぞって被追放者の政治家を表に立て、彼らの主張を党の方針に取り込むことによって、被追放者の票をなるべく多く獲得しようとした。政党内での被追放者政治家の存在感も高められた。被追放者諸団体の統一組織である被追放者連盟の設立も、そのような動きに呼応するものであった。こうして、被追放者団体が、主要諸政党へのロビー活動を通じて利益団体として政治的影響力を行使するという、その後の政治過程のパターンが確立される。

「ドイツ帝国」と「故郷権」

本章では、「一九三七年のドイツ帝国」と「故郷権」が、オーデル＝ナイセ線を修正し、「東方領土」を奪還することを主張するための根拠となる法的・道義的概念として機能してきたということを述べてきた。この二つの概念は一組のものとして言及されることが多く、本書でもそれを「帝国アイデンティティ」の解釈図式を構成するものと把握しているのだが、実はこの両者の間には無視できない不一致もまた存在している。なぜなら、「故郷権」概念における「故郷」の範囲は、「一九三七年のドイツ帝国」の範囲を越えたものだったからである。「一九三七年のドイツ」には東方領土が含まれている。しかし「ドイツ人の追放」が行なわれた地域は、それを越えて中東欧一帯に広がっていた。たとえばズデーテン・ドイツ人被追放者にとって「故郷権」は、ズデーテンラントのドイツ帝国への併合を認めた一九三八年ミュンヘン協定の有効性という主張に結びついた（Ahonen 2003：34, 45–46, 95–96）。また西プロイセンやポーゼンからの被追放者にとっては、第一次大戦後のヴェルサイユ条約こそが彼らから「故郷」を奪った「不当」な講和であることを考えると、ヴェルサイユ条約以前の「一九一四年のドイツ帝国」の再確立こそが彼らの「故郷権」の回復を意味することにもなった（Schoenberg 1970：194–195）。さらには、ルーマニア、ハンガリー、ユーゴスラヴィアなど、かつて一度も「ドイツ帝国」に編入されたことのないドイツ人居住地域からの被追放者にとって、国境線による領土的結びつきから独立した「民族集団権」こそが、彼らの「故郷権」に相当するものだった。このような「一九三七年のドイツ帝国」と「故郷権」とのズレは、被追放者諸団体内部、特にそれぞれの地域を代表する同郷人会相互の間の意見の相違となって現われた（Stickler 2004：397–422）。

被追放者諸団体が一体となって声明を発する場合、「一九三七年のドイツ帝国」という政府公式の主張と、「追放」が行なわれた領域全体の「故郷権」への主張とのバランスを考える必要があった。例えば、一九五六年六月の「ドイツ人の故郷の日」に被追放者諸団体が合同で発表した共同綱領では、帝国外部における「民族的ドイツ人」の故郷権について次のように言及している。

われわれドイツ人は……オーデル＝ナイセ線以東の領土の割譲を承認しない。また、われわれにとっての自己決定権とは、帝国の境界線の外側にある民族的ドイツ人の故郷となる領域への権利というこれまで無視されてきた権利のことも意味するのである。（EDP 1：55）

しかしながら、このような「帝国」の外部に対する権利要求は、被追放者諸団体の中でも回避される傾向が強かった（Stickler 2004：399）。そこには、「一九三七年のドイツ帝国」を越えた「自己決定権」の主張が、第二次大戦以前の民族紛争を再現してしまうことや、諸外国からの「大ドイツ主義」「侵略主義」などの批判を招きよせてしまうことへの懸念があったからである（Schoenberg 1970：173）。また、連邦政府は一貫して「一九三七年のドイツ帝国」を基準にしており、それを超えた領土に対する主張は政府との対立を招き寄せてしまう可能性もあった。

だが、「故郷権」概念はまた、被追放者たちにとって、国境線問題とは区別された属人的権利の問題を提起する際に有効な概念としても用いられていた（Ahonen 2003：95）。それは例えば、被追放者が自由に「故郷」に帰還できる権利であるとか、「追放」の際に失った財産に対する補償を要求できる権利であるとかを、具体的には意味した。また、オーバーシュレージエン同郷人会やズデーテン・ドイツ同郷人会のメンバーからは、単純な「ドイツ帝国の再確立」ではなく、「故郷権」を基盤にした、多民族共存による自治共同体や連邦体制など、既存の国民国家モデルを越えたような構想すら出されている（EDP 1：39–49；Schoenberg 1970：200）。

このような「故郷権」概念の使用は、国境線問題に限定されない、人間の権利に関わる問題として東方領土問題を解釈する可能性を開くものであった。これを本書では「領土問題の属人化」と呼んでいる。この「属人化」された被追放者の権利問題は、一九七〇年の東方諸条約によって連邦共和国がオーデル＝ナイセ線を事実上認めてしまった後、より重要な意味を持つようになる。さらに属人化された「故郷権」概念は、一九九〇年におけるオーデル＝ナイセ線の最終的確定以後も、被追放者諸団体によって主張され続けたのである。このような今後の展開については、また後の章で順次論じていくことになる。

第4章　一九五五―一九六一「否認」のディレンマ
――「正常化」への模索と帝国アイデンティティ

1　オーデル＝ナイセ線「否認」の構図
――現実主義と規範的原則論

一九五五年、ドイツ条約の発効により正式に西側連合軍による占領が終わり、ドイツ連邦共和国が主権を獲得した。それにより、連邦共和国の外交政策における自由裁量の範囲は増大した。連邦共和国はNATOに加盟し、西側諸国の一員となる。だが連邦共和国には、東側諸国と直接国境を接していること、そして東側にもう一つの「ドイツ」国家が（事実上）存在しているという政治地理的状況から、東側諸国との「正常化」には、他の西側諸国にはない独自の利害関心が絡むことになる。

主権回復後の連邦共和国では、国際政治の現実を踏まえて東側諸国との「正常化」を模索する動きが始まった。しかし「正常化」を求めるにあたり、オーデル＝ナイセ線の問題が一つの大きな障害となった。東側諸国は、オーデル＝ナイセ線をポーランドとドイツの国境と見なしている。その国境を認めなければ東側諸国、特にポーランドとの外交関係の樹立は不可能であった。そのようななか、政府・与党も野党も、オーデル＝ナイセ線問題を回避する傾向が強くなってきた。野党のみならず政府の一部からは、オーデル＝ナイセ線を交渉の対象にすることもありうるという意味の発言さえなされるようになっていった。これはオーデル＝ナイセ線問題で何らかの譲歩をする選択肢もあるという可能性を意味した。しかしこのような「放棄の政治 Verzichtpolitik」に対して、帝国アイデンティティの規範原則を梃子にして批判の圧力を加え続けたのが、被追放者諸団体であった。一九五五年以後の連邦共和国の東方領土をめぐる政治には、現実主義的に東側諸国との「正常化」を追求する政府や野党の政治家たちに対し、帝国アイデンティティの規範的・法的原則を突きつけ、あらためてオーデル゠ナイセ線否認という政府公式の立場を確認させるという構図がつくられていった。

この対立の構図においては、オーデル゠ナイセ線承認について考慮しようという現実主義路線が、オーデル゠ナイセ線は絶対に認められないとする規範的原則論に譲歩するという形で決着がつけられることが常であった。現実主義路線が規範的原則論を退けるという展開は、この時点ではまだ見られなかった。それはなぜか。理由の第一は、東欧社会主義諸国との外交の「正常化」のための現実主義路線が、オーデル゠ナイセ線否認を正当化する論理（帝国アイデンティティ）に対抗する、別箇の規範的妥当性をもった論理をいまだ見出せなかったということにある。公共的言論界において、「規範性」に対して「事実性」だけで対抗することは難しい。しかも、政府も野党も、原則としては「オーデル゠ナイセ線は否認しない」「一九三七年のドイツは存続している」という公式見解を崩してはいなかった。自分たち自身たちの採る公式の原則を被追放者諸団体から突きつけられた場合、それに対して譲歩し、公式の原則を再確認せざるを得ないのは当然であろう。政治家たちは、仮に東方領土の回復が現実的に不可能であるということを十分に認識していたとしても、オーデル゠ナイセ線の否認を言明せざるを得なかった。この儀礼化された「否認」の構図が大きく変化するのは、一九六五年以後、「オーデル゠ナイセ線承認」に規範的妥当性を提供する新たな解釈枠組みが見出されてからである。

第二の理由は、諸政党が被追放者を重要な票田として重視し続けたということである。一九五七年に被追放者連盟（ＢｄＶ）が結成され、「被追放者」の利益を組織的に代弁するようになったことで、被追放者の票田としてのプレゼンスはむしろ高まった。与党も野党も、被追放者諸団体という利益団体との関係を良好に保つ必要が出てきた。そのためには、団体幹部政治家の意向も尊重しなければならなかったのである。「否認」の構図はこのように、政党政治における政治的利害関心によっても支えられていた。

このようにして一九五〇年代から六〇年代にかけて、連邦共和国は「オーデル゠ナイセ線の否認」という立場を維持し続けた。それは東側諸国から、繰り返し「報復主義」「修正主義」の批判を浴びた。連邦共和国内部での状況は、決して動きがなかったわけでも、また国境線修正の下で一枚岩に団結していたのではない。東方領土の回復による「全ドイツ」の再統一よりも、東側諸国との「正常化」を優先するべきだという考え方も、次第に広まっていた。しかしながらその考え方も、帝国アイデンティティの規範に支えられた「否認」の構図を容易には突き破ることができなかった。

また、ドイツの「再統一」が、必ずしも東方領土の回復を意味しないケースも増えていた。GB／BHEのリヌス・カテアは一九五五年二月二五日の連邦議会で、「再統一」という言葉の用法について、次のような不満を述べている。それはすでに一九五五年の段階で、東方領土が事実上「放棄」されつつあることを示しているだろう。

> それではいったい、再統一とは何でしょうか。私が思うに、われわれが昨今用いている一般的な言葉の用法によれば、再統一は連邦共和国が民主共和国とベルリンと一緒になるということであって、それ以上ではないのです。これにわれわれは合意することが出来ません。
> （GB／BHEおよび社会民主党議員からの拍手）（BT 2/75：3667）

たしかに、連邦共和国は公式に東方領土の回復を主張している。だが内心、東方領土回復を断念している政治家も少なくなかった（アデナウアー自身がそうであった可能性も高い）。しかし彼らも、公共の場ではそれを明言できなかった。「一九三七年のドイツ帝国の存続」というアイデンティティの持つ規範的拘束力は依然として強く、しかも被追放者諸団体がその規範を喚起して「放棄の政治家」たちを批判した。被追放者を票田として期待している有力政党の政治家たちは、彼らの意向を無視することはできなかった。「オーデル゠ナイセ線否認」という儀礼化された

「合意」は、このような政治的ダイナミズムの中で維持されていったのである。

2　「正常化」への胎動と「否認」の圧力

国際政治的状況と「正常化」

一九五五年から五六年にかけて、連邦共和国が「正常化」を模索していかなければならなくなった国際政治上の状況の変化を簡単にまとめてみよう。

第一に、冷戦体制の定着によるドイツ分裂とその国境線（いわゆる「ヤルタ体制」）の固定化である。戦後「冷戦」状況が明白化してから一〇年近くがたっていた。連邦共和国は自らを「ドイツ」を代表する唯一の国家であると見なし、民主共和国を「ソビエト占領地域」「いわゆる「ドイツ民主共和国」」などと呼び、その国家としての主権を認めていなかった。政府はドイツ民主共和国と正式な外交関係を結んでいる国家とは外交関係を結ばないという「ハルシュタイン・ドクトリン」なる外交政策の原則も掲げていた。オーデル＝ナイセ線の否認も、このようなドイツの分裂を一時的・過渡的なものと見なす外交理念の一部であった。しかし、ドイツ分裂（三つの部分への分裂）は次第に既成事実と化し、それを修正することは現実的に困難になっていった。冷戦初期にはオーデル＝ナイセ線の修正を支持していた英米も、対ソ戦略として「オーデル＝ナイセ線の否認」を表向きには表明しつつも、現状の国境線を前提としたままで西側諸国の結束を固めようとする方向に動き出していた。連邦共和国政府は、いまやこの「政治的現実」を踏まえた上で外交関係を展開していかざるを得なくなっていた。

第二には、一九五三年のスターリン死後、社会主義圏での「非スターリン化」が進み、いわゆる「雪解け」「緊張緩和」のムードが広まったということである。一九五五年にはジュネーブ会談で英米仏ソの首脳が会談し、一九五六年にはフルシチョフが有名なスターリン批判を行なった。それに呼応するかのようにポーランドでも一九五六年六月に反ソ暴動が起こり、党を除名されていたゴムウカが復帰し、自由化が行なわれた。こうして、東西両陣営の間で、

「平和共存」の模索が始まっていた。

このような国際政治的状況の中、アデナウアー政権は社会主義圏の諸国との国交の「正常化」を模索するようになった。まず一九五五年にアデナウアーが訪問したのはソビエト連邦であった。アデナウアーはソ連と外交関係を開き、約一〇万にものぼるドイツ人捕虜の帰還を一挙に実現した。ポーランドとの関係についても、外務省内で通商関係の開始の模索が試みられるようになった（Bingen 1998：50）。政府の中でも、外務大臣のハインリッヒ・フォン・ブレンターノは特にポーランドとの「正常化」に関心を寄せていた。各政党でも、一部の主要政治家がポーランドとの「正常化」に向けて動いた。一九五六年に自由民主党の党首トーマス・デーラーが連邦共和国の政治家としては始めてポーランドを訪問し、当地で応じたインタビューの中で両国の政治的・文化的・経済的関係の再開を支持すると発言している（Ibid.：47）。また社会民主党内には、カルロ・シュミート、フリッツ・エアラー、ヘルベルト・ヴェーナーら積極的なポーランドとの国交樹立論者も現われた。

「放棄の政治」批判

しかしこうした「正常化」論は、ポーランドの現状の国境の承認を条件とせざるを得なかったため、連邦共和国の公式の立場である「オーデル＝ナイセ線否認」と抵触することになる。そのため、オーデル＝ナイセ線の否認、「追放」という不正の否認という点では団結していた被追放者諸団体は、ポーランドとの外交関係樹立それ自体にも反対した。被追放ドイツ人連盟の幹部会は声明文（一九五七年七月一三日）の中で「ドイツ人の故郷からの追放という不正の事実、ドイツ人の領土の目論まれた併合という点から見て、ポーランドと外交関係の樹立に反対する。なぜならそれは、ドイツ東方領土の状況を事実上承認することにつながってしまいかねないからである」（EDP 1：57）と主張している。被追放者諸団体の立場が、ここに明晰に表明されている。このような立場から被追放者諸団体幹部たちは、「正常化」のためにオーデル＝ナイセ線問題を交渉の対象としようとする政治家たちを「放棄の政治家」と呼んで非難した。「放棄は裏切りである Verzicht ist Verrat」。これは彼らの殺し文句として頻繁に使われたものである。オーデル＝ナイセ線を現状の国境として自明視する「放棄のムード Verzichtstimmung」が広がる中、被追放者諸団体はより強硬な姿勢を示すようになり、しばしば政府に対しても対抗勢力的立場をとるようになっていった[1]。アデナウアー政権に連立与党として加わっていたGB／BHEも、一九五五年にアデナウアー政権への批判から野党に回った。このような被追放者諸団体や野党による「在野」からの「否認」の圧力の高まりにより、オーデル＝ナイセ線承認の可能性について語ることすらタブーとなるような雰囲気が公共的言論界には広まった。

一つの例をあげておこう。一九五六年五月一日の外務大臣ブレンターノの発言である。ブレンターノは東欧諸国との関係改善に積極的で、被追放者諸団体からもしばしば「放棄の政治家」のレッテルを貼られた人物の一人である。この日、ロンドンにおいて、彼は新聞記者の前で次のような発言を試みた。

ドイツ人民（民族）は、いつの日か次のような問題の前に立たされるのではないかと、私は考えています。その問題とは、ソビエト地区の一七〇〇万人のドイツ人を解放するためにこの［東方］領土を放棄する用意があるのか、あるいは東方領土へのやや問題のある［etwas problematisch］要求を堅持するためだけに、一七〇〇万人のドイツ人の解放をとりやめるのかという選択のことなのです。（Bingn 1998：44における引用）

東方領土の放棄の可能性を示唆したこの発言は、被追放者諸団体幹部たちの批判の対象となることは明らかだった（Mühlen et al. 1975：113）。その二日後の五月三日、ブレンターノは「連邦政府は一度もオーデル＝ナイセ線を承認したことはありません。東方領土をいかなる種類の取引材料にしたこともありません」（DDF 1：536）と前言に対する弁解を行なったが、攻撃はやまなかった。被追放者諸団体幹部たちはこの機会を捉えて、「放棄のムード」に浸る国民世論に向けて東方領土問題を広く訴えるため、政府に東方領土に関する立場を再確認させるための議会決議提案を試みたのである。

それに対しブレンターノは、次のように連邦政府の立場を明確化せざるを得なかった。

連邦政府は東方における国境設定の問題に関して明確な立場を変わらず保持しています。わたしはこのことを確認することに特別な価値をおいています。というのは、わたしがロンドンの記者会見〔五月一日の発言のこと―引用者注〕で行なった発言が誤った解釈を引き起こしているからです。連邦政府は一度たりともドイツの分裂を認めたことはありません。全ドイツ人民（民族）の表明された意志と完全に合意した上で、連邦政府はドイツ帝国は一九三七年の国境線において存続していること、そして［戦争での］その完全な崩壊の後、一方的になされた［オーデル＝ナイセ線の］決定をドイツ人民（民族）は承認していないことを、再三再四指摘してきたのです。

（与党からの拍手）

故郷の権利と自己決定の権利が、追放された、あるいは不自由な世界で生活している人々や諸民族の運命を解決するための変更の余地のない前提なのです。それゆえ、連邦政府は再三再四次のような表明も行なってきました。ドイツ東方国境問題の解決は平和条約に委ねられていること、平和条約締結は全ドイツ人民（民族）によって民主的に正統化された全ドイツ政府によってのみ正当なものとされることを、繰り返し表明してきたのです。

（与党からの拍手）

このような表明は、連邦政府がドイツ人民（民族）がその権利要求を暴力を用いて実現することはないという、繰り返し確認されてきた立場と決して矛盾することはありません。私はこの考え方を、今年の五月一日にロンドンにおいて表明しました。（BT 2/155：8423）

連邦共和国の公式の立場を表明した、力強いがどことなく空虚な、模範答案のような答弁である。「一九三七年のドイツ帝国」の存続、「故郷の権利」や「自己決定権」の原則、「追放」の不当性、そして国境の最終確定の平和条約までの留保など、「帝国アイデンティティ」を構成する主要な語法がほとんど全て出揃っている。

しかし、議会決議提案の主導者であるGB／BHEのリヌス・カテア(2)は納得しなかった。彼は次のように述べる。

……基本法により、連邦政府には全ドイツ［Gesamtdeutschland］を守る義務が課されているのです。外務大臣、あなたはこの義務に背いているんですよ。……あなたには個人として多くの尊敬すべき点があるにもかかわらず、われわれはドイツ追放領土［東方領土を含む、被追放者の出身地域全域を包括する領域のこと—引用者注］のために発言し、交渉しなければならない人間がもつべき信頼感を、もはやあなたに対してもつことができないのです。信頼は破壊されてしまいました。（中略）

……われわれの追放領土と自決権に対する要求は、国際法と自然法の原則から見て決して疑われることのないものです。全世界の中で同情と認知を保障される、あらゆる条件が整っているにもかかわらず、国際世論においてわれわれは完全に影の薄いものになっています。これについても連邦政府に責任があるのです。（BT 2/156：8545）

彼は外務大臣の「失言」をとらえ、それをアデナウアー政権自体の東方政策全般の失策に拡げて問題提起するつもりであった。基本法、国際法、自然法といった法的原則論にのっとって、「追放領土」に関するドイツ民族の権利の正当性を強調し、それを国際関係の場で主張しない連邦政府の失策を指摘しているのである。

カテアの議会決議提案は、結局外務／全ドイツ委員会の下の小委員会に送られ、連邦議会や世論での活発な論争を喚起するという当初の目論見は妨害された（Mühlen et al. 1975：115）。しかしながら政府は、「オーデル＝ナイセ線の否認」という公式の立場を再確認せざるを得なかった。被追放者諸団体が批判の圧力を加え、政府がそれを無力化しながらも、結果として東方領土に関する公式の見解を明言するという「否認」の構図が、ここに明瞭に現われている。GB／BHEという、野党に回っていた小政党の議員の発言が、そのような「圧力」を行使しえたのは、彼が当時〈公式的〉なナショナル・アイデンティティ（すなわち帝国アイデンティティ）のもつ規範的拘束力を動員しえたからである。当時その規範を公然と否定することは、特に政府の要人がそれを否定することは、政治的なリスクの高いものだった。

同じような「否認」への圧力は、野党の社会民主党に対してもはたらいていた。当時社会民主党の中で、特に目立った発言と行動をとったのがカルロ・シュミートである。彼は早くも一九五六年一〇月五日の独仏会議において、当時としては思い切った発言を行なっている。

「オーデル＝ナイセ線は平和を脅かす継続的な危険になっている。その危険とはドイツが再び強くなればそのうちこの東方領土を武力をもって奪回しようと試みるかもしれないという点にある」と彼は述べる。オーデル＝ナイセ線の修正が「戦争を招く」という議論は、ドイツ民主共和国やポーランドなど、ソビエト圏諸国の首脳が一九四〇年代後半から繰り返し表明してきた論理だが、シュミートの発言はそれに近い。さらに彼は、「一九四五年以後東部で行なわれた不正を認めることができない」としながらも、オーデル＝ナイセ線という戦後つくりだされた現実に対処しなければならず、そのため連邦共和国とポーランドとが何らかの合意に至るには「双方が譲歩の姿勢を示すこと、すなわち双方に放棄する覚悟をもつこと」が必要であると発言した（Sp, 17.10.1956 : 17）。

この「タブー破り」の発言は、シュミート本人の予想通り、被追放者諸団体から激しい批判にさらされた。社会民主党からは「正常化」への積極的意見がたびたび聞かれ、それが被追放者諸団体の危機感を募らせていたが、このシュミートの発言はその中でも突出したものだった。

しかし、社会民主党の党首エリッヒ・オーレンハウアーは被追放者諸団体と関係の修繕に動いた。彼は被追放者諸団体の幹部に対し、社会民主党のオーデル＝ナイセ線や被追放者の故郷権に対する立場になんら変更がないことを手紙で伝えた。また、一九五七年四月の「被追放者会議」に代表を送り、「東部における故郷権」を称揚した（Elsing 1981 : 300–301）。以下に述べるように、この時期社会民主党幹部は「労働者政党」から「人民政党」への路線変更を模索しており、被追放者諸団体との関係が悪化することを恐れていたのである。

被追放者諸団体の政治的影響力

このような帝国アイデンティティの規範的拘束力を用いた「否認」への圧力行使の背景には、被追放者諸団体の政党に対して保持していた政治的影響力があった。その影響力は、一九五〇年代の後半にむしろ高まっていた。それには三つの要因が考えられる。

第一は、すでに前章述べた、被追放者政党GB／BHEの台頭である。同党は急速に衰退したが、これによって既成諸政党は被追放者を重要な票田として再認識することになった。

第二は、これもまたすでに述べた一九五八年の被追放者連盟（BdV）の結成である。被追放者連盟は決して一枚岩の組織ではなく、各同郷人会はそれぞれ独自に活動を続けていたし、幹部の間での意見も必ずしも常に一致していたわけではない。だが被追放者を統一する組織が結成され、「被追放者」を代表する全国的団体が出現したということが、利益団体としての被追放者諸団体の影響力を高めたことは確実だった。

第三に、前項で触れた社会民主党の変化がある。一九五九年のゴーデスベルク綱領によって社会民主党は「労働者政党」から「人民政党 Volkspartei」への転換を宣言した。そのため社会民主党は、労働組合のみならず、労働組合に次ぐ規模をもつ利害集団である被追放者諸団体との関係も強めようとした（Brüës 1972：133）。そのため社会民主党は、「故郷権」や「自決権」といった概念を用いて被追放者の意向にそった発言を行なうようになる。党内の被追放者議員の発言力も高まった。被追放者連盟の方でも、一九六一年に社会民主党のヴェンツェル・ヤークシュを会長にするなど、社会民主党との関係をアピールし、キリスト教民主／社会同盟とのバランスをはかった。もちろん、社会民主党の方からの攻勢が高まると、保守のキリスト教社会／民主同盟の方も被追放者の党離れを食い止めるために、彼らの歓心を買う必要が強まり、彼らの意向に反する政策はいっそうとりにくくなるのである。こうした被追放者の票をめぐる諸政党の争いの激化は、結果として被追放者諸団体の影響力を高めることになった。

このような政党を通じた被追放者諸団体の影響力の高まりは、連邦政府の「正常化」に向けられた外交政策に対する妨害要因ともなる半面で、結果的に連邦共和国の憲法体制への被追放者諸団体の統合を促進することにもつながった。諸政党は被追放者諸団体という利益団体の「下からの」圧力に晒されはしたが、結果として彼らの圧力を取り込み、憲法体制の枠内で彼らの利害関心をある程度反映し、その一部を実現させた。長期的にみるならば、これが被追放者諸団体を体制内に統合し、連邦共和国の東方領土の最終的放棄を可能にする一要因となったと考えられる。

3　東方政策の行き詰まり ——現実的必要と規範的拘束の狭間で

一九五〇年代の後半、連邦共和国の東方外交は奇妙な行き詰まりに陥っていた。アデナウアーやブレンターノら政治リーダー達は、東方領土の奪回が現実的にほぼ不可能であることを十分に認識していた（Bingen 1996：44）[3]。アデナウアーはすでに一九五〇年代の半ばに、社会民主党の党首オーレンハウアーとの私的な会話の中で「オーデル＝ナイセ領、東方領土は失われたのだ。東方領土はもはや存在しないのだ！」と述べていたと言われているし（Stehle 1988：85）[4]、ブレンターノも私的な会話では、東方領土を「ドイツにとって永久に失われた」と見なしていた（Ibid.：89）。非公式の会話で二人は、東方領土の回復が国際的支持のない「政治的ユートピア」であり、実現不可能な「白昼夢」であると述べていたのである。より「積極的」な東方外交を提唱していた野党（社会民主党や自由民主党）でも、その主要政治家たちの多くは同様の認識を持っていた。しかし彼らは、公共の場でその事実を語ることができなかった。そこには被追放者諸団体を大きな動力源とする、連邦共和国の世論における「否認」の圧力が働いていた。

たしかにドイツは、第二次大戦での降伏に際し、東方領土の割譲やドイツ人の「追放」を条件にしていたわけではない。それはドイツ人やドイツ政府のあずかり知らぬところで、一方的かつ暴力的に決定され、実施されたものである。これをドイツの「自己決定権」を無視した不正であると主張する法的原則論には、たしかに否定しがたい「理」が存していた。だがその法的原則論が、新たな国際政治上の現実の中で、連邦政府の外交政策の自由度を奪い、それを硬直的なものにしていた。「オーデル＝ナイセ線の否認」という公式の立場は、ドイツの「正常化」への模索の大きな障害になっていた[5]。

そのような連邦共和国の外交上の隘路を、以下の三つのケースに関して検討しておきたい。

フランス首脳発言問題（一九五九年三月、一〇月）

一九五八年のベルリン危機の後、国際政治は、連邦政府にとってますます厳しい状況へと進展していた。英米仏の西側同盟国は、連邦共和国の硬直した東方政策に対して批判的態度を強め、オーデル＝ナイセ線承認への圧力を強めた。そのような中で飛び出したのが、フランス政府首脳の発言である。フランスの大統領と首相が、立て続けに連邦政府にオーデル＝ナイセ線の承認を迫る発言を行なったのである。

まず一九五九年三月二五日のフランス大統領ド・ゴールが、記者会見で「双方の部分を一つのドイツに再統一することは……ドイツ民族（人民）の正常な運命であるように思われる。その際、この再統一は東西南北の現状の国境を問題視しないということが前提である」と述べた（DDF 2：182）。「東」の国境にオーデル＝ナイセ線が意味されていることは明らかであった。さらに一〇月には、ドゥブレ首相が政府声明の中で「オーデル＝ナイセ線に沿った国境の尊重」を打ち出したのである（Ibid.：300）。

このフランス両首脳の発言は、同年一一月五日の連邦議会でとりあげられた。外相のブレンターノは、オーデル＝ナイセ線は認めないということこれまでの立場の連続性を強調し、「連邦政府は、もしこの明白な法的主張を堅持するわれわれの立場を、修正主義とか報復主義とか呼ぶものがいるとすれば、それに対して抗議を行ないます。自由な自己決定の権利が認められている世界において、この問題は相互理解によってのみ解決されうるのです」（BT 3/87：4691）と説明している。この発言は、当然予測できる内容のものだが、ここで興味深いのは、「積極的」東方政策を提唱していたはずの野党が、「否認」の圧力として働いてしまっているという点である。

社会民主党のオーレンハウアーは、フランス首脳の発言が実はアデナウアーの了解を得てなされたものなのではないかと批判した。彼は、東欧諸国との国交開始をめざす「積極的」な政策は支持するが、それは東方国境や民主共和国の存在を承認することではないと強調した。

ドイツ東方国境の問題は、平和条約交渉の過程の中でのみ解決されうるのであるというわれわれの立場を放棄するなどとは誰も考えていません。故郷被追放者の方々の故郷への主張は、人権の一要素として議論の余地のないものであり、放棄されることのありえないものであります。全世界で国家間関係の基本として諸民族の自己決定が認められている時代に、ドイツ民族にとっての自己決定権が永久に否定されるわけがありません。（BT 3/87：4701）

もう一つの野党自由民主党のエリッヒ・メンデ（シュレージエン出身の被追放者）も次のように述べる。

皆さん、これまで連邦議会はオーデル＝ナイセ問題におけるドイツ民族の法的立場を大変明確に表明してきました。われわれの見解は、オーデル＝ナイセ線以東の領土は、ポツダム協定の言葉を引用するなら、ポーランドとソ連の「行政の下」の置かれているにすぎません。

残念なことに、首相がフランス首脳の発言に抗議したのかどうか、われわれには今までのところわかりません。（BT 3/87：4715）

このように野党は、連邦共和国の公式の立場を打ち出し、アデナウアー政権の西側同盟国に対する「弱腰」を批判する。つまりここで、「積極的」東方政策を掲げているはずの社会民主党と自由民主党が、皮肉にも被追放者諸団体と同様の役回りを演じているのである。（しかしその一方で両党は、東欧諸国、特にポーランドとの外交の樹立がオーデル＝ナイセ線の承認につながるものではないとして、「積極的」な東方外交を提唱し続けている。）

被追放者連盟が、これらのフランス首脳の発言には鋭く反発したのは当然である。被追放者連盟の幹部会は、一九五九年一〇月一九日に次のように声明を出し、国際法的な正当性の見地からその発言を批判している。

フランス首相ドゥブレの発言は、ポーランド共産党政権が求めているオーデル＝ナイセ線に対して有利に働き、正当なドイツの利益に対抗するような立場を打ち出している。それはドイツ連邦共和国に対し、ドイツ東方国境の平和条約規定を放棄せよと要求するものである。その要求は、ポツダム協定での戦勝国が再統一されたドイツに認めた国際法的立場を放棄せよということを意味するであろう。（EDP 1：75）

しかし同時に興味深いのは、被追放者連盟が社会民主党や自由民主党のアデナウアー批判を「歓迎」し、オーデル＝ナイセ線否認に関する主要政党の合意の存在に「喜び」を表明していることである。被追放者連盟幹部会は一一月二二日に次のような声明を出している。

被追放者連盟は、東方領土へのわれわれの法的要求を堅持することを連邦政府に対して期待する。同時に被追放者連盟は、将来の平和体制構築におけるこの中心的な問題に関し、諸政党が明確に合意していたことを喜ぶものである。それは一九五九年一一月五日のドイツ連邦議会における外交問題に関する討議の中で明らかにされていた。（EDP 1：76）

ここで「一九五九年一一月五日」の連邦議会とは、前述のオーレンハウアーやメンデが発言をしていた日の連邦議会である。

ジュネーブ外相会談（一九五九年七月）

被追放者からの「否認」への圧力が、アデナウアー政権の外交政策に直接影響をあたえた例として、一九五九年のジュネーブ外相会談での経過をあげることができる。[6] この会議は、旧連合国四カ国（米英仏ソ）に両ドイツ国家の代表が加わり、ドイツ統一やベルリンの地位について話し合った会談である。この六カ国が顔を揃えた会談はその後一九九〇年の「二プラス四」会談までなかった。その意味で歴史的意義の大きい会談とも言える。

この会談は結局失敗に終わり、冷戦の中でドイツの分裂をむしろ既成事実化することになるが、その会談の中で外相のブレンターノは、ポーランドおよびチェコとの間に二カ国間「武力不行使協定」を結ぶことを提案する計画を立てていた。それには東欧諸国との「正常化」のステップになるとともに、「報復主義」「修正主義」という社会主義圏からの批判を回避し、ドイツ再統一のための好意的な国際的世論をつくりだそうという政治的意図がこめられていた。

しかし外相会談にオブザーバーを派遣していた被追放者連盟は、そのような外務大臣の動きをいち早く察知し、武力不行使協定に反対するキャンペーンを始める。連盟の幹部たちは、アデナウアーや諸大臣に対して書簡を送り、この協定が「予測しがたい結果」を招くことを訴えた。またキリスト教民主／社会同盟内部でも、いつものようにロビー活動を通じて圧力を加えた。連盟幹部会は、この協定を「是認することも受容することもできない」と明確に否定する声明を発した。そして一九五九年七月下旬、これらの被追放者連盟の活動がアデナウアーを動かし、武力不行使協定を提案しないという閣議決定がなされた。そこでアデナウアーを動かした重要な要因は、次の選挙での被追放者からの票であった。ここでも国内政治での打算が、武力不行使協定という外交政策を破棄させたのである。

被追放者連盟は一九五九年七月三一日に、ジュネーブ会談での武力不行使協定の問題を総括するかのように、次のような声明を出している。

被追放者は分離された東方領土への法的主張を、武力行使によって貫くことはしないと、これまで常に宣言してきた。被追放者の政治的目的は、故郷権、自己決定権、併合の禁止を承認した上での公正な平和の保障である。この平和政策のために、被追放者は、当面の行政上の境界と領土状況を、最終的な国境として承認してしまうような結果を招き寄せる、あるいはそういう法的解釈を認める余地のある条約上の条件を拒否しなければならない。

(EDP 1 : 71)

野党の「積極的」アプローチの行方

東欧諸国との「正常化」の現実的必要性と帝国アイデンティティの規範的拘束力とのディレンマは、野党の「積極的」東方外交へのイニシアチブのゆくえにも強く作用した。一九五八年一月、当時の野党であった社会民主党と自由民主党は、連邦議会で「ポーランド政府とポーランドとの外交関係の確立について話し合いを始める」ことに関する提案を行なった。ブレンターノ外相はその提案を外交委員会に付託した[7]（BT–DS 3/2740）。この提案はさらに外交委員会に新たに設置されたワーキング・グループに送られ、そこで審議されることになった。テーマもポーランドとの外交関係確立から東欧諸国との関係全般に関するものへと拡大され、ポーランドを含めた東欧諸国との関係改善に関しての審議が、そのワーキング・グループで行なわれることになった。

ところが、そのワーキング・グループの座長を務めたのが社会民主党のヴェンツェル・ヤークシュだった[8]。彼はズデーテン・ドイツ出身の被追放者で、当時被追放者連盟の会長を務めていた人物だった。さらにこのワーキング・グループには、エルンスト・パウル、ゲオルク・フォン・マントイフェル＝ツェーゲ、ヴァルデマール・クラフトといった当時の代表的な被追放者議員が党派を超えて名をつらねた。結果としてこのワーキング・グループは、被追放者たちの意見や政治的目的を広く反映させることになり、さながら「被追放者連盟の「広報活動」」に近いものになっていった（Stickler 2004：389）。

一九六一年六月一四日、この「ヤークシュ小委員会」の成果が外交委員会の報告書として連邦議会に提出された（BT–DS 3/2740, 3/2807）。この報告書は二部からなり、ともに左右二段組で第一部は一二頁、第二部は八頁のものとなっている。第一部は当初の予定通り東欧諸国との経済・政治を中心にした外交関係一般に関する報告書である。だが、特に興味深いのは第二部である。

第二部は「東ヨーロッパおよびソ連における一九三九年以来のドイツ人住民の運命」と題され、オーデル＝ナイセ以東の中東欧におけるドイツ人住民の状況が地域別にかなり詳細に報告されている。ワーキング・グループはこの報告書を「二〇の同郷人会代表とドイツ赤十字の担当官のヒアリング」をもとに作成した。特に「ポーランド行政下にあるドイツ東方領土におけるドイツ人住民の状況」は記述が詳しい。そこには一二〇万の「ドイツの法に従えばドイツ国籍保持者」が生活していることが述べられている。また「ポーランド行政下にあるドイツ東方領土」と「ポーランド」が別項目にされているところにも、当時の連邦共和国の見解が現われている。また、「追放」に関しても言及されている。

今日まで、この［追放の］経緯は世界の世論からほとんど省みられず、重要視もされていない。……諸国民の意識には、ナチスの人権侵害が戦争後の追放劇よりもはるかに強烈に印象付けられている。ヒットラー体制の恐るべき犯罪を考えれば、それも理解できる。だが少なくともその一年半後に行なわれたもう一つの別の犯罪も省みられ、重要視されるということが、公正さにとって必要なことである。（BT-DS 2807：3）

このような「追放」をナチスの犯罪と「公正に」対置させるべきという論法は、一九六〇年代以後も頻繁に用いられるものである。

報告書は、第一部、第二部とも、その最後で議会決議提案を行なっている。第一部の決議提案には、東方領土問題を含めた連邦共和国の公式の立場の再確認がなされている。

ドイツ連邦共和国が同盟国と共に自由な全ドイツ［Gesamtdeutschland］の再確立を目的とし、ソ連、全ての東欧諸国とも平和で実りのある関係を維持するような東方政策を進めていくことが要求される。その目的に向けてドイツ連邦共和国は、ドイツ民主共和国と東欧諸国との関係の正常化をドイツの死活の利益を犠牲にすることなく推し進めるために、あらゆる可能性を把握し、経済上・人道上・宗教上・文化上の領域での現在の関係のさらなる構築を進めていかなければならない。またポーランドとの関係構築に向けては、独ポ関係の特別な心理的負担を考慮に入れ、ドイツの人口の一部を移送し［depotiert］、あるいはドイツの領土を暫定的に［vorläufig］行政下においている国々に対しては、公式の接触を成立させるにあたり、そのつど必要な国際法上の

留保を主張していかなければならない。（BT–DS 3/2740：12；BT 3/162：9364）

東欧諸国との「正常化」を推進するというよりも、むしろ「ドイツの死活の利益」の保守に重点が置かれているようにも読み取れる文面である。東欧諸国との外交は「自由な全ドイツの再確立」という「目的」より下位に置かれている。「国際法上の留保」とは、すなわち「平和条約まで国境確定は延期する」という平和条約規定であり、その明記されない前提には「一九三七年のドイツ帝国の存続」という公式の法的原則がある。その原則は「ドイツの領土を暫定的に行政下に置いている」という表現にも反映されている。また、「追放 Vertreibung」の語こそ用いられてはいないが、「移送」という表現で「追放」の事実についても触れている。東欧諸国、とりわけ「移送」に関わった諸国とは、この「追放」という事実に対し、連邦政府もしかるべき主張を行なわなければならない、という意味がこの提案から読み取れる。

また第二部でも連邦議会決議提案が行なわれている。そこでは、東欧諸国およびソ連との関係構築においては「当地のドイツ国籍保持者あるいは民族帰属保持者の人間的苦境に対する注意と配慮を行なう」べきとあり、残留ドイツ人の生活状況や権利の保護を、連邦政府が進んで行なう必要があるという提案になっている（BT–DS 3/2807：8）。領土ではなくドイツ人の人的権利や状況に着目した、一九七〇年代以後の連邦政府の東方政策上の課題を先取りするかのような内容である。

二つの決議案は、ともに連邦議会で問題なく可決された。結局一九五八年に行なわれた社会民主党と自由民主党の東欧諸国関係改善提案は、逆に皮肉にも関係改善の前に立ちふさがる様々な法律上、人権上の問題を明示化することになった。その背後にはヤークシュと被追放者連盟を中心とする被追放者諸団体の「否認への圧力」があった。

後に「新東方政策」を打ち出して首相に就任するヴィリー・ブラントでさえ、被追放者からの「否認」の圧力に従わざるを得なかった。彼は『シュトゥットガルト新聞』でのインタビュー（一九六三年三月一日）で「ブレスラウ、オッペルン、グライヴィッツ、ヒルシュベルク、グローガン、グリュンベルク。これらの町は何世代もの間に精神の中に根付き、止むことなく心に響く名前であるだけでなく、生き生きとした記憶となっている。放棄は裏切りなのである。」(Jahn 1985：291)と述べていた。ブラントこそ、後にオーデル＝ナイセ線の「承認」を推進する人物なのだが、そのような後の彼の立場を考えると、この発言との落差は実に大きい。それゆえにまた、後に被追放者諸団体幹部は、この発言をとりあげてブラントの「転向」を盛んに非難することにもなる。

現状ではオーデル＝ナイセ線の修正が困難なことは認識されていた。また東欧諸国との「正常化」が必要であるということも認識されていた。にもかかわらず、オーデル＝ナイセ線の承認ができなかったのは、それを積極的に正当化する妥当性根拠が欠落していたからである。オーデル＝ナイセ線の否認を支える帝国アイデンティティは、依然として規範的拘束力をもっていた。だが、それに対抗しうる規範的妥当性を持ったナショナル・アイデンティティが欠如していたのである。帝国アイデンティティに代わるナショナル・アイデンティティ。それは一九六二年以後、次第に台頭してくることになる。それに関しては、次の章で詳述しよう。

第5章　一九六一―一九六九　オーデル＝ナイセ線承認への動き
――ホロコースト・アイデンティティの台頭

1　「放棄」への胎動（一九六一―一九六五）

世論の動向

一九六〇年代は東方領土問題にとって大きな転機となった。一九六一年以後、連邦共和国の公共的言論界における東方領土に対する認識は大きく変化した。例えば、連邦共和国の代表的世論調査機関アレンスバッハ研究所の調査に、それが如実に現われている（巻末関連表三九四頁参照）。一九六二年には、オーデル＝ナイセ線を「承認する」割合が初めて二〇パーセントを越えて二六パーセントに上昇し、それが一九六六年までは、ほぼ横ばいのまま推移するものの、一九六七年には一挙に四六パーセントに上昇している。それに対し「承認しない」は、一九六二年には五〇パーセントとちょうど半分までに低下し、その後も一九六六年まで五〇パーセント台を推移し、六七年には一挙に三五パーセントに低下する。これは、一九六〇年代の連邦共和国の世論が、次第に東方領土の「放棄」を認めるようになっていったことを示すものである。

出版メディアにおいても、同様の変化が現われ、オーデル＝ナイセ線の否認、東方領土を含めた「全ドイツの再確立」という連邦共和国の国是それ自体の幻想性を批判する議論が次第に多くなっていく。例えば哲学者のカール・ヤスパースはすでに一九六〇年秋に週刊新聞『ツァイト』に寄せた文章の中で、連邦政府のドイツ政策と東方政策を批判し、オーデル＝ナイセ線の無条件での受け入れの必要性を主張している（Wolfrum 1999：227）。作家トーマス・マンの息子で著名な歴史家ゴロー・マンも、一九六一年から一九六四年にかけて、出版物や講演を通じて連邦政府の「再統一」政策を批判し、東方領土の「放棄」の必要性を主張した（Stickler 2004：105–106）。だが、こうした変化の動向をより鋭敏に察知していたのが、テレビ・ラジオの放送メディアであった（Kittel 2007：42–55）。特に東方領土をテーマにして作成されたテレビ・ドキュメンタリーは大きな反響を呼んだ。例えば一九六三年五月に北ドイツ放送で放映された『ブレスラウのポーランド人、ある都市の肖像』では、戦後ブレスラウ（ポーランド語では「ブロッワフ」）の再建が進み、ポーランドの都市として栄えつつある様子がレポートされている。これは「ポーランド行政下で、かつてのドイツ文化圏は廃墟に化したままである」という、それ以前のステレオタイプ的認識（もちろんそこには「修正主義的」な意志が働いている）を刷新するものであった。またこのドキュメンタリーの中では、オーデル＝ナイセ以東がポーランド領になってしまったことの責任は、ナチスへの支持者を多く出したシュレージエンのドイツ人にあったという描き方もされていた。またヘッセン放送が一九六四年一〇月に放映したテレビ番組『ドイツの東部、ポーランドの西部』では、ポーランドが東方領土の再建に努力する様子が放映され、ドイツ人視聴者に「困難な事実」を受け入れるべく促している（Ahonen 2003：167）。

そのような中、著名なプロテスタントの知識人八人によって書かれた『テュービンゲン・メモ』が一九六二年二月に公表された。これは当初一九六一年一一月に作成されていたものが新聞にリークされ、その後に公表されたものである。このメモは、連邦共和国の東方政策に関する明確な代替案が示されていること、そして被追放者とも深い関係をもっていたドイツ福音教会（ＥＫＤ）（ドイツのプロテスタント教会を包括する組織）とつながりをもったプロテスタント系知識人によって書かれたものであったという点で、世論にも少なからぬインパクトを与えた。「積極的東方政策」と題されたこの『メモ』では、最初の章に「オーデル＝ナイセ線以東の領土の放棄と東方隣国との関係の正常化」と副題が付されている。そこでは、東欧諸国との関係の「正常化」のためには「信頼 Vertrauen」の構築が不可欠であり、そのためにはオーデル＝ナイセ線を承認する必要があると明確に主張されていた。次のような極めて率直な記述がそれに続く。

西ベルリンでの自由の堅持とドイツ民主共和国のドイツ人の自己決定についての人権に基づいた要求を、再統一のみならず、一九三七年国境の再確立と結びつけることは、危険なやり方［bedenklicher Weg］である。……オーデル＝ナイセ線以東の領土への主権要求を我々は放棄しなければならないという見解を表明するとしても、それは何ら新しいことを言っていることにはならない。全ての政党の政治的責任をになった人々は、我々の見解を共有してくれるものと信じている。しかし彼らは国内政治上の配慮から、彼らのもっている認識を公けに言明することをためらっているのである。……この国境を公式に承認することが、ポーランドとの関係における負担を軽減し、国境問題以外の我々の関心事に対する西側同盟諸国の支援を容易にし、ドイツとポーランドとを対立させて漁夫の利を得る機会をソ連から取り上げるのだと考える専門家の意見に、我々はしたがう。（DDF 3：107）

ここでは「一九三七年国境の再確立」の要求を「危険な方法」として否定し、東方領土への領土要求を「放棄しなければならない」と明言している。注目すべきは、西ベルリン、ドイツ民主共和国との「再統一」を「一九三七年国境の再確立」と概念的に区別していることである。これは従来の連邦共和国の公式の立場や被追放者諸団体が奉じている、「一九三七年のドイツの再確立」こそが「再統一」であるという考え方とは一致しない。「再統一」すべき「ドイツ」の概念が異なっているのである。ちなみに、後の一九九〇年の「ドイツ統一」は、この『メモ』の方針に沿った形での「再統一」だった。

さらに『メモ』では、「全ての政党の政治的責任を担った人々は、われわれの見解を共有」しているだろうが、「国内政治上の配慮」からその認識を「公けに言明することをためらっているの」だ、と言い切っている。この『メモ』で述べられていることは、決して「新しいこと」なのではなく、すでに多くの人々が同じ見解を共有しているのだ、という暗黙裡の世論の合意に訴えている。前章で述べたように、主要政治家の間でも、東方領土の回復は事実上困難であるという見解が広まっていた。だが、そのことを公共の場で発言することの政治的リスクは、依然として高かった。結果、オーデル＝ナイセ線の「承認」について語ることがタブーとなった。この『メモ』は、このタブーを確信犯的に突破しようという意図を持つものだった。

このような世論における「放棄」への動きに対し、被追放者諸団体はその都度名指しで、厳しい攻撃を行なった（Stickler 2004：103–113）。被追放者連盟の機関紙『ドイツ東方業務』（本書ではＤＯＤと略称）は、マンの議論やテレビ番組、『テュービンゲン・メモ』への批判記事をたびたび掲載し、被追放者諸団体も批判の声明を発表した。被追放者連盟はまた、一九六三年七月八日の連邦集会における声明で「世論形成機関の一部に、ドイツ統一の再構築、故郷権の表明、全ドイツ人の自己決定権の諸問題におけるドイツの法的立場を軽視する傾向」が見られることを指摘し、それが「基本法違反」であると非難している。『テュービンゲン・メモ』に対してはかなり長大な反対声明を発表している。そこでも被追放者連盟の議論は一貫している。『メモ』の著者が、ドイツ人の「自己決定権」を無視し、東方領土の併合という国際法違反とドイツ人の「追放」という非人道的行為を合法化・正当化しようとしている、と主張されているのである（EDP 1：91–94, 99）。

政府や諸政党も、このような被追放者連盟の批判を、（少なくとも）公式には支持する姿勢を表明している。にもかかわらず、世論における「放棄」への流れを押し留めることはできなかった。

変化の要因

では一九六〇年代に入って、このような変化が現われた歴史的要因は何であったのか。考えられるいくつかの要因を指摘しておきたい。

第一は、冷戦が常態化し、ドイツ分裂がさらに固定化されたことである。特に一九五八年に始まるベルリン危機、そして一九六一年のベルリンの壁建設は、政府にとっても連邦共和国国民にとって衝撃をもって受けとられた（Lehmann 1984：47）。「全ドイツ」は継続し、その再確立が連邦共和国の国是であり、連邦共和国が「ドイツ」を代弁する唯一の国家であるという公式的解釈は、もはや現実性をもたない、単なる「幻想」に過ぎないものと捉えられるようになった。

第二は、一九五八年のベルリン危機に始まり一九六二年のキューバ危機で頂点に達する米ソ対立が、キューバ危機以後「デタント（緊張緩和）」に向かったということがある。デタントは冷戦下での国際秩序を通常の外交関係を通して日常化する役割を果たした。その中で連邦共和国は、社会主義諸国の現状の国境を認め、国交の「正常化」を進めることが求められるようになった。西側同盟諸国も、連邦共和国に対し、これまで以上に東欧諸国との「正常化」に向けて圧力をかけるようになる。オーデル＝ナイセ線の否認と民主共和国の否認が、そのための重大な障害となっていく。

第三は、被追放者の連邦共和国社会への「統合」の進展である。戦争直後東方から移住してきた被追放者は、当初住宅や食料もままならないような困窮状態におかれていた。連邦共和国政府は彼らに対する支援や被害への補償を積極的に行ない、一九五二年には（すでに述べたように）負担均衡法も成立した。また何よりも重要なのは、彼らも戦後の「驚異的」な経済成長の恩恵を受けたことである。こうして被追放者は（当初危惧されていたように）「ゲットー化」し、現地社会の中で孤立化していくということもなく、比較的スムーズに統合されていった。[1]そうなると、連邦共和国は彼らにとって「新たな故郷」になりうるのであり、次第に「かつての故郷」に帰還することを切実に望むものの数も減っていく。彼らの生活の場が、連邦共和国に根付いていたのである。それに加え被追放者の間でも世代交代があり、直接「追放」の記憶をもたない非「経験世代」の子どもたちも成長してきた。このような中、被追放者諸団体のリーダーたちが掲げた「故郷権」「故郷への帰還」というスローガンも、かつてほどの神通力を持たなくなっていき、被追放者諸団体の組織力にも翳りが見えてきたのである。

「放棄」の妥当性根拠とナショナル・アイデンティティ

しかし強調しておきたいのは、まだ一九六五年以前の段階では、単にオーデル＝ナイセ線承認が必要であるという

「現実的な必要性」が強調されるにとどまっていたということである。「一九三七年のドイツ帝国の存続」という解釈は、形式的・儀礼的になっていたものの、その法的・規範的な妥当性それ自体が否定されたわけではなかった。被追放者諸団体がその定型化され、形式化された帝国アイデンティティの語法と論法を動員して「放棄」の議論を攻撃すれば、政府や主要政党もそれを追認する以外にはなかった。オーデル＝ナイセ線承認の議論に欠けていたのは、帝国アイデンティティに代わる新たな妥当性根拠であった。二〇世紀というナショナリズムの時代において民族の「自己決定権」はほぼ普遍的に通用する規範である。オーデル＝ナイセ線承認が「自己決定権の侵害」であるという法的・規範的原則論に対抗するには、その「自己決定権の侵害」もあえて受容せざるをえない、より高次の妥当性根拠を必要とする。つまり、自らの領土の放棄をあえて積極的に正当化する妥当性根拠が必要となるのである。

だが、果たしてそのような妥当性根拠はありうるのか。理論的に考えれば、国際協調主義や人類愛など、ネーションを超えた普遍主義的理念がその役割を果たしうるであろう。しかし戦後連邦共和国の公共的言論界において、この後大きな役割を果たす観念はそのようなものではなかった。帝国アイデンティティに代わる別のナショナル・アイデンティティが、東方領土「放棄」の妥当性を根拠付ける観念として機能したのである。自らの領土の放棄を根拠付けるようなナショナル・アイデンティティなど、おそらく一九世紀にナショナリズムの歴史が展開されて以来出現したことはなかったであろう。戦後のドイツ連邦共和国においては、そうした新種のナショナル・アイデンティティが台頭したのである。それを本書では社会学者ベルンハルト・ギーゼンにならって「ホロコースト・アイデンティティ」と呼んでいる。

2　新解釈の登場
――ドイツ福音教会の『覚書』

『覚書』の意義

大きな転換点となったのは、ドイツ福音教会［Evangelische Kirche Deutschlands］（ＥＫＤ）の『被追放者の状況と東方隣国との関係に関して――福音主義の覚書』（以下『覚書』）の発表である。一九六五年一〇月一日に出されたこの『覚書』は、東方領土問題に関し、それまでとは異なった画期的な解釈を提示するとともに、その解釈を戦後ドイツ固有のナショナル・アイデンティティによって基礎づけたものだった。

『覚書』は当時の連邦共和国の世論に少なからぬ反響を呼び起こした。ドイツ福音教会とは、ドイツのプロテスタント教会を包括する組織で、カソリック教会とともにドイツの宗教界を二分する大きな宗教組織である。教会はプロテスタント系もカソリックも、戦争終結時に東方からから次々に流入する被追放者（避難民と強制移住者）たちを、物質的・精神的に保護・援助する活動に関わってきた。そのため被追放者との関係が深い。しかし教会自体が、これまで東方政策や被追放者問題に対して公的に意見を表明することはなかった。前述の『テュービンゲン・メモ』の著者は、福音教会と密接な関係を持っている人々であったが、教会がこのメモをオーソライズしたわけではなく、メモはあくまで私的な文書であるとされた。ところが今回は、ドイツ福音教会自体が東方政策に関する見解を公表し、しかも東方領土の放棄を示唆する意見を公式に表明したことは、諸政党、メディアで大きな反響を呼び、そして何よりも被追放者諸団体に衝撃を与えた(2)。

この『覚書』は、学術論文一本分の長さを優に超える、かなり長大で、かつ充実したものである。全体は「序言」に続き六つの章に分かれ、東方領土と「追放」の問題に関する概略、被追放者と教会の関係、現在の東方領土の状況について論述した後、その国際法的立場からの考察と神学的・倫理的立場からの考察を行ない、最後は「政治的課題としてのドイツ東方国境」を論じてしめくくるというものになっている。その記述の仕方は、国内外の様々な意見に配慮したニュアンスに富んだ表現をとっていて、一方的な論断はほとんど見られない。しかし全体を通してのメッセージは明確に伝わってくる。それはドイツとポーランドの両民族の「和解 Versöhnung」と「対話」、平和的な共存の重要性であり、そのためにドイツが東方領土問題で一定の譲歩をする必要性である。それはまた、進行中の国際政治の「緊張緩和」にも貢献すると『覚書』は論ずる。「緊張緩和は、政府がドイツ人民の中に東方の隣接する諸民族との間の和解の精神における前進についての理解と同意を見出すことができる場合にのみ、可能なのである」(LV：216)。

だがここで重要なのは、この『覚書』が、この「和解」の重要性を、ドイツ固有の歴史的過去と結びつけて理解しているところである。そこで強調される「過去」とは、第二次大戦中にポーランドに対し「ドイツ民族の名において」行なわれた「不正」であり「罪」である。

> ドイツ民族の名において東の諸民族、とりわけ今日この領土を占領しあらたに定住しているポーランド人たちに対して重大な不正が行なわれたのである以上、ドイツ民族は、自らが傷つけた他民族の権利が、どのような埋め合わせを必要とするのものなのかを同時に考えてみなければならない。何度となく政治的自立を奪われてきたポーランド民族への弾圧政策の痛ましい歴史と、ポーランド民族が第二次世界大戦中ナチズムの国家指導の命令で経験した国際法に違反した処遇は、こんにちわれわれを不可避的に以下の問いの前に立たせる。ドイツの領土の縮小なき再構築の要求に対し、政治的な、あるいは国際法的な異議申し立てが成立するのではないかという問いの前に。
> (LV：200)

ポーランド民族に対し、「ドイツ民族の名において」行なわれた「重大な不正」の「埋め合わせ」をする必要があるのではないのか、それがドイツ領「再構築」に対するポーランド民族の「異議申し立て」を認めることではないのか、という主張である。

さらに『覚書』は、過去に「ドイツ民族の名において」行なわれた罪が、現在のドイツ人に新たな「義務」を発生させていると論じる。

東側の隣人たちから、ドイツ人の平和を守る義務［Friedenssicherungspflicht］という観念がもたらされたのである。またポーランド国家は、ドイツとの苦痛に満ちた歴史的体験のあと、安全保障への権利を高め、彼らにとっての高度の安全を保障するような国境を選択しなければならない。この安全保障を、軍事的な意味で理解するのであれば、この議論は説得力をもたないであろう。第二次大戦後に戦勝国によってほとんど恣意的に引かれたオーデル＝ナイセ線が、ポーランド保護のために戦略的に有利であると見なそうというのではない。何百万ものドイツ人住民の追放、特にポーランドの西側からの追放は、不満と動揺の原因を生み出したのであり、安全保障と平和の国境とは逆のものを創出したのである。しかしここでの議論は、次のように解釈するならば、正当な本質を含意する。

苦痛な過去の遺産は、ドイツ民族に対し、将来ポーランド民族の生存権を尊重し、ポーランド民族の発展に必要な空間をのこしておかねばならないという特別な義務を課している、という解釈である。ドイツ帝国は一九三九年八月二三日に独ソ条約（リッベントロップ＝モロトフ条約）によって新たなポーランド分割と東ポーランドのソ連への併合に合意する宣言を行なった。よってドイツ政府は今日、東ポーランドの喪失によりポーランドの経済的生存に不可欠となった［オーデル＝ナイセ以東の］領土の返還の主張をとなえることを慎まなければならない。

（Ibid.：201）

『覚書』はオーデル＝ナイセ線の「ほとんど恣意的」な画定や「追放」にも言及し、それが平和や安全をもたらしているわけではないと述べている。しかしながら、この文書の強調点は、戦争中の「ドイツの名による」不正が、戦後のドイツ人に対し、ポーランドの安全と平和を保障する「特別な義務」を生じさせたということにある。そのためドイツ人は、「ポーランド民族の生存権を尊重し」、オーデル＝ナイセ線以東の領土への要求を「慎む」必要があるだろうというのである。また、引用した箇所の後で『覚書』は、戦後二〇年がたった今、東方領土には戦後移住してきたポーランド人が生活を始めており、そこにドイツ人が帰還するならば、また新たな「追放」が起きてしまうだろうとも述べている。

ここで注目すべきなのは、オーデル＝ナイセ線を承認しているということそれ自体よりも、そのことを正当化するための論法である。戦争中にヒットラーが「ドイツ民族の名において」犯した罪や不正が、戦後のドイツ民族に東欧諸国との「和解」や平和のための特別な義務を課している、という論法がそれである。ナチス時代の「罪」や「不正」が現在のドイツ民族に平和や人権に対する特別な義務を課しているという論理。これが、本書で「ホロコースト・アイデンティティ」と呼んでいるドイツ人自己理解の解釈図式の特徴である。『覚書』は、このドイツ人の自己理解（ドイツ固有の歴史に立脚したナショナル・アイデンティティ）によって、東方領土への要求を「慎む」べきことを正当化しているのである。もちろん、連邦共和国で影響力をもつ大きな組織が、それまでタブーであったオーデル＝ナイセ線承認を示唆する見解を公表したということの意義も大きい。実際、そのためにこの『覚書』は、世論に反響を巻き起こしたのである。だがまた、それをドイツ人の「過去の不正」（もちろん、この概念自体は戦後のドイツに一貫して存在してきたものではあるが）と関連させて論じたという点に、『覚書』の歴史的な意義がある。

また「神学的・倫理的考察」の部分で「和解」の概念が頻繁に用いられている。これも重要な概念で、その後のオーデル＝ナイセ線問題をめぐる議論で繰り返し使用されるキーワードになる。イギリスの歴史家でジャーナリストのティモシー・ガートン・アッシによれば、「和解（Versöhnung あるいは Aussöhnung）」という言葉には宗教的かつ感情的な含意が強く込められているという。「その語源は贖罪とか悔悛を意味する語 “Sühne” にあり、神と罪人とが和解しあうというわけではないにせよ、二人の人間が泣きながら互いの腕の中に倒れこむというようなイメージを喚起する言葉なのである」（Ash 1994：299）。『覚書』の中でもこの概念が「イエス・キリスト教信仰の中心に位置するメッセージ」（LV：208）であると紹介している。そして次のように述べる。「相互の罪の明確な認識のもと、是認してはならない不正を是認することなく、ドイツ民族とポーランド民族相互の関係をあらたに組み立てなおし、和解の概念と理想を政治行為の中に不可欠な一要素として導入しなければならない」（Ibid.：214）。

『覚書』に対する反応

この『覚書』に対し、連邦共和国の公共的言論界の意見は分かれた。一方では、ポーランドとの「和解」に向けて踏み込んだ主張を行なったドイツ福音教会の問題提起を評価し、オーデル＝ナイセ線問題に関して自由な討論が必要であるとする肯定的な立場があり、他方では、オーデル＝ナイセ線の承認を奨励しているこの『覚書』の趣旨は、従来の連邦共和国の立場、そしてドイツ人の「自己決定権」に反しているとする否定的な立場があった。『覚書』の世論における反響を分析したライハルト・ヘンキュスによれば、一般のメディアの三分の二以上が前者、つまり肯定派の立場だったとされている。否定派の中心にいたのは、やはり被追放者諸団体関係のメディアであった（Henkys 1966：34）。

政党内でも意見は分裂した。レースやヤークシュなど被追放者連盟のリーダーとカルロ・シュミートのような積極的東方政策派を同時に抱え、さらにはグスターフ・ハイネマン（後の連邦大統領）のようなドイツ福音教会の主要メンバーも所属している社会民主党では、殊に内部での意見の対立が深刻だった。半年以上の論争を経た後、一九六六年五月五日、同党は声明を発表した。その中で社会民主党は、ドイツ福音協会の『覚書』を、被追放者と彼らの故郷に関する国民的議論への重要な貢献であり、「ポーランド民族（人民）の感情と利害関心への理解を喚起する努力」だったと評価し、「隣国の感情、憂慮、恐れなどを真剣に受け取り、理解するということへの国民の心構えは、弱さの兆候ではなく、政治的な行為能力や内的自由の表われであるという、われわれの旧来からの認識を保持する」としている（DDP IV12/ 1：637–638）。しかし国境問題に関しては、社会民主党も従来の公式見解に変更を加えることはなかった。

> われわれは、ポーランド民族（人民）の生存に必要な国家への利害関心を尊重しているのだから、ポーランド民族（人民）から、分裂したドイツ民族と平和な再統一への意志に対する理解を期待するべきである。
>
> ドイツの一体性は、平和条約規定の枠組みの中において得られなければならない。そこにおいて、再統一されたドイツの国境もまた確定されることになるのである。この交渉の出発点は、その法的状況により、一九三七年一二月三一日の国境なのである。（Ibid.：638）

このように、依然として社会民主党は旧来の帝国アイデンティティの語法を繰り返すのである。しかし同時に「われわれの統一への意志は犠牲への用意も含んでいる」とも述べている。この「犠牲」は、国境問題に関する何らかの「犠牲」(『覚書』はそれを推奨しようとしていたのだが) ともとれないわけではない。こうした声明の両義性は、『覚書』に対する同党の動揺ぶりを反映するものといってよいだろう。

他方で、プロテスタント教会との関係の深い政治家をかかえるキリスト教民主/社会同盟は、この『覚書』を表わした教会に対する直接の批判を避け、東欧諸国との「和解」という方向性は肯定した。しかしながら、「一九三七年の国境におけるドイツの存続」という従来の公式見解を否定することはできなかった (Henkys 1966 : 50–52 ; Ahonen 2003 : 207–208)[3]。同様に連邦政府も、法的に「一九三七年一二月三一日のドイツの国境」が存続していること、最終的な国境画定は平和条約においてなされることなど、従来の立場を再確認するにとどまり、『覚書』に関する立場表明は明確に行なわなかった (DDF 4 : 8)。

被追放者連盟がこの文書に対し否定的な立場を表明したのは当然であろう[4]。一九六五年一〇月二二日、『覚書』公表直後に発表された被追放者連盟幹部会の声明は、『覚書』がドイツ条約の平和条約規定に反し、「全ドイツ人民の死活の利害関心を危うくする」ものとして厳しく批判している (EDP 1 : 118–120)。

3　社会民主党と自由民主党
——「承認」へ向けて

このように発表当初はその反応が複雑なものだったとはいえ、一九六五年一〇月のドイツ福音教会『覚書』は、「承認」に向けての世論の「地すべり」のきっかけをもたらしたといってよいであろう。世論調査の結果を見ても、オーデル＝ナイセ線を「承認する」回答者の割合が一九六四年に二二パーセントであったのに対し、一九六六年が二七パーセント、そして一九六七年には四六パーセントと上昇している。だが、「承認」に向けての世論の変化を強く推し進めたのは、社会民主党と自由民主党という二つの政党の立場の変化である（Mühlen et al. 1975：137）。

社会民主党

社会民主党は、積極的東方政策論者を抱えながらも、原則としては「一九三七年のドイツの存続」という公式的立場を維持し続けるという矛盾した状況にあった。一九六五年一月には同党のフリッツ・エアラーが、ドイツとポーランドの友好関係のためにはオーデル＝ナイセ線について話し合うことが重要であるという趣旨の発言をすると、党内の被追放者政治家からの反発を招いていた（Bingen 1998：96）。後に「新東方政策」の主導者となるヴィリー・ブラントでさえ、前述のように、一九六三年に新聞誌上で、「放棄は裏切りである」という定型化された表現を用いて、オーデル＝ナイセ線否認の立場を表明していた（Jahn 1985：290–291）。

しかしながら一九六五年以後、党内での激しい内部対立を経ながら、社会民主党は次第にその公式の立場を修正していった（Elsing 1981：421–443）。『覚書』をめぐる論争も、そのような修正の動きを促進した。『覚書』に対する声明の直後の一九六六年六月の党大会では、党首となったブラントが「ドイツ民族」に要求されている「犠牲」について、次のように発言した。

　われわれ民族（人民）に関する真実について、この党大会でこれまでよりもはっきりと述べたい。いつの日かやってくる平和［条約］規定は、犠牲を要求するのだ。この犠牲を世界は、ヒットラーが開始し、敗北した戦争における国際法的代償として理解されるだろう。ところでこの問題は、しばしば密接かつ一面的に国境問題と結びついている。国境問題に関して、多くの人はオーデル＝ナイセ以東の領土を、あたかも自分たちのものであるかのようにふるまっている。しかし実際は、オーデル＝ナイセ線とわれわれとの間の領土［ドイツ民主共和国の領土―引用者注］ですら、「自分たちのもの」ではないのだ。多くの人は、あたかもわれわれの友好国が［国境問題についての」権利の留保以上のことをしてくれているかのようにふるまっている。しかし、知っての通り友好国の中には、権利の留保すらしてくれていない国もある。……わたしは君たちに言いたい。彼らは自分たちのできること以上のことを約束してくれはしないのである。戦後二十年経って、まだ平和条約が無いのは堪えがたいことだ。その交渉はたしかに何年もかかるであろう。でも、いつかはそれを始めなければならない時がある。だから、われわれは、平和［条約］規定の基礎づくりの作業を主張している。そのようにしてのみ、われわれは世界での議論を先に進めることができるし、そこで積極的な影響力も行使できる。それはわれわれ自身の利益の問題でもあるし、また同時にヨーロッパの平和のために必要でもある。平和［条約］規定へのドイツの貢献は、特別な意味において、われわれ民族（人民）が果たすことのできる世界平和への貢献ともなるのだ。（DDP IV 12/ 1 : 811–12）

連邦共和国では、その建国以来、旧敵国との平和条約は統一された「全ドイツ」が主体となって締結するものであるという前提でやってきた。しかし「全ドイツ」はおろか、民主共和国との統一すら、現実上困難になってしまっている。結果として平和条約はいつになっても締結できない。このような中でブラントは、「犠牲」を払ってでも平和条約締結への努力を始めなければならないと主張しているのである。その「犠牲」の第一に挙げられるのは、この演説では明言されてはいないが、オーデル＝ナイセ以東の東方領土である。もしその「犠牲」によって平和な国際秩序作りへの貢献ができるのであれば、その「犠牲」もまた必要なのではないか。その「犠牲」を、ブラントは、「ヒットラーが開始し、敗北した戦争の国際法的代償として理解されるであろう」としている。ナチズムの「過去」、東方領土の「犠牲」、「世界平和」への「貢献」という、ドイツ民族の過去・現在・未来を連結させて解釈する方法が、ここに明確に現われている。これが後のブラントの「新東方政策」の論理につながっていくのである。

同じ党大会では、国境線とナチズムの「過去」の問題についてより率直な発言を行なっているのが、ブラントの後に首相になるヘルムート・シュミットである。

われわれの路線を限定する条件とは、最終的な再統一は、その国土の国境線の確定において、どんな好都合な状況であっても犠牲を必要とするものであるというわれわれの認識について、なんら疑念をさしはさまないということである。……妥協への用意なくして、われわれの隣人たちとの信頼も和解もないのだ。……われわれの隣人達は世界戦争とヒットラーの民族虐殺犯罪を忘れてはいない。彼らは一方的に、歴史的に正当であると思われる以上の罪をわれわれに負わせている。しかしこのことを認めたとしても、それは、彼らに対しその犯罪を相殺しようという馬鹿げた試みと同じく、われわれにとって役に立つものではないのだ。彼らに対し、平和への心情を宣言することが必要なのである。それによってわれわれは、ネーション（国民）としてのわれわれの自尊心を傷つけなければならないわけでも、われわれの平和を危うくせざるをえないものでもない。（DDP Ⅳ 12/1：823, 825）

シュミットの発言は、戦後のドイツ人が、ナチズムの「罪」をより積極的に引き受けようとする態度を表明している。たしかに隣国は、戦争やナチズムの罪を一方的にドイツに押し付けてくる。しかしその歴史的事実としての誤りを指摘したり、ソ連や東欧諸国による「追放」の罪を指摘してその罪を「相殺」するような試みは無益であるというのである。逆に世界に向けてドイツ人の「平和への心情を宣言する」ことが必要である。これはドイツ国民の自尊心を傷つけるどころではなく、むしろ諸隣国のドイツに対する不審や恐怖を払拭し、信頼を獲得するという意味でドイツの国益につながる。これがシュミットの、その後も一貫した考え方であった。そのためには、まずオーデル＝ナイセ線での「犠牲」が必要とされるのである。

その二年後の一九六八年三月、ニュルンベルクでの党大会では、ブラントがオーデル＝ナイセ線に関し歴史的に重要な演説を行なう。オーデル＝ナイセ線の「承認ないしは尊重［anerkennnen bzw. respektieren］」を明言するのである。

今や西側に対しては国境問題はない。あるのは東側に対してである。ドイツには、それを正当化する法的根拠［Rechtstitle］、すなわち我々ドイツ民族（人民）全体の自己決定に対する権利があるからである。しかしこの法的根拠は、現実性のある要求を基礎付けるものではない。その実現にはとにかく強固な限界がある。今日オーデル＝ナイセ線の承認がそのままポーランドとの外交関係に発展するということはないだろうということを、われわれは知っている。それはまた現実なのである。その領土に住んでいる四〇パーセントがそこで生まれた人間であるというのも、また現実である。また新たな追放を考えようというものはいないだろう。さらなる現実は、ドイツ民族（人民）は今ポーランドとの和解［Versöhnung］を考え、それを必要としている。平和条約による国家的統一がいつ実現するのか知らずとも。そこから引き出せるものは何か。そこから引き出されるのは、平和条約締結までのオーデル＝ナイセ線の承認ないし尊重である。（DDF 5：91）

二年前の党大会での抽象的に「犠牲」と述べられていたことが、ここでは、「平和条約締結までのオーデル＝ナイセ線の承認ないし尊重」と明言された。ここでブラントは、ドイツ民族の「自己決定権」には、それを完全に実現することの不可能な「強固な限界」があるとする。それは第一に、オーデル＝ナイセ線以東にすでに生まれ育ったポーランド人の存在、そして第二に、ポーランド民族との「和解」の必要性である。その「強固な限界」ゆえ、連邦共和国はオーデル＝ナイセ線を「承認ないし尊重」する以外にはない。こうブラントは主張するのである。[5] そしてこの党大会の最後で、「ポーランドの西側国境」の「承認ないし尊重」という文言を含んだ党決議が採択されるに至る。

社会民主党という大政党が、公式にオーデル＝ナイセ線の「承認ないし尊重」を明言したことは大きな反響を呼んだ。特に党内の被追放者たちにとって、それは衝撃的なものであった。当時の被追放者連盟の会長で、社会民主党員でもあるライホルト・レースは、早速演説の翌日にブラントに書簡を出し次のように書いた。「あなたの三月一八日の演説におけるオーデル＝ナイセ問題についての発言は、世論を驚かし、被追放者達を大変な不安に陥れました。……この見方が一九六六年一二月の政府声明演説や、被追放者連盟と社会民主党が合意している立場と一致するものなのかどうか、疑いをもっているのは被追放者達だけではないでしょう」(EDP 1：140–141)。そして同月末の被追放者連盟の全国代表者会議では、社会民主党の「約束破り」に抗議する決議が採択された。

ニュルンベルク社会民主党大会のオーデル＝ナイセ問題についての決議は、現在の不正な状況を承認することを目指したものであり、平和条約における不利な先例をつくる危険をつくりだしている。この決議は被追放者の間だけでなく、全ドイツ民族（人民）の間に不安をもたらしている。外国ではこの声明が放棄への姿勢を示すものと受け取られている。追放と併合の承認は、野蛮な暴力への屈服なのである。(EDP 1：143)

しかしこのような被追放者連盟の側からの抗議も、社会民主党の「承認」への動きを押しとどめることはできなかった。当時同党は、一九六六年十二月以来、キリスト教民主／社会同盟とともに「大連立」政権を組んでいた。党首のブラントは外務大臣でもあった。社会民主党首脳は、政府としての公式の立場と党としての「民間」の立場を巧妙に使い分けながら、その一年後に始まる「新東方政策」に向けて策動を着実に進めていたのである。

自由民主党

自由民主党でも、この時期に東方政策に関する方向転換が見られた。社会民主党と同様、自由民主党においても党内にはオーデル＝ナイセ線の承認による「積極的」東方政策の唱道者がかなり以前から存在していた。同党の外交問題の専門家、ヴォルフガンク・ショルヴァーが一九六二年に作成したドイツ政策に関する覚書では、すでに「現在のドイツの東方国境を……公式に尊重しなければならない」(DDP IV 8：384) と記されていたのである。(6) 自由民主党は党全体として、東欧諸国との「正常化」を促進しようという傾向が強く、社会民主党やキリスト教民主／社会連合より被追放者の支持への依存度が相対的に低かったこともあり、東方領土回復への主張も比較的消極的であった。しかしながら、他の主要政党同様、自由民主党もオーデル＝ナイセ線の承認を公式に表明するまでには時間を要した。一九五七年の基本綱領には、「中部ドイツ」と「東部ドイツ領」を含めた「ドイツ帝国」の「平和的な再統一」が「われわれの最高の目標である」と述べられていた（Flechtheim 1963：348）。同年、オーバーシュレージエン出身の被追放者エリッヒ・メンデが議員団長に着任すると、被追放者諸団体との関係構築に積極的に乗り出し、かなりの成果を挙げた（Stickler 2004：299–301）。メンデはその後、一九六〇年に自由民主党の党首に就任し、一九六三年から一九六六年までの連立政権与党時代には、「全ドイツ問題大臣」を努め、「一九三七年の国境におけるドイツの存続」という政府公式の立場を維持した（Bingen 1998：84–85）。

だがそのような党の状況が一変するのが、一九六六年末からの大連立政権時代、少数野党に転じてからである。「左への極端な転換」（Czaja 1996）と呼ばれるほど、この時代の自由民主党の立場の推移は大きかった。まず一九六七年三月初め、党内左派のショルヴァーが非公開の党執行部会議のために書いた「ドイツと外交政策」と題する作業メモが、連邦共和国の代表的な週刊誌の一つ『シュテルン』で公表された（Bingen 1998：107）。そこにはドイツ東方領土に関する「現実」が以下のように躊躇無く直言されている。

今日、かつてのドイツ東方領土は、ポーランド国家に完全に統合されている。そこに住んでいる何百万のポーランド人は、すでにその領土で生まれ、そのことによって故郷権を保有している。他方で［ドイツ人の］故郷被追放者たちは連邦共和国に完全に統合されている。ドイツのこの部分が、彼らにとっての真の新たな故郷になっているのである。（DDF 4：501）

その一週間後、同じ『シュテルン』誌上に、自由民主党幹部の一人ヴォルフガンク・ルービンが同党と関係の深い政治雑誌『リベラール』に載せた論文が再録された。そこでもやはり東方領土問題に関する「真実」が、にべもなく指摘されている。

われわれの友人も敵も、一九三七年の国境におけるドイツ帝国の再確立は、可能でもなければ望ましくもないという点で一致していること、これが真実なのである。……一九四五年以後つくりだされた事実の承認なくして再統一はないということ、これが真実なのである。再統一を望むものはオーデル＝ナイセ線を承認し、ドイツの地にもう一つの共産主義国家の存在を、その避けがたい帰結とともに認識しなければならないのである。（DDP IV 1/1：661）

ともに、連邦共和国の「修正主義的」な東方政策を放棄することを主張しているのである。しかし社会民主党の議論とは違い、東方領土の「放棄」をあえて正当化する論理はあらわれていない。「なぜ東方領土を放棄すべきなのか」という問いに答える積極的な規範的正当化の論理がなく、単に「現実」や「真実」が直言されているだけなのである。このような「現実的」＝非規範的な語り方は、自由民主党内左派の特徴と言えるかもしれない。しかしこのような語り方だけでは、旧来の公式の解釈、法的・規範的な概念的資源の濃密なネットワークによって武装された「一九三七年のドイツ帝国の存続」という解釈図式に対抗し、連邦共和国の多数派の世論を説得することは難しかっただろう。

だが、自由民主党ではショルヴァーら左派の勢力が強まる。一九六八年一月党首がメンデからヴァルター・シェールに交代すると、党の立場はオーデル＝ナイセ線承認の方向に向かい、社会民主党と急速に接近していくことになる。

4　政府と被追放者諸団体
――「承認」への逡巡・抵抗

公共的言論界において「和解」とオーデル＝ナイセ線承認の言論がこのように高まっていく中で、政府と被追放者諸団体はどのような状況であったのか。

政府のディレンマ

まず政府であるが、大連立政権時代のクルト・キージンガー首相は政府声明演説において「和解」を掲げ、ポーランド側の領土問題への立場に対し一定の理解を示そうとしていた。彼は一九六六年一二月三日の政府声明演説で次のように述べている。

ドイツ人民（民族）の幅広い層の中に、ポーランドとの和解［Aussöhnung］への生き生きとした欲求があります。ポーランドの苦難に満ちた歴史を我々は忘れてこなかったし、保証された国境を持った領土の中で生活したいという彼らの要求を、分断された我々民族（人民）自体の現在の運命を見れば、これまで以上によく理解できるのです。(BT 5/80 : 3662)

ここにはドイツ福音教会『覚書』以来の世論変化の動向の影響が見て取れるであろう。このような「理解」への姿勢は、それ以前の政府声明には見られなかった新しい点である。では政府も社会民主党や自由民主党同様、オーデル＝ナイセ線の「承認」へと向かったのかといえば、答えは否であった。キージンガーは続けて、従来の国境問題に関する定型的な公式見解を繰り返すのである。

再統一されたドイツの国境は、全ドイツ政府の下で自由な合意による規定においてのみ確定することができるものです。これが二つの民族によって合意された永続的で平和的な隣人関係の前提なのです。(Ibid.)

たしかにここには、前エアハルト政権では繰り返されていた「一九三七年の国境におけるドイツ帝国の存続」という直接的表現は見られないものの、ドイツ条約の「平和条約規定」の概念が用いられ、オーデル＝ナイセ線の現時点での承認を間接的に否定している（そう解釈されるような表明を行なっている）のである。キリスト教民主／社会同盟が被追放者諸団体を支持基盤としている限り、同党のキージンガーは決して「承認」に踏み込むことはできなかった。それどころかキージンガーは、一九六七年四月には、「東ドイツ人」被追放者の集会で、被追放者の故郷権と自己決定権を擁護するという趣旨の演説まで行なってしまうのである（DDP V 1/1：783–787）。公式的見解がもつ規範的拘束力は、依然として「否認」の圧力としてはたらいていた。キージンガーは「和解」という理念と「オーデル＝ナイセ線の否認」という規範的拘束との間のディレンマにとらわれつづけた。

キージンガー内閣の外務大臣であったブラントも、慎重な発言に終始していた。一九六七年四月一八日『時の人（Mann in der Zeit）』誌でのインタビューで彼は、先のキージンガーの言葉をそのまま引用してオーデル＝ナイセ線の質問に答えている。さらに彼は「われわれの立場は、ポーランド民族（人民）との和解への姿勢と意志によって規定されています」と述べ、やはり「和解」というマジック・ワードを用いて政府の立場を説明している（DDF 4：545–546）。

さらに同インタビューでブラントは、「［社会民主党における］オーデル＝ナイセ線承認をめぐる議論は、被追放者たちの間で放棄の政治と呼ばれている」というインタビュアーの指摘に対し、「連邦政府による東欧隣国との関係改善の努力は被追放者達においても多くの理解を得ているという印象をもっている」と述べ、「被追放者の人たちの背後に回って東方政策を行なうことはありません」と言い切っている。

この発言は、色々なことを考えさせる。まず第一に言えるのは、大連立政府においても被追放者の意見の動向は無視できないものであったということである。同インタビューでブラントは、被追放者連盟会長のライホルト・レースを名指しし、彼と連邦政府との協力関係についても触れているのである。しかし被追放者の連邦政府への「理解」とは、どのような意味での理解であったのか。それはオーデル＝ナイセ線を承認しないという前提の上での「関係改善」という政策方針に基づいた「理解」ではなかったのか。じじつレースの下での被追放者連盟は、前述したように一九六八年社会民主党がオーデル＝ナイセ線承認の決議を出すと、即座に抗議の声明を出しているのである。

しかし別様の解釈もできる。一九六〇年代に入って、被追放者諸団体は、被追放者に対する動員力を低下させていた。被追放者の中には、被追放者諸団体の強固な領土修正要求から距離を置くものも少なからず現われていた。被追放者諸団体の「幹部」と一般被追放者との間の乖離は、つとに指摘されていた問題だった。ブラントの言う「被追放者達の間の理解」とは、そのような被追放者一般の「理解」を意味していたのかもしれない。しかし、そのような一般被追放者にとっても、オーデル＝ナイセ線の「承認」は大変に重い決断であったことは言うまでもない。

孤立化する被追放者諸団体

『覚書』以後、政府でさえポーランドとの「和解」を言明するようになる中、「一九三七年のドイツ帝国の再確立」を掲げ、ポーランド政府から「報復主義」「帝国主義」「大ドイツ主義」の非難を繰り返し浴び続けてきた被追放者諸団体は、次第に国内世論の中で孤立化していく。『シュピーゲル』や『ツァイト』、『シュテルン』などの主要メディア、ラジオ・テレビなどでの被追放者の扱い方も否定的なものになっていった（Ahonen 2003：222）。被追放者は、連邦共和国のメディアによって「さらにまた追放」されたのである[7]。

この孤立化に拍車をかけたのが、一九六〇年代中頃から急速に勢力を伸ばした極右政党ドイツ国民民主党（以下NPD）の存在であった。NPDはオーデル＝ナイセ線の修正、「ドイツ帝国」の再確立など、被追放者諸団体と一致するような政策目標や理念を掲げた（Schoenberg 1970：296–305）。また世論全体での「放棄の傾向」は、被追放者の主要諸政党に対する信頼も揺るがしており、一部の被追放者が極右支持に傾いたことは確かであった。またNPDの方も被追放者を重要な支持母体と見なし、被追放者の集会でビラなどをまいて支持を訴えていた（Ahonen 2003：238）。被追放者諸団体の幹部の一部もNPDに傾き、かつてGB／BHEから連邦議会議員として出ていた一九五〇年代の代表的被追放者政治家リヌス・カテアなどは、NPDの選挙名簿に名前を連ねるほどであった。

しかしながら、全体から見ると、被追放者とNPDとの接近は一部の動きにとどまっていた。被追放者の統一組織である被追放者連盟は、「超党派」の立場からNPDとは距離を置き、組織的連携への動きを一切見せなかった。当時の会長ヤークシュは、極右からの影響に対抗し、あくまで教育と討論という手段を通じて「中道の愛国主義」を貫くことを主張していた（Stickler 2004：334–346）。さらにこれまでの研究によれば、被追放者の間で特にＮＰＤへの支持率が高かったわけではない（Mühlen et al. 1975：144；Stickler 2004：333, 339）[8]。

だが、ＮＰＤの台頭は、被追放者諸団体にとって意図せざる否定的効果をもたらした。それは被追放者諸団体とＮＰＤとの間の政策や理念の一致、ＮＰＤの被追放者への大々的な勧誘運動、ＮＰＤによる少数の被追放者諸団体活動家のシンボリックな称揚などが、被追放者諸団体を極右と同一視するという認識を国内世論の間に広めたのである[9]。それはまた、東欧諸国がこれまで繰り返し行なってきた、被追放者諸団体を「報復主義」「帝国主義」「暴力主義」とする批判とも一致するものであった。こうしてＮＰＤの台頭は、被追放者諸団体を「極右」とスティグマ化し、世論の中で被追放者を孤立化させるという作用を果たしたのであった。

しかしながら被追放者諸団体の方では、「オーデル＝ナイセ線承認」への動きを見せる社会民主党、自由民主党との間の溝が深まる中、残った選択肢として、キリスト教民主／社会同盟とのつながりを強めるという方向に傾かざるをえなかった。当然これは、「超党派」というこれまでの被追放者連盟の方針に反していた。被追放者連盟は、「超党派」の看板は維持しつつも、一九六九年の総選挙ではキリスト教民主／社会同盟の政策への支持を明らかにした。またキリスト教民主／社会同盟の方も、台頭するＮＰＤに対抗して、その支持層を「右」に伸ばすべく、被追放者諸団体の東方政策関連の主張に耳を傾けるようになっていったのである（Ahonen 2003：237–241）。結果として被追放者諸団体は、「超党派」の建前は崩さないまま、「保守」の方に立場を移行させていった。この傾向は後のブラント政権、シュミット政権の時代にさらに強まる（Stickler 2004：230–231）。一九六九年五月には、被追放者連盟の会長レースが社会民主党からキリスト教民主同盟に移籍した。この移籍は、一九六〇年代末に始まるこうした被追放者連盟の「保守化」を象徴する出来事だった。

5　ホロコースト・アイデンティティの結晶化

ドイツ福音教会『覚書』や社会民主党のブラント、シュミットの議論に見られる、戦後ドイツ独特のドイツ人自己理解のパターンを、ここでは「ホロコースト・アイデンティティ」と呼んでいる（Giesen 1993）[10]。このアイデンティティは一九六〇年代に新たに出現してきたものではない。ベルンハルト・ギーゼンによれば、このアイデンティティは戦争直後から連邦共和国の知識人の間に見られたものだった。「四七年グループからフランクフルト批判理論に至る新しい連邦共和国の知識人は、ネーションの克服不可能な過去を注視することによって集合的アイデンティティを獲得した」（Ibid.：237）。ナチスの非人道的犯罪行為を「ドイツの過去」として受け止め、その克服しがたい過去を「克服」することを自分たちの義務と捉えるアイデンティティのパターン。それはハインリッヒ・ベルやギュンター・グラスらを含む文学者集団「四七年グループ」や、マックス・ホルクハイマー、テオドア・アドルノら亡命知識人を中心とした批判的社会思想家のグループ「フランクフルト学派」（彼らが帰国後、一九五〇年に結成されている）、また戦争終結直後に「ドイツ人の罪」について論じたカール・ヤスパースらの言論に現われているというのである。その後そのアイデンティティは、連邦共和国の知識人に独自のアイデンティティのパターンとして受け継がれていく。彼らにとって、「ホロコーストの過去との関連によって初めて、そしてホロコーストの過去との関連によってのみ、ナショナル・アイデンティティが見出せるのである。……ホロコースト・アイデンティティは過去に対して境界線を引き、悲劇の繰り返しを避ける努力の上にアイデンティティを基礎づけるのである」（Ibid.：237, 245）。そのような「過去の克服」という義務は、人権や平和といった普遍主義的で未来志向の理念に向けて、彼らを駆り立てることになる。

たしかにこれまでしばしば指摘されてきたとおり、連邦共和国初期（一九五〇年代まで）において、ドイツ人は一般にナチス時代の経験について語ることを避ける傾向があった。ロバート・メラーの研究（Moeller 2001）が示しているように、また本書の第3章でもふれたように、この時代の「過去」と言えば、第一義的にはドイツ人が戦争で受けた被害、特に「追放」や戦争捕虜の問題であった。しかし一部の知識人の間ではナチスの「前例のない犯罪」に目を向け、それとの対峙を使命と見なす「ホロコースト・アイデンティティ」も現われていたのである。

しかもそのホロコースト・アイデンティティは、決して知識人だけに限られたものでもなかった。ナチズムという「過去の克服」はまた、連邦共和国がドイツの国家として戦後の国際秩序の中に自らの位置を回復するための、不可欠な政治的な課題でもあった。その課題への取り組みは、すでに一九四九年の基本法制定過程から始まっていた。基本法の第一章「基本権」の部分などは、ナチスの反人権行為への反省なくしては考えられない。その第一条には「ドイツ民族は世界のすべての人間共同体と平和と正義を基礎づけるものとし、不可侵で譲渡し得ない人権を信奉する」とあり、それに続く条項では「庇護権 Asylrecht」を含む基本的人権のリストが列挙されている。これは当時の「議会評議会」に集まった政治エリートの「ホロコースト・アイデンティティ」を反映したものであろう。ドイツ基本法は「過去の否定を表明するものであった。それはヴァイマル共和国末期と一九三三年以後にドイツで起きたことを不可能にすることを目的とする防波堤としてつくられたのだった」(Seifert 1989 : 40)。

また、一九四九年九月七日、建国直後の連邦議会で開会演説を行なったパウル・レーベは、次のように述べている。

> 外国ではわれわれを非難する声があがっています。……その理由は、われわれが戦争で負った罪の大きさをいまだに認識していない点にあります。……われわれは、犯罪的な体制がわが民族に背負わせた、とてつもなく大きな罪を一瞬たりとも否定しません。(BT 1/1 : 2)

「わが民族に背負わせたとてつもなく大きな罪」に「わが民族」がどう対峙するのか。その問いは諸外国がドイツに課した課題でもあった。その解答は明示されていないが、ナチスの犯罪に対する責務を戦後のドイツ民族の出発点におく発想は、建国当初から政治エリートたちには意識されていた(11)。

さらに同様の「過去」への言及は、アデナウアー政権のイスラエルとの「和解」外交にも見られる。アデナウアーは一九五二年ユダヤ人に対する補償を行なうため、イスラエルとの間にルクセンブルク協定を結ぶのだが、それに先立つ一九五一年九月二七日の連邦議会で、「ドイツ民族の名において筆舌に尽くしがたい犯罪が行われた」ことを認め、政府がユダヤ人に対し「道徳的、物質的補償を行なう義務」があることを述べている（BT 1/165：6698）[12]。「ドイツ民族の名において行なわれた犯罪」が戦後の連邦共和国に「義務」を課しているというのは、一九六〇年代末以降の東方政策においてもたびたび現われるホロコースト・アイデンティティの典型的な論法である。

しかし、このような一九四〇年代末から五〇年代にかけて現われたホロコースト・アイデンティティは、一部の知識人や政治エリートが表明していたにすぎず、連邦共和国の公共的言論界全体の中ではいまだ〈非主流〉の言論であった。政治エリートたちの「過去」への言及も、表層的でアドホックなものとなる傾向が強かった。例えばアデナウアーは、上記の「ドイツ民族の名」における犯罪に関する発言に先立ち、「ドイツ民族の大部分はこの犯罪を嫌悪し、関与しなかった」と前置きすることを忘れなかった。しかも、連邦共和国建国以後は、旧ナチ党員、ナチス時代のエリートたちが官僚や政治家、学者や専門職として復帰してくるという動きが進んでいた。

しかし、このような状況は一九六〇年代に入って大きく変わる。その変化をもたらしたものとしては、第一にナチス犯罪の司法追及への関心が高まったということがあげられる（石田 2002：152–196）[13]。一九六一年イスラエルでのアイヒマン裁判をきっかけに、連邦共和国におけるナチス犯罪への曖昧な態度に対する国際的な批判が高まる。また東側のドイツ民主共和国からも、連邦共和国の国際的な信用の失墜を狙った反ナチキャンペーンが盛んに行なわれた。このような中、連邦共和国においても、フランクフルトでのアウシュヴィッツ裁判に代表されるような司法によるナチス犯罪の追及が活発となった。また、一九六五年と六九年には時効延長をめぐる論争が行なわれ、国民世論の注目を集めた。一九六五年に社会民主党は、単に刑法における謀殺罪の時効延長ではなく、基本法に謀殺罪と民族謀殺罪（ジェノサイド罪）の新条項を導入し、しかもそれに時効を設けないとする基本法改正案を提起していた。まだこの段階で時効廃止は実現しなかったが（その後一九七九年のシュミット政権の時代に時効が廃止される）、謀殺罪の時効は延長され、ナチス犯罪追及の量も格段に増加した。この論争を通じて、ナチス時代を経験した一般のドイツ人が、ナチス犯罪を自らの問題として認識するようになっていった。それとともに重要なのは、連邦共和国におけるナチス犯罪の絶対性の認識が明確化し、「ナチス・ドイツの犯した罪の重さは、自らの被害の事実によっては相殺されない」という議論が盛んに行なわれるようになったことである。

第二に、連邦共和国の政治文化自体の広範な変化が、一九六〇年代半ばころから顕著になってきたということがある。それは戦後生まれの世代の若者が成長し、彼らが連邦共和国の政治文化の重要な担い手となっていったことに大きな原因がある。「六八年世代」と呼ばれる彼らの多くは、反体制運動に関わり、また親の世代のナチス犯罪の追及も積極的に行なった。彼らはナチス犯罪追及を、単に裁判所の中だけにとどめることなく、議会外運動という形で元ナチ党員の告発活動を行なった。その格好の標的になったのが、元ナチ党員の経歴をもつ首相のキージンガーだった。一九六八年一一月には、キージンガーが、旧ナチ告発活動を行なう女性に、党大会舞台上で平手打ちを食らうという事件が起きて、世論の関心を集めた。学生達のみならず、ベルやグラスといった戦後派知識人も、その女性の告発活動を支持していた（石田 2002：199–207）。

このようにして、「過去の克服」という公共的規範が、連邦共和国の社会に次第に広く根づくようになる。ホロコースト・アイデンティティは、もはや一部の知識人や政治エリートの表層的でアド・ホックな言論だけにとどまるものではなくなっていた。それは、次第に政権も揺るがすような規範的拘束力を持つ解釈図式へと発展し、その規範もより徹底して実行されるようになっていく。一九六九年の連邦議会選挙の結果は、そのようなホロコースト・アイデンティティの結晶化を伴う政治文化の変化を反映していた。この選挙で社会民主党と自由民主党が左派リベラル連立政権を組み、戦後一貫して与党の座を維持してきたキリスト教民主／社会同盟が初めて野党に転落したのである。そしてヴィリー・ブラントを首相とする政権が生まれた。ブラントの経歴自体が、戦後連邦共和国の新たな時代の訪れを象徴するものだった。キージンガーが元ナチ党員であったのに対し、ブラントはナチス時代に国外に亡命して反ナチス活動を続けていた人物であった。

しかし本研究の視点から特に注目しておかねばならないのは、ホロコースト・アイデンティティが連邦共和国の東方政策と結びつくようになったということである。「東方」に関して言えば、これまでの連邦共和国の言論においては、ドイツ人は「追放」という不正の被害者であり、敗戦の「犠牲者」であるという見方が一般的であった。たしかにナチス犯罪をめぐる「過去の克服」という規範は、連邦共和国建国時から語られていたが、東方政策、特に東方領土をめぐる諸問題はその規範から隔離された領域であった。しかし一九六〇年代には、「過去の克服」というホロコースト・アイデンティティの規範が、次第にこの領域を侵食していくことになった。特に一九六〇年前後から始まったナチス犯罪追及のキャンペーンが、テオドア・オーバーレンダー、ハンス・クリューガー、ハンス＝クリストフ・ゼーボームといった被追放者の有力政治家の「過去」をターゲットにしていたことは、東方出身の被追放者が「ナチスの加担者」であり、東方領土の喪失は当然であるという考え方を広めることに一役買う結果になった（Kittel 2007：13–30）[14]。そして一九六九年に成立するブラント新政権は、「東方との和解」を目指す「新東方政策」を主要な旗印として掲げたのである。ホロコースト・アイデンティティは、いまや東方領土問題全般に関わるようになってきた。またこのようなホロコースト・アイデンティティの侵食に対し、被追放者諸団体は徹底した防衛戦を闘うことを強いられた。

ここで「ホロコースト」とは、ユダヤ人に対する非人道的犯罪行為だけでなく、ポーランド人を含むその他多数に対するナチス犯罪全般を示すシンボルである[15]。その「ホロコースト」というドイツの「過去」が、それを「克服」し、世界の「平和」や「人権」に貢献するという特別な義務と責任を戦後のドイツ人に課しているということ。これがホロコースト・アイデンティティの解釈図式の中心にある論理である。いまやその義務と責任は、ポーランドとの「和解」を対象とするようになった[16]。ホロコースト・アイデンティティがいかにポーランドとの「和解」と結びついていくのか。次の章では、ブラントの「新東方政策」を検討しながら、この点について考えていくことにしたい。

第6章　一九六九―一九七二　「和解」と「平和」

――「新東方政策」とホロコースト・アイデンティティ

一九六九年一〇月、社会民主党と自由民主党による左派リベラル連立政権が成立した。社会民主党党首ヴィリー・ブラントが首相に、自由民主党の党首ヴァルター・シェールが外相に就任した。連邦共和国建国以来政権の座を連続して担ってきたキリスト教民主／社会同盟は、結党以来初めて野党に転じた。それは連邦共和国の戦後史の大きな転換点となった。

新政権の外交政策の新機軸の一つが、東欧諸国との積極的な関係改善を目指した「新東方政策 neue Ostpolitik」であった。新政権は、オーデル＝ナイセ線をポーランドの西側国境として承認し、ドイツ民主共和国の国家としての存在を認めることにより、東側諸国との外交関係の「正常化」への道を歩もうとしたのである。だがそれは、戦後一貫して連邦共和国が維持してきた「一九三七年のドイツ帝国は存続している」という公式の立場と矛盾をきたすものでもあった。そのような政策を新政権はどのように実現していったのか。本章では、オーデル＝ナイセ線の承認と、前章で論じた「ホロコースト・アイデンティティ」との関係に注目しながら考察していく。

1　ブラント最初の政府声明演説におけるナショナル・アイデンティティ

まず、首相就任直後、一九六九年一〇月二八日にブラントが連邦議会で行なった最初の政府声明演説を見てみよう。

そこにはすでに、ブラント政権が掲げる外交政策の目標と理念が明確に掲げられている。ポーランドとの関係に関する言及は控えめであり、オーデル＝ナイセ線への直接的言及はない。だがここで注目したいのは、ブラントが表明している新たなドイツの自己理解に関してである。多少長くなるが、重要な部分を引用する。

皆さん、この政府の出発点は、第二次大戦とヒットラー体制の国民的背信から生じたドイツ民族（人民）にとっての問題が、最終的にはヨーロッパの平和秩序の中でのみ解決できるということにあります。とはいえ、ドイツ人は他の民族同様、自己決定の権利を保持しているのであり、誰もそれをわれわれに放棄せよとは要求できないのです。

これから数年先の将来にわたって、実際の政治上の課題は、ドイツの両部分の間の関係を現在の闘争状態から解き放つことにより、ネーション（国民）の一体性を保持するということです。ドイツ人は単に言語と歴史だけで、つまりその輝かしさと悲惨さだけで結び付けられているのではありません。われわれはみなドイツに住んでいます。われわれはまた、われわれ自身とヨーロッパにおける平和に対する共通の課題と、共通の責任をもっています。ドイツ連邦共和国とドイツ民主共和国が設立されて二〇年、われわれはドイツのネーション（国民）のさらなる分断状態［Auseinanderleben］を回避しなければなりません。そして法制化された並存［Nebeneinander］を経て、共存［Miteinander］に至るよう努力していかねばなりません。これは単にドイツの利益にかなっているだけではありません。これはヨーロッパの平和と東西関係にとっても意味のあることなのです。……

連邦政府は、一九六六年一二月の首相キージンガーとその政府によって導入された政策を続けていきます。そしてドイツ民主共和国の閣議に、政府レベルでの差別なしの交渉をあらためて提案します。それは条約によって合意された協力関係につなげるべきものです。ドイツ民主共和国の国際法上の承認は考慮に値しえません。ドイツに二つの国家が存在するにせよ、お互いにとって外国ではないのです。互いの関係は特殊な種類のものでしかありえません。

（与党からの拍手。キリスト教民主／社会同盟から動揺の声。）

前政権との関係において、武力の行使あるいは武力の行使による脅しの相互放棄の協定を結ぶ用意が、ドイツ民主共和国に対してもあることを、連邦政府は明らかにします。（BT 6/5：21）

まずこの部分でブラントは、「第二次大戦とヒットラー体制の国民的背信から生じたドイツ民族（人民）にとっての問題」を、現在の「われわれ自身とヨーロッパとにおける平和に対する共通の課題と、共通の責任」と対応させるという、典型的なホロコースト・アイデンティティの発想を前提においている。この発想こそ、ブラントの「新東方政策」の基礎にあるものである。

第二に、その「平和」に対する「民族」としての課題と責任に対し、ドイツ民主共和国とドイツ連邦共和国という、二つのドイツ国家の平和共存を実現することによって応えることができるという発想がある。ブラントの「新東方政策」の新機軸の一つに、ドイツ民主共和国を承認し、ドイツに二つの国家が存在することを認めるということがあった。「ヨーロッパの平和」は、その現状の承認から出発することによって可能なのである。だが、この立場は野党のキリスト教民主／社会同盟には認められないことであった。「ドイツに二つの国家が存在する」というブラントの発言の後であがった同会派からの「動揺の声」を、議事録は記録している。

第三に、にもかかわらず連邦政府は、ドイツの民族としての「自己決定権」を自ら放棄することはないという立場を維持している。たとえドイツに二つの国家が存在していたとしても、それは「互いに外国ではな」く、ドイツ民主共和国の「国際法上の承認」は行なわない。二つの国家を対立状況から解き放ち、平和的共存の道を探ることにより、ドイツの「国民の一体性を保持」することが、目指されているのである。このようなブラントの立場が、「二つの国家、一つのネーション（国民）」と呼ばれるものである（Link 1994）。二つの国家の存在を認めながら、それが一つの同じ「ネーション」を構成するという発想である。一九九〇年のドイツ統一は、この「ネーション」の統一が達成されたのである。

だがここで注意すべきは、この概念の中に、もはやオーデル＝ナイセ以東の東方領土の存在がすっぽりと欠落しているということである。「国民の一体性」は二つの国家に限定された一体性である。「ネーション（国民）」は、いまや三つではなく、二つの部分（二つの国家）に分断されたものと見なされているのである。「二つの国家、一つのネーション」は、オーデル＝ナイセ線承認とセットになる概念であった。

この最初の演説で、ブラントはオーデル＝ナイセ線には具体的に言及していない。ただ、次のような間接的な言及はある。

> われわれは、和解の作業は簡単にすばやく完遂できるものであるという幻想にとらわれてはいません。それは［長い］プロセスなのです。しかし今はそれを先に進める時です。……武力不行使の政治は、そのつどの相手国の領土的一体性を尊重するものであり、連邦政府の強固な信念によれば、それはヨーロッパの緊張緩和への決定的貢献になります。(Ibid.：32)

「和解」と「相手国の領土的一体性の尊重」というセットは、明らかにポーランドとの関係を念頭においているように見える。名指しはされていない。だがその後のブラント政権の「新東方政策」は、「和解」のためのオーデル＝ナイセ国境の承認を目指していくのである。

東方領土問題に関する新政権の態度の大きな変化は、新政権発足直後に行なわれた省の再編に見出すことができる。その一つが「全ドイツ問題省」の省名を「ドイツ内関係省 Ministerium für innerdeutsche Beziehungen」に変更したということである。このことがブラントの演説でも触れられている (Ibid.：21)。「全ドイツ」という語には、「一九三七年のドイツ」の再確立への主張を前提とした、「修正主義的」ニュアンスがあった。それに対し、「ドイツ内関係」という語には、あくまで二つの国家の間の人的関係の促進を目指すというニュアンスが込められている。

もう一つの省再編が、「被追放者省」の「内務省」への編入である。これについて、ブラントは次のように述べる。

被追放者省は内務省に編入されます。

（右側からの野次）

……連邦政府は被追放者、避難民、戦争負傷者に対する責任を自覚しています。政府は、［彼らの連邦共和国社会への］統合のための諸施策を完遂します。負担均衡や戦争の帰結に関する法を、民主共和国からの難民の利益にもかなうようにまとめていきます。連邦政府はさらに、東ドイツ［Ostdeutschland］での文化活動や文化的価値の保存や発展に貢献するようなあらゆる理性的努力を促進します。（Ibid.：25）

民主共和国からの難民も含めた被追放者の「統合」を、さらに推進するというというのが、政府によるこの省再編の理由づけであった。つまり、戦争が終わって二〇年以上たった現在、被追放者問題は連邦共和国の「内務省」管轄の国内問題へと転換したのである。ここには、被追放者政策を国内問題にし、その「修正主義」的傾向から脱却しようという新政権の意図が読み取れる。また、ここには被追放者諸団体の行政内での影響力を排除するという目的もあったようである。すでに述べたように、被追放者省は被追放者諸団体のロビー活動の制度的基盤の一つになっていたからである（Mühlen et al. 1975：147–148）。

しかしながら「東ドイツでの文化活動」の発展を促進するという任務は継続されるということが付け加えられている。ここで「東ドイツ」とはオーデル＝ナイセ線以東のドイツのことである。この任務は、連邦被追放者法第九六条「被追放者と避難民の文化財の保護および学問的研究の促進」で規定されていたものだった[1]。

2　東方諸条約締結へ

東方諸条約とホロコースト・アイデンティティ[2]

ブラント政権は、成立直後から東欧諸国との関係改善、特にポーランドとの「正常化」に向けて積極的な外交を展開した。そこでの最大の難題が、オーデル＝ナイセ線の承認であった。ブラントとシェールは、「和解」と「平和」への貢献の意義を強調することで、国境線の承認の合意を得ようとした。一九七〇年四月二九日の連邦議会で、ポーランドとの交渉の進展に関する質問に対してシェールは次のように答えている。これはブラント政権が、もっとも早い時期に行なった、ポーランド西側国境の条約的合意に関する発言の一つである。

ポーランドとの会談の開始にあたって連邦政府は、ポーランドとの関係の和解と安定というわれわれの目的に、ドイツ人民とこの議会の圧倒的多数から同意を得ることが確信できるという前提から出発することができました。……連邦政府は、保証された国境の内部で生活したいというポーランド人の正当な願望を考慮に入れる用意があります。連邦政府はポーランドに対し、なんら領土要求をかかげないし、これからもそうすることはしません。われわれは、未解決の問題に関するポーランドとの相互理解［Verständigung］が、他の東欧諸国とのわれわれの関係に対して、またヨーロッパの平和に関する事柄に対して、どれも肯定的に作用すると確信しています。……もう一度繰り返しましょう。連邦政府はポーランド人民共和国と国境問題の規定に関して条約的合意を見出だそうという意図を持っています。その合意は現在のままのポーランド西側国境を尊重する合意になるだろうということを、私ははっきり言っておきましょう。（BT 6/48：2424）

ここで見られる、オーデル＝ナイセ線の承認（ないし「尊重」）が、ポーランドとの「和解」や「相互理解」、さらにはヨーロッパの「平和」に寄与するという主張は、これからも繰り返しなされる「新東方政策」の定型化された論法である。

その後ブラント政権は、一九七〇年八月一二日のモスクワ条約でまずソ連との間でポーランドの西側国境すなわちオーデル＝ナイセ線の「不可侵性」をみとめたあと、同年一二月七日、ワルシャワ条約の締結によって、ポーランドと「ポーランド西側国境」に関する歴史的な合意に到達するのである。その国境を「確認」した、ワルシャワ条約第一条の条文を掲げておこう。[3] オーデル＝ナイセ線の詳細な地理的規定が第(1)項に見える。（なお、ここで「ポーランドの西側国境」とはあるが、「ドイツの国境」に関する言及がない点が、後の展開にとって一つの重要なポイントである。）

第一条

(1) ドイツ連邦共和国とポーランド人民共和国は現存する境界線［Grenzlinie］、すなわち一九四五年八月二日のポツダム会議決議第九条で確定された、スヴィーネムンデのすぐ西のバルト海からオーデル川に沿ってラウジッツ・ナイセ川との合流地点まで、さらにラウジッツ・ナイセ川に沿ってチェコスロバキアとの国境まで延びる境界線が、ポーランド人民共和国の西側の国境［Staatsgrenze］であるということを一致して確認する。

(2) 両国は、それぞれの現存する国境［Grenzen］の不可侵性［Unverletzlichkeit］を、今日も将来も保証し、それぞれの領土的一体性を相互に無制限に尊重し合う義務がある。

(3) 両国は、互いに決して領土要求をすることはなく、将来もそれを唱えることはないことを明言する。（DD：119）

だが、条約と共に重要だったのが、条約締結のために行なわれたブラントのワルシャワ訪問それ自体である。戦後初の連邦共和国の首相のポーランド訪問となるこの訪問は、ドイツとポーランドとの「和解」を表象する一大イベントであった。特にブラントがユダヤ人ワルシャワ・ゲットー蜂起の記念碑の前で行なった「跪き」のシーンは、ドイツとポーランドとの「和解」を世界的に有名にした。[4] 木佐芳男が「和解の儀式」と呼ぶこのパフォーマンスは、たちまちのうちに話題となり、『シュピーゲル』誌はすぐさまこのシーンを表紙にして特集を組んだ【図10】（木佐 2001）。その号で『シュピーゲル』誌は、「ヒットラーへの抵抗者」ブラントのポーランド訪問について次のように報告している。

ドイツ首相のポーランドでの三日間は、悔悟と希望とに塗りつぶされていた。過去のナチス犯罪への悔悟を示すものとして、ブラントはワルシャワ・ゲットーの記念碑の前で跪いた。……ポーランドとの和解への希望を示すものとして首相は、オーデル＝ナイセ線をドイツの東方国境として確定し、それによって西ドイツがキリスト教民主同盟の首相が二〇年もの間、悪化するまま放置してきた対立を除去する条約を締結したのだ。(Sp. 14.12.1970：25)

実は、この記事の報告は正確なものではない。ワルシャワ条約は「ドイツの東方国境」を確定したものではなく、連邦共和国が「ポーランドの西側国境」の「不可侵性」を認めたものであり、「ドイツの国境」に関しては未だ確定しないとするものだった。少なくとも連邦共和国の側がそう解釈することが可能なように、条約文書が作成された。しかし、そうした法律解釈上の複雑性については後に詳しく論じるとして、連邦共和国の世論では、当時一般的にこの記事のように理解されていたという点が重要である。そしてオーデル＝ナイセ線の承認が、ポーランドとの「和解への希望」となるという論理。それはまた、ナチス犯罪への「悔悟」と対応するものとなっている。「新東方政策」を正当化するホロコースト・アイデンティティの論理が、この記事において実に明瞭に表現されている。

【図10】『シュピーゲル』(1970年12月14日) の表紙

さらにその誌上でのインタビューで、ブラントも次のように述べている。

シュピーゲル誌：ワルシャワ・ゲットーの犠牲者の記念碑の前でのあなたの跪きは、ドイツの世論を大きく動かしました。この異例の行動の動機は何だったんですか。

ブラント：まずとにかく、圧倒的に多くの人が私を正しく理解してくれたことをうれしく思います。私はわが民族の名において、ドイツの名において行なわれた何百万もの犯罪に対しての謝罪をしたかったのです。われわれが新たなスタート地点に立ち、過去の恐怖の繰り返しを排除しようというのであれば、これは必要なことなのです。

(Ibid.：31)

ここでブラントは、再び「ドイツの名において行なわれた犯罪」について言及している。その犯罪に対して「謝罪」することが、ドイツの「新たなスタート」にとって必要であるという認識である。その「新たなスタート」とは、「ヨーロッパの平和に貢献するドイツ」という新たなドイツへの生まれ変わりが示唆されている。オーデル＝ナイセ線の承認は、もはや「放棄」や「裏切り」ではなく、新たなドイツへの「希望」への扉なのである。

このブラントのパフォーマンスは、ホロコーストの「過去」と結びついた「和解と平和」の論理を広めることに大きく役立った。一九七一年にブラントがノーベル平和賞を受賞したことも、これに拍車をかけた。

ブラント政権の要人たちも、この「和解と平和」の論理を繰り返した。議会の外交委員で社会民主党のディーター・ハークは一九七二年五月一〇日、条約批准をめぐる議論の中で次のように述べる。

外交委員会は、二つの条約［モスクワ条約とワルシャワ条約］が、東ヨーロッパとの関係を正常化を達成し、ヨーロッパに必要とされる緊張緩和へのドイツ連邦共和国の貢献を果たそうとする共通の概念を分有しているというところから出発しています。そこで外交委員会は、ワルシャワ条約が、第二次大戦という恐るべき大事件とナチスの暴力的支配によって困難を背負わされている……［ドイツとポーランドの］隣国同士の関係の和解にとって、特別な政治的・道徳的意義をもつということを見誤りません。(BT 6/186：10882)

これは、ホロコースト・アイデンティティと東方政策の結びつきについて明瞭に表現したものである。ナチスの過去の克服による「和解」への道、そして緊張緩和への貢献。そのためにはワルシャワ条約が必要なのである。さらにそのような外交政策の「政治的・道徳的意義」が強調されている。

外務大臣のシェールも、ワルシャワ条約がヨーロッパの緊張緩和と安定に貢献することを強調している（一九七二年二月二三日）。

この条約は東西の平和的共存とヨーロッパの安全保障の中核です。ドイツ連邦共和国はこの条約によって自らの情勢を改善しようとするだけでなく、またベルリンの情勢を改善するだけではありません。われわれはこの条約に、われわれの大陸の安定への重要な貢献を見出しています。この条約は、ヨーロッパ人が望むものを促進します。それはすなわち、旧世界の分裂を平和的交流と相互協力で緩和することです。（BT 6/171：9748）

しかし、ドイツの「和解」と「平和」への貢献は、単に「ヨーロッパ」の利益のためばかりではなく、ドイツの国益にもプラスになる。ブラント政権の要人達は、そのこともまた強調していたことを無視することはできない。例えば、ブラントが一九七一年一月二八日「国民の情勢」演説において行なった次の発言を見てみよう。

ポーランドとの関係においてもまた、われわれは広い意味でのドイツの利益を見失ってはいません。ドイツの名前がもはや不正と恐怖のシンボルとして使われることがなくなり、和解と平和的協力関係への希望のしるしであるとされることを、われわれドイツの利益と見なすという意味において。（BT 6/74：5044）

つまり、「和解」と「平和」を目指す外交政策で新たなドイツのイメージを作り出すことによって、ドイツをナチス犯罪から来る悪のイメージから脱却させ、世界からの信頼を高めること。それが結果的にドイツの（連邦共和国の）国益につながるというわけである。こうした解釈はブラントの後継者であるヘルムート・シュミットによっても、繰り返し強調されている。

国境線承認と「追放」――「新東方政策」の「光」と「影」

しかし国境線の承認には、「追放」という過去の「犠牲」にどう対応するかというもう一つの難問が待っていた。ナチスがポーランドにもたらした「苦しみ」と「和解への希望」を強調するだけでは、国内の世論、特にオーデル＝ナイセ線設定の直接の犠牲者である被追放者たちを納得させることはできなかったのである。「追放」がドイツ人にもたらした「苦しみと犠牲」をも配慮し、その記憶を確かなものにしておくこともまた必要であった。

ブラントが、ワルシャワ条約締結当日に国内向けに行なった放送演説では、この「追放」というもう一つの「過去」に対し、特別な配慮がなされている。

ポーランド民族に一九三九年以後歴史上最悪の事態がもたらされたことを、われわれは忘れてはいけません。その不正は今も痕跡を残しています。

大きな苦しみにはわれわれの民族もまた見舞われています、特に東ドイツの人たち［ostdeutsche Landsleute］がそうです。われわれは公正でなくてはなりません。父親を、息子を、そして兄弟をなくされた方々は最も重い犠牲をはらいました。しかしその後故郷を去らねばならなかった人たちもまた、戦争でもっと悲痛な目にあったのです。ドイツのものであろうとポーランドのものであろうと、作り話を受け入れることはありません。ドイツ東部の歴史［Geschichte des deutschen Ostens］は勝手に書き換えられてはならないのです。……

アウシュヴィッツの名は、両民族になおも長く付きまとうでしょう。そしてわれわれに思い出させるのです。この世に地獄もありうるのだ、そしてわれわれはそれを経験したのだということを。しかしまた、この経験がわれわれに、将来への課題に対し、決然として対処するべく強いているのです。事実からの逃避は危険な幻想を作り出します。私は言いたい。この条約への賛同、和解と平和への賛同は、ドイツ史に対する信念でもあるのです。……

われわれは視線を将来へと向け、道徳が政治的な力であることを認識しなければなりません。不正の楔を壊さなければなりません。だからといってわれわれは、放棄の政治を実行しているのではありません。理性の政治を実行しているのです。ポーランドとわれわれの間の条約は……公式の平和条約ではありません。それは連合国四カ国のドイツ全体に対する権利と責任に抵触するものではありません。それは両国におけるこれまでの条約上の義務を無効にするものではありません。(TDP 6：263–4)

アウシュヴィッツの歴史が将来に対する「和解と平和」という課題を設定し、この「和解と平和」に賛同することが「ドイツ史に対する信念でもある」こと。しかし、この未来志向の「道徳的」な外交理念は、決して「追放」というドイツが被った不正を相殺するものではない。そうブラントは述べているのである。たとえオーデル＝ナイセ線を「ポーランドの西側国境」として「尊重」したとしても、それは「追放」という不正を、ドイツが受け入れたことにはならない。ブラントは、被追放者の経験した「苦しみ」について触れ、「ドイツ東部の歴史は勝手に書き換えられてはならないのです」と述べる。たしかにナチスがヨーロッパにもたらした「不正の楔」は壊さねばならないが、それは決して「放棄の政治を実行しているわけではない」。ワルシャワ条約は「公式の平和条約ではない」ことを彼は強調する。ブラント政権は、東方諸条約はドイツ東方国境を最終的に確定する平和条約ではないという旧来の連邦共和国の法的立場を維持するために、複雑な条約文書体系を作成していた。その一部がワルシャワ条約第四条に反映されているのだが、これに関しては改めて論じることにする。

このようにブラント政権の「新東方政策」には、ホロコースト・アイデンティティに依拠した「光」の部分と、「追放」「東方領土喪失」に関わる「影」の部分の両面がある。ブラント政権の要人達は、その「光」の部分を国の内外に対して前面に押し出しつつ、国内（特に被追放者たち）に対しては「影」への配慮で対応するという両面的な戦略を用いていた。「影」への配慮はまた、一九七一年一月二八日のブラントの連邦議会での演説の中にも見出せる。それは強硬な条約反対派の中核にいる被追放者に対するメッセージであった。

今日なお東部での故郷の喪失について苦しみと悲しみを感じている人々に関し、否定的に判断しようとしてはいけません。

（キリスト教民主／社会同盟と自由民主党からの拍手）

彼らは他のドイツ人よりも重い負担を背負いました。そして、彼らの代表者たちがすでに二〇年も前にシュトゥットガルト憲章の中で、憎しみから縁を切り、東方の隣人たちと調停［Ausgleich］を追及していたのです。この憲章は理性と人間性のドキュメントであり、未来を志向し、過去の野蛮な方法を否定しています。被追放者に関し、彼らのかつての故郷への帰還の現実的可能性が、我々がポーランドと結んだ条約によって失われたのだということ、彼らが実は今日にしてはじめて追放されたのであり、故郷への明白な権利の放棄が行なわれたのだということを印象づけたいと望んでいる人々もいます。それについて、この機会に次のことだけ言っておきます。平和のためにわれわれが今日、東ヨーロッパを含めたヨーロッパの既存の国境を出発点にし、それを尊重する用意があるとしても、それは決して、一九四五年と一九四六年に発生したこの領土からのドイツ人の追放に黙って同意したのでも、それを正当なものと認めたわけでもないということをです。（BT 6/93：5049）

ここでブラントは、ワルシャワ条約が決して「追放」の不正を連邦共和国が受け入れたことにはならないのだという点を強調している。さらに彼は、一九五〇年の「故郷被追放者憲章」（第3章参照）をとりあげ、被追放者が「憎しみ」を脱し、ポーランドとの「調停」（これは「和解」との類義語として用いられている）を追求していたのだということを述べている。これはブラントが、被追放者を孤立させず、彼の「新東方政策」の大きな理念の枠組みに被追放者を編入していこうという姿勢のあらわれと見ることが出来る。外交が「国民」全体の利益を代弁しなければならないとすれば、これは当然必要な配慮であったと言える。また同時に、それは被追放者の国内政治上の重要性を示唆するものでもあった。

3　東方諸条約への抵抗

ブラント政権は、前述のように「光」と「影」の両面の論理を用いて議会での説明・説得を行なった。しかし野党のキリスト教民主／社会同盟の政治家たちの多く、そして特に被追放者議員たちを納得させることはできなかった。彼らにとって東方諸条約は、ブラントがどう釈明しようとも「放棄の政治」であり、ドイツ民族の「自己決定権」を侵害するものと見なされたのである。そこでの彼らの抵抗は、建国以来の連邦共和国の公式の解釈枠組みであった帝国アイデンティティをあらためて喚起し、解釈しなおすことによって行なわれた。

東方諸条約への抗議の声は、野党ばかりでなく、与党である社会民主党や自由民主党からも上がった。その結果、この東方諸条約に反対した政治家が社会民主党から四人、自由民主党から一〇人、キリスト教民主同盟またはキリスト教社会同盟に移籍したのである（Bender 1995：200）。例えば社会民主党からは、すでにブラント政権成立以前にキリスト教民主同盟に移籍した被追放者連盟会長のレース（第5章参照）に加え、シュレージエン同郷人会の指導者ヘルベルト・フプカがキリスト教民主同盟に移籍した。自由民主党からは、一九六八年まで党首であったエリッヒ・メンデが、やはりキリスト教民主同盟に移籍した（Mühlen et al. 1975：142, 148–149）。その結果、連邦議会では連立与党で多数派形成できるかどうかが微妙な情勢となった。だが、他方で野党のキリスト教民主／社会同盟の方にも、ナチスの犠牲者に対するドイツ人の「道徳的義務」という観点からブラント政権の新東方政策に対して同調的な議員も少なからず存在していた。後に大統領となり、著名な演説を行なったリヒャルト・フォン・ヴァイツゼッカーはその一人であった（Bender 1995：200–201）。このように東方諸条約は、党派対立にそって、部分的には既存の党派対立を超える形で、連邦共和国の国論を分裂させる争点になったのである。

ここでは反対派の論理を四つのポイントごとに整理しつつ、連邦議会の討論を中心に、反対派の主張を紹介しよう。そのどれもが、帝国アイデンティティの解釈図式を構成する概念的資源が用いられている。しかしながら、以下の(1)

と⑵が従来から主張されてきた語法・論法の繰り返しであったのに対し、⑶の「追放の不正」をめぐる問題はホロコースト・アイデンティティとの対峙を通じて、あらためてテーマ化しなおされた。さらに⑷で紹介する残留ドイツ人の権利の問題は、東方諸条約の討論を通じて急速に浮上したテーマである。これは東方領土問題が、人間の「権利」の問題として解釈されたものである。本書ではこれを領土問題の「属人化」と呼んでいる。この「属人化」によって、東方領土問題は東方諸条約批准以後も（ある意味で現在までも）、国境設定それ自体とは別の次元で提起される問題へと発展していく。

⑴「平和条約規定」の違反

まず、東方諸条約が国際法違反ではないかという疑いである。この場合の国際法違反とは、ドイツ条約とポツダム協定における平和条約規定（ドイツの国境最終画定は平和条約締結まで延期されるというもの）に対する違反である。東方諸条約が平和条約でないとすれば、これらが平和条約に先行して国境を確定するというのは国際法上の違反なのではないかという疑いが投げかけられたのである。

そのような批判に対し連邦政府は、東方諸条約は平和条約に先行して「全ドイツ」の国境の最終確定を行なうものではなく、平和条約締結まで維持される「全ドイツ」に対する旧連合諸国四カ国の権利と義務にはなんら変更はないと釈明し、ポーランド政府も国境問題に関するこうしたドイツ側の「法的留保」に理解を示しているとした（DDF 6 : 572–573）。東方諸条約は「暫定協定 Modus vivendi」であり、「全ドイツ」の国境確定に関する平和条約ではなく、よってドイツ条約に違反するものではないというのが、連邦政府の言い分なのである。その解釈を可能にするのが、ワルシャワ条約第四条である。第四条は、以下のような短い一文だけから成り立っている。

第四条

この条約は両国が以前に結んだ、あるいは両国に関連して二カ国間または多国間で結んだ合意に抵触することはない。（DD : 120）

この条文に加え連邦政府は、東方諸条約に関して西側旧連合国三カ国との間に書簡の交換を行ない、その書簡をもってワルシャワ条約が平和条約に相当しないという保証と見なしていた。

ところがキリスト教民主／社会同盟会派は、ソ連邦やポーランド政府が、連邦政府とは異なり、これらの条約をもってドイツの国境の最終的な承認であると解釈している事実を指摘している（BT-DR 6/2828）。もし東方諸条約が「暫定協定」なのであれば、そのように条約内に明記すべきである。そう野党側は主張し、東方諸条約に反対したのである。

(2)「自己決定権」の侵害

東方諸条約が、平和条約に先立って国境を画定してしまうものとすると、それは基本法に明示され、大西洋憲章、国連憲章などの国際法的文書でも述べられている**民族の自己決定権という普遍的な法的原則の侵害にあたる**という反論である。

それに対して政府は、東方諸条約では「ドイツ全体」の国境の確定は行なわれておらず、その最終的確定は平和条約まで延期されているという前述の解釈によって、ドイツ民族の「自己決定権」は保持されているという立場をとった。さらに連邦政府は、一九七〇年八月のモスクワ条約締結に際してソ連政府に連邦共和国政府が送付した「ドイツ統一に関する書簡」（そこには「この条約は、ドイツ民族が自由な自己決定においてその統一を再追求するという連邦政府の政治的目標と矛盾するものではない」と書かれている）を、ソ連政府が受け入れたということをもって、ソ連も「ドイツ統一」という連邦政府の政治的目的を承認したと解釈していた。

しかしこれも、条約の条文に明記されていない以上、野党側には十分納得できるものではなかった。一九七一年一二月一七日、キリスト教民主／社会同盟連邦議会議員団は次のような決議を出している。

この条約においては、「ドイツとポーランド」双方によって確認された平和と緊張緩和の政策を、われわれにとって憲法上も道徳上も必要な自己決定権に基づいたドイツ統一の再確立への要求と関連させるという義務が、双方の側に欠けているのである。（TDP 9：447–448）

(3) 「追放」の不正と故郷権

東方諸条約によるオーデル＝ナイセ線の承認は、「追放」という人道的・国際法的不正を認め、被追放者達のもつ「故郷権」の侵害を受け入れてしまうものであるという反論である。こうした批判は被追放者諸団体からとりわけ強く出されたものであった。被追放者連盟幹部会は、ワルシャワ条約締結の一ヶ月前の一一月初旬、首相、外務大臣、内務大臣、そして議会の各会派の代表に書簡を送り、オーデル＝ナイセ線承認の問題点について指摘している。そこには前項までに取り上げた国境に関する国際法上の問題に加え、「追放」という人権侵害の黙認につながるという点が指摘されている。「国際法的に禁止された強制移住の結果を受け入れることを通じて、被追放者の人権の低下と阻害を発生させる危険がある」(EDP 1 : 213)。

ブラント政権は、当初からこうした被追放者たちの批判には配慮していた。先に引用した条約締結同日のブラントの放送演説にも、その配慮のほどが伺える。さらに条約締結翌日に発表された外務省の公式の条約解釈においても、「連邦政府はこの条約の締結によってドイツ人住民の追放とそれと関連した諸政策を正当［rechtmässig］なものと認めるわけではないことを、交渉の中で強調してきた」(DDF 6 : 574) と述べている。

しかしそのようなブラント政権による配慮に、被追放者諸団体の幹部たちは満足はしなかった。ブラント政権が繰り返しナチス犯罪について言及しているのに対し、ポーランド側からは「追放」の「不正」を認めるような発言は一切聞こえてこない。たしかにナチスはユダヤ人のみならずポーランド人に対しても恐るべき悲劇をもたらした。だが、それがドイツ人の「追放」や、その帰結としての領土剥奪といったもう一つの「不正」を相殺するという方法では、真の「和解」は不可能である (EDP 1 : 177, 217)。

被追放者連盟の議会諮問委員会の委員長であるキリスト教民主同盟の議員ハインリッヒ・ヴィンデレンは、この点を連邦議会の討論の中で指摘している。彼はナチス犯罪だけを一方的に強調するブラント政権によるドイツの「過去」の解釈のしかたそのものに異を唱えている。

われわれは皆アウシュヴィッツの犠牲について知っています。われわれはそこでドイツ人の名によっておこされたことを恥ずかしく思います。……しかし全真実の中にはもう一つ別のことがあります。アウシュヴィッツの犯罪だけではなく、つまりドイツ人による犯罪だけではなく、ドイツ人に対する犯罪もまたあるのです。……和解を求めるものは、全ての真実を言わねばならず、全ての真実に耐えなければなりません。……たとえスケールがちがうとしても、罪は双方の側にあるのです。われわれはわれわれの側の罪を小さく見積もったり矮小化したりするつもりは毛頭ありません。しかし和解は当事者がそれぞれの罪の度合いを認識する場合にのみ、そして当事者全員が新たな出発点へ向かおうとする場合にのみ成立するのです。（BT 6/172 : 9901–02）

（キリスト教民主／社会同盟からの拍手）

「ドイツ人に対する犯罪」について語らなければならない。オーデル＝ナイセ線問題は、ドイツの「過去」の解釈をめぐる論争にまで発展するのである。

(4) ポーランド残留ドイツ人の権利

オーデル＝ナイセ線以東には、「追放」の後も現地に残って生活していたドイツ人も少なくなかった。[5] 東方諸条約とオーデル＝ナイセ線の承認は、ポーランドに残留する彼らドイツ人の権利や生活状況を悪化させてしまうのではないかという懸念を生んだ。ポーランド国内での彼らドイツ人に対する差別、彼らの言語や文化の抑圧、連邦共和国への移動の自由の制限などは、すでに東方諸条約以前から指摘されていた問題だった。東方領土内の残留ドイツ人は、連邦共和国の公式的立場によればドイツ国籍保持者ということになり、連邦政府には彼らの権利の保護義務があることになっている。その義務を、果たして条約締結以後も担えるのか。残留ドイツ人の権利の侵害は、東方諸条約の締結によってこれまで以上に悪化するのではないか。このような疑念が、条約反対派から提起された。

この問題を強く主張したのはやはり被追放者諸団体幹部たちであった。彼らの憂慮は決して杞憂とは言えなかった。条約締結交渉が始まるまで、ポーランド政府は、ポーランドにドイツ人マイノリティは存在しないという立場をとっていたのである。被追放者連盟は条約締結交渉の最中から、東方領土のドイツ人はドイツ国籍保持者であるという法的立場を放棄しないよう、またこれらのドイツ人に「移動の自由 Freizügigkeit」を含む彼らの権利を再確立するよう、連邦政府に要請していた(EDP 1:213)。

連邦政府はこれらの問題に対し、条約文書の作成と並行してポーランド政府と交渉を行なった。外務省の報告によれば、「これらの問題は交渉過程の最後において特に集中的に討議された」(DDF 6:572)。その交渉の産物が、ポーランド政府による「人道的問題(離散家族再会問題)の解決に関するポーランド人民共和国政府から連邦政府に対する情報」(通常「情報 Information」と略して呼ばれている)という文書であった。ポーランドはこの文書を連邦政府に対して提示することで、残留ドイツ人に対する連邦政府の要求に譲歩を行なった。

この文書において特に重要な点は、ポーランド政府が公式に国内の「ドイツ民族帰属」をもった人々の存在を認めたことである。「情報」から、ポイントとなる箇所を引用しよう。

> ポーランドには様々な理由から(例えば出身地との緊密な結びつきから)今日まで明白なドイツの民族帰属をもった人々や混合家族出身の人々が若干名[eine gewisse Zahl]残留しており、彼らにおいてはこれまでの期間、この帰属の感覚が支配的であった。ポーランド政府は、明白な民族帰属ゆえに両ドイツ国家のどちらかに出国することを希望している人々が、ポーランドで効力のある法や規則への配慮の下、それを行なうことができるという立場に立っている。……
>
> ポーランド当局のこれまでの調査によれば、ポーランドからドイツ連邦共和国あるいはドイツ民主共和国への出国を許可できる基準にかなうものは数万人[einige Zehntausende Personen]である。そのためポーランド政府は、提出されている申請に対し根拠のある調査を行ない、しかもその審査をできるだけ短い時間に行なうために指令を発令することになる。(DDF 6:543)

ポーランド政府はここで、「ドイツの民族帰属」を持っているがゆえに、ドイツへの出国を許可できる人物を「数万人」認めている。これまで国内のドイツ人マイノリティの存在をまったく認めていなかったことに比べれば、大きな見解の変化である。しかしポーランド政府は、彼らの「ドイツ国籍」については認めなかった。またこの文書は出国許可に関する問題が言及されているにとどまり、残留ドイツ人の現地での権利問題については触れていなかった。外務省のワルシャワ条約に関する公式見解（一九七〇年一二月八日発表）によれば、「条約の締結は何より、両国にいる親類縁者の訪問を容易にするだろう。さらにわれわれは、ポーランド政府の「情報」の中には記されてはいないが、正常化の過程で、ポーランドに住むドイツ語を母語とする人々にとっての言語的・文化的な負担の軽減が可能になることを希望している」（DDF 6：573）とある。ポーランドも問題の所在自体は認めており、その解決は将来の「正常化」の過程に期待するというのが連邦政府のスタンスであった。だが、ポーランド政府のこの問題に対する曖昧な態度は条約反対派、特に被追放者諸団体の側から見れば、全く満足できるものではなかった。

また「情報」に示された出国許可を出すことの可能なドイツ人の数も問題だった。というのも、ポーランド政府の「数万人」に対し、条約反対派の側はドイツ赤十字の調査によって明らかにされた二八万人のドイツへの出国希望者の数をあげて反論した（Bender 1995：282）。

連邦政府は、反対派の批判に対し、東方諸条約は残留ドイツ人の権利になんら影響しないということを強調し、彼らの権利問題は今後外交交渉の中で改善していくと述べた。一九七二年二月二三日の外務大臣のシェールの発言も、そのような主旨のものである。

> この国境規定は、オーデル＝ナイセ線以東の領土に住むドイツ人の個人の権利には何ら影響を及ぼしません。彼らの権利は条約の対象ではないのです。私は交渉の中で、連邦共和国の法律に従って与えられている権利は、この条約によって失われるものではないと、きちんと明言しておきました。

しかしドイツ＝ポーランド条約は、オーデル＝ナイセ線以東のドイツ人たちにとって選択権［Optionsrecht］を与えたわけではありません。ですが、ポーランドと関係が改善していく中で、これらのドイツ人のために力を貸すことのできる可能性は開かれていくでしょう。（BT 6/171：9745）

この見解は一九七二年一二月八日に外務省が発表した見解とも、ほぼ同様のものである。しかし条約反対派は、このような釈明に納得はしなかった。

例えば、自由民主党からキリスト教民主同盟に移籍したオーバーシュレージエン出身の被追放者エリッヒ・メンデは、次のようにドイツ人の「人権」の問題を指摘し、東方諸条約を批判している。

みなさん、二番目の問題はオーデル＝ナイセ線以東の領土における人権に関してです。ドイツとポーランドとの条約とその交渉における文書、それはわれわれの手元にあるものですが、この文書においては移住を申請するであろう人間の数は数万人と述べられていました。しかしこの期間、約三〇万人が確認されました。ドイツおよび国際的な観察者の推計によれば、シュレージエン、東プロイセン、ポンメルン、西プロイセンには、ドイツ民族であると信じている人間がおよそ一五〇万人いるそうです。……

ここで問われるのは次の問題です。連邦政府は、東部ドイツ領において移住の許可を得られない人々、（キリスト教民主／社会同盟からの野次：「嫌がらせだ！」）

よって当地に留まらなければならない人々に対する配慮や保護の義務に関し、いかに対処するのでしょうか。ポーランド以外の全ての東欧共産主義諸国におけるマイノリティに対する人権との対比で言えば、ドイツ語を使用できること、ドイツの学校に通えること、ドイツ語の礼拝を行なえること、ドイツの文化施設を建設できることなどの人権が、東方領土に残留する故郷に忠実なシュレージエン人や東プロイセン人に、交渉によって遅ればせながら認められることが、［条約の］最低条件でなければなりません。

（キリスト教民主／社会同盟からの拍手）（BT 6/172：9988–9989）

引用の前半部分は、不正確ではあるがポーランド政府からの「情報」とドイツ赤十字の調査の結果との数字を対比しているものと思われる。「ドイツおよび国際的な観察者」は何を意味しているのかは明らかではないが、ポーランド国内のドイツ人の数は「約三〇万人」よりもさらに多いことを示唆している。彼ら残留するドイツ人の権利を連邦政府はどのように保護していくのか、それをメンデは憂慮しているのである。

残留ドイツ人の人権問題に関して、ポーランド政府からの一方的な「情報」のみでは保証にならない。連邦政府は彼らの人権の保護に関して、より明確な姿勢を示すべきであるという不満は、特に被追放者諸団体幹部の議員たちの間に強かった。最終的にモスクワ、ワルシャワ両条約が連邦議会で批准された一九七二年五月一七日、メンデの他、キリスト教民主同盟で被追放者連盟会長のチャーヤ、ヴィンデレン、一九七二年に社会民主党からキリスト教民主同盟に移籍したシュレージエン同郷人会会長のヘルベルト・フプカといった被追放者諸団体の政治家を中心とした二八人の議員が、文書で声明を出した。これは、ドイツ人の人権の問題を根拠に、東方諸条約の不適切性を指摘したものである。国連やヨーロッパ人権会議の文書を引用して、「人権」や「民族集団」の権利といった概念を用いて、残留ドイツ人の権利問題を論じている。

国際習慣法や国連憲章の人権宣言によって保証され、ヨーロッパ人権会議によって確認された、妨害されずに留まり続けられる権利、生まれた居住地において適切に成長ができる権利（個人としても特定の民族集団の内部においても）は、人権上の変更の余地のない中心なのである。……基本法によれば、ドイツ連邦共和国における国家権力は、国内および国外において基本法の意味におけるドイツ人にとっての人権と基本的自由を守る義務がある。それゆえこの条約によって、基本法の意味におけるドイツ人から、彼らへの外交的保護を同時に保証することなく、これまでの外国の行政下にある領土での制限された国内的保護を奪い去るような状況を、現実的にも法的にもつくりだしてはならない。ドイツ連邦共和国政府の保護義務が、多くのドイツの国籍保持者をその対象から除外するようなことがあってはならないのである。……真の関係の正常化は、侵害された個人の権利を再確立することなく達成されることはない。この条約では、ドイツ人の物質的権利も規定されていない。（BT 6/187：10956–8）

オーデル゠ナイセ線の問題を、単なる国家間の領土問題に還元するのではなく、「権利」や「人権」という「属人的」な角度から捉えているという点で興味深い。東方諸条約批准後、後の章で見ていくように、領土問題は次第にこうした「属人化」の傾向を強めていく。

4　批准をめぐる討論
――ヘルベルト・チャーヤとカルロ・シュミート

締結から一年以上経過した一九七二年二月二三日、外務大臣シェールが東方諸条約（モスクワ条約とワルシャワ条約）を連邦議会において提案し、その批准をめぐる議会討論が開始された。批准が決まった五月一七日までの間、数回にわたって議会では激しい討論が繰り広げられた（そのうちの一部は、すでにこれまでの議論の中で紹介してきた）。ここでは、その討論の中でのクライマックスともいえる、二月二五日のヘルベルト・チャーヤとカルロ・シュミートの演説を紹介してみよう。

チャーヤはオーバーシュレージエン出身の被追放者でキリスト教民主同盟の政治家であり、一九七〇年に被追放者連盟の会長に選出され、その地位を二〇年以上にわたってつとめあげた被追放者諸団体の代表的な活動家であり論客である[6]。もちろん彼は、東方諸条約に対しては一貫して明確に反対の立場を表明していた。それに対し社会民主党の重鎮シュミートは、すでに何度か本書でも言及してきたように積極的東方外交論者として知られており、すでに一九五〇年代からオーデル゠ナイセ線の承認の必要性を訴え続け、被追放者諸団体からは「放棄の政治家」として常に批判されてきた政治家である。反対派や被追放者たちに配慮した発言を行なうブラント（それは首相として当然とらねばならない方法だったのだろうが）ではおそらく不可能なほど、シュミートはきわめて直裁的にオーデル＝ナイセ線の承認の必要性ないし必然性を主張したのである。

まず、チャーヤの発言を見ていく。彼は、東方領土出身の被追放者の権利が、条約の中でまったく触れられていないことを批判する。「故郷被追放者は、自分達の保護が政治においていかに取り扱われているのか、また取り扱われているのか否かに関する、全く客観的な証明を欲しているのです」というのである。ブラントや自由民主党のゲンシャー（後の外相）など、政府与党の政治家は繰り返し被追放者に対する「同情 Mitgefühl」を表明した。だが必要なのは条約的拘束力のある権利の保証である。

ポーランド人たちの利益、これについてもわれわれは考慮しなければならないのですが、これが非常にしばしば言及されてきた後で、次の質問をさせていただきたい。東プロイセン、西プロイセン、ブランデンブルグ、ポンメルン、シュレージエンとオーバーシュレージエンの人々の正当なる利益はこのワルシャワ条約にどのように代弁されているのでしょうか。（BT 6/173：9961）

チャーヤによれば、ワルシャワ条約はポーランドの利益のみを代表したもので、被追放者の権利や東方領土の残留ドイツ人の権利を無視し、オーデル＝ナイセ線を最終的に確定した「放棄の条約」なのである。

数多くのドイツの法律により一二年前まではドイツ国内の地とされていた土地が、条約が批准された場合には異国の地にならざるをえないのです。……連邦政府はこれまでの立場を放棄したのです。全ドイツのなかのこの部分、すなわちわれわれの故郷［東方領土のこと―引用者注］に関して何ら実質的な変化はないのだ［と政府は言いますが］、いったいどうしてそう言えるのでしょう。われわれの故郷に誤った処置がなされることはないと、いったいどうして言えるのでしょう。（Ibid.）

国際法および国内法によって支えられてきた「一九三七年の国境におけるドイツ帝国の存続」という従来の連邦政府の立場は、ワルシャワ条約によって否定されてしまう。政府は東方領土にめぐる状況に「なんら実質的な変化はない」と釈明している。しかしそんなことが言えるのか。特にチャーヤが気にかけているのは、国境線承認に付随して発生する東方領土出身者（被追放者と残留ドイツ人）の権利や生活状況の変化（悪化）である。

例えば、被追放者に関しては、彼らの故郷への移動の自由や故郷における居住権、戦後喪失した財産補償などの問題はどうなるのか。またポーランド残留ドイツ人に関して言えば、連邦共和国の移動の自由の問題。特に連邦共和国に離散した家族が住んでいる場合、それは「離散家族再会問題」になる。ところが「離散家族再会問題は条約の中では保証されていません。文書に書かれているように、一方的な情報だけに限られているのです」。よって「その意味で基本的人権の再確立への見込みはない」というのである（Ibid.：9965）。

さらにチャーヤは残留ドイツ人の「民族集団」としての、また「ドイツ国籍保持者」としての権利の問題にも触れ、次のように強い調子で訴えている。

［東方領土在住のドイツ人は］個人としても民族集団としても、ドイツ人生活への文化的関心の自由な育成の権利も選択の自由もないのです！　教育や公共の場や宗教における母語の自由使用の権利もない！　結社の自由もないし自由な職業選択の権利もない、移動の自由の権利もなければ、自由に家族と会える権利もない、そしてドイツ人の基本的権利の保護もないのです！　……皆さん、この条約の批准の後、ポーランド国籍を申請することが強制されている［東方領土に］住んでいるドイツ人に対し、いったいいかにしてドイツ国籍の所持を保証しようというのでしょうか。（Ibid.：9965）

このように、チャーヤにとってオーデル＝ナイセ線承認の問題は、単なる国境線それ自体の問題にとどまるものではなかった。それはドイツ人の権利や人権の問題でもあったのである。彼は東方諸条約に反対してはいるが、決して「一九三七年のドイツ」の国境線にそった国民国家の再確立を考えていたわけではない。「[ドイツとポーランド]」双方にとって、おそらく古い形での国民国家の回復は不可能」(Ibid.：9966) であることを彼は認識していた。彼は旧来の国民国家の領土概念を超えた、新たな両民族（あるいは両「民族集団」）の平和共存のあり方を考えていた。それは後年の彼の「東方領土のヨーロッパ化」構想へと発展していくものである（第10章参照）。だが、戦勝国の暴力によって一方的に設定されたオーデル＝ナイセ線を確定するワルシャワ条約は、ドイツとポーランド両民族の真の平和共存にはつながらない。オーデル＝ナイセ線を一度御破算にし、戦争以前の「一九三七年のドイツ帝国」から出発することが望ましいというのが、チャーヤの主張する考えだったのである。

二月二五日の連邦議会の壇上に、チャーヤの三人後に登場したのがカルロ・シュミートだった。彼はチャーヤとは対照的な論陣を張った。

彼はオーデル＝ナイセ線に関する次のような歴史的事実から出発する。

連合国はまた、［ドイツの］地理的空間まで決定しました。その空間の中で、ドイツに関連する物事が実行されねばならないのです。ポツダム決議によれば、東プロイセンはロシアに、オーデル川とナイセ川より以東は、いわゆるポーランドの行政下に置かれることになりました。この部分のドイツは、連合国共同管理委員会のもとには置かれませんでした。置かれたのはこの部分をのぞいたドイツの地域です。将来の意味での「ドイツ」とは、ポツダム協定によって規定された境界線の内側にある地域のことだというのは、最初から明らかだったのです。(Ibid.：9973)

シュミートはここで、「全ドイツ」の国境は平和条約において決定されるというこれまでの連邦政府のポツダム協定解釈とは全く別の解釈を提示している。オーデル＝ナイセ線がポツダム協定によって決定されたとする解釈である。

これはそれまでポーランドをはじめとする東側諸国がとっていた解釈だった。この解釈を採る限り、「一九三七年のドイツ帝国」の持続という連邦政府公式の見解の根拠は根本的に否定される。

さらに彼は、このポツダム協定がドイツが参加しない「勝者」のみの協定であったことを認める。「それは辛いことです。しかし我々は物事をありのままに見なければなりません」と彼は述べる。「辛い」事実だが、「一九三七年のドイツ」ではなく、ポツダム協定で確定されたオーデル＝ナイセ線以西の「一九四五年のドイツ」こそが出発点でなければならない。こう彼は主張しているのである。

こうしたシュミートの演説に対し、キリスト教民主同盟のフィリップ・イェニンガーが割って入り、シュミート自身、憲法評議会において基本法策定に関わっていた際、基本法の有効範囲がケーニヒスベルクまでを含みうると発言していたのではないかと質問している。本書の第3章で述べておいた通り、憲法評議会での多数派意見は、「一九三七年のドイツ帝国は存続している」というものであった。シュミートもそのような意見を共有していた。その質問に対し、シュミートは自分の考え方が変わったことを率直に認める（Ibid.：9980）。では「基本法が変わったとでも言うのか」。チャーヤの皮肉っぽい質問に対しシュミートは、

> そのような質問はしないでいただきたい！　が、まあいいでしょう。何も変わっていません。基本法はそのままです。しかし状況が変わったのです。（Ibid.：9981）[7]

そしてシュミートは「ネーション（国民）」の概念についての見解を開陳していく。

> さて、このドイツ人民（民族［Volk］）を国民［Nation］にした基本的価値はなんでしょうか。国民とはすなわち単なる全住民以上のものであり、「人民（民族）」という言葉で理解されるもの以上のものです。国民とは成長の産物ではなく、国民たろうとする意志の産物なのです。人民（民族）とは歴史を背負ったものであるのに対し、国

民は歴史をつくり出すものなのです。ですが国民になるためには、国民になろうという意志を持たねばなりません。ドイツ人を全住民以上のもの、人民（民族）以上のもの、すなわち国民へと駆り立てているものは、自由を全体および個人の存在の基本原則にしようという全員の共通の意志であり、同胞性すなわち友愛を道徳の基礎と見なし、これに従って我々民族（人民）自身のあいだで、また他の民族（人民）に対して振舞おうという共通の意志なのです。（Ibid.: 9981）

ここでシュミートは、自発的な「意志」と「自由」「友愛」によって構成される、いわゆる「西欧型」の国民概念を採用している。過去の法的文書が優先するのではなく、自由と友愛を基礎とする「共通の意志」が優先する。一九四五年の敗戦によってドイツは過去の歴史と決別し、連邦共和国として新たなナショナル・アイデンティティを、文字通り「共和国的」なアイデンティティを構築するべきなのである。歴史ではなく、言語や文化でもなく、共通の意志が国民を作るという発想は、首相のブラントも議会演説の中で表明していた（BT 6/22: 840）[8]。このようなネーションの自己理解は、「一九三七年のドイツ帝国」の観点から「ドイツ」を理解する解釈に、根本的に対抗するものであった。

だが、その「共通の意志」はまた、「平和と和解」への意志でもあった。シュミートはモスクワ、ワルシャワ両条約が批准される五月一七日、再び登壇し、ホロコースト・アイデンティティの解釈図式に従って次のように述べている。

われわれの歴史的過去とヨーロッパの中心部に位置するという地理的状況は、平和の擁護へのドイツ独自の貢献を行なうことへの義務をわれわれに課しているのです。

今ここにある諸条約はドイツ連邦共和国の平和への意志を証明し、条約締結国の相互に制限のない武力放棄を根付かせ、東ヨーロッパ諸国との更なる条約のための出発点であり、平和的共存と協力へ向かう前提を形づくるものなのです。……

ワルシャワ条約によって過去のポーランドとドイツの関係の苦痛に満ちた歴史は幕を閉じることになるでしょう。第二次大戦が与えた傷はいまだ癒えてはいません。ヨーロッパは、昨日の敵たちが再会することによってのみ健全さを取り戻すのです。和解はわれわれ両民族に辛い感情からの克服を要求しています。

連邦共和国はこの条約によって、オーデル＝ナイセ線がポーランドの西側国境であることをもはや問題視しないことになります。このような進歩はドイツとポーランドの間のゆっくりとした和解に貢献するでしょう。（BT 6/187：10931）

ナチズムの「歴史的過去」を基点とし、それへの反転として新たなドイツを構築していこうとするナショナル・アイデンティティのパターンは、対外的には「平和」や「和解」への使命感として、国内的には「政治的意志」を重んずる「共和国的」な国民国家形成への意欲として表明された。それは「一九三七年のドイツ帝国」というナチス以前の過去を基点として、それとの「連続」としてのドイツの再構築を主張するアイデンティティのパターンと鋭く対立するようになる。チャーヤとシュミートの論争の中に、この対立が明瞭に表現されている。その対立は一九七〇年代から八〇年代にかけても続けられ、形を変えながらも現在までも続くアイデンティティをめぐる論争である。

5　東方諸条約の批准
――条約体系の両義性

東方諸条約は、オーデル＝ナイセ線を「ポーランドの西側国境」として承認した点で、戦後ドイツ史の中の重要な転換点となる条約だったことは間違いない。だがこの条約は、一般に思われているほど（特に、国外で思われているほど）一筋縄にオーデル＝ナイセ線を承認したものではない。それ以前の法的状況との連続性を無視することはできなかったという法的合理主義、そして被追放者諸団体をはじめとする条約反対派の意向に配慮せざるをえなかったという政治的状況などから、東方諸条約は単純な理解を阻むような複雑な文書体系を構成することになった。それは、オーデル＝ナイセ線を承認したとも、承認していないとも解釈できる、きわめて両義的で曖昧なものとなったのである。

たしかにモスクワ条約第三条、ワルシャワ条約第一条では明瞭にオーデル＝ナイセ線を「ポーランドの西側国境」として認めている。だがそれは、あくまで「ポーランドの西側国境」を認めたものであって、「ドイツの国境」を確定したものではなかった。またオーデル＝ナイセ線を「ポーランドの西側の国境」として認めたのは、あくまで「連邦共和国政府」なのであって「ドイツ政府」ではない。連邦共和国は、憲法上統一ドイツにいたるまでの過渡的暫定国家であった。よって、連邦政府がポーランドとの間に結んだ東方諸条約は、将来旧敵国と平和条約を締結するはずの統一ドイツの国境線を確定するものではありえなかったのである。少なくとも連邦共和国の側はそう解釈した。連邦政府の公式の見解では、オーデル＝ナイセ線は「全ドイツ」とポーランドとの国境としては確定されたわけではなかったのである。この解釈を可能にしていたのが、前述のワルシャワ条約の第四条、そして西側旧連合国との書簡交換、ソ連邦への「ドイツ統一に関する書簡」などの条約外の外交文書であり、これらが条約本文とともに東方諸条約体系を形作った。またポーランド政府の「情報」は、東方諸条約後の残留ドイツ人の権利を、ポーランド政府が不十分ながら認めた文書とみなされた。

だが、これらの「解釈」はあくまで連邦共和国の側のものであり、ポーランド政府はそのようには解釈していなかった。ポーランド側は、ポツダム協定で国境線画定は国際法上なされており、東方諸条約はそれを遅ればせながら連邦共和国が認めたものであると見なされた。この解釈の相違は明らかだったが、当然連邦政府はそれを認めなかった。この解釈の不一致が条約反対派から繰り返し批判された点である。だが連邦政府は、「東方諸条約はドイツ民族の自己決定権を侵害しない」「東方諸条約は国境承認ではなく武力不行使の条約である」などという解釈を打ち出すことによって、条約反対派を懐柔することに務めたのである。連邦議会の勢力分布状況から見て、反対派の懐柔策はぜひとも必要だった。

そして一九七二年五月一七日、連邦議会で東方諸条約は批准された。だが、その結果はまさに「微妙」なものだった。ワルシャワ条約に関しては賛成二四八人、反対一七人、棄権二三一人。モスクワ条約に関しては賛成二四八人、反対一〇人、棄権二三八人（BT 6/187：10939–10943）。野党から反対票を投じた議員は少なかったものの、賛成票は皆無だった。東方諸条約は結果的に批准はされたが、実は連邦議会議員の過半数の「賛成」を得ていない（ちょうど半数）という形での批准だった。もし野党が一致して反対に回ったならば、過半数を得られず、この条約は批准されなかっただろう。その意味では、条約体系の両義性を強調した政府与党の「懐柔策」は功を奏したとも言える[9]。

だがそれには政治取引を必要とした。批准当日、連邦議会全会派の同意による決議が行なわれた。その決議は、東方諸条約に関する連邦共和国の公式の解釈を言明するものだった。決議には、次のような文章が含まれている。

一　……モスクワ、ワルシャワとの条約は、条約締結国が武力の使用や武力による脅迫を全面的に放棄しようというものであり、……それらはドイツ連邦共和国がその東の隣人たちとの間に確立した暫定協定［Modus vivende］の重要な要素である。

二　……諸条約はドイツにとって平和条約規定を先取りしたものではなく、今日成立している国境の法的基礎をもうけるものではない。

三　自己決定の譲渡不可能な権利は諸条約によって影響を受けることはない。……

四　ドイツ連邦議会は、ドイツ条約の継続している無制限の効力と、この条約と結び付けられた……諸協定や諸声明が、東方諸条約によって影響されることはないと断言する。（BT 6/187：10960）

東方諸条約がオーデル＝ナイセ線を「ドイツの国境としては認めていない」とする解釈を引き出すのに必要な論点が列挙されている。政府与党は、この決議を通すことに合意することで、野党議員の多数から「棄権」という選択を引き出し、東方諸条約を批准させることに成功したのである。結果として、オーデル＝ナイセ線の「承認」を実現したはずの東方諸条約は、「全ドイツの国境は未決定である」という解釈と、奇妙にも共存することが可能となった。さらには、「一九三七年のドイツ帝国の存続」というブラント政権以前の連邦共和国の公式見解も、東方諸条約と法的に矛盾なく両立しうるようになったのである。条約反対派、特に被追放者諸団体の幹部達は、この決議を根拠の一つとして、その後も「一九三七年のドイツは存続している」という主張を繰り返すことになるのである。彼らにとって東方諸条約は、国境画定の条約ではなく、武力不行使を約束したものに過ぎず、よって平和的な国境の修正はありうるというように解釈されたのである。

6　公共的言論界の変容

東方諸条約の両義的文書体系や連邦議会における複雑な政治取引とは異なり、連邦共和国の一般世論における東方諸条約のインパクトはより明瞭なものだった。ブラント政権が「新東方政策」に着手してから、東方領土問題に関する世論の理解は大きく変わった。

まずオーデル＝ナイセ線「承認」に関するアレンスバッハ研究所の世論調査の結果がその変化を如実に示している。そこではオーデル＝ナイセ線を「承認する」と回答している割合がブラント政権成立以後急激に上昇し、一九七〇年には五八パーセント、そして一九七二年には六一パーセントとなった。それに対し「承認しない」の割合は、一九七〇年に二五パーセント、そして七二年には一六パーセントというように、二〇パーセントを切るようになっていった。これはちょうど一九五九年段階の両者の割合が逆転した形である。（巻末表三九四頁参照）。そして、一九七三年以後、アレンスバッハ研究所の世論調査の項目からオーデル＝ナイセ線に関する質問が削除されることになる。これは、この連邦共和国の代表的世論調査機関が、もはやオーデル＝ナイセ線は重要な政治的問題とは見なさなくなったことを意味している。

また、すでに一九六〇年代前半から、連邦政府や被追放者諸団体の「修正主義」的アプローチに批判的であった『シュピーゲル』『ツァイト』『シュテルン』、その他の主要新聞各紙もこぞって東欧諸国との「和解」を支持し、オーデル＝ナイセ線の承認の受容を促す論調を形成していた（Schweitzer 1979：110；Rautenberg 1997：38）。

このような世論での変化と符合するのが、地図の表記の変化であろう。これまでの連邦共和国の地図においては、「ドイツ」は一九三七年時点での国境線において示され、東方領土には「ポーランド行政下」および「ソ連行政下」という文字が記されるというのが一般的な描写の仕方であった。一九六一年に連邦政府（全ドイツ問題省）が出した『地図表記ガイドライン』では、「一九三七年のドイツ帝国」の境界線を表記するように指示していた（第3章参照）。ところがその『ガイドライン』はモスクワ、ワルシャワ両条約の批准後、一九七一年に廃止されてしまう。連邦政府（ドイツ内関係省）は、それに代わる国境線表記に関する具体的な指示は行なわず、「実践的理性の使用」を勧めたのみだった（Blumenwitz 1979）。この方針転換によって連邦共和国内で出版される地図の表記法は大きく変わった。一九七四年に出版された地図が示すようにオーデル＝ナイセ線が「国家の境界 Staatsgrenz」を示す太い実践で示され、「一九三七年の国境」は薄く点線で示されるという表記法が一般的になっていった【図11】（【口絵】も参照）。たしかに一九九〇年に至るまで、地図上の「一九三七年のドイツ帝国」の表記が完全に消滅することはなかったが、オーデル＝ナイセ線以東がもはや「ドイツ」ではないという理解は、地図の表記から一目瞭然となった。また、東方領土内の地名がポーランド語表記されることが一般的になったことは、そこが事実上「外国」であることを示唆するものだった[10]。このように「ドイツ」は、東方諸条約で規定された「一九七〇年のドイツ」、すなわち連邦共和国と民主共和国の二つの国家からなる一つのネーションとしての「ドイツ」へと転換した。

それとともに浸透したのが、ポーランドとの「和解への意志」に価値を求めるアイデンティティのパターンである。それはポーランドへの外交政策や経済・文化交流、特にドイツ／ポーランド教科書対話、さらには連邦政府のヨーロッパの全般的平和・緊張緩和政策（ヨーロッパ安全保障協力会議など）を支える規範的な妥当性の根拠となる。こうしたホロコースト・アイデンティティは、ブラント政権によって連邦共和国の〈公式〉のアイデンティティへと転

【図11】1974年ゲオルク・ヴェスターマン社出版の地図に描かれた「ドイツ」（着色と実線により、オーデル＝ナイセ線がドイツの東側の境界であることが一目瞭然に描かれている。しかしその東側に「1937年12月31日の東方国境」が赤い点線で記入されている。）【出典：口絵裏記載】

化しただけでなく、連邦共和国の公共的言論界、特にジャーナリズムを中心とした言論界において次第に優勢となり、連邦政府、諸政党、主要政治家、利益集団に対する規範的拘束力をもつようになった。そのような中で、「ドイツ帝国の存続」について語ることは、「大ドイツ主義的」で「極右的」、「生存圏」思想につながるナチス的なものと見なされるようになる。また「和解」という理念の影で、「追放」について語ることも半ばタブー化されていったのである（Rautenberg 1997：38；Mildenberger 2000：417–418）。

　こうした変化とともに、被追放者諸団体の影響力は低下し、しばしば時代錯誤の存在と見なされるようになった。被追放者に対する組織力も低下させていた。被追放者諸団体幹部は、激しく東方諸条約に反対したが、実は被追放者の間でもポーランドとの「和解」を重要視し、オーデル＝ナイセ線を容認する傾向も強まっていた（Sp, 26.7.1971：21；Sp, 21.2.1972：30）。団体幹部と一般成員とのギャップが広がっていたのである。また、被追放者諸団体は社会民主党、自由民主党との間の結びつきを失い、それまでの超党派のネットワークを失って、キリスト教民主／社会同盟とのつながりを強めていった。その結果、被追放者諸団体が被追放者全体の利害、さらにはドイツ民族全体の利害を代表するという公式の立場は意味をなくし、右傾化した特殊利益団体としての性格を強めていった。だが、依然として一定の組織力は維持していたので、キリスト教民主／社会同盟にとっての選挙の際の票田としての役割は失わなかった。こうして被追放者諸団体は、保守政党とともに、社会民主党と自由民主党によるポーランドとの「和解」政策への抵抗勢力として、重要な役割を担うようになっていく。

第Ⅲ部　東方諸条約批准から現在まで

第7章　一九七二―一九八二　「和解」の継続と停滞

――対立するナショナル・アイデンティティの攻防

前章で述べたように、一九七〇年に締結されたワルシャワ条約とモスクワ条約は、オーデル＝ナイセ線を国境として承認したとも、していないとも解釈できる両義的な文面になっていた。たしかに条約の中には、ドイツ連邦共和国がオーデル＝ナイセ線をポーランドの西側国境として確認し、さらなる領土要求は行なわないと書かれている。しかし条約は、ドイツの（つまり、将来統一を果たした後のドイツの）最終的国境は未確定であるという解釈も可能になっていたのである。東方諸条約締結後、その対照的な解釈に依拠して、連邦共和国内では国境承認派と非承認派とが対峙しあう関係がつくられるようになった。国境承認派は、ブラントの「新東方政策」の方針を受け継ぎ、オーデル＝ナイセ線の承認を前提として、ポーランドとの関係の「正常化」を具体化し、ヨーロッパ全体の緊張緩和に努めるという方向に向かった。ブラント政権を引き継いだヘルムート・シュミット政権とその与党である社会民主党と自由民主党（その党首のハンス＝ディートリッヒ・ゲンシャーが外務大臣を務めた）が、この方向を推進した。それに対し、国境非承認派は、ブラントとシュミットの東方政策の欠陥を指摘して政府与党を攻撃し、国境問題が未決定であることを前提に、ドイツの「自己決定権」をできうる限り維持・回復しようと努めた。被追放者諸団体と、それを支持基盤としている野党のキリスト教民主同盟、キリスト教社会同盟がこの立場をとった。

ここにおいて、二つの対立する解釈のパターンが政治党派ごとに拮抗する状況が生まれてきた。そして、それぞれの主張の中で、ブラントの東方政策をめぐって対峙したホロコースト・アイデンティティと帝国アイデンティティが、再び喚起され、動員されるのである。しかし東方諸条約以後、二つのアイデンティティのありかたも変化した。ホロコースト・アイデンティティは、一九七〇年代を通じて広く「国民化」され、単なる政府与党の〈公式〉のアイデンティティというだけでなく、国民世論における〈主流〉のアイデンティティになっていく。また、シュミット政権の東方政策の中で、ホロコースト・アイデンティティに込められた「ドイツ人の義務」に関する道徳的規範は、「既存の事実」を前提とした現実主義的な外交方針とも適合的なものと見なされるようになる。他方、東方諸条約によって直接的な領土要求の可能性が封じられるようになるなか、帝国アイデンティティはドイツの「法的状況」を表わす憲法的原則論へと抽象化され、またドイツ人の「権利」に比重を置く「脱領土的」で「属人的」な概念として解釈されるようになる。また二つのアイデンティティは、「ドイツの過去」に関しても異なった解釈パターンを示した。

1　国民化するホロコースト・アイデンティティ

一九六〇年代末に出現した「六八年世代」の人々が、ナチズムの「罪」の告発を、単なる一部の急進的元ナチ党員だけにとどまらない、ドイツ国民全員の課題として打ち出したこと、そして一九六九年に成立したブラント政権がこうした新たな国民世論の動向を支持基盤にしていたことは、すでに指摘しておいた。本書で「ホロコースト・アイデンティティ」と呼んでいる戦後ドイツのナショナル・アイデンティティのパターンは、このような中で確立されていった。一九七〇年代は、この「ナチスの過去の克服」をドイツ人全員の義務ととらえる新たなナショナル・アイデンティティのパターンが、政権与党に担われた「党派的」なものから、より広範な「国民的」なものへと転化していく過程であると見ることができる。多くのナショナル・アイデンティティの国民化過程と同様、ここでも教育とマスメディアの果たした役割が特に重要である。

まず教育においては、ナチス時代の様々な犯罪的行為を題材にした歴史教育が広く行なわれるようになったことがあげられる（石田 2002：227‒228）。教科書では、ユダヤ人に対する様々な差別的政策、そして東部戦線や強制収容所での大量虐殺などの過程が、写真などの図像資料入りで記述されるようになり、さらにドイツの伝統的な反ユダヤ主義との関係や、ユダヤ人の抵抗運動などについても言及されるようになった。また校外学習の一環として、強制収容所施設の見学なども活発に行なわれるようになったといわれる。そして一九七〇年代末には、「どの学校の生徒もナチズムの政治体制と迫害、絶滅政策について数週間の授業を受けることなく卒業することはなくなった」のである。歴史教育の現場には、「六八年世代」の教員も多く参加するようになり、歴史教育を「民主主義的な市民の育成、政治教育の中核」に位置づけようとする動きも見られたのである。

マスメディアにおいては、映像メディア、とくにテレビの果たした役割が大きかった。一九七〇年代末に、ユダヤ人虐殺やナチス犯罪を扱ったテレビ番組が増加する傾向にあり、特に午後七時から九時までのプライムタイムで放送される割合が高まった。その中でも特に大きな話題となったのは、ハリウッドで作製された連続テレビ映画『ホロコースト』の放映であった（石田前掲：230–242）。一九七八年、アメリカNBCによって作製され、メガヒットとなったこの全編八時間あまりの娯楽映画が、翌一九七九年一月末にドイツ連邦共和国でもWDR（西ドイツ放送）により全国ネットで放映され、大きな反響を呼んだのである。視聴率は五九パーセントにのぼり、二〇〇〇万人以上のドイツ人が見たことになる。（ちなみに、ナチスのユダヤ人虐殺を意味する「ホロコースト」という言葉も、このテレビ映画をきっかけに、世界で広く用いられるようになったのである。）各種世論調査によると、この番組を見たドイツ人の六五パーセントが「ショックをうけ」、四五パーセントが「恥を感じ」、八一パーセントが放送後に家族や友人、同僚と「討論した」といわれている。米国のメディア学者ウルフ・カンシュタイナーが、「戦後ドイツ人がこの時初めて、自らの名においていかにおぞましいことが行なわれたかを情緒的に理解した」と述べるほど、このテレビ映画は、連邦共和国のドイツ人の感情に訴え、国民的議論を喚起し、そしてナチズムの「過去」に対する意識を刷新したのである。彼らの間で、ナチスの被害者の立場からナチス支配の犯罪性、不法性をとらえ、そこを中心に「過去」を見るような傾向が強まった。それは、あらためてナチス時代の「過去」と取り組む、一つのきっかけとなったのである。

このように、教育とマスメディアの力によって、連邦共和国のドイツ人と「過去」との関係性は、一九七〇年代に大きく変化した。メアリー・フルブルックはそれを、「一九五〇年代と六〇年代が、公共的な場での体制的忠誠心と私的な場での沈黙の結合によって特徴付けられるとすると、一九七〇年代には、過去への公共的関心が劇的な拡大を見たのである」(Fulbrook 1999：171) とまとめている。さらに『ホロコースト』が放映された直後の七月の議会では、ナチス犯罪の時効を撤廃する法案が、野党の反対にもかかわらず可決成立した。これによって、ナチスの「過去」に時効はなくなり、ナチスを直接知らない若い世代にまでも、その犯罪行為を追及していく義務が、法律的にも確立されたことになる。連邦議会における論争の中で、政府の法務大臣ハンス・ヨッヘン・フォーゲル (社会民主党) は、時効の撤廃という法律的には変則的な処置が、単に犯罪者に対する処罰ということだけでなく、ドイツの若い世代に対し、ナチスの「過去」を説明するという教育上の意味もあることを指摘している。

　若い人々に対し、われわれの過去を描き出すためにやらなければならないことはたくさんあります。しかし彼らに、なぜそういうことになったのかを説明するためには、それ以上のことをしなければならないのです。犯罪を描写するということは……一面にすぎません。真の使命は、どうしてあのようなことが、今世紀の半ば、われわれの国において可能になったのかを説明することなのです。(BT 8/145：11616)

こうフォーゲルは述べ、ナチス犯罪に時効があるとすると、この「使命」を実行することが困難になると主張するのである。

こうして、本来的に「克服」することの不可能な (すでに起こってしまったという意味で) ナチスの「過去」、それを追及すればするほど深化していってしまう「過去」を「克服」するという、戦後ドイツ特有の歴史的な「使命」が国民の間に広まっていったものと考えられる。しかしそのようなドイツの歴史的使命を、全てのドイツ人がすんなりと受け入れたわけではない。ナチスの「過去」に過度に拘束されることを好ましく思わない人々もまた存在した。

それは何も、「アウシュヴィッツは無かった」などと称するごく少数の極右勢力だけではない。「過去の克服」は、ドイツ国民（連邦共和国国民）が一致して立ち向かった国民的課題というよりも、歴史観をめぐる対立を生み出す国民的争点という面が大きかった。歴史観をめぐる論争は、一九八〇年代になって大きな公共的関心をよびおこすことになる。

2　「和解」の継続
——東方諸条約以後の東方政策

「和解」の理想と現実

ポーランドとの関係の問題に戻ろう。ブラントの「新東方政策」は、東欧諸国、特にポーラントとの外交関係において追及された「過去の克服」の試みであった。そこで目指されていたポーランドとの「和解」が、ブラントのワルシャワのユダヤ人ゲットー蜂起記念碑の前での跪きと、オーデル＝ナイセ線を認めたワルシャワ条約によって大きな前進を見たことは、前章で検討した。しかしワルシャワ条約後、ポーランドとの「和解」は、思うように進展しなかった。両国の間には依然未解決の争点が存在した。そこには「過去の克服」のもつ理想と現実のギャップが示されていた。

第一に、ポーランド政府が連邦共和国に対してナチスの犠牲者（強制労働を課せられた、あるいは強制収容所に収容されたポーランド人）に対する補償を要求してきたということがある。ポーランド政府は、「ポーランド人民共和国のどの政権も西ドイツへの補償要求を放棄することはない」として多額の金額を要求してきたのである（Bingen 1998：157–158；Miszczak 1993：118）。それは、経済的苦境に苦しむポーランドが、連邦共和国の経済支援を必要としていたからでもあった。連邦共和国はそのようなポーランドの補償要求を拒否した。連邦共和国からすれば、補償は連邦共和国だけで行なうものではなく（仮に連邦共和国が補償を行なわねばならないのなら、東のドイツ民主共和国も同様にその責務を負うべきである）、要求されている金額もあまりに高額すぎた。だが、何よりも連邦政府の側では、オーデル＝ナイセ線の国境線承認（つまり東方領土の放棄）が事実上の「補償」にあたると見なされていた。連邦政府にとって、オーデル＝ナイセ線の承認は、国民の多くに苦痛と悲嘆を強いる難しい決断であった。政府与党は厳しい抵抗に抗して、この決断を貫徹したのである。しかしポーランド政府は、そのような事情をほとんど考慮しなかった。ポーランド側からすれば、オーデル＝ナイセ線の承認は、ポーランドの「原領土」を認め、ナチス時代の侵略主義を否定しただけの決定に過ぎなかったのである。

第二に、ポーランド残留ドイツ人のドイツへの「出国」に対する制限が厳しくなったということがある。[1] 連邦政府は、ワルシャワ条約交渉の過程の中で、国境承認の代償の一つとして、ポーランド残留ドイツ人の出国の自由を要求し、ポーランド政府も「情報」と呼ばれる文書を提出してそれを認めた形にはなっていた。しかしポーランド政府は、その文書での規定を遵守しなかったばかりでなく、残留ドイツ人をいわば「人質」にとるような形で連邦共和国からの経済援助・経済協力への圧力をかけてきたのである。このようなポーランド政府の態度は、野党が政府の東方政策の「失敗」を攻撃する材料を提供した。政府は「家族再会問題」あるいは「人道問題」という名で、ポーランド政府とこの問題に関する交渉を行なった。だが、残留ドイツ人の「権利」に関する野党からの批判の高まりは、ポーランド側に対し、連邦共和国における「修正主義」の再来という批判材料を提供することにもなったのである。というのも、この残留ドイツ人の権利問題は、国境非承認派によって特に強力に主張されていたからである。

「正常化」の進展

しかしながら、このような障害にもかかわらず、シュミット政権は、より現実主義的なアプローチによってポーランドとの「正常化」を推進した。シュミットは、ポーランドとの「正常化」を二つの側面から追求した。一つには、ポーランドとの二国間交渉によって、二国間の「各論」を交渉のテーマとしつつ、「正常化」をより具体的なものにしていく努力である。もう一つはヨーロッパの外交フォーラムである「ヨーロッパ安全保障協力会議」の枠組みを利用して、ヨーロッパの多国間の緊張緩和政策を進め、その規範的圧力を利用しながらポーランドとの関係を「正常化」につなげていこうとする努力である。一九七五年に、ヘルシンキでのヨーロッパ安全保障協力会議の最終文書締結直後、同じヘルシンキで同年八月に結ばれたドイツ＝ポーランド協定は、こうしたシュミットの「正常化」への努力の一つの結実であった。

この協定では、戦前ドイツ統治下におかれていたポーランド人への年金支給に関する合意、ポーランドへの低利率による融資に関する合意と並んで、「出国関連文書 Ausreise–Protokoll」と呼ばれるポーランドからのドイツ人出国許可に関する合意がセットにされていた。しかしそこではナチス犠牲者への補償は触れられていなかった。その点で、この協定はポーランド側が大きく譲歩したものだが、野党のキリスト教民主／社会同盟の側は、「出国関連文書」の実行可能性や内容に関する不備を指摘して、この協定の議会での批准を阻もうとした。東方諸条約批准の時と類似の構図が再び現われたのである。

野党の反対に対し、シュミットは次のようにこの協定の重要性を訴えている。

われわれ連邦共和国のドイツ人は、歴史によって呼び起こされた義務を感じています。我々がポーランドと交わした合意を効力あるものにしないならば、これまで和解において行なわれてきたこと全てを事実上疑問に付してしまうことになるのです。

（社会民主党と自由民主党からの拍手）

和解においてこれから達成することのできる、達成しなければならないことを疑問に付してしまうのです。……

私は、ポーランドとの合意が現実に批准されなかった場合、われわれの国に二つの重大な結果がもたらされると見ています。一つは、われわれが和解と理解を追及し、平和の保護に貢献するための、自らの道徳的基礎を破壊してしまうということ。もう一つは東方に対しても西方に対しても、われわれへの国際的不信を招き、われわれの国際的な行為能力を損なってしまうということ。この二つです。

（社会民主党と自由民主党からの拍手。キリスト教民主／社会同盟からの野次）（BT 7/218：15086）

「歴史によって呼び起こされた義務」とは、「過去の克服」に他ならない。シュミットはここで、ホロコースト・アイデンティティの中核となるナチズムの「過去」に由来する「義務」に言及することで、協定の承認の必要性を論じているのである。ポーランドとの関係において、その「義務」とはポーランドとの「和解」である。シュミットは回想録の中で「私は、一九四五年のあとずっと、ポーランドとドイツとの和解への願望に深く突き動かされてきた」と述べている。「和解」は「ヴィリー・ブラントの、そして後に私の東方政策にとって重要な動機」であり、それを彼は「特殊ドイツ的な動機」とまで呼んでいる（Schmidt 1987：306）。「和解」を追及し「平和」の保護に貢献するという「道徳的義務」に訴えることは、単に議会や世論における説得法というだけにとどまらず、シュミット首相および彼の周辺の政府要人自身を動機づける「特殊ドイツ的」要因として重要だったと思われる。

だが、シュミット政権はその東方政策を、単に道徳的次元でのみ追求していたのでは、もちろんない。上のシュミットの発言でも示唆されているように、ポーランドとの「和解」を実行していくことが、諸隣国やかつての交戦国のドイツに対する不信を取り除き、結果的に連邦共和国の国際社会での行為能力を高めるという認識を、シュミット政権の要人たちは共有していた。外務大臣ゲンシャーの言葉を借りれば、それは「信頼の資本の蓄積」という問題である。「平和的で、協調的で、「ヨーロッパ的」な西ドイツは、西側においても東側においても、ゲンシャーの言う「信頼の資本」を構築する」（Ash 1993：358）。そしてそれが、最終的には連邦共和国の「国益」に役立つというわけである。「和解」政策には、このように連邦共和国の現実主義的認識も前提にされていた。

一九七五年八月のドイツ連邦共和国とポーランドとの協定は、連邦参議院を通過して成立した。これは「正常化」を実際に推進する上で大きな成果となった。その後経済交流、文化交流が進んだ。

両国の「和解」の象徴とされているのが、いわゆる「教科書対話」である。ワルシャワ条約が締結された後、両国のユネスコ国内委員会の合意によって一九七二年二月に開始されたドイツ／ポーランド教科書会議は、その後ワルシャワとブラウンシュヴァイクで交互に開催され、両国から学者や教育関係者が参加し、共通の歴史記述をめぐって議論を重ねた。そして一九七六年四月の第九回会議では、歴史と地理に関する「教科書勧告」を発表するに至った。連邦政府は、教科書会議には直接関与せず、「勧告」の内容に関しても判断を示しはしなかったが、会議自体を両国の関係改善に寄与するものとして「歓迎」する姿勢を示した。また連邦政府は、教科書会議のドイツ側の主催者であるゲオルク・エッカート国際教科書研究所を援助していた。「勧告」には保守派や被追放者諸団体から批判も寄せられたが（それについては後述する）、結果的に「勧告」は多くの州で受け入れられ、教育界にも影響力をもつようになった[2]。

アウシュヴィッツとシュミット

一九七七年一一月にはシュミットがポーランドを訪問する。これは、一九七〇年のブラントの歴史的訪問以来の連邦首相のポーランド訪問となった。その時シュミットは、ナチスの犯罪行為の象徴とも言えるアウシュヴィッツをおとずれた。シュミットは、そこで次のような演説を行なっている。

私たちは、過去を認識しなければ将来への道が存在しないことを思い起こすために、アウシュヴィッツへやってきました。それはドイツ人とポーランド人の偏見のない新たな関係への道です。アウシュヴィッツでは、政治的には……道徳的な基礎と倫理的な方向付けが必要であるという見解から逃げ出すことは誰にもできません。……ナチズムの犯罪とヒトラーの支配下のドイツ帝国の罪が私達の責任の基礎になっています。私達今日のドイツ人は個人的には罪はありません。しかし私達は、罪を犯した人たちの政治的遺産を背負わなければならないのです。……私たちのこうした責任から、将来を偶然の手に任せるのではなく、勇気と配慮をもって将来を形成するという任務が生じます。……アウシュヴィッツは警告のための記念碑です。それが和解のための記念碑だという資格は、私たちドイツ人にはありません。……しかし私たちは、和解への道はアウシュヴィッツを無視してはならず、理解への道はアウシュヴィッツで終わってはならないということを承知しています。(Schmidt 1990＝1991：179‒181［邦訳］)

シュミットは回想録の中で、このアウシュヴィッツ訪問を「人生でもっともショッキングな訪問」と述べ、「私は取り乱さないように努めなければならなかった」とまで述べている。この演説には、シュミットの政治家としての(そして、おそらく彼にとっては「ドイツ人」としての)根源に関わる問題に触れる、ある種の厳粛さがにじみ出ている。だが、本書の観点から特に興味深いのは、一九七〇年代のホロコースト・アイデンティティの論理を、この演説の文句が鮮やかに示していることである。ナチス犯罪という「過去」が「私たちの責任の基礎」になっていること、ナチスの犯罪の「政治的遺産を背負」わなければならないこと、それがドイツの将来に向けての「任務」を発生させていることが述べられている。もちろんその「任務」とは、隣国との「和解」、そして「平和」への貢献である。

しかしまたシュミットは「ドイツ人は個人的には罪がない」とも述べており、ドイツ人が皆犯罪者であるかのようなドイツ人非難に対しては拒否の態度を示している。現在のドイツ人には罪はない、しかし過去の一部のドイツ人が犯した犯罪の「責任」を背負っていかなければならない。これがブラント／シュミット政権が表明した(そしてその後も連邦共和国の多くの左派・リベラル系ドイツ人が表明した)ホロコースト・アイデンティティの論理の特徴である。それはいわば、過去だけを向いた「マゾヒスト的」歴史認識ではなく、過去を踏まえながらも現在と将来を向いた、より「前向き」な歴史認識ということになろう[3]。それはまた、「国益」を踏まえたシュミットの外交政策とも適合するものだった。

このようにシュミット政権の時代、ホロコースト・アイデンティティは、「六八年世代」の若者に担われていたころの理想主義的な道徳原理としての性質を薄め、連邦共和国の「国益」認識と合致したより現実主義的なものとして解釈されていったのである[4]。

3　国境非承認派の抵抗
——東方諸条約以後の帝国アイデンティティ

政府与党によるポーランドとの「和解」政策は、被追放者諸団体を中心とする国境非承認派、その勢力を代弁する野党キリスト教民主／社会同盟からの継続的な抵抗を受けた。国境非承認派は、政府の東方政策の「不備や欠陥」を指摘することで巻き返しを図ったのである。東方諸条約はすでに議会での承認を得て批准されているので、もはや公然とオーデル＝ナイセ線の修正を主張することはできなかった。東方諸条約によれば、連邦共和国はポーランドの西側国境を承認し、さらなる領土要求を行なわないことになっていた。しかしながら東方諸条約はまた、「ドイツ」の国境の最終的確定はまだなされていないという解釈を許容するものであり、連邦共和国はその解釈を、東方諸条約批准の時に連邦議会の決議によって確認していた（前章参照）。国境非承認派はその公式の解釈に依拠することにより、「一九三七年のドイツ帝国」の存続を依然として主張することができた。

このように東方諸条約以後の東方領土は、現実政治から遊離した法的状況に置かれるようになっていた。「一九三七年のドイツ帝国」は国際法上は依然として存続しているが、現実的に領土要求を行なうことはできなかった。そのような中で東方領土問題は、法的原則の解釈の問題として、また東方領土出身のドイツ人の権利や人権の問題として認識され、論じられるようになっていったのである。「ドイツ帝国」は直接の領土要求から切り離され、法的概念として抽象化され、また権利や人権などの「属人的」側面がより自律的な問題としてあつかわれるようになっていった。そのような「ドイツ帝国」の変容の諸相を、四つの面に分けて検討してみよう。

(1)「ドイツ帝国」の法的抽象化

「ドイツ」の国境は未確定であり、よって「一九三七年のドイツ帝国」は依然存続している。この解釈を、連邦憲法裁判所の判決が支持したことは、連邦共和国にとって大きな意味をもつことになった。

東方諸条約が批准された直後、この諸条約に不満をもつキリスト教社会同盟が政権をとるバイエルン州が、その合憲性を問うために連邦憲法裁判所に提訴した。(5) それに対する裁判所の判決が、一九七三年と一九七五年に出された。判決は、諸条約それ自体の違憲性を認めたものではなかったが、その判決文の中で「一九三七年のドイツ帝国の存続」を明言した。これはオーデル＝ナイセ線非承認派を大いに勇気づけるものとなった。

一九七三年七月一三日の判決は、ドイツ民主共和国との間に結ばれた「基本条約」に関するものであった。その長大な判決文の中で、次のように述べられた箇所が重要である。

> 基本法……は、次の前提から出発している。すなわちドイツ帝国は一九四五年の崩壊によっても解体されずに存続し、降伏によっても、その後の連合国占領軍によるドイツでの異国の国家権力に行使によっても陥落しなかったということである。このことは基本法の前文、第一六条、第二三条、第一一六条、第一四六条から来ることである。またそれは、連邦憲法裁判所の不変の司法判断［Rechtsprechen］にも対応する。ドイツ帝国は存続しており、法的能力を依然所持している。しかし国家全体としての組織を欠いている。特に制度化された機関を欠いているので自身の行為能力がない。基本法には全ドイツの国家民［Staatsvolk］と全ドイツの国家権力の見識が「結び付けられている［verankert］」のである。「全体としてのドイツ」に対する責任もまた、連合国四国によって担われているのである。（DDF 8：295）

これは、建国以来の連邦共和国の公式見解の力強い言明である。「ドイツ帝国は存続しており、法的能力を依然所持している」。こうして一九七三年の段階でなお、その「法的能力」における「一九七三年のドイツ帝国の存続」が再確認されたのである。

さらにモスクワ、ワルシャワ両条約に関する一九七五年七月七日の判決文には、次のようにある。

オーデル＝ナイセ以東の領土がその施行によってドイツへの法的帰属から解かれ、ソビエト連邦およびポーランドの主権、つまり領土的・人格的統治権［Hoheitsgewalt］のもとに下るというような効力を、東方諸条約に認めることはできない。（DDF 8：400）

つまり、ワルシャワ、モスクワ両条約によって東方領土が「ドイツ」から放棄されたわけではないという解釈を、連邦憲法裁判所が採用したのである。これもまた、国境非承認派を喜ばせるものだった。

言うまでもなく、連邦憲法裁判所は連邦共和国の司法権の最高機関であり、その判決には政府も議会も従わなければならない。その判決に反した行為や発言は、憲法違反と判断されかねないのである。その意味で、この二つの判決文は、連邦政府にも、諸政党にも、きわめて重大な拘束力を持つものであった。逆に国境非承認派にとって、この判決はドイツの「法的立場」を主張する場合の極めて強力かつ実践的な妥当性根拠となったのである。

与党と政府にとって、この判決がきわめて厄介なものと見なされたであろうことは、想像に難くない。首相のシュミットは、この判決文と告訴を行なったバイエルン州の行動について、次のように発言している。

［東方諸条約の違憲性を連邦憲法裁判所に訴えたという］バイエルンの行動、それに対し当時の野党、いやその一部が支持を示していたのですが、この行動は、ドイツ連邦共和国の諸外国における、そして世界における評判にとって有害［schädlich］なものでした。

（与党からの拍手。「オー」の野次と笑いがキリスト教民主／社会同盟から）

……なぜなら、その行動が西側でも東側でも、ドイツ連邦共和国においてヨーロッパの緊張緩和と協力に根本的に反対する集団が存在するという推測を生むきっかけになってしまったからです。（BT 7/101：6657）

裁判所への提訴が正当な権利であるということを考えると、このシュミットの発言はかなり大胆なものである。

シュミットはおそらく、バイエルン州の行動が、連邦共和国の「信頼の資本」に大きな損失を与える（そして、それは連邦共和国の「国益」を損ねる）という道徳的かつ現実的認識から、この発言（「有害である」）を行なったのだろう。しかしながら、連邦政府といえども連邦憲法裁判所の判決の持つ法的原則を尊重しなければならないことは言うまでもない。連邦政府はディレンマに陥ったのである。

逆に野党のキリスト教民主／社会同盟は、この判決文を有効な政治的武器として用いた。同会派は、一九七二年五月一七日の連邦議会での共同決議（東方諸条約がドイツの国境の最終確定ではないということを宣言した決議文）と共に、この判決文を「ドイツ政策の基本」として重視するようになる。一九七五年一一月一二日に党大会で採択されたキリスト教民主同盟の「マンハイム宣言」には次のようにある。

> 我々のドイツ政策の目標は、ネーションの統一の保持と全ドイツ民族のための自由と統一の達成である。連邦憲法裁判所が基本条約に対して下した判決と一九七二年五月一七日にドイツ連邦議会全会派の共同決議が我々のドイツ政策の基本にある。……
>
> ドイツ問題は法的にも政治的にも未解決の問題としなければならない。（Hintze 1995 : 90）

「ドイツ問題は未解決［offen］である」という表現は、以後一九九〇年のドイツ統一直前まで、キリスト教民主／社会同盟の政治家の口からしばしば聞かれるものであるが、ここには「ドイツの東方国境はいまだ確定されていない」という意味が込められている。また、そこに連邦憲法裁判所の判決が言及されることにより、「一九三七年のドイツ帝国の存続」が暗に（直接的には言及されないが）意味されることになる。

だが野党も、そして被追放者諸団体幹部も、ドイツの国境は未確定であるという法的原則を主張するだけで、国境修正を即時に要求するという態度はとらなかった。東方諸条約が「武力不行使」の条約であることは、国境非承認派も認めていた。「一九三七年のドイツ帝国」は、あくまで外交関係の前提としての法的概念にとどまっていて、将来の平和条約交渉の出発点であり、その交渉の過程で何らかの「平和的手段」によってオーデル＝ナイセ線を変更することも可能であると解釈されていた。しかしそこに、具体的なシナリオは何もなかったのである。

しかしながら、ワルシャワ条約をもって国際法上の国境線の最終確定であると解釈するポーランド側からすれば、こうした連邦共和国の「未解決」な解釈は、国境修正を求める「法的報復主義」に他ならなかった。この解釈の対峙は、一九九〇年の国境条約まで両国の対立の要因となる。

(2) 出国ドイツ人（「アウスジードラー」）の問題

第3章で述べたように、「アウスジードラー Aussiedler」とは、連邦被追放者法第一条により、「全般的な追放措置が終結した後」、東欧諸国から「被追放者」という法的身分で連邦共和国に移住してくるドイツ人のことである。「追放」が終結したのは一九五〇年とされ、それ以後移住してきた「被追放者」は「アウスジードラー」ということになる。「追放」終結後にさらに「被追放者」が移住してくるというのは矛盾しているように見える。しかし連邦共和国では、実際の「追放」が終わったあとも東欧社会主義国に残留しているドイツ人は、その自由や権利を奪われており、そのことを「追放の帰結」であると解釈していた。こうして「追放」終結後も、連邦共和国は「被追放者」の下位カテゴリーである「アウスジードラー」を受け入れ続けたのである。（佐藤 2007）。

東方諸条約以後、アウスジードラー問題は、左派リベラル政権の東方政策に批判的であり、オーデル＝ナイセ線の最終承認に反対する保守派によって最も頻繁にとりあげられるテーマの一つになった。そこで繰り返し問題にされたのは、ポーランドからのアウスジードラーの数が、東方諸条約批准以後劇的に減少しているということだった。一九七一年に二万五二四一人、一九七二年に一万三四八二人であったものが、一九七三年に八九〇三人、一九七四年には七八二五人にまで減少していたのである。これはポーランド政府による出国申請の拒否や、申請者に対する差別や嫌がらせが原因であった。前述のように、ポーランドはワルシャワ条約交渉の過程で連邦政府に示した「情報」と略称される文書によって、残留するドイツ人の移動の自由を認める姿勢を示していた。しかし実際には、残留ドイツ人の連邦共和国の移住はさらに厳しく制限されるようになっていた。これを条約反対派は、深刻な人道上・人権上の問題としてとらえ、連邦政府の東方政策の失敗の結果であると批判した。例えば一九七三年九月一三日、キリスト教民主／社会同盟の議員団長カール・カルステンスは連邦議会で以下のように発言している。

オーデル＝ナイセ線以東の人々、そこに生活し、ワルシャワ条約締結以来いわゆる「情報」で保証されたこと、すなわち自分たちのドイツ連邦共和国への出国が最終的に実現されることを期待しているドイツ人についても一言いっておきたい。

（キリスト教民主／社会同盟からの拍手）

そこに生活するドイツ人で一五回も出国申請を行ない、毎回拒否されているケースがいくつもあるということです。さらに悪いことには、移住の申請をした人たちの多くが、申請を出した後、彼らや彼らの家族がすぐさま嫌がらせにあっているのです。正しく理解された緊張緩和の一部として、ポーランドにいるドイツ人の人道的負担緩和や自由がいっそう実現されることを、われわれは緊急に望むものです。

（キリスト教民主／社会同盟からの拍手）（BT 7/48：2748）

カルステンスはまた、現政権とキリスト教民主／社会同盟政権の時代のアウスジードラーの数を比較して、現政権を批判している（一九七四年一一月六日）。

一九五六年から一九七〇年までの間、年平均二万二〇〇〇人のドイツ人アウスジードラーがポーランドからドイツ連邦共和国に来ていました。一九七四年は六〇〇〇人になるでしょう。

（ドレッガー議員［キリスト教民主同盟］：「信じられないことだ！」）

皆さん、一九七〇年のワルシャワ条約でオーデル＝ナイセ線に関するポーランドの要求に応えておきながら、そのための唯一の条件であるポーランドからのドイツ人の移住を実際に期待できるだけ保証することのできない政治とは、いったいなんなのでしょうか。(BT 7/127:8533)

一九七四年にアウスジードラーの数は実際には六〇〇〇人にまでには減少しなかったものの、その減少は明らかであった。さらに野党(キリスト教民主/社会同盟)は、特に東方諸条約反対派は、アウスジードラーという「人道上」の問題が、ポーランドへの経済協力やナチス時代の犠牲者への補償要求に対する取引材料として用いられているということを批判した。

このアウスジードラー問題に対し、連邦政府は積極的に対処することに努めた。シュミット政権の外務大臣ゲンシャーは一九七四年九月一八日の連邦議会で、野党議員のアウスジードラー問題に関する質問の中で、次のように言っている。ここでの「よく知られている人道上の問題」が、アウスジードラー問題を意味している。

連邦政府は、東欧諸国との関係を当事国の利益と平和保障のためにさらに発展させること、今なお未解決な平和規定の問題を解決に導くことを、ドイツ連邦共和国の利益にかなった意味のある課題だと見なしています。それはまたポーランド人民共和国との対話についても当てはまることです。そこでは、よく知られている人道上の問題が特別な役割を果たしています。(BT 7/115:7700)

政府の側は、アウスジードラーの問題を、「新東方政策」がもたらした負の結果(失敗)としてではなく、「和解」の中で解決していくべき将来の問題と見なそうとしていることがわかる。一九七五年に締結されたドイツ=ポーランド協定の交渉でも、この問題はテーマの一つとしてとりあげられ、前節で触れた「出国関連文書」が作成された。この「出国関連文書」では、四年間で一二万~一二万五〇〇〇人の出国者を許可するとされていた。協定批准をめぐる連邦議会・連邦参議院での討論で問題にされたのは、①果たしてこの文書が実行されるのか、実行されるような国際法的効力を持ちうるのか、さらには②ドイツ赤十字社の調査による二八万人のドイツ人出国希望者の数とのギャップ、③残留ドイツ人に対する差別や抑圧が続いていることなどであった。協定に反対するキリスト教民主／社会同盟の主流派は、これらの点を指摘し、協定を批判した。彼らは、「ドイツ人の権利」が保証されないような「和解」は真の「和解」に値しないと主張していた。キリスト教民主同盟の党首ヘルムート・コール（当時はラインラント＝ファルツの州政府首相）は、連邦議会に登場して次のように議論している。

われわれは、一二万五〇〇〇人のドイツ人が出国できなければならないという人道的側面を見過ごしてはいけません。……しかし皆さん、連邦政府はわれわれ同様、最新の状況によれば、ドイツ赤十字に二八万人の出国申請が寄せられており、ポーランドにおける一六万人のドイツ人の運命が無視されたままであるということを知っているのです。連邦政府は、あらためて出国可能性の数的制限を行なっていたのです。……

皆さん、ポーランドとの和解を真に決然とした態度で問題にしたいのであれば、出国希望者が出国を申請した場合、彼らがいかに職場や住宅問題で不利を蒙ったり、そのほかの嫌がらせを受けたりしているのかという問題を立てねばならないのです。（BT 7/202：13950）

この関連で被追放者連盟会長のヘルベルト・チャーヤは、ドイツの「過去」に関する認識を問題にした。ナチスが「犯罪」を犯したからといってドイツ人に対する権利の侵害が正当化されるわけではない、ナチスの「犯罪」がドイツ人の権利侵害によって相殺されてはならない。こうチャーヤは主張し、そこで「罪のないドイツ人」の権利の問題を提起する。

皆さん、ドイツ人も恐ろしい犯罪を犯したというのは事実です。私はこのことを隠し立てしません。しかしだからといって、その三〇年後になって、数千人の罪のないドイツ人に対し基本権と人権の一部が否定されていることを、正当化したり放置したりしようとしてはならないのです。……われわれは調停［Ausgleich］ということを、われわれに隣接する諸民族への配慮、威信、自由、そして適切な発展の基礎にすえるよう努めなければなりません。しかしわれわれは、自民族の権利を犠牲にすることのない、ドイツ人の人権を犠牲にすることのない調停を望みます。あなた方［政府・与党］はこの調停での［ドイツ人の人権という］第二の支柱を、非常に小さく記し、それをほとんどとりあげないのです。

（キリスト教民主／社会同盟からの拍手）（BT 7/224：15626）

連邦共和国は、東方のドイツ人を受け入れる義務を負っている。また、東方領土に住むドイツ人については、法律上依然としてドイツ国籍保持者（つまりドイツ国民）としての地位を持っている。ドイツ連邦共和国は、これらのドイツ人の「基本権」（出国の自由を含む）を守る義務がある。[6] チャーヤはこの点をついた。この「ドイツ人の人権」問題は、連邦政府も簡単に無視することが出来ない問題だった。ここで帝国アイデンティティの枠組みが、国境線問題でなく、「ドイツ人の人権」保護の論拠として用いられている点が注目される。

しかし、ここまで明確にナチスの「過去」を相対化する発言は、保守主流の政治家とは違う、いかにもチャーヤらしい発言でもあった。このようなチャーヤの議論は、すでに公共的言論界では、「過去の克服」という公共的規範から逸脱した「反動的」なものと見なされるようになっていたのである。

(3) 残留ドイツ人の権利問題

ポーランド国内に残留するドイツ人の職場での差別、ドイツ語使用の自由の剥奪、学校でのドイツ語教育の禁止などをめぐる問題である。この問題は、すでに東方諸条約の交渉・批准をめぐる討論の中で何度も扱われてきたが、当時連邦政府はこの問題を条約体系の中では直接には言及せず、今後の正常化過程の中で徐々に改善していくという姿勢をとっていた。東方諸条約批准後も、被追放者諸団体幹部議員を中心とする国境非承認派の人々が引き続きこの問題を提起し続けた。彼らの議論の根拠は、東方領土の残留ドイツ人がドイツ国籍保持者であり、よって連邦共和国は彼らに対する保護義務を有するという従来からの議論に

加え、「人権」あるいは「民族集団権」という脱国家的・脱領域的概念がより頻繁に用いられるようにもなる。(7)

一九七五年八月のドイツ＝ポーランドの協定では、ポーランド国内の残留ドイツ人の権利問題は直接ふれられなかった。一一月二六日の連邦議会でこの協定について紹介した外務大臣のゲンシャーは、「ポーランドに依然として生活しているドイツ人の状況」についてポーランドとの交渉の場で話題になったという報告をしているが（BT 7/202：13933）、当然野党の側は、この問題に対する政府の不誠実な姿勢を批判の対象にした。ヘルムート・コールは次のように言っている。

連邦政府は、再び残留ドイツ人の民族集団権のために尽くすことを怠ってしまいました。一九七〇年に政府は、同じテーマに関して、正常化の過程でポーランドにおけるドイツ語を母語とする人々に対し言語的および文化的な負担を軽減することが可能であるという希望を表明しました。皆さん、ソ連やハンガリー、あるいはルーマニアと同じく、ポーランドにおいてもそれは可能でなければなりません。

（キリスト教民主／社会同盟からの拍手）（BT 7/202：13950–13951）

ここでいう「一九七〇年に政府は」のくだりは、ワルシャワ条約締結直後に、この条約に関して外務省が出した声明のことであろう（第6章参照）。そこで外務省は、ポーランドに住むドイツ人の負担軽減について述べていた。しかし、このような表明は出たものの、その後も残留ドイツ人のポーランドでの言語使用や文化保持の権利について目立った進展は見られなかった。国内のドイツ人マイノリティの存在は、ポーランドでは依然としてタブーのテーマであり、連邦共和国政府もこの問題には深くタッチしない方針をとっていた。このテーマがドイツとポーランドの外交関係において浮上するのは、一九八〇年代後半のことである。

(4)「追放」の不正

「追放」に関して、議会やメディアで盛んに問題にされたのは、ドイツ／ポーランド「教科書勧告」の第二二勧告において、「追放」ではなく「住民移動 Bevölkerungsverschiebung」という語が用いられていたことである。[8]「追放」という言葉は、ポーランドからすれば修正主義的で報復主義的な言葉である。そのためポーランド側は「追放」という言葉を使うことを拒否していた。「勧告」はそのようなポーランド側の立場を考慮して「住民移動」というニュートラルな言葉を採用したのである。

しかし、当然この不十分な記述に対しては被追放者諸団体や保守派陣営から多くの批判が寄せられた。「勧告」の中に、被追放者諸団体が「ポーランドにおいて修正主義の中心とみなされている」と記述されていることも、それに油を注いだ。被追放者諸団体からの批判の先頭に立っていたのは、シュレージエン同郷人会会長ヘルベルト・フプカであった。[9] 彼は連邦議会で次のように述べている。

外務大臣が今日の午前中追放について話をされたのは適切なことです。しかし連邦政府が、ドイツ＝ポーランド教科書勧告で用いている［人口移動という］表現を採用していたのは理解ができません。われわれはドイツ＝ポーランド教科書委員会のポーランド人のメンバー達にとって追放という概念が挑発的な語であることを知っています。われわれは歴史的真実に着くべきなのです。ヒットラーの下で犯罪は犯罪であると言われなければなりません。共産主義の下での犯罪もまた犯罪であると言わなければならないのです。(BT 7/224：15624)

フプカは連邦議会外においても、新聞・雑誌などで「教科書勧告」に批判的な発言を続けた。その批判の中心的論点が「追放」をめぐる記述だった。フプカは、「追放」についてポーランド寄りの判断に傾きすぎていること、ドイツの犯罪行為に関しては強調されているのに、ポーランド側による「追放」の過程でのドイツ人に対する犯罪行為について何ら批判的記述を行なっていないことなどを指摘した。[10] 彼は、ナチスの犯罪の影に、「追放」の歴史が不当に軽視され矮小化されていることに大きな不満を抱いたのである。このような見方は、彼が副会長を務める被追放者連盟からも繰り返し提起されていた。

こうした「追放」をめぐる議論はまた、学校教育の権限を持つ州レベルにおいても行なわれた。例えば、キリスト教民主同盟が政権を握るシュレスヴィヒ＝ホルシュタイン州の文部大臣は、「勧告」を教科書検定の基準のひとつに採用するよう要求する社会民主党に対し、「歴史のある一時期の記述において、その本質的なことを語るのをやめてはなりません。従いまして、ポーランド国民を襲った大きな苦しみや、数百万の追放されたドイツ人が受けた苦しみが言及されなければならないのです」（近藤 1993：230 における引用）と述べる。ドイツ人が被った被害を、ドイツ人が与えた被害と並列的に把握する認識の仕方である[11]。

「追放」というドイツ人の被った「不正」を強調する歴史認識は、単に戦争をめぐる歴史記述の問題を超えて、「ホロコースト」を中心にドイツの歴史を理解する、ドイツの自己理解（ナショナル・アイデンティティ）の根幹にかかわる問題であった。「追放」の過去をどうとらえるのか。これはその後現在までつづくドイツとポーランドの「歴史の記憶」をめぐる争点でありつづけている（第10章参照）。

4　東方領土問題をめぐる解釈対立の構図

ここで、一九七〇年代において、東方諸条約以後に形成されてきた東方領土とオーデル＝ナイセ問題に関する二つの対立する解釈図式の構図をまとめておこう。もちろん論者によってニュアンスは微妙に異なってくるが、大きく二つの解釈図式の構図に分類できるように思う。

まず、左派リベラル連立政権（社会民主党と自由民主党による政権）が表明していた国境承認派の解釈は、二つの大きな柱から成り立っている。一つは、ホロコースト・アイデンティティに立脚して、ポーランドとの「和解」を進め、ヨーロッパの「平和」に貢献することが「ドイツ人の義務」であるという道徳主義であり、もう一つは東西冷戦体制下でのドイツの分裂という「現状 status quo」を認め、オーデル＝ナイセ線の現状を前提とした上で、連邦共和国の「国益」を追求するという現実主義である。一九七〇年代の左派リベラル政権下での公式の領土問題解釈の枠組みは、道徳主義と現実主義の結合を特徴としている。

他方、被追放者諸団体、およびそれらを支持基盤とする野党キリスト教民主同盟主流派とキリスト教社会同盟が表明した国境非承認派の解釈においては、ドイツのおかれた「法的状況」が繰り返し強調された。ワルシャワ条約とモスクワ条約は平和条約ではないので国境を最終的に確定したものではなく、よって国際法的には「一九三七年のドイツ帝国は存続する」という法的原則論がとられた。しかもその解釈は連邦憲法裁判所によってもオーソライズされていた。その主張はあまりに政治的現実とかけ離れた「法原理主義」だったが、法的原則に従う限り論理一貫しており、政府与党の側もその論理を正面から否定することはできなかった。さらに国境非承認派は、国境修正を直接的には主張できなくなっていた状況の中、ポーランドからのドイツ人移民、残留ドイツ人の権利、「追放」など、ドイツ人の権利侵害の問題を国際法的・人道的観点からとりあげ、国境承認派を批判した。

こうした国境非承認派の主張は、自分達の「故郷」の喪失を完全にあきらめることができないでいる多くの被追放者たちにとって一条の希望の光を与えるものでもあり（被追放者諸団体幹部が、それを政治的に利用したという面も否定はできない）、かなりの心情的支持を得ていたものとも思われる。二つの保守政党が、一九九〇年統一の最終段階まで「ドイツの法的状況」に執着したのも、そうした支持基盤があったからであろう。東方諸条約批准以後のオーデル＝ナイセ線問題に関する定期的な世論調査は行なわれていない（アレンスバッハ研究所は、一九七三年以後これに関する質問項目をはずした）。だが、仮に行なわれたとしても、国境非承認派の解釈は「連邦共和国はオーデル＝ナイセ線を認めたが、ドイツの国境は未確定である」という二段階の論法を用いていたから、世論調査の二者択一的な質問では、結果に反映しにくかったであろう。

野党を中心とする国境非承認派は、その法的原則論に依拠しながら政府与党を批判した。政府与党の側は、東方諸条約の「精神」や「道徳的意義」を強調し、また「法だけで政治ができるものではない」として非承認派の法原理主義を批判した。国境承認派にとって、国際法上の原則はどうあれ、東方領土はナチスの犯罪的行為に対してドイツが支払わなければならない代償であり、その代償によってドイツの国際的な「信頼」が得られるのならば、それはドイツの（連邦共和国の）「国益」につながると見なされたのである。それに対して国境非承認派の側は、そのような連邦政府の政策は、両大国、特にソ連の暴力政治の「力」によってつくられた現状を認めてしまうものであった。そのような態度を、非承認派はしばしば、「法よりも力が勝るというのか」として批判している。[12]

イギリスの歴史家でジャーナリストのティモシー・ガートン・アッシは、このような東方領土問題をめぐる対立の構図を、「左派の政治家とジャーナリスト」対「右派の政治家と法学者・法律家 jurists」の対立としている（Ash 1993：224）。「左派」とは社会民主党、そして社会民主党と連立を組む自由民主党を意味する。（一九八〇年代になれば、国民国家の原理それ自体を否定するような立場をとる、より急進的な緑の党も加わることになる。）「右派」とは、もちろんキリスト教民主同盟とキリスト教社会同盟のことであり、その中でも特に被追放者諸団体の幹部達（一九七〇年以来被追放者連盟の会長をつとめているヘルベルト・チャーヤや、シュレージエン同郷人会の会長ヘルベルト・フプカが有名）が強力な発言を行なっていた。また「ジャーナリスト」とは、この場合『シュピーゲル』『シュテルン』『ツァイト』を中心とした（比較的「ハイブラウ」な）メディアを中心に活動するジャーナリストのことであろうが、ユルゲン・ハーバーマスやギュンター・グラスなどといった左派系知識人もここに加えることができるだろう。特にグラスは、ダンツィヒからの「被追放者」でありながらも（有名な『ブリキの太鼓』はダンツィヒを舞台としていて、最後に「追放」の場面も出てくる）、ブラントの「新東方政策」を支持し、一九七〇年一二月のブラントのポーランド訪問にも自ら進んで同行していた（Ash 1993：299）。他方「法学者・法律家」とは、「一九三七年のドイツ帝国は存続する」という判決を出した連邦憲法裁判所の判事達やその解釈を支持する法学者達が意味されているであろう。また、被追放者連盟の幹部達も、自らの解釈を基礎付けるためにディーター・ブルーメンヴィッツやオットー・キミニヒといった法学者とつながりを持つようになる。

連邦共和国の状況を外から見ると、アッシの言う「左派の政治家とジャーナリスト」（およびそれに抵抗する極右）の存在ばかりが目立ってしまうが、国内的には「右派の政治家と法学者・法律家」（しかし「極右」ではない）の存在も重要であり、無視できない影響力を持っていることを忘れてはならない。

第8章　一九八二―一九八九　忘れられぬ領土

――再浮上する帝国アイデンティティ

一九八二年一〇月、ヘルムート・シュミット首相に対する不信任案が可決し、ヘルムート・コールを首相とするキリスト教民主／社会同盟と自由民主党による保守中道連立政権が成立した。一九六九年以来野党の立場にあったキリスト教民主／社会同盟が、再び政権の座についたわけである。「転換 Wende」と呼ばれたこの政権交代では、東方政策の上においても路線の「転換」が予想された。キリスト教民主／社会同盟は、一九七二年の東方諸条約批准の際には全議員が棄権ないし拒否の態度を示したし、その後も事あるごとに政府の東方政策を批判してきたからである。ポーランドとの「和解」よりも、ドイツの「法的状況」を重視するこの両保守政党の方針は、社会民主党の政策とは大きく対立していた。

だが、この政権交代は明確な路線転換にはなりえなかった。というのも、自由民主党が引き続き政権に留まり、しかも党首のゲンシャーが外務大臣を続投したからである。その結果、新政権は旧政権の外交政策を継続することとなった。他方では、被追放者諸団体を支持基盤の一つとするキリスト教民主／社会同盟が政権を担当するようになったことで、政府の東方領土問題に関する議論のトーンは明らかに変化した。特に問題となったのは、キリスト教社会同盟の政治家たちの間から「ドイツ帝国は存続している」という言葉が聞かれるようになったことである。このようにコール新政権には、前政権の東方政策を引き継いでいる自由民主党から「ドイツ帝国の存続」を主張するキリスト教社会同盟まで、広い立場の勢力が集まっていた。そのためコール政権の「ドイツ政策」は、多義的で曖昧なものにならざるをえなかった。

本章では、一九八〇年代のコール政権の下、「継続」と「転換」という二つの異なった路線の不安定に共存する中で、「ドイツ帝国存続」の論理が再浮上してきた状況を検討したい。

1 ヨーロッパの平和とドイツ統一

コール首相とゲンシャー外相は、政権成立当初から外交政策の継続性を宣言し、東欧諸隣国との「和解」とヨーロッパの平和政策を続行することを明らかにしていた。しかしながらその半面で、前政権の時代には背景に退いていた「ドイツ統一」という課題（これは連邦共和国の憲法上の国是でもあるのだが）を強調した。コールとゲンシャーは、この二つの政策を結びつけ、「ドイツ政策はヨーロッパの平和政策である」というキャッチフレーズを繰り返し用いた。すなわち、隣国との「和解」、ヨーロッパの緊張緩和を通してヨーロッパ統一を実現していくことが、ドイツの分断を克服し、ドイツ統一の実現を可能にする道であるという考え方である。例えばコールは、一九八四年三月一五日の「国民の状況」演説で、次のように述べている。


ドイツの自由な統一を実現するためにも、ヨーロッパを統一しなければなりません。

……ドイツ人は国民的特殊な道の追求に身を委ね、あの時代、ヘゲモニーの政治に運命を賭けました。わが国はそれで失敗したことを、われわれはみな知っています。われわれの世代はこの歴史的経験から教訓を学んでいます。

……われわれはドイツ分断のヨーロッパ的次元について知らねばなりません。それは諸民族の理解、特にヨーロッパの隣国の理解を得ることによってのみ克服できるものなのです。われわれはまた、わが国がヨーロッパの中央で安定要因として大きな責任を担っているということも知っています。この責任をもう一度ドイツが取り違えるということをだれも望んではいません。ドイツの土地から平和が生まれなければならないのです。……

しかし、このヨーロッパとのつながりには、他の一面もあります。ドイツ人の自由な自己決定への要求によって、分断されたヨーロッパは、自らが新しく生まれ変わり、統一することに寄与しうる力を見出すのです。……皆さん、ドイツ人のナショナルな思考がヨーロッパの思想と互いに結び合っているということを、私たちは知っているのです。私たちにとって、ヨーロッパ政策とドイツ政策とは、一つのメダルの両面のようなものなのです。(BT 10/59：4162–4163)

ドイツの「自由な自己決定」の追及はヨーロッパの統一につながり、ヨーロッパの平和がドイツの統一を可能にする。「ヨーロッパ政策とドイツ政策とは、一つのメダルの両面」であると、コールは述べている。またこのような認識の背後には、ドイツの過去の「ヘゲモニー政治」の「失敗」からの「教訓」がある。そこにはコール流に再解釈されたホロコースト・アイデンティティが表現されている。ドイツはヨーロッパ平和に「責任」をもっている。「ドイツの土地から平和が生まれなければならない」(これもコールが頻繁に用いた得意のフレーズである)。その平和は、ドイツの自由な統一によって可能になるのと同時に、ドイツの統一もヨーロッパの諸民族の理解と平和への配慮の中で可能になる。これは、ドイツ統一へ向けたコールのアプローチでもあった(1)。

ゲンシャーになると、連邦共和国の東方政策の継続性にアクセントが置かれるようになるのは、彼自身が前政権の外務大臣であったことを考えれば当然のことであろう。東方政策に関し、むしろ彼は野党の社会民主党に近い立場にある。彼はワルシャワ条約の意義を次のように称揚する。

私はドイツとポーランドとの間の条約を、不正を不正によって相殺するという悪循環を断ち切ったものとみなしています。それはヨーロッパの歴史の中ではおそらく最初のことでしょう。

(自由民主党と社会民主党からの拍手)

この意識、これは今日すべてのわれわれ国民の意識にほかならないのですが、これがポーランド西側国境に対する

振る舞いや将来の立場を規定するものでなければならないと考えています。(BT 10/74 : 5329)

ゲンシャーは、「和解」の成果を称揚している(「ヨーロッパの歴史ではおそらく最初」とまで言っている)。「われわれ国民の意識」とは、この場合「和解の精神」ということになるだろう。ただ興味深いのは、この発言に拍手を送ったのは自由民主党と野党の社会民主党の議員たちであり、連立を組んでいるキリスト教民主/社会同盟からは拍手がおこっていない。東方政策をめぐる与野党関係の「捩れ」がここに垣間見られる。「和解の精神」に関する限り、両保守政党の方はそれを共有していないのである。

さらにゲンシャーは次のように続ける。

……今日ドイツ政策とはヨーロッパの平和政策であり、それゆえ、過去にしばしばそうであったのとは異なり、われわれの国民的利益を隣国の利益と対立しながら追及するのではなく、われわれの国民的運命をヨーロッパの運命の中に埋め込んでいくということを望んでいるのです。なぜならわれわれはヨーロッパの分裂の克服がまた、わが国の分裂を克服することを可能にするものであることを知っているからなのです。われわれがわが国民的目標をヨーロッパのどの隣国かを犠牲にして貫こうとすると、それがわが国自身の国民的利益に反することになるのはなぜなのかを説明するのは、このこと以外にはありません。(Ibid.)

「ドイツ政策はヨーロッパの平和政策である」というコール政権の基本方針が、これほど明確に表現されている例は他にないであろう。ティモシー・ガートン・アッシはこのような連邦共和国の外交政策を「国民の利益とヨーロッパの利益の混同 conflation」と特徴付けている(Ash 1993)。ゲンシャーはこれを、「ヨーロッパの歴史から教訓として確認できる」としているが、いうまでもなくそこにはナチスの(さらには二つの世界大戦の)歴史が念頭に置かれている。

国民的利益をヨーロッパ的利益と意識的あるいは無意識的に「混同」し、「ヨーロッパの名において」ドイツの国民的利益を追及するという論法。それは外交政策に関する考え方の異なるコールとゲンシャーが、その相違を越えて同一の政権を維持するための有効な方法でもあった。

2　再浮上する「ドイツ帝国」

しかしながらコールは、「ヨーロッパの平和」と同時に、「ドイツの法的状況」を重視するドイツ政策を打ち出してもいた。一九八三年五月四日の政府声明演説の中では、以下のように、かなり事務的な調子でドイツ政策の方針を述べている。

政府のドイツ政策は、これまで同様、ドイツ連邦共和国の基本法、ドイツ条約、東方諸条約、「ドイツ統一」に関する手紙、および一九七二年五月一二日のドイツ連邦議会でキリスト教民主／社会同盟、社会民主党、自由民主党の全会派が賛成した決議、［一九七二年にドイツ連邦共和国と民主共和国の間で結ばれた］基本条約、そして一九七三年七月と一九七五年七月の連邦憲法裁判所の判決によって決められていきます。(BT 10/4 : 73)

「これまで同様」とは言われているが、アクセントの置き方は前政権と明らかに異なっている。前政権の時代は、首相や外相の演説でこのようなドイツの「法的状況」が明示されることはほとんどなかった。コールは多くの法的文書を列挙しているが、ここで彼が言いたいことは、東方諸条約は「暫定協定」であって平和条約ではなく、したがってドイツの国境は未確定であり、「ドイツ問題は未解決」であるということである。「ドイツ帝国」の概念が直接言及されているわけではないが、「ドイツ帝国は存続する」と判断した一九七三年の連邦憲法裁判所の判決は演説の中に挙げられている。

バイエルン州の政党であるキリスト教社会同盟の政治家たちは、より露骨に「ドイツ帝国の存続」について公言した。この政党の政治家が東方領土問題に対して、より明確に「修正主義」的な主張を展開したのは、被追放者諸団体（特にズデーテンドイツ人の諸団体）が同党に強い影響力を行使していたからである。コール政権の内務大臣を務めていた同党のフリードリッヒ・ツィンマーマンは、一九八三年一月二九日の被追放者連盟のミュンヘンでの集会で次のように述べた。

ドイツ問題をドイツ連邦共和国とドイツ民主共和国とに限定し、オーデル＝ナイセ線以東の東ドイツ領を含めない傾向があるが、新しい連邦政府においてはそのようなことはありません。（AdG 1983：26327）

つまり、ドイツは二つの部分（二つの国家）に分裂しているのではなく、東方領土を含めた三つの部分に分裂しているのだというのである。まるで一九五〇年代に逆戻りしたかのようなこの一閣僚による発言は、当然ポーランド政府からの反発を引き起こし、連邦共和国国内でも物議をかもした。

それに対しコールは、ツィンマーマンは単にドイツの「法的状況」を述べただけであると彼を擁護した。コールはツィンマーマン発言の直後『北西新聞』で以下のように述べている。

わが東の隣人は、ドイツ問題は未解決であるというわれわれの立場を承知しているし、ポーランドはこのことに対して理解があると私は思う。既存の国境は合意の上にのみ変更しうると我々の側も承知している。われわれは条約に忠実であるし、これからもそうであり続けると常に言ってきた。（AdG 1983：26327）

この発言は、「既存の国境は合意の上にのみ変更しうる」と述べている点でツィンマーマンの発言にかなり擦り寄ったものになっている。ここでコールは、「修正主義」の方向に大きく寄っている。

連邦議会においても、「ドイツ帝国」が再登場してきた。同じくキリスト教社会同盟のテオ・ヴァイゲルは、前出のコールによる政府声明演説と同日の一九八三年五月四日、「ドイツ政策」の基礎となる一連の法的文書を紹介した後（もちろん連邦議会の共同決議、連邦憲法裁判所の判決が含まれている）、次のように「ドイツ帝国」に直接言及している。

……したがってわれわれのドイツ政策についてこう言えます。ドイツ帝国は憲法上定められた境界において今日もなおも存在し続けている、と。

（エームケ（社会民主党）：「ブラボー！」）

エームケ教授、「ブラボー」という言葉は連邦憲法裁判所の判決に向けられるべきです。この連邦裁判所の判断こそが、あなたの言う「ブラボー」にふさわしいだろうと思いますよ。

（キリスト教民主／社会同盟からの拍手。エームケ：「ブラボー！」）（BT 10/4：101）

ヴァイゲルの「憲法愛国主義」に対し社会民主党のホルスト・エームケ（彼もダンツィヒ出身の被追放者なのだが）が野次を入れているが、ヴァイゲルは怯まず連邦憲法裁判所の判決の意義を強調している。

キリスト教民主同盟の政治家は、被追放者諸団体の幹部以外、ヴァイゲルのような露骨な修正主義を持ち出すことは少なかった。だが彼らも、オーデル＝ナイセ線設定の不当性について指摘することは少なくなかった。例えば、キリスト教民主同盟の保守派で知られるアルフレート・ドレッガーは、一九八三年六月三日の連邦議会でオーデル＝ナイセ線の設定を「ポーランドの西方移動」と呼び、その不当性について語っている。

ドイツの負担によるポーランドの西方移動は、ソビエト連邦の見方からすれば、ドイツとポーランドの双方をよりよく支配するため、両者の間に永遠の敵意を基礎づけたという意味をもっていたのです。

皆さん、このようなスターリンの計算は成功させてはなりませんし、成功はしません。
（キリスト教民主／社会同盟からの拍手）
自由と自己決定はポーランドにとってもドイツにとっても、大変重要な問題である国境問題よりもさらに重要なのです。（BT 10/16：1011）

ここで、ドレッガーの強調点が国境からドイツの「自由」や「自己決定」に微妙に移行していることに注目すべきであろう。彼が問題にするのは、国境線それ自体というよりも、連邦共和国を超えて広がる「ドイツ人」との連帯、彼らの権利や人権などの「属人的」問題なのである。

われわれは、ドイツに属していると公言するわけですから、戦争の後生まれ故郷を追放されたドイツ国民の一部との連帯を公言していることになります。……われわれはまた、分離させられた東方領土に辛抱強く住んでいるドイツ人との連帯を公言するものでもあります。われわれはシュレージエンやその他の地域の教会が、ポーランド国籍の信者同様、ドイツ国籍の信者に奉仕できるあらゆる可能性を利用したいという希望や願いは、これと結び付いています。……

われわれ連邦共和国のドイツ人は、民主共和国や分離された東方領土のドイツ人のように、われわれとドイツ国籍を共有しているドイツ人だけに責任を感じているのではありません。他の国家の忠実な国民でありながら、言語と文化をめぐって闘わざるをえないでいるドイツ人に対してもまた、援助を惜しみません。それは東ヨーロッパ、南東ヨーロッパのドイツ人にとりわけ当てはまる問題です。……彼らが［国家への忠誠心への代償として］期待しているのは、ただ文化的自立と彼らの民族集団権と人権の尊重だけです。（Ibid.：1012–1013）

ドレッガーはドイツ人の宗教や言語・文化の問題、さらには「民族集団権」や「人権」の問題にまで言及している。

ここで言及されている「ドイツ人」には、「一九三七年のドイツ帝国」の境界内に居住する「ドイツ国籍保持者」だけにとどまらない、東欧の民族的ドイツ人を含めた「ドイツ人」（基本法第一一六条に示された意味での）全般が包摂されている。ここでもやはり「属人化」された帝国アイデンティティが国境問題の直接の関与を回避するための方法として用いられていることがわかる。

3 法的原則への抵抗
――国境承認派の論法

法律的原則に依拠して、ドイツの「法的状況」に固執するキリスト教民主／社会同盟のスタンスに対し、野党にまわった社会民主党の議員達は、その原理主義的な法的原則論の一面性や虚構性を批判し、ブラント／シュミット時代の「和解」政策のもつ現実政治的・道徳的意義を主張するという論法を展開した。

ブラント時代に連邦議会の外務委員を勤めた社会民主党のディーター・ハークは、次のようにキリスト教民主／社会同盟の「修正主義的」な立場を批判している。ここで登場している「チャーヤ議員」とは、言うまでもなく被追放者連盟会長のヘルベルト・チャーヤである。

私はドイツ人の自己決定とは、われわれの外交的状況ではポーランドの西側国境の修正のことであるとは理解してはならないと考えています。……

私が明らかにしておきたいのは、もちろんチャーヤ議員、このワルシャワ条約で国際法上、われわれはその国際法的状況を知っていますが、国境を承認したわけではないということです。

（チャーヤ：「だからなのです！」）

ちょっと待ってください。ここが大変重要なところなのですが、政治は法や国際法だけから成り立つものではないのです。

（チャーヤ：「しかし法からも、ですよね」）

むしろ国際法は政治の補助手段なのです。このことをわれわれは逆転することはできないのですよ。

私はここで明らかにしておきたい。この条約によってポーランドの西側国境の政治的承認がドイツ連邦共和国により表明されたのです。……

私は今、ここで単に自分の会派を代弁しているだけではない。故郷被追放者の大部分を含んだ、われわれ国民の大多数を代弁することができているのだということを確信しています。こんにちドイツ問題が未解決であるということを、ポーランド西側国境の問題に結びつける人は、ドイツとポーランドとの和解の政治的で道徳的な意味を理解していないのです。

（社会民主党からの拍手）（BT 10/16：1059–1060）

ここでハークは、法的文書に依拠してオーデル＝ナイセ線の未確定を主張する国境非承認派に対し、あくまで「政治」と「道徳」の論理で国境線の承認を主張している。「ドイツとポーランドの和解の政治的で道徳的な意味」とは、もはや政治的現実が国境線の修正を不可能にしているということ、そして国境線の承認が「過去の克服」という戦後ドイツ人に課せられた道徳的義務を果たすことになること、そしてそれが同時に連邦共和国の国際的信頼を生み出し、連邦共和国の国益にも結びつくことなど、これまでブラントやシュミットが繰り返し主張してきた東方政策の論理が意味されている。

キリスト教民主／社会同盟の法原理主義への批判としては、また次のようなゲアハルト・ハイマンによるものもある。

ここでまた、基本法とドイツの法的状況に言及がなされるだろうということを私は知っていますから、補足しておきましょう。法的状況の問題が重要なのではないのです。法的状況を良い目的の手段とするのか、悪い目的の手段とするのか、そのどちらであるかが問題なのです。

（社会民主党からの拍手）（BT 10/53：3844–3845）

これは「法的状況」を絶対視する立場の相対化である。問題はそれをどのような「目的」に使うか。それはまさに、「政治」の問題に他なるまい。

「法的状況」への固執が、政治的に実行不可能であるばかりでなく、諸隣国の不信を生み出してしまうという点に言及しているのが、さきにヴァイゲルに豪快な野次を飛ばしていたエームケである。

キリスト教連合の議員の皆さん、特に被追放者諸団体の議員の皆さん、全体としてのドイツに対する法的留保を絶えず主張することは、東方に対してまったく誤った作用を及ぼしますよ。なぜなら、この主張は政治的に実施不可能だからです。四十年前からすでに実施不可能でした。またポーランドや他の東欧諸国に報復主義的政治の印象を呼び起こしてしまうのです。そして超大国の対立が激化する状況の中で新たな「巻き返し」政策に対する恐怖を呼び覚ましてしまうのです。（BT 10/74：5338）

このように、社会民主党の議員は、ブラント以来の「和解」政策の継続にあくまでこだわった。社会民主党の議員団長であるハンス・ヨッヘン・フォーゲルは、一九八四年一二月二七日の連邦議会で、「和解政策」を「社会民主党の政治的アイデンティティの一部」とまで述べている。「われわれはポーランドとの和解政策を危険な賭けにさらすようなことがあれば、断固として強く反対します。われわれ社会民主党にとって、ポーランドとの和解はわれわれの政治的アイデンティティの一部なのですから（社会民主党からの拍手）」（BT 10/103：7509）。

しかし連立与党内では、オーデル＝ナイセ国境問題に関する解釈に関する深刻な対立が存在していた。外務大臣のゲンシャーと自由民主党の解釈は、むしろ社会民主党の解釈に近かったのである。そのような与野党間の「捩れ」は、連邦議会の討論の中でもしばしば明らかになった。

例えば次のようなケースがある。これはシュレージエン同郷人会の会長であるヘルベルト・フプカが、次のように「東ドイツ」と「東ドイツ人」の概念の定義に関してゲンシャーに質問した時のことである。

一九七三年七月三一日の連邦憲法裁判所の「ドイツ帝国は存続する」という判決に従い、東ドイツは存在するのだから、われわれはシュレージエン人、東プロイセン人、ポンメルン人を「東ドイツ人」という概念で一括する。これに対する反論の材料はあるのでしょうか。（BT 10/74：5331）

すでに論じたように、ドイツ連邦共和国では一九五〇年代まで、「東ドイツ」といえば主として東方領土が示されていた。しかしその意味は一九六〇年代に入って変化して行き、「東ドイツ」がドイツ民主共和国を指して用いられる用法も広まっていた。しかし彼の主張によるならば、「一九三七年のドイツ帝国」が憲法上存続しているのだから、東方領土を「東ドイツ」と呼ぶべきではないのか、ということなのである。

それに対するゲンシャーの答えは次のようであった。なお、ゲンシャーの妻はシュレージエン出身の被追放者であり、ゲンシャー自身が民主共和国領土内の地域出身だった。

フプカ議員。あなたも知っているでしょうが、私の妻はシュレージエン人です。追放は、彼女がリーグニッツのドイツ人地域に生まれたという事実を、たとえその後事情が変わったとはいえ、消すことはできないものなのですから、彼女は自分を東ドイツ人であるとみなしています。また私は、ザーレ地方で生まれていますから、自分を中部ドイツ人とみなしています。これはまったくあたりまえのことなのです。だからといって、それはドイツ連邦共和国の目標（今日および将来の目的）に関係するものではないのです。しかるべき理由を過去から導き出すということはあります。平和と協力と和解のヨーロッパの中でいかにわれわれ国民的利益を最大限実現していくかという問題は、それとは別のことです。(BT 10/74：5331)

ゲンシャーは「東ドイツ」という用語の使用法の問題と、連邦共和国の政策という政治上の問題を峻別すべきであるということを述べている。たしかに彼の妻は被追放者として「東ドイツ人」という意識をもっている。しかしそれは連邦政府の政策(とくにドイツ統一政策)とは何ら関係がない。連邦政府の政策は、「平和と協力と和解」を通じて「国民的利益を最大限実現していく」ことなのである。

われわれは法的に確定されて効力をもっていることと……われわれの政治的目標とを区別しなければなりません。そしてわたしは、われわれの政治的目標はヨーロッパの平和秩序に貢献することだと理解してきました。(Ibid.：5332)

ここでの彼の論理は、社会民主党のものとほぼ同一のもの、すなわち法的原則よりも道徳と政治的現実を優先すべきであるというものである。

4 シュレージエン人大会の標語問題

一九八〇年代コール政権下における、東方領土問題に関するメイン・イベントは、何と言っても一九八五年のシュレージエン人大会の標語をめぐる論争であろう。

問題の浮上

シュレージエン同郷人会は、一九八五年六月に「追放」四十年を記念した大会の開催を計画した。そこでの目玉は、首相のコールをスピーカーとして招待するということだった。コールはその招待を受け入れた。連邦首相がシュレージエン人の会合でスピーチをするのは、二〇年前のエアハルト以来のことだった（Hupka 1994：337）。しかしその後になって、このシュレージエン大会の標語が明らかにされた。「追放四〇年。シュレージエンはわれわれのものでありつづける。［40 Jahre Vertreibung――Schlesien bleibt unser］」。これが当初予定された大会の標語だった。シュレージエン同郷人会のこれまでの立場を考えれば、この標語は決して驚くべきものでもない。だが、首相がこの大会に招待されているということで、この標語の「修正主義」的内容に世間の注目が集まった。標語はポーランド政府や他の社会主義国政府によって「報復主義」と批判され、連邦共和国国内でも野党やマスメディアによって大きく問題にされた。外務大臣のゲンシャーもARDのテレビニュースの中で、「一部の被追放者諸団体幹部が、ドイツ連邦共和国の平和政策を侮辱している」という批判的コメントを述べた（Ibid.：342）。

そのような批判に対し、シュレージエン同郷人会の会長ヘルベルト・フプカがコールへの一九八五年一月二二日付の書簡の中で自らの持論を展開し、標語について弁護している。

この標語は、あたかも今日、何かを暴力的に変更するような、新たな追放が計画されているような、他国の領土が要求されているような、ドイツとポーランドとの間の理解に反した行動がとられるようなものとして読まれてしまった。この標語にはこのようなことは何ら意味するものではない。この標語は①被追放者にはこんにちでもまだ故郷への権利が剥奪されているため、追放がすでに四十年間も続いていることになるということ、②シュレージエンは歴史的、精神的文化的に、法的そして政治的に一九三七年の国境におけるドイツの一部であるということ（一九七三年七月三一日の連邦憲法裁判所は「ドイツ帝国は存続している」と判断している）、③ドイツ問題は未解決であり、民主的に正当化された平和条約においてはじめて最終的に全ドイツとその国境が決定されうるということ、④ワルシャワ条約によって併合や追放が承認されたわけではないということ、⑤シュレージエンはシュレージエン

人の故郷であるばかりでなく、すべてのドイツ人の所有物であるということを意味するものなのだ。（AdG：28461）

フプカによれば、この標語はドイツの「法的状況」を前提とし、平和的な国境修正の可能性を示唆したものである。その上で彼は、「シュレージエンはすべてのドイツ人の所有物である」として、シュレージエン人大会の標語と同趣旨の内容を繰り返している。[2]

だがフプカは結局、「誤解の可能性を取り除く」ために標語の変更を決断せざるを得なくなっていた。改められた標語は「追放四〇年。シュレージエンはわれわれの将来でありつづける、自由な諸民族のヨーロッパにおいて」となった。標語の最後に「将来」と「自由な諸民族のヨーロッパにおいて」を付け加えることにより、領土要求の意味合いが多少なりとも希薄化された。[3] フプカは右の書簡の中で、この改められた標語について、「ドイツの法的状況（基本法、ドイツ条約、ドイツの一体性に関する書簡、共同決議、連邦憲法裁判所判決）に適合するように、ドイツ全体にとっての自由なドイツ政策とヨーロッパ政策を行なうという課題、そしてその課題には完全に開かれた（未解決の）ドイツ問題を含めるという、われわれ全員の、とりわけ連邦政府の責任が表現されている」と述べる（AdG：28461）。表現は変更したが、シュレージエン同郷人会と大会の基本的なスタンスには、何ら変更ないという意味の発言である。ここで注目すべきは、「ドイツの法的状況」を示す文書として、コールやゲンシャーは必ずとりあげる東方諸条約への言及がないことである。フプカがこの諸条約に反対して政党を移籍したことについてはすでに述べた。彼にとって、この諸条約はドイツの法的状況に関して重要な意味は持っていないのである。

連邦政府は、大会の標語はシュレージエン同郷人会自身の問題であり、連邦政府は関与していないという立場をとった。だが、それは批判者たちを完全に納得させるものではなかった。シュレージエン大会の標語への批判は、コール首相に対する批判へと発展した。

その批判を、まず『シュピーゲル』誌から見てみよう。『シュピーゲル』誌は、ブラント政権の時代から「和解」

政策支持の姿勢を明らかにしていた。同誌は、一九八五年二月四日号でシュレージエン大会標語問題についての一二頁に渡る特集を組んだ。この記事においても、『シュピーゲル』誌は、同郷人会に対する批判的な立場を明確に打ち出している。

ドイツ人が完全に大ドイツへの夢を葬り去ったことを、ポーランド人はあてにすることができるだろうか。それはできない。そのような保証を連邦政府に対して行なうことのできる政治家はいないのだ。それも報復主義からではなく、確固として法的な根拠によってなのである。(Sp 4.2. 1985 : 90)

連邦共和国が、依然法的な根拠によって「大ドイツへの夢」を抱いていることが、ここでは批判されている。さらにそれは、連邦政府批判へと進む。

今、ヴィリー・ブラントとヘルムート・シュミットの後継者であるヘルムート・コールは、狂気の被追放者団体幹部達を鎮めることのできない無能力により、国境をめぐる問題に再び煩わされている。国境と領土要求をめぐる論争がもたらした外交的損失は、ゲンシャー外相の確信によれば「不当なもの」である。……コールの優柔不断さは、これまでの東方政策の基礎を危険に晒し、キリスト教民主／社会同盟の側からのナショナリスティックな声は、ボン政府の外交政策を孤立させかねない。(Ibid. : 92)

非常に厳しいコール批判である。被追放者諸団体幹部達を「狂気」としながらも、非難の矛先は首相のコールの「無能力」「優柔不断さ」に向かう。そして連邦政府の外交政策を「孤立させかねない」危険性を指摘する。しかしそこで問題は、ドイツの「過去」にまで関連してくる。一九八五年はちょうど、終戦四十周年に当たっていた。

……シュレージエン論争は、よりによってヒットラー体制からの解放四〇周年を前にして、ドイツ人が自らの過去から何を学んできたのかという議論にすぐさま転化していたのである。(Ibid.)

だが、注意しなければならないのは、『シュピーゲル』誌のような見方が、国民世論を全面的に代弁していたわけでもないということである。同誌は同じ号で世論調査の結果も掲載しているが、そこでは「シュレージエンは全てのドイツ人の財産である」というシュレージエン同郷人会会長フプカの発言を「適切」と思うかどうかの質問が行なわれている。そこで「適切」であると回答する者の割合は意外に多く、三四パーセントにものぼっている(『シュピーゲル』誌が「狂気」とする割には高い数字であると言えよう)。それに対し「不適切」は六五パーセント。キリスト教民主/社会同盟の支持者の間では「適切」が四四パーセントまで上昇する。さらに、「シュレージエンはわれわれのものであり続ける」という標語に関する質問では、「適切である」(一五パーセント)あるいは「適切ではあるが誤解を招く」(三三パーセント)を合わせると四八パーセントにものぼり、「不適切である」の五二パーセントとほぼ同率である(Ibid.：93–94)。たしかに同郷人会への支持は多数派ではないにしても、かなり根強いものがあったと言えるだろう。

社会民主党からの批判

標語問題は、一九八五年の二月に連邦議会でも論争のテーマとなった。社会民主党の議員は、被追放者諸団体の幹部と、彼らをうまくコントロールできていないコール首相の政治力不足に批判の矛先を向けた。ここで社会民主党は、被追放者と被追放者諸団体幹部を分け、被追放者には共感のメッセージを送りながら、被追放者諸団体幹部に対しては鋭い批判を浴びせるという方法をとった。例えば、議員団長のフォーゲルは、「被追放者の方々の故郷への思いを尊重しています。われわれは被追放者の方々を批判しているのではありません。われわれが批判するのは、その思いを乱用している被追放者諸団体の幹部連中なのです」(BT 10/119：8820)と述べる。

ここで注目すべきは、社会民主党の被追放者議員が自らそう名乗って登場し、「被追放者」を代弁する形で被追放者諸団体幹部への批判を行なったということである。すでに何度か指摘しておいたとおり、被追放者が全て被追放者諸団体の「修正主義的」な主張を支持していたわけではない。むしろそれに反対し、積極的に「和解」へと向かう議員も多かった。すでに本章に何度か登場したエームケも、ダンツィヒ出身の被追放者である。被追放者議員を登場させることによって社会民主党は、被追放者との連帯をアピールし、被追放者諸団体幹部を被追放者たちからも孤立した状況に追い込もうとしているかに見える。

この時登壇したユルゲン・シュムーデは、東プロイセン出身の被追放者である。彼は、シュレージエン同郷人会大会の標語が非現実的かつ妄想的で、政治的に危険でさえあると批判した後、次のように述べている。

喪失したかつてのドイツ東方領土は、政治的にもはやドイツに帰属してはいません［「政治的に」という限定句に注意。「法的」と区別して用いているものと思われる―引用者注］。それをすべてのドイツ人の所有物として語ることは誤りです［フプカの書簡の文句を引用している―引用者注］。平和条約における国境設定の留保は、今日ポーランドの西側国境などの最終性を再度確認すること以上のことを意味してはいないんです。……

皆さん、被追放者たちのことも排除してはいけません。被追放者たちの業績をわれわれは認識しています。また
われわれ社会民主党員の多くが被追放者です。

（社会民主党からの拍手）

われわれはまた、他の何百万とともに、扇動的な上層幹部によって正当に代弁されていないと感じている被追放者でもあります。（BT 10/119：8811）

シュムーデは、東方領土は、たとえ国際法的な国境画定はまだ行なわれていないにせよ、政治的にはもはやドイツに帰属していないと言う。さらに彼は、フプカをはじめとする被追放者諸団体の「煽動的な上層幹部」は、多くの被

追放者（シュムーデ自身を含む）を正当に代表してはいない、その「上層幹部」の発言を基準にして被追放者全体をスティグマ化してはいけない、というわけである。しかしながら実際には、被追放者諸団体幹部の主張を支持する被追放者も、依然多数存在していることを忘れてはならない。

被追放者を被追放者諸国体幹部から区別するという方法は、オーバーシュレージエン出身の被追放者であるホルスト・ユンクマンによっても用いられている。

> ここで明らかにしておきたいのですが、彼ら被追放者諸団体の幹部達は被追放者の代弁者ではありません。
> （社会民主党および緑の党の議員たちの拍手）
> 被追放者の数は諸団体に組織されている人の数よりもはるかに大きいのです。諸団体は被追放者の権利と故郷に対する感情を利用して「侮辱」を遂行しようとしているのです。
> （社会民主党と緑の党の議員たちの拍手）
> シュレージエン人や他の同郷人会の利益とはなんでしょうか。被追放者の多数は、フプカさん、チャーヤさん、あなた方と同じように考えているのではない。あなた方が首相の忍耐のもと、故郷被追放者の法的要求と思われているものを公的に表明するそのやり方は、平和と諸民族和解の精神に矛盾しています。
> （社会民主党からの拍手）
> あらゆる誓いに反して、「帝国への帰還 Heim ins Reich」への信念が、またぞろ頭をもたげるのです。（BT 10/119：8816）

ここでユンクマンは、被追放者諸団体幹部は、被追放者の権利と故郷感情を利用して、「平和」と諸民族和解の精神」に対する「侮辱」を行なっているのだと述べている。また、「帝国への帰還」とはナチスの東方政策のキャッチフレーズである。ナチスもまた、東欧の国境外にいた民族的ドイツ人の権利と民族的帰属感情に訴えて東方拡大を行なった。そのかつてのナチスの政策と被追放者諸団体の幹部の政治的目標を並べている。ナチスとの連想を喚起することで被追放者諸団体の主張を批判するという論法は、これまでもしばしば用いられてきたものである。

このようにシュレージエン大会の標語問題は、ドイツの法的状況に固執する被追放者諸団体幹部と保守政党主流派を中心とした国境非承認派と、社会民主党を中心とし、自由民主党主流もそれに加わった「和解」政策を追求する国境承認派との間の、与野党横断的な対立の構図を明確に現出した。公共的言論界での〈主流〉は、やはり国境承認派であった。一般の国民世論の中でも、ブラント以来の「和解」と「平和」の規範は広まっていた。その規範からすれば、東方領土に関する要求に言及すること自体が「和解の精神」に反する危険があった。フプカは後に回想録の中で、シュレージエン人大会の標語問題当時の状況にふれて「その当時、祖国を弁護し、かつまた東ドイツ［東方領土のこと─引用者注］を祖国ドイツに含めるものは、潜在的か、変装したナショナリズム急進主義者に違いないという強固な考え方がメディアによって徹底されていた」（Hupka 1994：356）と述べている。だが、そのような世論や公共的言論界における「強固」な観念の存在にもかかわらず、国境非承認派の力が意外にも根強かったことを、この論争は示すことになった。

一九八五年六月一七日、シュレージエン人大会は開催された。コールの大会出席は実現し、彼はドイツの「法的状況」について、連邦議会の演説とほぼ同内容の立場を述べた。ただコールは、「今日シュレージエンには、多数のポーランド人家族が生活しています。彼らにとってシュレージエンの土地は故郷になっています。われわれはそのことを重視しており、疑問視することはありません」と述べて、ポーランドへの配慮を滲ませた（AdG：29023–4）。他方シュレージエン同郷人会会長のフプカは、シュレージエンはドイツの一部であり、ドイツとは「一九三七年一二月三一日の国境におけるドイツ」のことであると述べた。また、「ドイツの外交政策ドイツとドイツ人にとっての権利の再確立をめぐる努力なのです」と持論を展開した（Miszczak 1993：276）。「併合も追放も、ブレスラウ［シュレージエンの中心都市の名前でポーランド名はブロツワフ─引用者注］についての決定する力をもちません。追放を受け入れ、認める者は、追放を諸民族間の関係の新たな規範に昇格させてしまうのです」（Hupka 1994：357–359）とも述べた。

「ドイツ問題は未解決」とだけ述べたコール首相とのニュアンスの違いは明らかだった。

5 「過去」の相対化
――ホロコースト・アイデンティティをめぐる攻防

この時代、コール政権は新たな歴史政策を掲げ、ナチス犯罪に偏りすぎたドイツ史理解に修正を加えようと試みた。それはホロコースト・アイデンティティをめぐる言論界の状況にも変化をもたらした。

歴史修正主義の台頭

前章で論じたように、一九七〇年代は学校教育やマスメディアを通じて、「過去の克服」という特殊戦後ドイツ的な公共的規範が連邦共和国の国民の間に浸透していった。一九八〇年代に入ると、当時広まっていた平和運動や環境運動などの「新しい社会運動」を糾合して結成された緑の党が勢力を伸ばし、一九八三年三月の選挙で連邦議会に進出した。緑の党は、より急進的で徹底的な「過去の克服」を提唱して、既成政党、特に保守政党の議員達を当惑させた。

一九八三年五月五日、コール首相による政府声明演説の翌日の第五議会で、さっそく緑の党は「ナチス支配と第二次世界大戦終結三八周年に際し、五月八日に連邦議会の特別会議を招集する」提案を連邦議会にかける。言うまでもなく、五月八日はナチスドイツが連合国に降伏した日である。緑の党は、この日に特別会議を招集し、「ファシズム」について「じっくりと考え、討論する機会」にするという提案を行なった。

その日、この提案のために登壇した緑の党のユルゲン・レーンツは、次のように述べる。

ファシズムの終結についての討論は、もしそれが真剣に、しかも単なる冷たい歴史的関心だけからではなくなされるならば、次のようなことがテーマにされるでしょう。この国でファシズムがいったいどの程度まで解明されているのか、ファシズムが再び起こらないためにこの国ではどのような措置がとられ、どのような構造が確立され、ファシズムの基底はどこまで取り除かれているのか、あるいはこの国においてファシズムへの兆候、おそらく最近増えていると思うのですが、それはどれほど存在しているのか、などです。

（キリスト教民主／社会同盟の側が騒然となる）

……ファシズムは、なにも六〇〇万人のユダヤ人の虐殺、障害者、共産主義者、社会民主主義者、シンティ・ロマ、同性愛者の虐殺から始まったわけではありません。アウシュヴィッツは単なるファシズムの暗黒なる完遂に過ぎません。ファシズムが権力を掌握する以前に、すでにユダヤ人に対する偏見や差別があったことは知られています。今日でも、ここで生活している外国人に対する差別や偏見や敵意が見出せます（BT 10/5：147–148）

この提案は、ナチスの犯罪行為自体を問題にするのではなく、ナチズムを生み出したドイツ社会やドイツ人の精神構造にあるファシズム的「基底」を解明し、それを「克服」することの必要性を主張している。「過去の克服」は、単なるナチズムの克服にとどまらず、現代でも外国人差別を生み出し続けているドイツのファシズム的「本質」の克服にまで進まねばならないということになる。

このような、ドイツ史を「犯罪」と「過ち」の歴史として把握する「マゾヒスト的」な歴史観の広がりに対し、保守派の側は危惧を抱いていた。例えばキリスト教民主同盟のアルフレート・ドレッガーは、雑誌『エキスプレス』の中で次のように述べている。「われわれは若者たちに言いたい。わが民族の歴史は［ナチス時代の］一二年間だけではなく、一二〇〇年間も続いて来たのです。残りの一一八八年間の歴史は、少なくとも他の民族と同じくらいには良い歴史だったのです。そして一二年間のナチス時代においても、少数の人間の犯罪が全員の意思であったわけではないのです」（Wolfrum 1999：333 における引用）。ドレッガーは党内でも保守派として知られ、「過去の克服」を徹底させようとする「六八年世代」の風潮に対して、絶えず批判的スタンスを取り続けた政治家である。彼に代表されるような保守派は、ナチスの犯罪をドイツ史全体の中の「褐色の」一コマへと極小化し、ドイツ史全体を「正常normal」なものと捉え直そうとするものだった。歴史認識の「修正」に向けた、保守派からの巻き返しである。

一九八二年の政権交代は、このような保守派による歴史観「修正」のチャンスでもあった。首相のコールは、はやくも一九八二年一〇月一三日の就任演説の時から「ドイツ史に対する意識も刷新されなければなりません。ドイツ人の国民国家は解体されました。しかしドイツの国民［Nation］は残り、これからも存在し続けるのです」と述べ、五〇〇年前のルターから戦後の連邦共和国の歴史まで続く「ドイツ史」に言及した（BT 9/121：7227）。さらに一九八三年五月四日の政府声明演説でも、次のように新たな歴史政策への意志を表明した。(4)

> 皆さん！　われわれドイツ人は、われわれの歴史を、その偉大さと苦しみを削除したり付け加えたりすることなく提示しなければなりません。われわれは、われわれの歴史をありのままに捉えなければなりません。……若い世代にとってドイツ史は、ヨーロッパ的な関連と条件の中で、再び精神的な故郷にならなければなりません。（BT 10/4：74）

コール政権は、ボンの歴史館(5)やベルリンのドイツ歴史博物館(6)の建設計画、歴史書の刊行、国民的記念行事（例えば、一九五三年六月一七日のドイツ民主共和国での労働者蜂起を記念した「ドイツ一体の日」三〇周年(7)、一九八六年のルター生誕五〇〇年祭）の提唱を行ない、一八三〇年にドイツの自由と統一を掲げて開かれたハンバッハ祭や一八四八年のパウル教会での国民議会開催、一九四四年のヒットラーへの抵抗運動など(8)、ドイツ史における自由と民主主義の伝統への注目を促すことを通じて（これは戦後の連邦共和国の民主主義に通じるものと理解される）(9)、ナチスだけを極大化することのない、「ありのまま」の歴史観の構築を目指そうとした。そこには、「ホロコースト」という過去を相対化し、ドイツ史が「他の民族と同じくらい良い歴史」であったという「正常」な歴史認識へと転換させようという意図が示されていた。連邦議会でキリスト教民主／社会同盟の議員団長の役にあったドレッガーも、同じく連邦議会の中で、ドイツ史におけるナチス時代の重荷について次のように述べている。

ドイツ史は、もっぱらそれがいかにナチス支配につながったのかという点から見られました。その結果、ドイツ史は総じて否定的なものと捉えられました。それ以来、われわれの自己評価にはあるトラウマが存在してきたのです。(BT 10/16 : 1015)

こう述べた後ドレッガーは、「フランクフルト学派」の名をあげて、「反権威主義的」な「一部の知識人」がこのような否定的な歴史観の構築に大きな役割を果たしてきたことを批判している。

このように保守派の巻き返しによって、一九八二年以後、「過去」をめぐる対照的な歴史観が対峙し合う様になった。一方で、ナチス時代の「過去」を直視し、それを「克服」しようという態度が、「政治的に正しい」公共的な規範として連邦共和国に広まり、一部ではドイツ史全体を貫く「負」の構造をも含めた、より徹底的な「過去の克服」までもが主張されるようになった。他方でそれに対して知的・心情的に反発し、「ナチス時代の過去をあげつらうのはもう終わりにして欲しい」と考える「終止符願望」も、連邦共和国の国民の間には根強く存在していた(石田 2002 : 280)。ナチスの過去の「相対化」とドイツ史の「正常」化をめざす保守派の巻き返しは、世論に根強く存在するこうした「終止符願望」にアピールしようというものだった。一九八五年五月の終戦五〇周年に際し、コール首相がナチスの武装親衛隊員四八名が国防軍兵士とともに埋葬されているビットブルクの軍人墓地にレーガン大統領を招き、旧敵国のアメリカとの和解と対等なパートナーシップを演出しようとした試みの背後にも、こうしたドイツ史の「正常」化への目論見があった。(10)

この二つの歴史観はまた、ドイツのナショナル・アイデンティティの依拠する「ドイツ史」解釈をめぐる対立でもあった。「過去の克服」派の方が、一九六〇年代以来浸透してきたホロコースト・アイデンティティを継承しているとすれば、「過去の正常化」派の方は、ドイツをナチスの「過去」から脱却させ、「普通の民族 normales Volk」として捉え直そうとするナショナル・アイデンティティ解釈の転換を目指していたのである。

「歴史家論争」

二つの歴史観と二つのナショナル・アイデンティティは、一九八六年の「歴史家論争」において真っ向から対立した[11]。ユルゲン・ハーバーマスを代表とする「過去の克服」派にとって、「ホロコースト」は他のどの事例とも比較不可能な唯一無二の現象でなければならない。なぜならば、そのホロコーストの比較不可能性こそ、ホロコースト・アイデンティティの根幹だからである。それに対し、「過去の正常化」派の主役であるエルンスト・ノルテは、ナチズムの暴力がソ連のボリシェヴィズムへの防衛として発生ということ、そしてナチズムの暴力はスターリニズムの暴力と比較可能であるということを主張したのである。

「歴史家論争」はこのように、アカデミックな意味での歴史学的論争ではなく、ドイツのアイデンティティをめぐる政治的論争だった。「過去の克服」派の方にとっては、「ホロコースト」(ないし「アウシュヴィッツ」)は、唯一無二であるばかりなく「説明不可能」ですらある「聖域」であった(Diner 1987)[12]。それに対しノルテやミヒャエル・シュトゥルマー、アンドレアス・ヒルグルーバー、クラウス・ヒルデブラントなどの保守派の歴史家たちは、ナチズムの比較可能性を主張することによって、ホロコーストの脱「聖域」化を目指したのだといえよう。彼らは決して「アウシュヴィッツ」の歴史それ自体を否定したわけではない。しかし、ハーバーマスや左派リベラル系の歴史学者たちにとって、ホロコーストを比較可能なものと論じること自体、戦後ドイツ人に課せられた使命の「神聖性」を放棄することと等しい。他方保守派の方にとって、ホロコーストの過去に「終止符」を打ち、歴史観を「正常」なものへと軌道修正していく必要がある。それは、ドイツ史に「正常」な歴史を取り戻そうとするコールの歴史政策と共鳴しあうものだった[13]。

歴史修正主義がもたらしたもの

歴史政策、ビットブルク、「歴史家論争」など一連の歴史修正主義の試みはどのような帰結をもたらしたのか。保守派の望んだように、連邦共和国の歴史認識は「正常」なものになったのか。今日の視点から見るかぎり、結果はむしろ保守派の思惑とは異なった方向に展開したように思われる。歴史修正主義の試みは、それが「終止符」を打とうとしたナチズムの「過去」の重みを、そしてその「過去」に繋がれたドイツの「異常」さを、かえって浮き彫りにする結果になったのである。一連の歴史修正主義がもたらした論争や政治的混乱を通じ、ナチズムという「特殊」な過去はあらためてテーマ化され、再定式化され、ドイツ史理解の共通の基盤として再認識されるにいたった。ハーバーマスなどは、「歴史家論争」を機会にドイツの「過去」の問題に積極的な発言を行なうようになり、「アウシュヴィッツ」を基点として「西欧」志向の普遍的憲法原理としての「憲法愛国主義」を見出したほどであった。[14] つまり、保守派の歴史修正主義の試みは、結果的に逆効果に終わったというべきである。

その象徴とでも言うべきが、ビットブルク記念式典の三日後の一九八五年五月八日に行なわれた、ヴァイツゼッカー大統領のあの有名な終戦四十周年記念演説である。ビットブルクにレーガンを招き、ドイツ史の「正常化」をはかろうというコールの試みは、国内のみならず国際的にも大きな批判を呼び起こした。ヴァイツゼッカーの演説はそれによって生じた政治的混乱を収拾するために重要な役割を果たした。キリスト教民主同盟出身の保守派の政治家であったヴァイツゼッカーによるこの演説は、国内の対立する歴史観を巧妙に接合・折衷したものだった。後に論じるように、彼は被追放者をはじめとするドイツ人の犠牲に触れることも忘れていない。だがこの演説の中心は、五月八日を「解放の日」と捉え、ドイツ人がナチズムの過去と真剣に向き合、その責任を負うことの必要性を主張したところにあり、その語り方はこれまでのホロコースト・アイデンティティの語法・論法の多くを取り入れたものとなっていた。そのためこの演説は、国外での世論や左派リベラル派の側を含めた国内世論から広く賞賛された半面で、むしろ保守派の一部からは容易に受け入れにくいものであった。[15] この後ヴァイツゼッカー演説は、「過去」に対する語り方の模範として、(ナチスの過去について語らざるを得ないことが明らかな以上)保守派の側からも受け入れられるようになっていく。[16] ジェフリー・オリックが述べるように、「新たな記憶の体制が今や闘いを終えた。［ヴァイツゼッカーの」「歴史を前にした責任」は好ましい表現として受け入れられ、かつての対立や騒擾を伴うことなく用いられるようになった。それはもはや儀礼的承認以上のものを要求はしないのである」(Olick 2007：77–78)。

後に見るように、連邦共和国は「ホロコースト」に代わる国民史の根幹を、現在に至るまで見出していない。一九九〇年のドイツ統一以後、「ホロコースト」はドイツ史共通のシンボルとして自明視されていき、それを基盤とするホロコースト・アイデンティティが「体制化」していくことになる(これに関しては、また第10章で論じることにする)。その路線はすでに、一九八五年のヴァイツゼッカー演説の時に敷かれていたと見ることが出来るだろう。

歴史修正主義と「追放」問題

さて、このような「ホロコースト」をめぐる歴史観が対立する中で、東方領土の歴史、特に東方領土を含む東欧からのドイツ人の「追放」の歴史はどのように捉えられていたのか。

コール政権の歴史観の修正政策は、オーデル＝ナイセ線修正問題と直接的に結びついていたわけではない。たしかにコール政権における歴史修正主義が、「ドイツ帝国」概念の再浮上を促す環境を形成していたことは確かだが、コール政権は複雑な外交問題へとつながりかねないオーデル＝ナイセ線問題に関して慎重であった。また、この時期に歴史修正主義を掲げて登場した論客や政治家が、必ずしも常にオーデル＝ナイセ線の見直しまでをも念頭においていたわけではない。国境線問題は、歴史修正主義においても扱いにくい問題であった。

歴史修正主義がより積極的にとりあげたのは、「追放」の歴史の方だった。「追放」の歴史は、一九七〇年代に「過去の克服」の規範が国民化されていく中で、それに言及すること自体がナチズムの犯罪行為の歴史を相対化し、矮小化するものとして忌避されるようになっていた。「過去の克服」派の急先鋒である緑の党のアンティエ・フォルマーなどは、シュレージエン大会標語問題をめぐる論戦の中、「被追放者 Vertriebene」という表現自体が問題であるとさえ主張している。

私は、被追放者諸団体は、戦争終結四十年にあたって、「被追放者」という表現が、この諸団体にとって適切かどうかを考えてみる必要があると思います。私は次のように解釈します。被追放者という表現は、誰かに加えられた暴力の記憶を意図的に呼び起こすものです。それは和解の概念ではなく、彼らが記憶しようとしているあの出来事から四十年、つまり一世代を経過した今となっては、それは民族間の憎悪と敵対を想起する概念であり、もはや和解には何ら役に立たないものなのです。もしあなた方が、一九五〇年の憲章と真剣に取り組むのであれば、あなた方の団体の名前を別のものにするよう、一九八五年にその憲章に何らかの補足を書き加えるべきでしょう。(BT 10/119:8822–8823)

これは、「六八年世代」が持つ「被追放者」のイメージを率直に語ったものでもあろう。[17]「被追放者」や「追放」という概念は、ここで「和解」概念の対極として見なされている。フォルマーはさらに、被追放者諸団体が国境を承認する政治家への攻撃に対して用いてきた「放棄の政治」の概念を逆手に用いて、「平和の政治は放棄の政治である」とも述べている。

このような発言に代表されるような、公共的言論界における「追放」への否定的な認識に対し、コールをはじめとする政府与党、特に保守政党の政治家たちは、「追放」の歴史をドイツ国民史の正統な流れの中に位置づけ、「被追放者」を連邦共和国社会のメインストリームへと引き戻そうと試みた。ブラント政権成立以後出版が差し控えられていた『中東欧からのドイツ人追放の記録』が再版されたのも、コール政権成立以後の一九八四年であった。

コールはすでに一九八三年五月四日の政府声明演説の中で、「ドイツ統一と共通のドイツの文化・歴史の意識を喚起し続けることは、我々の課題であり義務であります」述べた後で、「追放」の歴史、そして被追放者の「貢献」について次のように言及している。

われわれの国の多くの国民は、追放、避難、移住［Aussiedlung］によって故郷を失っています。彼らはドイツ連邦共和国の建設に重要な貢献をなしました。そして倦むことなくドイツ人の自決とヨーロッパ統合のために尽くしました。ドイツの土地に報復主義が生まれなかったこともまた、彼ら被追放者たちの立派な業績だったと言うことができましょう。

（キリスト教民主／社会同盟、自由民主党からの拍手）

一九五〇年のシュトゥットガルト憲章［故郷被追放者憲章のこと―引用者注］で、すでに被追放者たちは武力の不行使を、荘重に次のような言葉で述べています。「われわれは報復と復讐を放棄する。われわれは統一されたヨーロッパの構築にむかうことを支持する」。（BT 10/4：73）

これは、連邦共和国の世論の中で周辺化され、半ばタブー化されつつあった「追放」を公式の歴史観の中に位置づけ、孤立化への傾向を強めていた被追放者の存在を〈主流〉の公共的言論の中に取り込もうとする試みであろう。ここでは「追放」を行なった側への非難や断罪（一九五〇年代には広く行なわれ、一九七〇年代以後も被追放者諸団体幹部によって繰り返されていた言論）を行なわず、逆に被追放者が「報復主義」に向かわず、逆に「報復と復讐を放棄」し、戦後連邦共和国の再建に貢献したというポジティブな部分を強調している。それはまた、多くの被追放者たちを極右に走らせることなく社会へと統合した、戦後連邦共和国の「成功物語」として語られている。「追放」と被追放者の「復権」を試みたのは、保守派ばかりでない。自由民主党のゲンシャーも同様の試みを行なっている。彼の発言は、自身の体験に裏付けられた、より具体的な内容になっている。

私は、まさに追放の不正に被害にあった当事者たちが、このわが国における精神に対して特別な貢献を果たしてきたと考えています。私がモスクワに行ったとき、再び台頭しつつあるとされる報復主義への批判にさらされました。そこでは被追放者と被追放者諸団体の名もあげられました。私はそこで言いました。不正を受けるということは誰にとってもつらいことである。故郷を失うということもまたそうである。わが国の被追放者たちから復讐心に満ちた報復主義者ではなく、ポーランド民族との和解の意志をもったヨーロッパ人が生まれたという事実は、わが国の被追放者たちが平和に対して成した大きな業績である、と。
（自由民主党とキリスト教民主同盟からの拍手）（BT 10/74：5329）

コールの演説同様、ここでも「被追放者たちの業績」が挙げられている。ここではその「業績」として、「ポーランド民族との和解」が挙げられていることに注目したい。被追放者、特に被追放者諸団体は、ポーランドとの「和解」を阻害するもっとも有力な勢力として捉えられることが多かった（そして、実際そうだった）。だがここでゲンシャーは、そうした通常の被追放者理解とは全く逆のことを言っている。「ポーランド民族との和解の意志をもったヨーロッパ人」としての被追放者。これはブラント以来の「和解」政策の精神と被追放者との結合である。

ドイツ政策や歴史政策においては政府と対立的な立場をとった社会民主党の側でも、被追放者の戦後ドイツへの「貢献」を強調するという、ほぼ同様の議論が表明されている。議員団長のフォーゲルは連邦議会で、被追放者諸団体幹部への批判を行なうと同時に、被追放者の「貢献」について次のように語っている。「われわれは被追放者の方々の貢献を認めてきましたし、今も認めています。われわれは被追放者の方々が平和で民主的な社会の建設に重要な貢献をなしてきたことに感謝しています」（BT 10/119：8819–8820）。この時代、社会民主党の側では「追放」の歴史の見直しという動きは特に見られなかったものの、被追放者を（社会民主党は彼らを被追放者諸団体幹部と峻別するのだが）連邦共和国社会のメインストリームに位置づけようとする意思において、政府と共通のものがあった。

ヴァイツゼッカー演説における「追放」の位置づけ

一九八五年五月八日の演説の中でヴァイツゼッカーは、被追放者のことにかなりのスペースを割いて言及している。その内容は、コールやゲンシャーの路線と同じく、被追放者の経験した「苦しみ」に配慮し、彼らに対する「報復主義」の非難を否定し、彼らの和解と平和への「貢献」を讃えるものになっている。また、東方領土がいまや東方から強制移住されてきたポーランド人の新たな故郷になってしまっているということにも触れている。やや長い引用になるが、被追放者に関する部分を引いてみよう。

われわれの間で、もっとも苦しみを味わったのは故郷被追放者たちでした。彼らは五月八日の後も長い間激しい悲嘆と重大な不正にさらされていたのです。もともとの土地にいられたわれわれには、彼らの苛酷な運命を理解するだけの想像力と感受性が欠けていることがまれではありませんでした。

早くも故郷被追放者たちは、模範的な形で武力不行使を表明しました［一九五〇年故郷被追放者憲章のこと―引用者注］。……武力不行使とは、力を取り戻したあとになっても、ドイツがこれを守り続けていくという信頼を、各方面に育てて行くことを意味しています。……この間に、被追放者たち自身の故郷は他の人たちの故郷になってしまいました。東部の多くの古い墓地では、今日すでにドイツ人の墓よりもポーランド人の墓の方が多くなっています。

何百万ものドイツ人が西に移動を強いられた後、何百万ものポーランド人が、そして何百万ものロシア人が移動してきました。いずれも意向を尋ねられることがなく、不正に堪えてきた人々でした。無抵抗に政治につき従わざるをえない人々、不正に対しどんな代価を支払い、それぞれに正当ないい分を対立させてみたところで、彼らの身の上に加えられたことについての補償をすることのできない人々なのであります。

武力不行使とは今日、人間達に、彼らが五月八日以後の運命を経験し、以来何十年も住み続けている場所で、政治的にわずらわされることのない持続的な将来の安全を確保するということを意味しています。それは法律上の要求の言い争いより、理解しあうという誡め［Verstädigungsgebot］を優越させることを意味しているのです。

これがヨーロッパの平和的秩序のためにわれわれがなしうる本当の、人間としての貢献に他なりません。

……平和への愛は、故郷を忘れず、それゆえ常に平和に共存できるようにするために全力をあげる決意することにあります。被追放者たちの故郷への愛は報復主義ではありません。（Bulletin 1986：288–289＝ヴァイツゼッカー

1986：23–26［邦訳］）（翻訳は邦訳書のものを数箇所修正した）

しかしヴァイツゼッカーの演説には、コールやゲンシャーの発言にはないきわめて重要な点が一点、さりげなく織り込まれている。それは「法律上の要求よりも理解しあうという誡めを優先させる」という一発言である。ここでヴァイツゼッカーは、ポーランドとの「和解」を推進しようとする国境承認派と、ドイツの「法的状況」を重視する国境非承認派との間の対立する論点を、「理解」と「法律上の要求」という二つの言葉で要約し、前者を優先すべきだと言っているのである。つまりこれは、オーデル＝ナイセ国境の承認を暗に示唆しているものであり、単なる歴史観の折衷を超え、ブラント以来の社会民主党と自由民主党の主張にほぼ沿った主張になっている。ドイツ福音教会の有力なメンバーであったヴァイツゼッカーは、キリスト教民主同盟の政治家でありながら、ブラントの東方政策には当初から賛同の意を示していたといわれている（Hupka 1994：349）。ドイツの「法的状況」よりも「和解」あるいは「相互理解」を優先させたのは、彼の東方政策に対する旧来からの一貫した立場だったのである。この演説が、社会民主党や自由民主党の政治家たちから高く評価されたということの理由も、このようなところにあるのだろう。

逆に被追放者諸団体は、被追放者へのかなり長い言及がなされているにもかかわらず、この演説に対して冷ややかな反応しか示さなかった。被追放者連盟会長のヘルベルト・チャーヤは自著の中で、ヴァイツゼッカーが「たしかに被追放者の苦しみを感動的な表現で強調した」と評価しつつも、「故郷権についての発言は受け入れられない」としている。そして、「法律上の要求の言い争いより理解しあうという誡めを優先する」という前記の箇所を問題点としてあげている（Czaja 1996：627–628）。チャーヤの一貫した立場からすれば、それは当然のことであろう。フプカも、ヴァイツゼッカーは「被追放者」については語っていても、「追放」については語っていないと批判している（たしかに大統領は、「強いられた移動 erzwungene Wanderschaft」という言葉を用いている）。それはフプカにとって、「追放」という犯罪行為を矮小化するものに見えたであろう（Hupka 1994：350）。ヴァイツゼッカーの演説は、国外のみならず国内でも多くの賞賛を得た。それに対する被追放者諸団体の冷ややかな態度は、彼らの孤立を浮き彫りにする形となった。

ヴァイツゼッカー演説のみならず、コールの歴史修正主義政策や社会民主党も、それぞれ異なった立場から、社会の〈公式〉ないし〈主流〉の規範への被追放者の「取り込み」を試みた。だが、少なくとも被追放者諸団体に関するかぎり、その試みは成功しなかったと言わざるを得ない。オーデル＝ナイセ線問題、「故郷権」や「追放」の認識に関して、社会民主党のみならずコール政権やヴァイツゼッカー演説の立場と、被追放者諸団体の立場の差は埋まらなかった。特に被追放者諸団体幹部たちの歴史解釈は、依然として支配的な位置を維持し続けたホロコースト・アイデンティティを核とした歴史解釈と、根本的な部分で相容れなかったのである。その結果、連邦共和国の一般世論においても、被追放者諸団体を「反動的」で「極右的」と見なす見方は変わらないどころか、標語問題によってむしろ強まったと言える。

第9章　一九八九―一九九一　ドイツ統一と国境の最終確定
―「ドイツ帝国」の消滅

1　「最小ドイツへの陥落」
―国境最終承認へ向けて

一九八九年一一月九日のベルリンの壁の崩壊の後、ドイツ統一への動きは急速に進んだ。米ソ英仏の旧連合国四カ国に東西両ドイツ国家を加えた「二プラス四」交渉と、東西両ドイツ間の二国間交渉が同時並行的に進められ、一九九〇年七月一日の通貨統合、八月三一日の「統一条約」と九月一二日の「二プラス四」条約の調印を経て、一〇月三日、東側の新しい州が連邦共和国に加入するという形で、歴史的なドイツ統一が達成された。第二次大戦終結からのドイツの国家的分裂状況は、ここに終わりを告げた。ベルリンの壁崩壊から一年もたたないスピードだった。ドイツ国民は、その歴史的達成に大きく沸いた。

しかし、連邦共和国と民主共和国という、ドイツの二つの国家の統合という形で達成されたドイツ統一はまた、オーデル＝ナイセ線をドイツの東側国境として確定し、ドイツ東方領土の放棄を最終的に承認する過程を伴っていた。それまで法的なフィクションとしては存在し続けていた「一九三七年一二月三一日時点の国境におけるドイツ帝国」は、ここで最終的に解体した。新しく形成された「一九九〇年のドイツ」は、第一次大戦後のヴァイマール共和国時代のドイツの領土よりも約二五パーセント縮小された、そしてビスマルクによって一八七一年に達成された「小ドイツ主義」のドイツ帝国よりもさらに小さいドイツだった。つまりそれは、領土の観点から見て、文字通りの「ドイツの再統一」ではなかった。それは、ヘルベルト・チャーヤの言うように「最小ドイツへの陥落」だった（Czaja 1996）。

それまで、「平和条約締結までドイツ国境は未決定である」としてオーデル＝ナイセ線の最終承認を公式に否定してきた連邦共和国にとって、オーデル＝ナイセ線の最終承認にいたる過程は、決してスムーズなものではなかった。(1) 外交的には、ポーランド政府との主張に大きな食い違いがあり、国内的には少数ながらオーデル＝ナイセ線を強固に拒否する勢力が存在していた。一九九〇年二月に「二プラス四」会談が始まると、旧連合国側、特にアメリカ、フランス、イギリスはオーデル＝ナイセ線の最終的な承認を連邦共和国に求めた。マゾビエツキ政権下のポーランドも、オーデル＝ナイセ線の最終承認を要請する書簡を「二プラス四」会談に向けて送り、ポーランド政府の会談への参加を求めた。しかし会談の始まった段階で、コールは国境線に関する法的原則に依然固執していた。二月二八日の閣議でコールは、「オーデル＝ナイセ国境問題に関して、私に向けられている期待には、法治国家の観点から応じるわけにはいかないのだ」と述べていた（Telschik 1991＝1992：189［邦訳］）。

だが「二プラス四」会談の中で、米英仏からドイツの「法的立場」に対する支持を得ることはできなかった。オーデル＝ナイセ線の承認なくして、ドイツの統一は不可能であることは明らかだった。しかも外務大臣のゲンシャーは、かねてからオーデル＝ナイセ線の承認には積極的な姿勢を示していて、連立与党の自由民主党は「法的立場」に固執するコールに対する批判を強めていた。

このような中、一九九〇年三月に入り、コールは大きな決断を行なった。会派内の国境線承認反対派の力を抑え、国境線最終承認の方向へと動いたのである。(2) まず三月六日、キリスト教民主／社会同盟と自由民主党共同会派による、国境線に関する共同決議案の提案が承認されることになる。この共同決議案では、東のドイツ民主共和国における総選挙の後、自由な選挙で選ばれた両ドイツの議会がポーランドの国境の不可侵性に関して同文の声明を出すというものであった（その声明には、ポーランド残留ドイツ人の権利問題やポーランドからの補償要求の放棄の確認なども含まれることになっていた）。コール政権の外交顧問官であったホルスト・テルチクは回想録の中で、この声明文について「キリスト教民主／社会同盟は、ポーランド西側国境の最終承認に向かって、ルビコンを渡ったのだ」と書いている（Telschik 1991＝1992：194［邦訳］）。三月八日、ドイツ連邦議会はこの共同決議案を連立与党の賛成により承認した。

しかし野党社会民主党と緑の党は、国境線に関する表現が不十分であることを理由にこの決議を拒否した。ポーランド政府も不満を表明した。声明文には、単に国境線の一般的な保証が宣言されているだけであって、具体的な国境線の記述が盛り込まれなかったのである（BT–DS 11/6579）。これは明らかに与党内の反対派に譲歩したものだった。

しかしコール政権はこの時点ですでに、オーデル＝ナイセ線の最終承認にむけて動き始めていた。ドイツ民主共和国政府の方でも、デメジエール首相が四月一九日に、ゲルリッツ協定（一九五〇年）に沿ったポーランド西側国境の不可侵性に関する声明を発表した。五月に入ると、両ドイツとポーランド三国の事務レベルでの交渉が、「二プラス四」会談と並行して進められることになる。しかし国境の最終承認のための条約調印をドイツ統一前に求めるポーランド政府と、「自己決定権」の不可侵性を尊重し、国境の最終確定を統一ドイツの主権回復後に行なうことを主張する連邦政府との間には食い違いがあった。ポーランド政府としては、統一前に国境に関する条約を調印することで、国民に根強いドイツに対する不信感を払拭する必要があった。そのようなポーランド側への譲歩として、両ドイツ政府は、オーデル＝ナイセ線に関する最終承認を宣言する同文の共同声明を、両ドイツ議会において同時に決議するという方策をとることになる。

六月二一日、その共同決議が連邦議会と人民会議に提案された。それは、オーデル＝ナイセ線の国境が、「統一されたドイツとポーランド共和国が国際法的条約を通じて最終的に［endgültig］確認する」と言明したものだった（BT–DS：11/7465）。今度の決議には、ドイツとポーランドとの国境線についても、具体的かつ詳細に記述されていた。

同日、コール首相は連邦議会の演説で、次のように述べた。

ドイツ連邦議会は今日、ポーランドに対し、ドイツ民主共和国の人民議会と共同で、明確で誤解を生むことのないメッセージを発しようとしています。それは、今日引かれているポーランドとドイツとの国境は最終的なものであるというメッセージです。

（全会派からの拍手）

その国境線は、今日も未来も、我々ドイツ人の領土要求によって問題視されることはないのです。そのことは、ドイツが統一した後、ポーランド共和国との条約において国際法的拘束力のあるものとして保証されるでしょう。……（BT 11/217：17143）

連邦共和国の首相が、ここまで明確に、何ら条件や留保なくオーデル＝ナイセ線の承認について発言したのは、戦後の歴史上初めてのことである。

この共同決議は、キリスト教民主／社会同盟から被追放者議員を中心とした一五人の反対者を出したものの、与野党ほぼ一致した圧倒的多数で承認された（BT 11/217：17277–17279；BT–DS 11/7465）[3]。ここで連邦議会は、国際条約を待たずにオーデル＝ナイセ線の承認を自主的に宣言したのである。これはオーデル＝ナイセ線の最終承認に向けての決定的な一歩であった。

しかし、国境線承認には、まだ複雑な国際法的手続きが残っていた。七月には「二プラス四」会談において、ポーランド代表が招かれ、オーデル＝ナイセ線問題が議論される。そこでポーランドは、「二プラス四」会談の最終文書がポーランド西側国境の最終承認と結びつくということを前提に、国境線条約批准の後に統一ドイツの完全なる主権回復を実現すべきというそれまでの要求を取り下げることになる。また、ドイツとポーランドの国境条約と両国の関係を包括的に規定する「善隣友好協力条約」を、ドイツ統一後に締結するという路線も決まった。その路線に従い、一九九〇年一一月一四日、ドイツ・ポーランド国境条約が締結され、オーデル＝ナイセ線が統一されたドイツとポーランドとの国境線として、国際法的に、最終的な承認がなされるに至った。

ドイツ＝ポーランド善隣友好協力条約の作成には時間を要し、翌一九九一年六月一七日に締結された。そして二つの条約はセットで議会に提出され、同年一〇月一七日に連邦議会で、一一月八日連邦参議院でそれぞれ批准された。連邦議会では、かつてのワルシャワ・モスクワ両条約のような議場を二分する激しい論争がなされるというわけではなく、両条約とも圧倒的多数で可決承認された。反対票は、国境条約に対しては二三票、善隣友好協力条約に一三票。ともにキリスト教民主／社会同盟所属の強硬派被追放者議員を中心とする勢力からの反対票だけにとどまった（Bingen 1996：304–305）。こうしてドイツとポーランドの戦後の国境問題は、国際的にも国内的にも解決され、ドイツは終戦後四六年目にして、その東方領土を最終的に放棄することになった。「一九三七年のドイツ帝国」はここに名実ともに消滅した。

2　「平和と自由」のドイツ
――国境線の最終承認を正当化する論法

ドイツ統一の過程が始まる前に、国民の世論はオーデル＝ナイセ線をどう捉えていたのだろうか。一九八九年八月にアレンスバッハ研究所が世論調査でオーデル＝ナイセ線の項目を復活させていて、これが一つの資料になる。その結果によると、オーデル＝ナイセ線を「承認しない」と解答している割合は三二パーセントにのぼっている（Noelle-Neumann & Körcher 1993：991）（巻末表三九四頁参照）。この数字は、前回の一九七二年の調査での一六パーセントを二倍近く上回っている。またこの数字は、前章で論じた一九八五年のシュレージエン人大会の標語論争における「シュレージエンは全ドイツ人の財産である」という発言を「適切」とする回答（『シュピーゲル』誌上に掲載された調査結果）とほぼ同じ割合である。ここから、一九八〇年代後半の連邦共和国において、国民の約三分の一がオーデル＝ナイセ線承認に対し消極的ないし否定的な意見をもっていたことが推測できる。

被追放者諸団体は依然として強い「非承認」の立場を維持し続け、主要政党の中では特にキリスト教社会同盟が被追放者諸団体と密接な関係を維持していた。キリスト教社会同盟の党首テオ・ヴァイゲルは、一九八九年七月にハノーファーで開かれたシュレージエン人大会で「一九三七年のドイツ帝国はまだ存続している」「東方領土はまだ失われたわけではない」というような発言を行なって再び物議を醸していた（AdG：33535）。またコール首相が統一交渉過程の途中までドイツの「法的な立場」に固執していたのも、こうした同一会派内の根強い「修正主義」的な意見に配慮したものであろう。

ところが一九八九年一一月にベルリンの壁が崩れ、ドイツ統一が現実の政治的テーマとして浮上してくると、状況は大きく変わった。オーデル＝ナイセ線はドイツ統一のために承認せざるを得ないという認識が広まった。国内世論は大きく変化し、アレンスバッハ研究所が一二月に行なった調査では、オーデル＝ナイセ線を「承認する」が五九パーセントと、「承認しない」の一三パーセントを大きく上回るようになる（Noelle-Neumann & Körcher 1993：991）。政権内では、ゲンシャー外相は当初から承認に積極的であり、キリスト教民主同盟の内部でも国境承認を進めようという意見が少なからずあった(4)。しかし、被追放者諸団体やキリスト教社会同盟、キリスト教民主同盟保守派を中心として、オーデル＝ナイセ線の承認に強く反対する勢力も依然存在していた。

前述のように、一九九〇年三月にコールはオーデル＝ナイセ線の最終承認へと立場を転換した。しかし彼には国内の反対派を説得するという大きな仕事が残っていた。また、キリスト教民主同盟が以前から「一九三七年のドイツ帝国の存続」という解釈に繋がるドイツの「法的立場」を重視するスタンスを採用してきたことを考えると、コールの方針転換は法的一貫性に欠けた「変節」であった。これを彼はどのような論法で正当化したのだろうか。オーデル＝ナイセ線の最終的承認は、いかなる論理によって正当なものと解釈されるに至ったのか。

ここで一九九〇年六月二一日の共同決議を提案する際に行なわれたコールの演説の内容を見てみたい。その演説から重要な部分を、少し長くなるが引用してみる。

われわれは、ドイツの統一がわれわれの全ての隣人達に根本的なかかわりをもつこと、そしてそれは当然彼らを動揺させ、また不安にもさせていることを、はじめからよくわかっていました。ほとんど全ての隣人達はナチス体制の暴力行為の下で大きな苦しみを経験したのです。……

われわれドイツ人は一つの民族です。われわれはすべての隣人、パートナー、友人達が、自由な中で祖国の統一を完遂するというわれわれの願望を支持してくれることを期待しなければなりません。われわれは、われわれの側で、ドイツ問題とその解決は、われわれドイツ人だけの問題ではないことを受け入れなければなりません。

われわれは、ヨーロッパに多くの戦争、苦痛、危機をもたらした今世紀の最後に、全ての隣人達と共に、持続する相互理解と和解へと向かいたいと願っています。われわれは、新しい、統一されたヨーロッパを、共につくって行きたいと願っています。……

自由の中で統一されたドイツは、二度と脅威にはなりません。むしろヨーロッパと全てのわが隣人達にとって利得になるのです。ドイツの地から平和と自由が生まれるのですから！

……ポーランド人民は次のことを知らなければなりません。自由な、統一されたドイツは、ポーランドのよき隣人であり、「ヨーロッパへの道」に向かっての信頼のできるパートナーである、ということをです。

そのために必要になるのは、国境線に疑問を呈したり、移動させたりしないということです。国境線に関する言い争いがなくなった場合にのみ、国境線は両国を分断する性質を失うことができます。われわれは国境線に新しい、未来志向的な性質を与えたいのです。それは両国を分断するものではなく、開かれた道と自由な出会いの場としての国境なのです。

（キリスト教民主／社会同盟、自由民主党、そして社会民主党議員からの拍手）

……わが国には、今日決議しようとしている声明によって深い悲しみを感じている人々が大勢います。彼らは先祖からの祖国と心の中で堅く結びついているのです。今日、彼らは悲しみを感じているにちがいないのです。……

しかしわれわれは公然と言明しなければなりません。自由の下でのドイツの統一を完遂する歴史的チャンスを利用しようとするなら、ポーランドの西側国境に対し明確な答えを出さなければならないと。

（全会派からの拍手）

このことはポーランドだけがわれわれに期待しているのではありません。ヨーロッパにおける全ての隣国やパートナー、特に四カ国つまりアメリカ合衆国、フランス、イギリス、ソ連が期待していることでもあるのです。……

（BT 11/217：17143–17144）

ここに表明されている、コール政権によるオーデル＝ナイセ線承認の論法を整理してみよう。

第一に、オーデル＝ナイセ線の承認はポーランドとの「相互理解と和解」に繋がり、「ヨーロッパの平和」につながるという考え方が述べられている。これはブラントの「新東方政策」以来で繰り返されてきた論法として、馴染み深く、むしろ陳腐でさえある。重要なことは、キリスト教民主同盟の首相が対立政党とほぼ同一の論法を取り入れたということである。しかしブラント政権の論法と大きく異なるのは、「承認」と「和解」という概念を、ドイツ統一という現実に迫った外交目標に従属させていることである。すなわち、ドイツ統一がもたらすドイツに対する不信や恐怖心を払拭するためには、周辺諸国からの理解と信頼を得なければならない。そのためにも国境線の承認は必要であるという理屈である。

ドイツ統一への動きと受け取られるような兆候に対し、これまでも周辺諸国は大変に敏感であった。例えば一九八三年、中距離核ミサイル配備を巡って東西陣営の緊張が高まる中、ボン政府はドイツ民主共和国に対し一〇億ドルの融資を行なったことがあった。このような、「ドイツ間」の親密化の兆候に対し、ソ連やポーランド政府が「報復主義」的動向であると非難を始めただけでなく、西側同盟国のイタリアの首相も「全ドイツ主義的」と非難し、ドイツは分裂したままであるべきだと主張したのである（Morris 1995：94–95）。ナチスの記憶、さらにはそれ以前の第一次大戦の記憶は、ヨーロッパにおいてまだ消滅せず、ドイツに対する警戒心を喚起していたのである。「歴史」は「過ぎ去って」いなかった[5]。よって、一九八九年秋以後のドイツ統一への機運は、ヨーロッパを始めとする周辺諸国から大きな脅威と受けとられたのは当然である。ボン政府はドイツ統一への国際的支持をとりつけるためにも、「平和民族ドイツ」のイメージを打ち出す必要があった。ドイツ統一は諸隣国にとって「二度と驚異に」なってはならない。そこでコールは「ドイツの地から平和と自由が生まれる」という得意のフレーズを登場させる[6]。これはコールが、ナチスの「過去」から来る拘束を自覚した上で、統一のためのドイツ政策を展開しようとしていることを示している[7]。

第二には、ドイツの法的原則論に固執すればドイツ統一の機会を逃す、よってオーデル＝ナイセ線の承認はドイツ統一の代価として受け入れなければならないという現実主義的判断である。コールは演説の中で被追放者たちの「悲しみ」について言及しながらも、「ドイツ統一の完遂のための歴史的チャンスを利用するなら」オーデル＝ナイセ線を承認しなければならないと言っている。ほぼ同じ内容を、コールは六月一一日のキリスト教民主同盟の幹部会において、よりわかりやすく次のように述べている。

今なお平和条約を待てと主張する人々は、オーデル＝ナイセ国境の承認なくしてドイツ統一はありえないということを知らねばならない。それゆえ、党や会派の中でオーデル＝ナイセ国境を認めようとしない人たちは、同時に再統一のチャンスを見過ごそうとしていることを認めなければならない、というのが私の考えである（Teltschik 1991＝1992：307［邦訳］における引用）。

国境非承認派も、もちろんドイツ統一には賛成しているし、このチャンスを妨害することはできない。よってこの二者択一（承認＋統一か、非承認＋分断か）を迫られれば、国境非承認派も「承認＋統一」を選択せざるを得ないのである。そこにはもはや、法的な解釈の余地は残っていなかった。

第三は、国境線のもつ意味自体が変わったという「未来志向」の論理である。「国境がもはや分断することのないヨーロッパの平和秩序」という表現は共同決議にも登場するが（BT-DS：11/7465）、コールは演説の中でこの意味をさらに展開している。国境は、ドイツとポーランドを分離するものではなく、「開かれた道と自由な出会いの場」になるというのである。民主主義の下では、国家の境界を越えた移動は自由になる。経済交流、人的交流は進み、「和解」が容易になるだけでなく、協力関係も進展する。これまで被追放者諸団体が問題にしてきた、残留ドイツ人の出国も、被追放者の故郷への帰還も、より自由になるはずである。国境のもつ意味が変わったのであれば、それを承認することは何ら不都合なことではなく、かえって両民族の安定した相互理解と協力の関係が築けることになり、さらに諸民族が共存しうる共通のヨーロッパの平和秩序構築にもつながるだろう。キリスト教民主同盟の重要な政治家でドイツ統一委員会の委員長であったリータ・ジュスムートも、同日に演説で次のように述べている。

この数ヶ月間のポーランド西側国境をめぐる議論の最中、関係者全てがいかに困難な法的、政治的、人間的な問題を切り抜けなければならないのかということを意識させられました。それによって私にはまた、国境の承認が国境開放のための必要条件であるということも明らかになってきたのです。ポーランドが［国境の］安全をどれくらい手に入れるかに応じて、［ドイツに対する］不信を払拭することができるのです。その時、信頼に満ちた永続的で実効的な関係が生まれてくるのだということをわれわれは知るはずです。（BT 11/217：1749）

3　東方領土問題の再テーマ化

では、オーデル＝ナイセ線の最終承認によって東方領土は完全に切り捨てられたのか。東方領土の「完全な放棄」となったのか。たしかに国境線という点に関してみればそうである。だが国境線の承認ということで東方領土問題の全体が消滅したのではなかった。むしろ国境線の承認の過程で、東方領土問題は新たな解釈の下に再テーマ化されていくのである。その再テーマ化は、国境非承認派を国境承認に向けて納得させる方法としても有効に作用した。それはまた、国境承認に最後まで反対した被追放者諸団体の人々に対し、国境最終承認の後も様々な形で「東方のドイツ」問題に関わることを可能にした。東方領土それ自体は「放棄」されたが、東方領土との繋がりは決して「忘却」されたわけではないのである。

では、東方領土はどう再テーマ化されたのか。東方領土問題は、国境線修正や領土の画定といった問題から、文化や記憶、権利や人権などの非領域的で「属人的」な問題へと転化されたのである。これまでも論じてきたとおり、東方領土問題の非領域化や属人化は、東方諸条約以後進行していた。しかし一九七〇年代、八〇年代においては、非領域化・属人化された諸テーマも、国境線修正要求や「一九三七年のドイツ帝国」という法的領域概念との不可分の関係にあった。だが今やその「ドイツ帝国」は、法的な概念としても今や完全に消滅した[8]。それに代わり、オーデル＝ナイセ線以東のドイツ人の文化や歴史、人権や権利に関わる諸問題が、冷戦崩壊後の「ヨーロッパ」という文脈の中で、公共的言論界のテーマになっていく。これら非領域的・属人的諸問題は、国境修正要求から切り離されたため、むしろ以前より容易に、公然と主張することが可能となった。

ここでは東方領土の再テーマ化を、以下の四点に分けて整理してみる。

(1)「追放」問題

東方諸条約以後、「追放」の問題が連邦政府や連邦議会での公式の文書に明言されることはほとんどなかった。ポーランドとの「和解」政策への配慮から、その問題も半ばタブー化されていたのである。しかしオーデル＝ナイセ線が最終的に承認されるようになると、「オーデル＝ナイセ線の承認は追放の不正を正当化するものではない」という釈明の形で、より明瞭に言及されるようになるのである。例えば、前節でも引用した一九九〇年六月二一日の共同決議提案の中で、コールは被追放者と彼らの故郷との間の「七〇〇年にわたる」歴史的なつながりを正当に評価し、彼らの感情に「敬意と共感」を示した後、「ドイツ人により、ドイツの名によって行なわれた犯罪によってポーランド人民（民族）に恐るべき苦痛」と「自らの生まれた故郷から何百万ものドイツ人が追放されたドイツ人に大きな不正が行なわれたこと」について触れ、「追放」がドイツ人の故郷を奪った大きな道徳的・法的な「不正」であることを強調する。国境線を最終的に承認したとしても、この「不正」を受け入れるわけにはいかない、というのがコールの主張である。

オーデル＝ナイセ以東の領土における七〇〇年にわたるドイツ人の歴史を考慮に入れれば、この決議に同意することは、連邦議会における同僚議員の何人かにとってそう簡単ではないこと、そのことを私は知っています。……シュレージエン、ポンメルン、西および東プロイセンその他の町や村がドイツ人の故郷であった、長い共通の歴史をわれわれは思い返します。……オーデル＝ナイセ以東の地域は、彼らが人生とっての深い印象を刻むことになる体験をした土地であり、多くのドイツ人の意識や感情において、故郷として生きているのです。このような個人的結びつきの原初的な感情は、敬意と共感に値するものです。……

真実、それについて今日のような日には黙っていてはいけません。生まれ育った故郷からのドイツ人の追放は大きな不正なのです。道徳的にも法的にも、それに対するどのような正当化もありえません。何十年たった今でも、追放は正当だったと言明することはできません。

私は避難と追放の経験が何十年たった今でも苦痛に満ちたものであるということを知っています。家族や友人の死、置いて来てしまった全財産、家や農場。これらはつらい運命です。もしこの不正に関して沈黙するのなら、彼ら被害者たちにとって悲しみはいっそう強く感じられるでしょう。(BT 11/217：17144)

またキリスト教民主同盟のアルフレート・ドレッガーが「もしわれわれが今、われわれに再統一の前提として要求されていること、すなわちオーデル＝ナイセ線を承認することを準備しているのであれば、それが追放を承認することを意味するものではありえないということを明らかにしなければならない。だれも追放を承認せよと、われわれに要求することはできないのである」(Ibid.：17202) と述べているが、このような保守派からの同意をとりつけるためにも、「追放の不正」を明らかにすることは、絶対に必要だったのである。

さらに驚くべきは、一九九〇年一一月のポーランドとの国境条約の文書に、「追放」という語が書き込まれていることである。これは、それ以前には考えられないことだった。条約文書には以下のようにある。

第二次大戦の終戦から四五年が過ぎていることに思いを致し、この戦争がもたらした重い苦痛、特に多数のドイツ人とポーランド人が追放あるいは移住によって蒙った自らの故郷の喪失が、両民族、両国家の平和的関係の構築への警告であり挑戦になっていることを自覚し、……（DD：222）

「ドイツ人とポーランド人の追放あるいは移住」というように、ドイツ人が東方領土から追放されたこと、そしてポーランド人がポーランドの東方領土（現在のウクライナ領）から追放されたことを併記しているが、「追放」という、それまでポーランド政府が徹底して忌避してきた「過去」が、ポーランドとの外交文書に書き記されたことの意味は大きい。しかしそれに対するドイツとポーランド両国の捉え方は依然として食い違っており、今後の両国の関係にも影を落としていくことになる。

(2)ドイツ人マイノリティの権利

連邦共和国内ではこれまでも繰り返しポーランドの残留ドイツ人（ドイツ人マイノリティ）の生活や権利の問題が提起されてきた。しかしこの問題が、ポーランドとの外交交渉における主要なテーマとしてとりあげられることはなかった。ポーランドは自国におけるドイツ人マイノリティの存在さえ否定していた。こうした状況が大きく変わり始めるのは一九八六年ころである。当時ポーランドの政治体制が自由化され、連邦共和国へのアウスジードラーの数が急速に増大したことで、連邦共和国においてポーランド残留のドイツ人への関心が高まった（佐藤 2007）。また同じ時期にポーランドでも残留ドイツ人の団体「ドイツ人友好サークル Deutsche Freundschaftskreise」がシュレージエンにおいて結成された。一九八八年にはポーランドを訪問したゲンシャー外相が、同サークルの代表と、ワルシャワのドイツ大使館の中で面会した（Urban 2000：99）。そして一九八九年九月に反共産主義勢力が台頭し、マゾビエツキが政権につくと、ポーランド政府は、戦後一貫して否定してきたドイツ人マイノリティの存在を公式に認め、その基本的権利を保証するようになった（Miszczak 1993：341–342）。その直後の一一月、コール首相がポーランドを訪問し、それまでタブーとなっていたポーランド残留ドイツ人の問題が会談のテーマに取り上げられた。そこで発せられた共同宣言では、残留ドイツ人の言語使用や文化維持の権利について言及された（Ibid. 343–345）[9]。その後、ポーランドのドイツ人マイノリティ団体の活動も活発になっていった。

しかしながら、両政府の間の立場の相違は依然克服されてはいなかった。たとえばコールがポーランド訪問の際、オーバーシュレージエンの聖アンナベルク教会で行われるドイツ語によるミサに、残留ドイツ人牧師アルフォンソ・ノソルと共に参列するという予定を示したところ、ポーランド政府からの異議で（その背後にはポーランドのカソリック教会の反対があった）その予定が実現不可能になったのである。聖アンナベルク教会の周辺は、第一次大戦後の両民族対立が特に激しかった場所であり、また聖アンナベルクの教会は、戦後もドイツ語でミサが行なわれていた唯一の教会だったといわれ、いわばオーバーシュレージエンにおけるドイツ民族の歴史の象徴のような場所だった。だがポーランド政府にとってドイツ人マイノリティは依然公然とテーマにはしたくない問題だったのである。結局コールは、シュレージエンのクライザウをマゾビエツキとともに訪問することになった（Miszczak 1993：322–324）。クライザウは、一九四四年七月のヒットラー暗殺計画未遂事件の拠点となった、ドイツ人のヒットラーへの抵抗の歴史を象徴する地である。ヒットラーへの抵抗運動というシンボルの下、ドイツとポーランドとの「友好」が表明されたことになる。

その後一九九〇年六月以後の国境承認をめぐる討論の中で、残留ドイツ人問題が中心的なテーマの一つとして浮上してきた。国境非承認派は、国境承認の代償として、この残留ドイツ人の権利保護の問題を主張するようになってきた。特にキリスト教民主同盟保守派とキリスト教社会同盟、被追放者諸団体幹部の議員たちは、この問題を通じて政府に圧力をかけた。「国境承認が残留ドイツ人の存在を忘れ去ってしまうものであってはならない」、「国境承認は彼らの生活や権利の状況を向上させるものでなくてはならない」、という主張である。しかしまた、残留ドイツ人の存在ゆえに、国境を承認しなければならないという逆の論法も登場する。それまで国境非承認派であったドレッガーは、一九九〇年六月二一日のオーデル＝ナイセ線最終承認の共同決議に賛成票を投ずるに際し、つぎのような議論を展開していた。

［オーデル＝ナイセ線を承認しなければドイツの国家的統一もないということ］は、東部ドイツが中部ドイツの犠牲になるという感情から生まれる苦痛をさらに強くするでしょう。それゆえ私はまったくオープンに話したい。……今ここにある声明［六月二一日の共同決議］を拒否すれば、オーデル＝ナイセ以東の領土にいるドイツ人のために何か得るものがあるでしょうか。

いいえ。その逆が正しいのです。オーデル＝ナイセ以東のポーランド共和国の支配下にある人々にとっての状況改善は、統一されたドイツとポーランド共和国という隣国間の交渉の結果としてのみ考えられるのです。それゆえ、この領土のためにも、ドイツの統一を何よりもまず再確立しなければならないのです。（BT 11/217 : 17203）

つまりドレッガーは、ポーランドに残留するドイツ人の利益のためにも、オーデル＝ナイセ線の最終的承認を行ない、ドイツ統一を実現することが有効であるというのである。

しかしながら、ポーランド政府は当初ドイツ人マイノリティに関する連邦政府からの要求に難色を示していた。国境条約以後、善隣友好協力条約締結までの間に半年以上の時間がかかった理由のひとつが、この残留ドイツ人の権利をめぐる問題にあった。被追放者諸団体、政党では特にキリスト教社会同盟がこの問題に関して強い要求を行なった。キリスト教社会同盟は一九九〇年七月の党大会で「包括的な民族集団権とマイノリティの権利の保護と尊重」を掲げ、オーデル＝ナイセ線承認とともに、ドイツの「民族集団権」を規定した「包括的条約」を要求し、それこそがポーランドとの「和解」につながるという議論を展開していた（FAZ, 25.10.1990）。

一九九一年六月にようやく締結された善隣友好協力条約では、ポーランドに残留するドイツ人マイノリティの権利が大きく取り上げられるにいたった（Bulletin 68, 18.6.1991 : 541–546）。同条約の第二条では、両国がマイノリティを

「ドイツ民族とポーランド民族との自然な架け橋」と見なし、「両民族の社会に価値のある貢献をなすことを確信」すると述べられている。より具体的には第二〇条において、両国におけるドイツ人マイノリティとポーランド人マイノリティが、「彼らのエスノ的、文化的、言語的、宗教的アイデンティティを自由に表現し、守り、発展させていくことのできる権利をもつ」とされ、公共の場での母語の使用、自由な団体形成、母語による苗字の使用などの権利があげられている。さらに一九四八年の国連人権宣言、一九九〇年のヨーロッパ安全保障協力会議のコペンハーゲン文書などの、人権に関わる国際法的文書が言及され、マイノリティの権利がこれらの文書で規定された「国際的標準」に従って保証されなければならないとされている。つづく第二一条には、両政府がマイノリティの「エスノ的、文化的、言語的、宗教的アイデンティティを保護」し、彼らの「アイデンティティを促進するための条件をつくりだす」とされている。そして、このことが「ドイツ民族とポーランド民族との平和的な協力関係と善隣友好関係を強め、相互理解と和解に役立つ」とも述べられている。さらに条約に付帯された外相間の往復書簡では、ドイツ人居住地域でのドイツ語での公的地名表記も認められることになっていた。

当初ドイツ側が要求していたドイツ人の「民族集団」としての自律的地位は認められず、国籍問題もこの条約では触れられなかった。しかしこの条約で、「マイノリティ」という言葉で残留ドイツ人の問題が明確に位置づけられたことの意義は大きい。国境非承認派にとって、それは完全に満足のいくものではなかったにせよ、大きな成果であった。

キリスト教民主同盟で連邦議会の外交委員をつとめるクリスティアン・シュミットは、連邦議会における両条約批准提案の際、この条約の「成果」を次のように述べている。

……故郷を離れたシュレージエン人、ポーゼン人、東プロイセン人の法的状況の全体、また故郷に残った人々の法的状況の全体は、単なる国境線に還元できてしまうようなものとして理解してはならないのです。……この善隣友好協力条約は未来の発展のよき基礎を築きます。……おそらく、この条約に国際法的に組み込まれているマイノリティの保護は、単にドイツとポーランドの関係にとっての進歩であるだけでなく、ヨーロッパ全体にとっても進歩なのです。(BT 12/50：4077-4078)

また善隣友好協力条約におけるマイノリティの権利の規定は、野党の社会民主党からの支持を得ることができた。同党のハンス・コシュニクも、この残留ドイツ人のマイノリティとしての権利をとりあげ、つぎのように述べる。

……皆さん、われわれ社会民主党は、ドイツ人マイノリティの権利を、ヨーロッパの人権、共同構築、共同責任の実践の文脈の中で代弁していきます。(BT 12/39：3251)

この条約のマイノリティの権利規定が、ヘルムート・シュミットが積極的に関わったヨーロッパ安全保障協力会議における人権に関する決議に準拠するとされていたことは、社会民主党にとって重要なものだった。同党のマルクス・メッケルは、このマイノリティの権利規定の「ヨーロッパ的」な意味について述べている。

コペンハーゲンでのヨーロッパ安全保障協力会議で文書化されたような、マイノリティの権利の国際法的拘束力をもった確定によって、ポーランドはヨーロッパ的責任を担うようになりました。マイノリティの権利が確定され、承認されるということが、ヨーロッパの将来の発展にとっていかに大切であるかを、われわれは皆知っています。
(BT 12/50：4081)

またメッケルは、ポーランドにおけるドイツ人マイノリティの活躍を支持し、彼らとの接触を強めていくとも述べている[10]。

おそらくドイツ人マイノリティの代表はまた、新たに民主的に選出されたポーランド議会にも参加し、そこで国全体の発展のための責任を当然担うことになるでしょう。われわれはそれが重要なことだと考え、それを支持します。

そこでわれわれ社会民主党は、ポーランドのドイツ人マイノリティとの接触を強化したいと思います。ドイツ人マイノリティは、ドイツにおけるあらゆる政治的党派や社会的諸集団との接触を必要としているのです。(BT 12/39：3265)

被追放者諸団体の政治家にとっても、ドイツ人マイノリティの存在はとりわけ重要であった。キリスト教社会同盟の若手議員で被追放者連盟の書記長も務めていたハルトムート・コシクは、国境条約には反対しながら、ドイツ人マイノリティの地位改善につながる善隣友好協力条約には賛成した。一九九一年七月に書記長の地位を退くまでのあいだ、コシクはシュレージエンのドイツ人マイノリティ集団との間の連携を築くために積極的に活動していた。[11] 彼にとって善隣友好協力条約は、内容的にはたしかに不十分ではあっても、被追放者と残留ドイツ人との越境的な関係を緊密にし、連邦共和国のドイツ人に東部のドイツ人の歴史への理解を喚起し、さらにはドイツとポーランドとの「真の和解」のための最初のステップになるものであった。連邦議会で、彼は次のように述べた。

われわれは、被追放者と彼らの故郷に生活するドイツ人との間の緊密な協力関係、さらに、これはわれわれにとって同じように重要なのですが、彼らドイツ人と同国民であるポーランド人たちとの協力関係が生まれたことを、大変うれしく思います。首相が一月の政府声明において、われわれの東方の隣国がヨーロッパに向かって開かれたことが、そこでドイツ人が何百年にもわたって築いてきた失うことのできない歴史的文化的遺産への理解を喚起したということについて語ったのは適切でした。……

この「和解の作業の」質をさらに発展させることに、善隣友好協力条約は役立ちます。それは終着点ではなく、発展の出発点です。それはドイツとポーランドの善隣友好という絵の、狭く限定された額縁なのではなく、その絵を描くための画家の道具なのです。……

私は善隣友好協力条約が、過去の大きな重荷や心理的負担を、拘束力をもったヨーロッパ的ダイナミズムに志向したマイノリティ保護によって、また包括的な越境的協力関係、特に歴史的な過去を背負った国境地帯における協力関係によって、現在と未来のために、いかに解決していくのかの模範になるものだと考えています。（BT 12/39：3264）

ポーランドをはじめとする東ヨーロッパ諸国のドイツ人マイノリティの権利を保護し、彼らと本国ドイツ人との連携を深め、ドイツ民族の歴史的遺産への理解を喚起し、深めること。これがコシクが今後のドイツ人に課せられた新しいテーマであると考えたことである。コシクによれば、それは同時にポーランドとの間の、相互の文化を尊重しあう真の和解につながる。それは今後被追放者連盟が担いうる、新たな任務でもあった。

このように、元国境非承認派、旧来からの国境承認派、現国境非承認派など様々な立場をもった政治家達が、それぞれの立場から残留ドイツ人の権利問題規定の意義を評価している。残留ドイツ人問題は、今後のドイツ／ポーランド関係のテーマとして定着していく。

(3)国境線の克服――「相互理解」と「協力」

国境の承認により、国境が「開かれた道と自由な出会いの場」となる。コールはそう演説で述べていた。これまで対立の争点であった東方領土も、これからは「相互理解」と「協力」の「架け橋」となっていかなければならない。東方領土を従来の国境線設定の闘争の場から、「相互理解と協力」の場へと変えていくこと。つまり国民国家のモデルを越えて「ヨーロッパ的共存」の構築に進んでいくこと。これが国境線承認以後の両国の課題となる。キリスト教民主同盟のクリスティアン・シュミットも、国境条約と善隣友好協力条約の批准決議の日の連邦議会の討論の中で、次のように言っている。

われわれはポーランドと共に、進んでヨーロッパへの道を歩みます。善隣友好協力条約で合意された協力関係は、二〇世紀の終わりに、ヨーロッパの一国家が再び絶対的な国民国家的政治に回帰するのではなく、わが大陸の経済的・政治的将来が、限定的な主権の放棄と国際的強調関係にあるということを示す機会も与えてくれるものです。……映画監督のアンジェイ・ワイダが以前に次のように述べていました。……「国境線を侵害することなく、人間が住みたいところに住める状況が生まれると思う。ドイツ人がブレスラウで大学を開き、ポーランド人がヴィルナで大学を開いて、何がおかしいだろうか。」これがドイツ人とポーランド人の将来の関係の視点なのです。境界設定ではなく、協力、統合、そして移動の自由なのです。（BT 12/50：4078）

国境承認、それと共に締結された善隣友好協力条約。それはドイツとポーランドの暗い「過去」に終止符を打つだけでなく、これまでヨーロッパを分断してきた国境線を克服し、新たな共通のヨーロッパの歴史を作り出す「チャンス」を生み出す。そこでポーランドに残留するドイツ人マイノリティと共に、被追放者に特別な役割が与えられている。コールは被追放者を「和解のメッセンジャー」と呼んでいる。

ドイツの故郷被追放者たちほど、あるいはオーデル＝ナイセ領を故郷にしているドイツ人たち、または彼らの隣人たちほど、その理解と和解のために何かできる人はいないのではないでしょうか。このような人たちこそ和解のメッセンジャーになることができるのです。彼らは民族間、文化間の媒介者として大きな任務を負っているのです。（BT 11/217：17145）

また、キリスト教民主同盟のカール・ラメルスは次のように述べている。

わが大陸の東部［バルカン半島のこと―引用者注］で古い対立に再び火がついていますが、そこでドイツ人とポーランド人は、二つの民族がいかに困難な緊張に満ちた関係を克服し、新たな始まりと共に国境のないヨーロッパの共通の将来を作り出すのかの例を提供することができます。そこでポーランドのドイツ人と被追放者は、ドイツとポーランドの若者と並んで、特別な貢献を成すことができます。彼らの活動なくしてはヨーロッパの統一は完成されません。（BT 12/39：3255）

社会民主党の議員でシュレージエン出身の被追放者であるクリストフ・ツェッペルは、自分の個人史の視点から次のように述べる。

過去の払拭と、国民を克服したヨーロッパ的解決への希求は、［シュレージエンの］グライヴィッツで生まれた一人の人間の義務だと考えています。

（社会民主党からの拍手）

故郷は一つであり、……誰もそれを奪うことはできません。われわれは故郷を見ることができ、訪れることができます。われわれはそれを望むものです。しかし故郷を国民の境界設定と結びつけることは、何の役にも立たないことです。それはわれわれを手助けすることにはなりえません。だから私はヨーロッパに加わるのです。それをわれわれは今すぐ作り出さねばなりません。（BT 12/50：4093）

自由民主党の外務次官ヘルムート・シェーファーは、すでに多くの被追放者が国境を越えたポーランド人との交流を行なっている状況を報告している。「彼らは姉妹都市関係の枠組みで、シュレージエンやポンメルン地方の都市の市民たちと出会っています。この市民たちもまた、自分達の故郷から追放された人たちなのです。そう望む故郷被追放者たちが皆ドイツとポーランドの協力関係にかかわってくれることが、連邦政府の希望なのです」(BT 12/50：4087)。

一九九一年一〇月一七日に、両条約が連邦議会で批准されるに際して、キリスト教民主／社会同盟と自由民主党から提案された決議案が、与党の賛成（ただし野党は反対）で承認されたが、その決議文でも被追放者とドイツ人マイノリティがテーマになっていた。

故郷から追放されたドイツ人は、ドイツとポーランドの協力関係に完全に組み入れられなければならない。これらの人々は統合への覚悟、建設的活動の成果、和解への意志をもって、いかに不正と憎しみと暴力の悪循環を断ち切ることができるのかを示していた。ポーランドにおけるドイツ人マイノリティに属する人々も、両国の和解に貢献することができるし、そう望んでいる。(BT–DS：12/1107)

このように東方領土、ドイツ人マイノリティ、被追放者というこれまでの紛争の「火種」は、今や国境線を越えた「和解」や「協力」という将来の課題に貢献する要因として、新たに解釈しなおされたのである。それはまた、将来に向けての被追放者や被追放者諸団体の活動の「場」を確保することにもなった。

(4) 越境する故郷権

国境線の克服は、両民族の「和解」や「協力」につながると同時に、ドイツ人の「故郷権」の改善に繋がる。それまで国境線を認めていなかった被追放者の中には、そのような理解に立つことにより、国境線承認に転じたものもいた。被追放者にとっては、国境線が開放されれば、自分達のかつての故郷を自由に訪問することができ、また現地に残留するドイツ人マイノリティとの接触も容易になる。それによって、これまで国境の分断によって阻害されていた故郷権が、より良い状況に向かうのではないか。そう考えられたのである。

東プロイセン同郷人会に所属し、キリスト教民主同盟のオットフリート・ヘニックは、国境条約と善隣友好協力条約のどちらにも賛成するという立場から、連邦議会で（一九九一年一〇月一七日）次のように述べている。

しかしながら皆さん、時代の要請は国境の固定化ではありません。国境を克服し、諸民族集団が自分たちの固有な性質を維持しながら、彼らの故郷で生活できるような新たな秩序の確立なのです。……それは国家の境界線からは完全に独立したものなのです。

私は、われわれが今日という日に両民族が合意している共同の決定［＝二つの条約のこと―引用者注］にいたることを希望し、欲します。その決定は人権と民族の権利にかかわるものです。それは歴史と、現在、そして未来にかかわるものです。……

議員の皆さん、私は最後にもう一度強調しておきたい。この故郷被追放者憲章は、我々は人権としての故郷への権利は今日でもなお失ってはいないということを、我々に語っています。故郷権は、国境線とは全く独立に、誰のものでもあるのです。（BT 12/50：158：4090–4091）

故郷被追放者憲章に書かれている故郷権、民族の権利は、国境を越え、国境から独立したものである。国境が開放され、「克服」されることによって、故郷権のよりよい秩序の確立が可能になるだろう。これがヘニックの議論の主旨である。

国境条約には反対していたコシクも、被追放者が故郷への自由なアクセスを通じて、アイデンティティや文化を回復することが可能であるという議論を展開した。彼はここで、ドイツ人被追放者とポーランド人被追放者（ソ連に併合された東方領土からの被追放者）の「運命」を並べて論じている。

戦争と追放は、ドイツ人とポーランド人とに終わりのない大きな苦痛をもたらし、両者において故郷の喪失をもたらしました。人は、物質的な意味だけでなく……特に精神的な意味でよりどころを失いました。そのため、この運命によって互いに結び付けられたドイツ人とポーランド人が、精神的抽象的にだけでなく現地での生活や体験を通じて、何らかの境界線によって妨害されることなく、またアイデンティティ・言語・文化あるいは経済活動の自由の抑圧や非寛容によって脅かされることなく、故郷を再び経験できるようにすることが、大変重要なのです。

(BT 11/39：3264)

しかしながら、「故郷権」の主張と「和解と協力」との間には齟齬が生じうる。国境の最終承認以後、一部の被追放者が「故郷権」の概念に準拠して、追放の過程で喪失した財産権を回復しようという主張を続けていた。当然それは、ポーランド側との対立をもたらす。たしかに故郷権は、国境線承認とは独立に存続しうる。じじつ、一九九一年六月の善隣友好協力条約に付帯された書簡では、条約がドイツ人の国籍および財産権の問題に関わらないと記されていた。[12] これは、国境線が確定されても、ドイツ人に関する権利は直接的な影響を受けていないことを意味するものだった。つまり国境確定後も、財産権問題は未解決のままだったのである。被追放者の財産権問題は、その後も現在に至るまで、両国の外交関係の「トゲ」の一つとして残されている。

4　被追放者諸団体の活動

被追放者諸団体の立場

オーデル＝ナイセ線の最終承認に、最後まで反対の姿勢を貫いたのは被追放者諸団体であった。それはこの諸団体のこれまで活動の経緯を考えれば当然であろう。しかし被追放者諸団体は、「一九三七年のドイツ帝国」をそのまま再確立することを目的にしていたわけではない。その立場はより複合的なものである。一九八〇年代後半、すなわちドイツ統一が政治の議事日程に上るようになる以前の段階での被追放者連盟の主張を簡単にまとめてみよう。

第一には、まず「一九三七年のドイツ帝国」の法律上の存続を前提にするということである。「ドイツはドイツ連邦共和国とドイツ民主共和国以上のものである」というのが、彼らの常日頃からの主張であった。しかしその国家的再確立が現状では事実上不可能であったことを考慮に入れていないわけではない。被追放者連盟の立場は、「一九三七年のドイツ帝国」を諸隣国、特にポーランドとの外交交渉の出発点に置き、そこを前提として交渉を行ないながら、相手から何らかの譲歩を得つつ「妥協点」を探るというものであった。

第二は、ポーランドを含む東欧のドイツ人マイノリティの「民族集団権」、被追放者の「故郷権」を、普遍的・ヨーロッパ的な「人権」の問題として、国際人権規約やヨーロッパ安全保障協力機構の合意文書（一九八九年にはウィーンでの会議で最終決議文書が出されている）などを準拠にして保護・改善させていくというものである。特にポーランドとの関係においては、一九八八年頃から被追放者連盟は彼らの権利や生活状況の改善の必要性を連邦政府に対して訴えるようになり、一九八九年初頭には連盟書記長のコシクが、予定されているドイツとポーランドの首脳会談に被追放者の代表を参加させるよう提案している（DOD 31/3, 20.1.1989 : 31/8, 24.2.1989）（もちろん、この提案は受け入れられていない）。また同年五月には、被追放者連盟の副会長ヘルムート・ザウアーがワルシャワを訪問し「連帯」の代表と会談する。ザウアーは帰国後、ポーランドの非社会主義政権下でも、ドイツ人マイノリティの状況は何ら改善されていないと報告している（DOD 31/19, 12.5.1989）。

第三は、従来の「一九世紀型」の国民国家モデルを超えた、「諸国家、諸民族、諸民族集団によるヨーロッパ連邦」を、新たなヨーロッパの平和的秩序として構想していることである。そのヨーロッパ的秩序の中で、ドイツ民族の「自己決定権」をできる限り（国家および民族集団として、分散的に）実現していく、というのが連盟の立場だった（DOD 29/19, 14.5.1987）。ここでも、「法」による秩序が被追放者諸団体の主張の基礎になっている。被追放者連盟会長のチャーヤも次のように回想録の中で述べている。

私は実りのある調停と「法的要求の矛盾」を明らかにすることを主張し、国際法的・国家法的状況について言及してきたのである。わたしは決して一九三七年の国境を完全に再確立することを主張していたのではない。私は、法的に適正な領土の状態から出発し、その上での交渉の結果実り多い調停に至るべきだと主張したのである。私は、連邦制的なヨーロッパの可能性も示唆していた。(Czaja 1996：628)

最終承認への抵抗

さて、以上のような被追放者連盟の立場は、一九八九年のベルリンの壁崩壊以後のドイツ統一の過程の中で、どのように貫徹されていったのか。事態は被追放者連盟にとって非常に厳しいものだった。一九八九年末には、旧連合国四カ国がオーデル＝ナイセ線の承認を要求するようになり、また国内でもオーデル＝ナイセ線に対する関心は高まらず、世論の関心はもっぱら二つのドイツ国家の統一に限られた。オーデル＝ナイセ線は多くの国民にとって、統一の既定の前提であった。チャーヤは一九八九年の年末に、被追放者連盟の機関紙の中で、当時の状況について次のように書いている。

多くの人たちが再統一について語っている。しかしそこでは、ドイツにおける二つの国家のことだけが考えられていることが多い。われわれの故郷に関して、多くの人たちは注意も払わず、いい加減に、歴史的認識もないまま片付けてしまうのである。われわれは、われわれの祖先が八〇〇年にわたって作り上げてきた業績と価値に関する無認識に立ち向かわなければならない。以前から見られるわれわれの故郷の領土との隔たりに立ち向かわなければならない。そして、経済的統合が、故郷や文化的景観や出自の断念、われわれの歴史との隔たり、隣人たちと再構築の試みの断念などにつながるとする議論に立ち向かわなければならない。(DOD 31/51, 22.12.1989)

オーデル＝ナイセ線の承認は、被追放者連盟にとって、ドイツ東方領土の無条件の放棄であり、ドイツ民族の自己決定権(民族自決権)放棄を意味するものである。被追放者連盟にとって、それは認められるものではなかった。一九九〇年六月二一日のオーデル＝ナイセ線最終承認の共同決議に反対したチャーヤは、連邦議会でオーデル＝ナイセ線を承認しなければならない法的根拠が欠如しているとして、あらためて法的原則論を展開した。

決議文でも、また［一九五〇年の］ゲルリッツ協定でも、いわゆる現存の、確認された国境線というものについて述べられています。そこで私は問いたい。誰によって、いつ、どのようにそれが確認されたのかということを。……いいえ、領土の割譲に関する国際法的に有効な文書はいまだ存在していないのです。あるのは単に併合という、国際法的に有効性を持たない事実と、スターリンとポーランド共産主義臨時政府との秘密協定だけなのです。（BT 11/217：17245）

被追放者連盟をはじめとする被追放者諸団体の多くは、オーデル＝ナイセ線承認への抵抗の立場を明らかにした。しかし世論の被追放者諸団体に対する反応は否定的なものだった。一部の政治家やマスメディアは、被追放者を「極右」「報復主義者」「ファシスト」と呼んで非難した。被追放者の側では、そのような被追放者への「差別」に対し抗議の声をあげている（DOD 32/11, 16.3.1999）。

被追放者連盟は、そのような国民世論の非難や無関心に対抗して、一九九〇年四月に「自由な決議による平和」という署名運動を開始した。これは東方領土からの被追放者および残留ドイツ人（東方領土の「関係者」）の投票によって、この領土の将来を決定しようという提案に対する署名運動である。その署名呼びかけの文章では、東方領土の放棄を「国境強制 Grenzdiktat」と呼んでいる。第一次大戦後に盛んに言われた「ベルサイユの強制」を思い起こさせる表現である。

「ポーランドの西側国境としてのオーデル＝ナイセ線の承認」によって、ドイツ領の一一万四〇〇〇平方キロの犠牲がわれわれに要求される。つまりシュレージエン、オーバーシュレージエン、東ブランデンブルク、ポンメルン、東プロイセン、そして西プロイセンの放棄が要求されるのである。ドイツ人の追放によって新しい法が作られたわけではない。オーデル＝ナイセ線は独裁者たちの拡大主義的政策と秘密協定の結果である。併合は国際法違反である。

継続的な平和は国際法と人権の基礎の上に存する。自由に合意された条約による規定は絶対不可欠である。

……われわれは公正な調停［Ausgleich］を望む。しかし国境の強制［Grenzdiktat］は望まない。それは自由なヨーロッパの共通の将来に関わる問題である。（DOD 32/14, 6.4.1990）

そして呼びかけ文には、投票においては、東方領土が「ドイツ」「ポーランドあるいはソ連」「新たなヨーロッパ領」のいずれに帰属するべきかが問われるとしている。

ここで被追放者連盟が提案しているのは、第三の「新たなヨーロッパ領」の創設による東方領土問題の解決である。東方領土を「ヨーロッパ領」における、どの国家にも帰属しない自治領とすること。それは従来からの被追放者連盟の立場であった「連邦ヨーロッパ」構想に近いものと考えられる。それを被追放者連盟では「公正な調停」により可能な解決と考えていたのである。

この署名運動は、両ドイツ国家の領内にとどまらず、東方領土の残留ドイツ人に対しても行なわれた。署名運動は九月までに一〇万人以上の署名を集めた（DOD 32/26, 7.9.1990）。しかし二五〇万人と公称されている被追放者連盟のメンバーの数を考えると、この署名の数は少ないと言えよう。それは国民世論を動かすには不十分なものであった。むしろ反発さえ生んだ。社会民主党の党首代理ヴォルフガンク・ロートは被追放者連盟に対し書面でこの運動に抗議し、「現下の状況で最も有害な活動」と厳しく批判している（DOD 32/30, 27.7.1990）。政府もこの提案を真剣に考慮した形跡はない。だが、ジャーナリストのトーマス・ウアバンによれば、残留ドイツ人が多く住むオーバーシュレージエンでは、この署名運動がある程度の反響を得、残留ドイツ人たちに希望を掻き立てたという（Urban 2000：142）。連盟書記長のコシクは、七月にオーバーシュレージエンを訪れ、ドイツ人友好サークルの式典に参加し、国境確定に還元することのできない民族として権利を基礎とした「新しいヨーロッパ領」の構築の必要性について演説している。コシクはその解決法を、ドイツかポーランドかのどちらかに東方領土を帰属させる「国民国家的」解決とは異なった「第三の道」と呼んでいる（DOD 32/27, 6.7.1990）。

しかし被追放者連盟は、この「自由な投票」を実現することそれ自体を目的としていたわけでは必ずしもない。この署名活動を通じて、被追放者の利害関心をボン政府を介して「二プラス四」会談に反映させることが、実際上の目標であった（DOD 32/22, 1.6.1990）。それによって、東方領土の「完全放棄」をできうる限り阻止し、民族集団権や故郷権に関する何らかの成果を引き出そうというものだった。ただ、どの程度の成果で満足するのかに関しては、被追放者諸団体幹部の間でも、必ずしも意見は一致していなかった。

一九九〇年九月の「二プラス四」条約、一一月の国境条約が調印され、オーデル＝ナイセ線が最終承認されてしまうと、被追放者諸団体の活動はますます権利問題へと集中するようになる。残留ドイツ人の自治権、残留ドイツ人のドイツ国籍の保証、そして被追放者の故郷帰還権といったドイツ人の「民族集団権」や「故郷権」が、今後の被追放者諸団体の要求の中心になっていく。これらの要求を、ポーランドとドイツとの条約、特に善隣友好協力条約の中でいかに実現していくかが問題であった。被追放者諸団体は、従来どおりキリスト教民主同盟と社会同盟を通じて議会や政府に影響力を行使するという手法を利用した。特にキリスト教社会同盟が被追放者諸団体の要求を反映させた。

ドイツ人マイノリティの権利を既定した善隣友好協力条約に関して、被追放者連盟の中で意見が分かれた。若手の書記長コシクを中心とする勢力は、この条約を将来の残留ドイツ人の権利問題、故郷権問題における出発点としてある程度の評価をし、今後のドイツ人の地位向上とポーランドとの「和解」のために利用していこうという立場から、これに賛成した。それに対し会長のチャーヤら旧世代の幹部は、民族集団権と故郷権の規定が不徹底であるという理由から、この条約に反対であった。結局後者の勢力が優勢を占める。そして被追放者連盟は一九九一年六月三〇日、国境条約と善隣友好協力条約の双方に反対する「ベルリン宣言」を発表する。

最近結ばれた多くの条約は、故郷権への指摘を欠き、全ドイツ人民（民族）の自己決定権と関連諸国の調停への意志に配慮した妥協を欠いているのである。……七〇〇年以上の間ドイツ人共同体に属してきたものを完全に放棄するわけにはいかないのだ。……ドイツとポーランドとの条約は、たしかに［ポーランドにおける］ドイツ人の存在を確認した。しかし多くの不一致と矛盾した指摘がある。それは自己決定権を見過ごし、信頼できるような妥協を見過ごしている。このような条約をわれわれは支持することができない。（DOD 33/27, 5.7.1991）

このように被追放者連盟は、コシクら若手勢力の台頭にも関わらず、当初の方針を最後まで貫徹することになったのである。

一九九〇年の一〇月一七日、この二つの条約の連邦議会での批准が行なわれた。書記長を辞任したコシクは、国境条約だけに反対した。だが、ドイツとポーランドとの国境条約は前述したように、圧倒的多数で可決されたのである。それに反対していたのは、被追放者諸団体幹部議員を中心とする少数派であった。

だが、これをもって被追放者諸団体の完全な敗北とのみ捉えるのは適切ではなかろう。たしかにオーデル＝ナイセ線は承認されてしまった。善隣友好条約でのドイツ人マイノリティの権利保証は、彼らにとっては全く不十分ではあった。「民族集団権」概念には言及されず、連盟の提案する「ヨーロッパ領内の自治」には遠く及ばなかった。しかし善隣友好条約とその付帯書簡の中で、残留ドイツ人の「マイノリティの権利」は明確に規定され、法的な保護を受けるようになった。被追放者の故郷帰還権は既定されなかったが、付帯書簡の中で「ドイツ国民がポーランド共和国への定住を容易にする可能性」を促進するという点（付帯書簡第三項）が言及されている。どの問題も、被追放者諸団体が長らく主張してきた点である。また、国籍問題や財産権問題が未解決のままにされたこと（付帯書簡第五項）は、今後の被追放者諸団体の活動の余地を残すものだった。

被追放者諸団体においても、「ドイツ帝国」概念は早くから人権・権利問題へと「属人化」されていた。その人権・権利問題で、被追放者諸団体はある程度の成果は得たと言えるのではないか。国境問題での主張を続ける可能性は奪われたものの、民族集団権や故郷権などの「属人的」な問題が、被追放者諸団体の新たな活動の「場」を提供することになった。特に善隣友好協力条約で不問に付されていた被追放者の残置財産権の問題、また国境条約の前文で簡単に触れられただけの「追放」の不正性の追及などが、被追放者諸団体の今後の活動の拠点となっていく。

第10章　一九九一―　国境確定以後の東方領土問題
――帝国アイデンティティの亡霊

1　「対話」と「相互理解」の進展

東欧とソ連における社会主義体制の崩壊、いわゆる「鉄のカーテン」の解体は、目に見える形でドイツと東欧諸国（ポーランドやチェコを含む）との関係に新たな展開をもたらした。それまで大幅に制限されていた人の移動が自由になり、経済活動、文化交流、政治的対話などあらゆる領域で、民間、行政を問わず活発な交流が進められた。前章で紹介したように、国境確定の際に与党の政治家がたびたび「国境線の意味が変わる」「出会いの場としての国境」といった語法を用いたが、たしかにそのような面を示す変化が実際に見られたのである。

ドイツとポーランドとの間では、戦後のドイツとフランスとの関係のように、国境を越えた交流が進められた。国境線条約と善隣友好協力条約が結ばれてから後、連邦から地方行政体に至る様々なレベルで多くの協定が結ばれ、両国の人々の相互訪問が積極的に行なわれた（Bingen 2005：14）。また両国の青年の交流や、学者の交流も行なわれ、共同での文化遺産の復興や、歴史をめぐる対話も進められた。

国家間のレベルでも、両国の「対話」と「相互理解」を表現するシンボリックな式典が何度となく催された。一九九四年の六月には、ヴァイツゼッカー大統領が任期の最後にレフ・ワレサ大統領を訪問し、次の大統領ローマン・ヘルツォークも同年八月一日、ワレサの招待でポーランド人のワルシャワ蜂起五〇周年記念の式典に出席した。一九九九年には、任期最初の外国訪問の一つとして、ドイツのヨハネス・ラウ大統領が、ポーランドのアレクサンデル・クヴァシニエフスキと共に、その六〇年前に第二次世界大戦が始められた町ダンツィヒを訪問している。他方ポーランドの側からは、ヴァディスワフ・バルトシェフスキ外務大臣が第二次大戦終結を記念する連邦議会における式典に、唯一の外国人の来賓として出席し、スピーチを行なっている（Bingen 2005：14）。

これらの政治的な式典において、両国の代表は相互に過去の「犯罪」や「不正」を認め、許しを請う発言を行なっている。一九九四年のヘルツォークの訪問の際の演説では「今日私は、ワルシャワ蜂起で戦った人々、そして戦争での全てのポーランド人犠牲者の前に頭を垂れます。私は、ドイツ人があなた方になしたことに対し、許しを請います」（Urban 2004：95 での引用）。このポーランド人蜂起の記念碑の前での演説は、一九七〇年一二月のブラントによるあの歴史的な「跪き」の儀式の延長線上にある。しかしブラントの「跪き」が、実はユダヤ人ゲットー蜂起の記念碑の前で行なわれたものだったのに対し、今度のヘルツォークの「お辞儀」は、はっきりと「ポーランド人」に対して行なわれた（木佐 2001：225–230）。他方、バルトシェフスキはドイツ連邦議会で、ドイツ人の「追放」に関連した言及を行なった。

> 戦争に苦しめられた民族として、われわれは強制移住［Zwangsumsiedlung］の悲劇を、それと結びついた暴力や犯罪行為を体験してきました。無数のドイツ人もそれに見舞われ、その加害者にポーランド人もまた加わっていたということを、われわれは思い起こします(1)。

翻訳の関係なのかも知れないが、ここで「追放 Vertreibung」の語は用いられていない。代わりに「強制移住」という言葉が用いられているが、言及されている事実はドイツで「追放」と呼ばれているものであることは誰が見ても明確である。しかもバルトシェフスキは、その「加害者」がポーランド人であることまで認めている。ポーランドの政治家が公式の場で「追放」に言及するのは異例中の異例である。「黄金の九〇年代」（Bingen 2005a）と呼ばれるほどに関係改善が進んだ一九九〇年代の雰囲気を、如実に示すものであろう。

また、被追放者たちが「対話」と「相互理解」に関わった事実にも注目すべきであろう。これまで被追放者は、領土の回復や「故郷権」の主張を行ない、ドイツの内外で「報復主義」「修正主義」の温床とされ、ドイツと東欧諸国の「和解」を阻害する勢力として理解されることが多かった。しかし国境確定以後、彼らが自分達の「故郷」を容易に訪問できるようになり、それがきっかけで双方の交流が進み、中には現地のポーランド人と友好な関係を個人的に築いていくという例も見られた（Mildenberger 2000）。もちろん、それは容易なことではなかった。彼らが自分達の生まれ育った土地を訪問すると、そこにはポーランド人が生活していた。自分達が「追放」の際に奪われた土地や家屋に、ポーランド人が暮らしているのを目にすることもあった。しかし被追放者たちは、それらのポーランド人を再び追い出すことができただろうか。しかもそのポーランド人の多くは、彼ら自身かつてのポーランドの東方領土から強制移住させられてきた人々なのである。

後で述べるように、被追放者の中にはポーランド人に対して「財産権」の補償を要求するものもあった。しかし、多くの被追放者とその子供、孫たちの「故郷」への訪問が、ドイツとポーランドとの交流を活発なものにしているという面も否定することはできない。「啓蒙され、進歩的な連邦共和国のドイツ人の間でこれまで高い名声を得てきたとは言えない被追放者たちが、幼年時代を過ごしたシュレージエン、ポンメルン、あるいはかつての東プロイセンの地を訪れるために、毎年何十万の規模でポーランドに旅行している。彼らの目は何よりもまず過去に向いているかもしれない。だが彼ら被追放者とその子どもたちがいなければ、ドイツ人とポーランド人との日常的な関係における活気は、間違いなく低下しただろう」と、ワルシャワのドイツ史研究所に勤める歴史学者のアンドレアス・コセルトは述べている（Kossert 2003）。また、ブレスラウ（ブロツワフ）出身の被追放者の子どもで、自らもポーランド人と結婚し、『南ドイツ新聞』のポーランド特派員をしているジャーナリスト、トーマス・ウアバンは、被追放者たちの「ノスタルジー旅行」について次のように書いている。「私は、故郷へのノスタルジー旅行を行なっている被追放者たち（その中には私の両親も含まれるのだが）を一五年以上観察していて、彼らがドイツとポーランドとの対話に対する建設的な力となってきたことを明言したい」（Urban 2003）。

このように、一般のドイツ人よりもポーランドを初めとする東欧諸地域に対する関心を強くもつ被追放者たちが、「故郷喪失」の悲しみを超えて東欧の人々との関係を築くことで、「対話への建設的な力」となり、双方の理解の「架け橋」になるという側面が見られたのである。[2]

2 「東方のドイツ」をめぐって

オーデル＝ナイセ線を最終的に承認し、国境問題が解決され、「一九三七年のドイツ帝国」が国際法的にも解体された後、国境線の修正や領土拡大に対する直接的な要求は、ごく一部の極右団体を除けばほぼ消滅したといってよい。だが本書で繰り返し強調してきたように、東方領土をめぐる非領域的な問題群は、国境最終確定以後再テーマ化され（あるいは、新たにテーマ化され）、より明瞭に公然と公共の場で主張され、議論されるようになったのである。これらの諸問題は、オーデル＝ナイセ線が最終確定した後も、帝国アイデンティティはいわば「亡霊」として徘徊し、語られ続けるのである。

国境線の確定は、東方領土問題に関する中心的な勢力となってきた被追放者たちの間の状況にも変化をもたらした。「一九三七年のドイツ帝国」という領域的枠組みが解体することによって、それまで被追放者（特に被追放者諸団体）の間の政治的利害関心を微妙に分断してきた「帝国ドイツ人」と「民族的ドイツ人」の境界線（つまり「一九三七年のドイツ帝国」内のドイツ人と、その外のドイツ人との間の境界線）が意味のないものになった。今や「東方領土」は、「一九三七年のドイツ帝国」の一部としてではなく、被追放者の出身地域（すなわち中央ヨーロッパから東ヨーロッパへと広がる彼らの「故郷」にあたる領域）である「東方のドイツ」問題として、より包括的に把握されるようになったのである。

こうして、一九九〇年代再定義された「東方のドイツ」をめぐる問題群を、ここでは三つに分けて検討したい。第一は、「東方のドイツ」の文化や伝統の保存の問題。第二は、被追放者および残留ドイツ人の権利・人権擁護の問題。第三は、「対話」と「理解」への貢献という問題である。国境確定以後の東方領土問題は、この三つの問題群に変換されて議論され、実践されていったのである。

「東方のドイツ」の文化・歴史

領土が最終的に放棄された後、被追放者の「故郷」の諸地域におけるドイツの文化や伝統を保存しようとする動きがより積極的に行なわれるようになる。被追放者の「故郷」の文化的伝統の保存は、すでに一九五三年の「連邦被追放者法」の第九六条で規定されており(第3章参照)、連邦政府や州政府は一貫してこの問題に対して、被追放者諸団体等を通じて財政的な援助を行なってきた。その援助は、一九八〇年代末から増加し、国境最終確定以後さらに増額されることになった。その額は、一九八二年の段階で年間約四〇〇万マルクであったのに対し、一九九二年には三六〇〇万マルク、さらに一九九四年には四七〇〇万マルクに達した[3](BT-DS：12/2311)。この金額は、被追放者出身地域の文化や生活習慣や文化などを展示した博物館の建造、東方ドイツ人文化を研究する研究所や会議の開催、図書館や文書館の費用、文化財の修理再建などに費やされた[4]。

こうした「文化事業」の意義について、より公然と発言されるようになっていた。今や東方領土の問題の中心は、法的原則論(「ドイツ帝国は存続する」)の主張から文化論(「東方における七〇〇年のドイツ史」)へと移行したのである。コール首相も連邦議会で次のように発言している(一九九五年六月一日)。

皆さん、東方における七〇〇年のドイツ史について眼を向けてみましょう。過去の立派な石造りの記念碑は、ドイツの諸都市とともに、戦争でほとんどが破壊されました。その多くを、ポーランド人が驚嘆すべき能力で再建あるいは復興しました。しかし、故郷被追放者とその先祖たちが住んでいた町や村は、当然いまや違った様相を呈していています。避難民や被追放者が守ることが出来たのは、彼らの伝統、彼らの文化、そして彼らのしばしば大変に個人的な記憶です。……そのほんの一部をあげてみましょう。東プロイセンではイマニュエル・カントやロヴィス・コリント。ポンメルンでは世界郵便協会の創設者ハインリッヒ・フォン・シュテファン。シュレージエンではヨーゼフ・フォン・アイヒェンドルフやゲアハルト・ハウプトマンなどです。(BT 13/41：3185)

それら「文化事業」では、被追放者の出身地域(東プロイセンなどの)の文化や生活習慣などを展示した博物館や、東方のドイツ人文化を研究する研究所、図書館の活動などへの財政的支援が行なわれた。

九〇年代に進められたこのような「東方のドイツ文化」事業への財政的援助に対し、批判的な声も少なくなかった。何よりもそれが、東方領土の回復という「修正主義的」政治的要求の復活に繋がるのではないかという危惧を、特に野党をはじめとする左派リベラル勢力に呼び起こしていた。またこうした文化事業が、「故郷」への思いを断念していない被追放者諸団体に、新たな活動資金と活躍の場を提供してしまっていることに対する批判の声も生まれた。これが、被追放者諸団体の主張するオーデル＝ナイセ線否認に応えることの出来なかった政府による、一種の代償なのではないかと指摘もされてもいた(おそらくその面があったことは否定できない)。

一九九四年六月二三日には、社会民主党が連邦議会に対し、連邦被追放者法第九六条に規定された文化事業を停止し、より多様な担い手による「東欧における越境的文化事業」を推進すべきであるという提案を行なっている(BT-DS 12/6901：BT 12/235：20659–20664)。これは、東欧のドイツ文化の保護育成事業が、連邦被追放者法の枠組みの中で、被追放者諸団体によって独占的に担われていることに対する批判である[5]。その後一九九八年に政権交代が実現すると、社会民主党と緑の党の新政権は、被追放者諸団体の文化活動への支援を五二〇〇万マルクから三四〇〇万マルクに減額することになった。その結果、被追放者諸団体の二つの文化機関(「ドイツ人被追放者文化基金」と「東ドイツ文化協議会基金」)が廃止に追い込まれることとなった(Nagengast 2003：483)。

しかしこの社民—緑政権も、「東方のドイツ」の文化保存活動への援助自体を否定したわけではない。連邦被追放者法第九六条は維持された。新政権は、この条項の枠組みの下、「東ヨーロッパにおけるドイツの文化と歴史の研究と表象に関する理解」と題された方針を打ち出している。この方針は、従来の方針の転換を主張しており、「制度やプロジェクトへの援助の引き締め」と「既存の機関の新しい方向性と強化」、特に活動の「専門化」と「ネットワーク」の強化を提案している（BT–DS 14/4568）。この新方針はその後も継続されている（BT–DS：14/9163：BT–DS 15/2967）。この新方針で強調されていることの一つが、地域ごとの「博物館の強化」であり、それに従って博物館建設の援助は続けられた。

一九九〇年代にはまた、出版や展示を通じて「東方のドイツ文化」が盛んに紹介されるようになっていた。その代表的な例として、ベルリンのドイツ歴史博物館が主催し、一九九四年ローゼンハイムで開かれた「東方のドイツ人［Deutsche im Osten］——歴史・文化・記憶」をあげることができるだろう（この展示は、連邦内務省とバイエルン州政府の財政的援助を受けていた）。この展示は、絵画、音楽、建設、宗教、生活習慣など、「東方」におけるドイツ人の文化と歴史を、包括的に展示したものである。そのカタログの序言で歴史博物館の総支配人のクリストフ・シュテルツルは「ドイツの分裂の終結と東西対立の終結によって、中央・東ヨーロッパにおける［ドイツ人文化と生活の］過去に関する認識は、突如アクチュアリティを持つようになった」（Deutsches Historisches Museum Berlin 1994：7）と述べている。「東方」のドイツ文化をここまで包括的に展示したのは、おそらくこれが初めてであろう。

また歴史研究書としては、一九九二年からジードラー社から刊行され始めた「ヨーロッパ東部のドイツ史」シリーズがある。一九九二年の『東西プロイセン』に始まり、一九九九年の『ポンメルン』に至る全十巻の叢書は、「ヨーロッパ東部のドイツ史」を一望する浩瀚な研究書のシリーズである。

これらの展示や研究書の特色として、「東方」あるいは「ヨーロッパ東部」を、現在の統一ドイツ国家の国境外にある「ドイツ文化」の歴史としてとりあつかっているという点が指摘できる。「追放」についてもふれられてはいるが、それを意識的に政治化しようという姿勢は、少なくとも表向きには見られない。「東方のドイツ」は、文化史プロパーの問題として記述される傾向が強い。

より一般向けの出版としては、この時代に東方の旧ドイツ人地域への旅行記や回想録が多く出版されたことも注目に値する。フェレーナ・ドーン『ガリツィアへの旅――古きヨーロッパの境界地域の風景』（一九九二）、ラルフ・ジョルダーノ『東プロイセンよさらば――憂鬱な土地を通る旅』（一九九四）、クリスティアン・フォン・クロッコヴ『女性の時――ポンメルンからの報告』（一九九二）、同『東プロイセンとの出会い』（一九九四）といった著作がその例である（Hirsch 2003）。これらの旅行記、回想録においても、現実政治から切り離された、ノスタルジックな文化や自然、風景に注目が集まっている点に特色がある。

このような文化史的・自然誌的記述に対しても、政治的意図（それが潜在的なものであっても）を読み取り、「大ドイツ主義」的な志向への回帰を懸念する声がなかったわけではない[6]。だが、国境線が確定されたことにより、そのことを前提として「東方のドイツ」の文化や歴史について語れる余地は格段に拡大した。「東方のドイツ」は、それまでの「タブー」から解放されたのである。

権利・人権問題としての東方ドイツ

領土要求が終結したことにより、被追放者や残留ドイツ人の「権利」や「人権」に対する法的保護の問題は、国境線修正と結び付けられた「修正主義的」な主張としてではなく、より普遍的でグローバルな「権利」「人権」問題の一部として受け取られるようになっていく。その担い手も、保守政党・保守言論人の範囲を越え、社会民主党や緑の党の一部へと広がっていく。「追放」は、もはやドイツ人だけの「ナショナル」な問題ではなく、グローバルな非人道性や人権侵害の問題として理解されるようになっていく。一九九〇年代に始まった旧ユーゴスラヴィア地域での民族紛争の激化による避難民・被追放者の発生は、戦後ドイツ人のそれを現代の問題として語ることを可能とする文脈を形成していた。一九九五年六月一日の連邦議会でも、ヘルムート・コールが「追放」やドイツ人マイノリティ問題との関連で次のように発言している。「毎日われわれはテレビを通じて、バルカンにおける憂鬱な現実を見せつけられています。「民族浄化」という非人道性を表わす語句は、残念ながら過去のものになりきってはいないのです」（BT 13/41：3185）。「追放」は、ドイツの「過去」の問題から、ヨーロッパの「現在」の問題へと急浮上してきたのである。

連邦議会では一九九三年以後、国際法・国際規範に依拠して「追放」の人権侵害を糾弾する決議案が何度か提案され、承認されている。その最初のものが一九九三年五月二七日に、キリスト教民主／社会同盟、自由民主党、社会民主党の諸会派合同で出された「一九九三年ウィーンでの国連人権委員会」に向けての決議案である。ここで連邦政府に対し、連邦議会は「マイノリティや集団の追放を、国際法的あるいは刑法的に罰することのできるよう配慮する」ことを要請している（BT–DS：12/5024）。この提案は議会において、「数名の棄権」があったものの全会一致で可決されている（BT 12/161：13806–13819）。さらに次の年の一九九四年六月二三日には、社会民主党の「反追放協定」の決議提案に基づいて外交委員会が提案した決議案が提出され、やはり可決されている。この決議でも、「どのような種類の追放も、国際的に弾劾され、人道に対する犯罪であるとして罰せられるべきである。追放された者は、彼らの権利が認められるよう要求する権利を有する」として、「追放」が「人権侵害」であることが明記され、「現存する追放の国際法的保護機構をより良く貫徹させるよう全力を尽くす」こと、「故郷への帰還権を貫徹する以外に、追放した者の補償や賠償の義務を規定できるような可能性を試してみる」ことなどが連邦政府に対して要求されているのである（BT–DS 12/7320）。この提案も全会一致で承認された（BT 12/235：10645–10651）。

これらの「反追放」の決議では、旧社会主義国や第三世界における人権侵害としての「追放」が問題にされている。「追放 Vertreibung」という、ドイツでこれまで固有名詞のように用いられてきた語が、ここでは一般名詞として用いられていることは注目すべきである。ここでは、ドイツ人の「追放」は後景に退き、グローバルで普遍的な問題が前面で語られる。この普遍的語法が、ドイツ人の「追放」の不法性・不正性の主張へと流用されていくのである。その例は、一九九七年二月二八日の連邦議会決議であろう（BT 13/161：14554）。ここでは「人権とマイノリティの権利保護」のための国際的法体制の存在が強調され、それを背景にドイツ人の「追放」がテーマにされていた。この決議は、数名の棄権を除いた全会一致で採択されている。

このように、「追放」を普遍的な人権問題の枠組みの中で語る語法が党派を超えて浸透してきた結果、ドイツ人の

「追放」問題は「ホロコースト」の規範的拘束から解放されていった。それまで「追放」に言及すること自体が、ナチス犯罪を「相対化」したり、否定したりするものと受け取られ、「過去の克服」を回避するための反動的言動と見なされることが少なくなかった。ジャーナリストのヘルガ・ヒルシュ（彼女の父はブレスラウ出身の被追放者）はその状況について次のように述べている。

ナチス体制の罪への責任を引き受けることを憚らない者は、ドイツ人を犠牲者として語ってはならない、とされていた。被追放者諸団体のみが、追放された当事者に関わってきた。そして、その一面的な見方が、多くの人々にとって、このテーマの評判を失墜させる十分な根拠となっていた。追放を、ヒットラー体制への罰として受け入れる改悛の情に満ちたドイツ人か、戦争の罪について語らないために戦争後の苦しみに今も浸ろうという時代遅れのドイツ人かという、どちらかの選択肢しかないかのようだった。(Hirsch 2003 : 14)

しかし今やドイツでは、こうした「ホロコースト」の規範に拘束されずに、ドイツ人の「追放」の「不正」を主張しやすくなった。「ナチスはたしかに残虐な犯罪行為を行なったが、ドイツ人に対する「追放」もまた同様に犯罪的である」という形で、過去を「並列化」して論じる余地が、生まれてきたのである。たしかにこのような「並列化」を目指した論法は、被追放者諸団体幹部の発言の中にすでに一九六〇年代からしばしば現われていた。だが今やこの論法は、一部の被追放者諸団体幹部を超え、社会民主党や左派リベラル系知識人の一部にも（さらには緑の党の一部にさえも）受け入れられるようになっていったのである。

例えば社会民主党の重鎮、そしてズデーテンラントからの被追放者でもあるペーター・グロッツは、一九九五年六月一日の連邦議会の演説で、次のように述べている。

第二次世界大戦が終わってから五〇年後に、われわれが追放の犠牲者を追憶するとするなら、それはドイツの罪、ドイツの犯罪行為を忘れるためにそうするのではありません。

（社会民主党の議員および連合九〇／緑の党アンティエ・フォルマー議員からの拍手）

何百万ものドイツ人が故郷から追放されたのは、その前にドイツ人がそれ以外の多くの人々を故郷から追放していたからであり、しかもそれを侵略戦争の最中にやっていたからです。それゆえこの［追放をめぐる］論争は、どのような相対化をも促すものであってはなりません。われわれが今日、追放の犠牲者について語りたいと思うのは、侵略戦争の犠牲者を忘れるためなのではなく、全ての真実を、全ての側面において語りたいし、語らねばならないからなのです。（BT 12/41：3186）

これはコール首相の同日の次のような発言と、大きく異なるものではない。

故郷被追放者と避難民の苦痛への追憶を、視野の狭い罪の相殺行為であるとか、復讐心の表現であるなどと見る人々に対し、われわれは強く反論しなければなりません。

（キリスト教民主／社会同盟、自由民主党から、社会民主党議員からの拍手）

ドイツの罪が追放の不正によって緩和されることなど少しもないし、またドイツの罪が追放の不正を解消してしまうわけでもないのです。（Ibid.：3182）

一九八〇年代には「被追放者」という概念自体を問題視していた緑の党のアンティエ・フォルマー（第8章参照）の発言も、グロッツやコールとニュアンスは異なるが、やはり方向性は同じである。「追放」というテーマの再把握の必要性、特にそれを「歴史的真実」として捉えることの必要性を訴えている。

追放は内政的なテーマであり、内政的な闘争のテーマでした。保守主義者たちにとっては、それは大いなる国民

> 的忠誠と信頼性をもった安定した固定的票田の領域を示すものでした。政治的左翼にとって長らく追放は、ドイツの暴力支配に関する歴史の公正な罰を絶対に受け入れようとしない歴史音痴たちに占有された、タブーのテーマでした。このように、[歴史的事実を]見て見ない振りをするということは、歴史的真実を再検討するという作業において、決して褒められることではなかったのだということを、私は今日言いたいのです。……この見て見ない振りはまた、罪もなく暴力体験の犠牲になった人々に対する共感に欠くものでした。（Ibid.: 3193）

このようにこの時代、「追放」の歴史の見直しが、左派政党の議員の間からも試みられたのである。グロッツやフォルマーが言う「歴史的真実」の検討とは、人権という普遍的規範の観点からすれば、ナチスの暴力的支配だけでなく、ドイツ人に対する戦後の「追放」も同じく犯罪であるという認識に至ることを意味している。しかしこの「並列化」も、ドイツと東欧諸国の対立を再燃させる要素もはらんでいた。被追放者諸団体の幹部やキリスト教社会同盟の政治家たちは、この「並列化」の議論を用いて、いまだにドイツ人「追放」の不正を明確に認めないポーランドやチェコ政府に対する批判を行なったのである。二〇〇〇年代に入り、特にチェコの「ベネシュ令」（戦後ドイツ人の財産剥奪や国籍剥奪を合法化した法律で、現在でも効力を持っている）は批判の対象となり、キリスト教社会同盟のエドムント・シュトイバーは、ベネシュ令の撤回がなければ、連邦政府はチェコのEU加盟を認めるべきではないとまで主張した。ベネシュ令がEUの人権規範に反するというのがその理由である。この主張は、シュレーダー首相やフィッシャー外相によって批判されたが、「追放」問題がいまだに東欧諸国との紛争要因であることを示す一幕であった。

「ヨーロッパ的」な諸民族共存モデルとしての東方ドイツ

国境が確定され、東方領土をめぐる領有権争いがなくなると、今度は東方領土が「民族共存の場」として積極的な意味づけを与えられるようになる。同時に、それまでドイツと東方隣国との関係の阻害要因と見なされてきた被追放者や残留ドイツ人マイノリティが、むしろ「対話」と「共存」を実践するロール・モデルとして表象されるようになった。被追放者や残留ドイツ人を、ドイツとポーランドの「友好の架け橋」や「和解のメッセンジャー」と呼ぶことは、すでに国境確定交渉の段階から明瞭に現われていたし、ポーランドとの善隣友好協力条約の文面の中にも、彼らが「架け橋」であると明記されている。このような語法はその後さらに広まり、旧来の国民国家を超える「ヨーロッパ的平和共存」への可能性を、東方領土や被追放者の中に求めるという議論がなされるようになったのである。一九九三年五月二七日に承認された、「ドイツ人故郷被追放者、アウスジードラー、中欧・中東欧・南東欧に生活するドイツ人マイノリティをドイツ連邦共和国と東欧・南東欧諸隣国との相互理解と善隣の政策に組み入れること」に関する連邦議会決議での文言は、九〇年代の被追放者と残留ドイツ人に関する語りの一つの典型例を示している。

被追放者と東欧ヨーロッパに生活するドイツ人マイノリティたちの故郷領土［Heimatgebiete］は、重要な架け橋と出会いの土地である。多様な民族集団とその文化のヨーロッパ的共生のモデルを、何よりもその土地において、歴史的共通性と互いのアイデンティティや言語への尊重と寛容の意識を通じて、また民族集団権とマイノリティの権利の包括的保護を通じて、発展させていくことができるのである。(BT–DS 12/2311：2)

この決議では、社会民主党や緑の党といった左派野党は棄権にまわった。決議文には「故郷領土」という、かつての「修正主義的」ニュアンスをもった概念が用いられていたからである。しかし被追放者や残留ドイツ人マイノリティが「諸民族のヨーロッパ的共生」のモデルとなるという考え方は、左派政党の人々によってもまた語られていたものだった。

また、一九九五年六月一日における「故郷被追放者のドイツ再建とヨーロッパ平和に対する貢献」をめぐる連邦議会における討論において、社会民主党のペーター・グロッツは、「追放」の非人道性、マイノリティの権利保護についてひとしきり論じた後、次のように述べている。

われわれは論理的でなければなりません。我々の追放への拒否には裏面があります。追放を拒否するものは混住を受け入れねばなりません。それは単一の、均質な社会からの決別を意味するのです。

（社会民主党、九〇年連合／緑の党、民主社会党からの拍手）

これは国家が希望者を国境へ送り出したり、異郷人を招き寄せたりすることを意味するだけではありません。それは定住するマイノリティを自分たちの国民として受け入れ、マイノリティは自らの生活の重要な部分を自らで決めていくこと、そして混住状況を払拭した純粋性の観念、「民族の純化」とナチスが呼んだようなものから、最終的に決別することを意味するものでなければなりません。……ポーランドのドイツ人マイノリティの利益を標榜する者は、ベルリンのトルコ人マイノリティの利益をも標榜するものでなければならないのです。（BT 13/41：3186）

なかなか大胆な論理である。「追放」批判、残留ドイツ人マイノリティの権利要求が、単一民族的な国民国家観からの決別と諸民族「混住」の社会モデルの追及へと結びついている。ポーランドのドイツ人マイノリティ保護は、ドイツにおけるトルコ人マイノリティ保護につながるというのである。

緑の党のアンティエ・フォルマーに至ると、テーマは「ヨーロッパ的市民社会」へまで広がっている。

問題は、寛容と文化的共存と諸民族の友好的隣人関係からなるヨーロッパ的市民社会の再構築なのです。東欧の隣国、とりわけチェコ、スロヴァキア、ポーランドとの和解なのです。

ここで被追放者が、絶好のチャンスでまたとないキーとしての役割をもっています。彼らは「今や」、過去に遡って要求するという古めかしい拘束、みっともない付帯条件、「もしも」とか「しかし」などの条件付の声明から、自らを解放することができるからです。（BT 13/41：3193）

フォルマーによれば、被追放者こそが、諸民族共存型の「ヨーロッパ的市民社会」構築の「キーとしての役割Schlüsselrolle」を果たすことができるというのである。

もちろん、このような被追放者や残留ドイツ人マイノリティの理解は、多分に表層的で、単なる希望・願望の表明にすぎないものだったかもしれない。だが重要なことは、このような肯定的意味づけを通して、「追放」の問題やそれと関連した東方領土の諸問題に関する「タブー」から決別することが可能になり、より広範な公共的テーマの一つとして認知されるようになったということである。それが二〇〇〇年代の「追放」の「ルネッサンス」へとつながるのである（4節参照）。

3　ホロコースト・アイデンティティの体制化

統一以後のナショナル・アイデンティティ

一九九〇年のドイツ統一は、ドイツのナショナル・アイデンティティにも大きな変化をもたらした。

ドイツ統一の前後、ナショナル・アイデンティティの将来をめぐって、対照的な見方が提起されていた[7]。一方で、ホロコースト・アイデンティティに依拠する左翼リベラル系の知識人や政治家、例えばユルゲン・ハーバーマスやギュンター・グラスなどは、「統一」がドイツに戦後沈静化していた大ドイツ的・民族主義的（「フェルキッシュ」な）ナショナリズムを復活させ、極右勢力を台頭させるのではないかと危惧していた[8]。国外のメディアや知識人の評論などでも、そうした危惧が表明されることが少なくなかった。しかも「統一」直後のドイツでは、ネオナチによる外国人襲撃事件なども発生し、こうした危惧を裏付けるような動きも現われたのであった。

他方、保守派の知識人や政治家は、ドイツが統一によって国家的分断という「異常なabnormal」な事態が解消できたことを受け、ナチズムの過去という「異常さ」にも「終止符」を打ち、ドイツを「普通のネーション」へと回帰させることができるのではないかという希望が生まれた[9]。実際統一後のドイツでは、これまで以上に「ドイツ史」への関心が高まり、「国益」「軍事貢献」をめぐる議論が公然と展開されるようになっていた[10]。

しかし統一以後一五年以上が経過した現在から見る限り、この二つの観測は、そのどちらも的を射ていたとは言い難い。統一されたドイツ国民国家において進展していたのは、ナチス時代以前の大ドイツ主義的ナショナリズムの復活ではなく、かといってナチスの過去からの決別でもなかった。むしろ進行したのは、ナチスの過去が、新たな統一ドイツの「記憶のレジーム」(Langenbacher 2004)を構成していったことだった。すなわち、ナチスの過去を基盤としたホロコースト・アイデンティティが、統一ドイツのアイデンティティとして体制化されていったのである。

一九九〇年代中ごろから、主要政党や政府の指導的立場にある政治家や影響力のある知識人たちが、しばしば連邦共和国がナチスの暴力と独裁の「過去」を「克服」し、平和な民主的国家となった実績を「誇り」として認識し、それを新たなるドイツのアイデンティティとして語るようになり始めたのである。例えば、連邦議会議長でキリスト教民主同盟のリータ・ジュスムートは、一九九五年四月二八日、「第二次大戦とナチス暴力支配の終焉五十周年記念」にあたりポーランド外相バルトシェフスキを連邦議会に招いた際、次のように述べているのである。

今日まで、このような暴力と独裁に対して明確に一線を画することが、われわれの内政・外交にとって決定的で在り続けてきました。……われわれの解答とは、われわれの基本法への義務と全ヨーロッパの自由と平和秩序をグローバルな責任によって構築することです。「わが民族をまとめているものは何なのか、われわれに強さと積極的なアイデンティティを付与しているものは何なのか」とわれわれが問うならば、それは過去数十年の努力と実績こそがそれです。それはわれわれを未来に向けて駆り立て、われわれに義務として課されているのです[11]。

さらにはまた、左派の有力な「批判的」知識人ハーバーマスでさえ、『ツァイト』紙(一九九四年五月一三日)に次のように書くようになったのである。

六〇年代に要求されたナチスの過去との規範的対決を経ることによって初めて、この［連邦共和国という］「体制への信頼」は自由主義政治文化への確信に基づいた憲法への忠誠へと変化したのです。（Z, 13.5.1994）

このようなホロコースト・アイデンティティの体制化は、一九九八年に成立した社会民主党と緑の党の連立政権の時代になって、より明瞭となった。その翌年の秋には、ドイツ連邦共和国の首都機能がベルリンに移されることになっていた。このような時、緑の党の代表で外相を努めたヨシュカ・フィッシャーは、新たな「ベルリン共和国」のアイデンティティについて、次のように語っている。

すべての民主主義者はそれぞれ一つの基礎、一つの土台をもっている。フランスにとっては一七八九年［のフランス革命］がそれである。アメリカ合衆国にとっては独立宣言である。スペインにはスペイン市民戦争がある。そしてドイツにとってはアウシュヴィッツがある。アウシュヴィッツしかありえない。アウシュヴィッツへの記憶、「もう二度とアウシュヴィッツを繰り返してはならない Nie-meher-Auschwitz」の標語こそ、私の目には新しいベルリン共和国の唯一の基礎になりうるのだ。（FAZ, 18.2.1999：46）

「二度とアウシュヴィッツは繰り返してはならない」。この標語の下、ベルリンのブランデンブルク門南に「ホロコースト警鐘碑」の建設が決まり（後述）、また時をほぼ同じくしてコソボへの連邦軍の派兵が行なわれることになるのである（南 2001）。[12] ホロコースト・アイデンティティは、連邦共和国の公式のアイデンティティとして、政権与党の政策の妥当性根拠として打ち出されるようになっていた。

このような「ホロコースト・アイデンティティの体制化」を促した要因は、いったい何であったのか。ここでは三つの要因を指摘しておこう。

一つには、コール政権下での「統一」事業において、コール政権が諸隣国における「大ドイツ主義再来」への危惧を和らげるための方策の一つとして、ホロコースト・アイデンティティの語法・論法を受け容れたということがある。このことについては前章で、すでに確認した。イギリスやフランスを含むヨーロッパ諸国においては、ドイツの二つの国家が統合することにすら、脅威を感ずる傾向があった（これによってドイツは、ヨーロッパ第一の大国になるのだから）。そのような諸隣国の危惧に対し、ドイツが平和と民主主義を掲げることは、対外的に必要とされたことでもあった。

第二の要因として、ホロコーストの歴史が、旧連邦共和国（西ドイツ）と旧民主共和国（東ドイツ）が、共に最も共有しやすい歴史的過去であったということがある。(13) もちろん、両国の間でナチスの過去に対するアプローチは異なっていた。民主共和国では、建国当初から「ナチスのファシズムと闘った反ファシズムの国」という公式のアイデンティティが確立されていた。それに対し連邦共和国の方では、本書でも論じてきたように、本格的な「過去の克服」が開始されるのは、一九六〇年代のアウシュヴィッツ裁判あたりからである。しかし、共にナチスという過去を否定的契機として共有することが可能だった。

第三には、ホロコーストの記憶が、連邦共和国の国民文化として根付いてきたということがあげられる。戦後五〇年を経過し、ナチス時代を直接体験したドイツ人は少なくなり、ナチスの「過去」を出版物や映像を通じて、また直接の体験者の語りを通じて、間接的に知ることになった世代が社会の中心を占めるようになった。コールが「後から生まれてきたものの恩恵」と語って非難を浴びたことがあったが、彼自身は幼少期はナチス時代を直接経験しており、兄弟も大戦で戦死している。それに対し次の政権を担うゲアハルト・シュレーダーやヨシュカ・フィッシャーは完全に戦後生まれの（いわゆる「一九六八年世代」に属する）政治家である。こうした世代交代は、連邦共和国社会全体で進行していた。ナチズムの非直接体験者が多くなることにより、ナチズムの記憶はむしろ集合化され、かつ恒常化されるようになった。そしてナチズムの記憶は、世代を超えて語り継がれるべき永続的な連邦共和国の政治文化の構成要素になっていったのである。(14) かつては政治的主流派への抵抗的言論の核として使われたホロコーストの記憶、その後激しい政治的・道徳的対立の争点となったホロコーストの記憶は、今や連邦共和国の政治文化の一コマとして日常的に語られ、表象されるようになった。歴史学者のヤン＝ホルガー・キルシュは次のように述べている。「かつての連邦共和国の記憶の歴史を背景に今日の状況を見ると、ナチズム、第二次世界大戦、ホロコーストの記憶は、ドイツ統一以来ますます当然のことと見なされるようになった。かつては社会のメインストリームに対抗して押し進めていかなければならなかったようなナチズムの過去に関する博物館、記念場所、記念碑、映画、記念日などは、ますます受け容れられ、国家によって推進される文化遺産の要素となったのである」（Kirsch 2005：66）。

この新たに体制化されたホロコースト・アイデンティティにおいて、ホロコーストというドイツの過去はもはや、「国民的威信」を汚す「恥」ではなく、むしろドイツ連邦共和国の「威信」や「誇り」の源泉として解釈される（Wilds 2000）。「新たな解釈によれば、ドイツ連邦共和国は、その前史にあたるナチズムの歴史と向き合うことに成功し、今や「過去の克服」に関する国際的な進展の助言者として振舞うことができる、というわけである。ナチスの過去は、もはや重荷や苛立ちの種と感じられるのではなく、否定によるドイツのアイデンティティ形成の生産的資源として感じられるものなのである」（Kirsch 2005：67）。

保守派の政治家達も、ホロコースト・アイデンティティの語法を以前ほどの抵抗もなく利用するようになっていた。例えば、連邦共和国主要政党の中では最保守にあたるキリスト教社会同盟（オーデル＝ナイセ線の最終的承認に対しても、被追放者諸団体の支持を受けて最後まで抵抗を重ねていたことは、前章でも見た）の党首、エドムント・シュトイバーでさえ、一九九五年の五月八日（ナチス降伏の五十周年記念日）に「ナチズムの罪は現在のドイツ人に対して歴史的責任感を要求している。それを歴史的記憶喪失の文化に委ねてしまうドイツ人には、将来はない」と述べていたのである（Wilds 2000：94）。

ベルリン共和国とホロコースト警鐘碑

一九九九年秋、ドイツ連邦共和国は、社会民主党と緑の党という左派政党の連立による政権の下で、ボンからベルリンへ首都を移転した。この移転によって、「統一」以後の国民国家建設事業に一段落がついたと考えることができる。そしてこの首都移転の直前、一九九九年六月の連邦議会において「ホロコースト警鐘碑」をベルリンの中心、ブランデンブルク門南側に建設することが決議された。ホロコースト警鐘碑（正式名称は、「ヨーロッパの殺戮されたユダヤ人のための記念碑」）建設にいたる経緯は、統一以後の連邦共和国におけるホロコースト・アイデンティティのありかたをよく表わしている(15)。

この警鐘碑の建設は、当初は統一前の一九八八年から、ジャーナリスト、知識人たちのイニシアチブにより推進されたものだった。その主導者であるレア・ロシュは一九八九年一月三〇日の記者会見で「この警鐘碑の設立は、東と西のドイツ人にとっての義務なのです」と述べている（Sp. 30.1.1989：196）。このロシュの案は、左派政党や知識人たちの賛同を集めていった。

しかし一九九二年に、この民間知識人による警鐘碑案は、急速に現実性を帯びるようになる。というのは、連邦政府とベルリン市が、この案に対する支持を打ち出したからである。ベルリン市の建設住宅大臣は、「ナチスドイツの犯罪に対する歴史的責任との意識的な対峙への義務が、われわれドイツ人に対して課されており、その義務は消滅することがないからです」と、警鐘碑建設の理由を説明している（Heimrod u.a. 1999：217）。しかしながら、警鐘碑のあり方をめぐって、国内では多様な議論が行なわれた。単なる記念碑にするのか、博物館のようなものにするのか。またデザインはどうすべきなのか。また追悼されるのがユダヤ人だけでいいのか、それはユダヤ人犠牲者の特権化につながるのではないのか、等々。警鐘碑建設問題は紛糾した。

しかしながら、一九九九年までには、ホロコーストの記念碑をベルリンに建設することに対する党派を超えた国民世論の合意は、ほぼ達成していた。連邦議会の決議に対する反対もあったが、それは警鐘碑の形態に関する批判からであり、記念碑設立自体に対する公然たる批判は見られなかった。

一九九九年六月二五日、連邦議会における警鐘碑設立決議をめぐる討論に特徴的なのは、どの党派の政治家も、この警鐘碑設立がユダヤ人犠牲者のためだけでなく、「われわれ自身」のためであると主張していることである。例えば、連邦議会議長で社会民主党の政治家ヴォルフガンク・ティエゼ（彼は旧民主共和国出身の政治家である）は、ハーバーマスを引用しつつ次のように言っている。

……というのも、われわれがこの記念碑を建設するのは、ドイツのユダヤ人であろうがその他のユダヤ人であろうが、ユダヤ人のためなのではなく、われわれのためだからです。われわれは、一つの政治的自己理解に対するわれわれ本来の信条の告白〔unser ureigenes Bekenntnis〕、そこにおいて「ナチズムにおいて実行され、許容されてきた人権侵害の行為、それとともに犠牲者に対してなされた言語を絶する行為に対する慄きが、永続的な不安と警鐘として焼き付けられている」とユルゲン・ハーバーマスが表現しているような信条の告白として、この記念碑を建設するのです。この記念碑の前にあっては、無視や無関心は許されません。(BT 14/48：4086)

また、キリスト教民主同盟のノルベルト・ランメルトは、ホロコーストの過去と連邦共和国時代のドイツ人のアイデンティティの関連について述べている。

恐るべき戦争の後の世代に属する私にとって、ホロコーストはこの共和国の設立の期日にあたるものです。ホロコーストがおこらなければ、この共和国の憲法や、自己理解や、社会的発展は、現在あるものとは違ったものになっていたでしょう。わが国とその歴史のこうした理解のために、われわれは、われわれの首都に記念碑を設立しなければならないのです。それは、われわれが記念しようとしている犠牲者のためであるとともに、少なくともそれと同程度にはわれわれ自身と将来の世代のためのものであるのです。

まさにそうであるがゆえに、警鐘碑をめぐる議論は、ドイツがドイツの今世紀における歴史と自己意識的で自己批判的に向き合うことの重要で不可欠な部分なのです。(Ibid.：4090)

ランメルトもやはり、連邦共和国のアイデンティティの核としてのホロコーストを確認し、表明しているのである。

もちろん国民の税金を投入して警鐘碑を建てるのであるから、「われわれのため」でなければならないという経済合理性の論理もそこにはあるだろう。しかしそれに加え、ホロコーストという歴史がドイツの「国民の歴史」の一部としてしっかりと定着し、それが現在の（そして将来の）「われわれ」に特別な義務を課すというアイデンティティの前提がなければ、こうした発言は生まれ得ないであろう。

緑の党の議員にも登場してもらおう。アンティエ・フォルマーは以下のように述べている。

> われわれの記念碑はドイツ人のアイデンティティ、とりわけドイツ人の歴史的責任に関係するものです。……われわれはこのホロコーストの歴史と共に生きています。もしそれが起こらなかったなら、その方がよかったでしょうが、実際には起きてしまったのです。そして今、それが起きた場所で、われわれはこの過去の犯罪を、未来に向けてより良く備えるために記憶しておかねばならないのです。われわれは、どこから来て、どこに向かうのかを知らなければなりません。この解決不能な緊張の中に、この記念碑はあるのです。（Ibid.：4090）

かつての「極左」政党も、今や政権与党である。前項で引用した党首のフィッシャーの発言にせよ、このフォルマーの発言にせよ、この左翼政党がホロコースト・アイデンティティの体制化に大きな役割を果したことは間違いない。

ホロコーストを「連邦共和国の建設神話」とまで表現したのは、キリスト教民主同盟の若手女性議員であるアネッテ・ヴィトメン＝マウツである。

> 「アウシュヴィッツ」は連邦共和国の中心的建設神話です。この神話に従事することが、各世代を新たな世代へと動かしていくのです。わたしはユダヤ人の強制移住、殺人、根絶に対して、われわれの世代が罪がないことを知っています。しかしわれわれはわれわれわれの責任を感じています。それゆえに、わたしは、若いドイツ人として、

【図12】ホロコースト警鐘碑

またドイツ連邦議会の議員として、まさに今、ベルリン中心部における警鐘碑に賛成しているのです。(Ibid：4110–4111)

どのような警鐘碑にするのかをめぐっては、様々な意見の対立があった。しかしホロコースト警鐘碑の建設について異議を提出した者は少数で、その意義自体については左右の党派を超えた広い「合意」が形成されていたのである(五五九名の議員中四三九名が賛成)(SZ 26.6.1999)。警鐘碑建設に至る過程は、ベルリン共和国がそのナショナル・アイデンティティについての「合意」を確認するための儀式であったと言える。

その後二〇〇五年五月に、二七一一枚の石柱と「情報の場」と呼ばれる展示館から成るホロコースト警鐘碑が完成した【図12】。建設費二七六〇万ユーロは連邦政府予算から支出された。警鐘碑のパンフレットには、「長い議論の末、一九九九年に連邦議会は、虐殺されたヨーロッパのユダヤ人のために記念碑を建設することを決議した。それによって、この犯罪の唯一無二性とその歴史的責任への信条が、ドイツの国家的自己理解の核心であることが明らかにされた」と書かれている[16]。

4 「追放」のルネッサンス

帝国アイデンティティに由来する諸問題の中でも、特に「追放」に対する関心が、一九九〇年代の末から二〇〇〇年代にかけて急速に高まった。その背景には、前節で述べたホロコースト・アイデンティティの体制化がある。ホロコースト・アイデンティティはかつてのような批判性を失い、自明な体制的規範へと変容した。「追放」について語りたがる者を、ナチズムの罪を認めない反動的な歴史音痴と捉えるような論争的図式は、その規範的拘束力を低下させた。今や、ホロコーストの犯罪性を否定することなく、ホロコーストへの一方的執着に反省を促しながら、「追放」の苦境や非人道性についても並列して語ることが容易になったのである。

メディアにおける「追放」問題の回帰

二〇〇〇年代に入ると、テレビや出版等を通して、「追放」の過去が語られ、映像化されることが多くなってきた。例えば二〇〇一年には第一公共放送局ARDによる『被追放者――ヒットラーの最後の犠牲者』（全三回）が、翌二〇〇二年には第二公共放送局ZDFによる『大規模避難――被追放者の運命』（全五回）が放映された。ともにソビエト軍侵攻からポツダム協定以後の強制移住までの歴史を当時の実写フィルム、現在の映像、そして体験者の証言を交えて構成したドキュメンタリー・フィルムである。特に注目されるのは、登場する被追放者たちの涙を交えた「被追放」体験の体験談と、彼らの「故郷」へのノスタルジックな回想である。彼らの語りを通じて、「追放」という歴史が世代を超えて語り継がれるべきドイツ現代史の物語になっているのである。また、それぞれドキュメンタリー・シリーズに関連した番組と同名の著作も出版されている。『被追放者達』はハンス・レンベルクとエリク・フランツェンという歴史家が、『大規模避難』の方はジャーナリストのグィドー・クノップが執筆している。共に写真をふんだんに掲載した一般向けの歴史書として書かれている。

だが、おそらくそれ以上に大きなインパクトをもったのが、ギュンター・グラスの小説『蟹の横歩き』（二〇〇二年出版）である。グラスはダンツィヒ出身の被追放者だが、早い時期から被追放者諸団体とは対立的なスタンスを取り続けてきた。ブラント政権時代は社会民主党員としてブラントの東方政策を支持し（Ash 1993：299）、いわゆる

「一九六八年世代」の象徴として連邦共和国の左派を代表する作家であった。彼はドイツ統一という連邦共和国の政策目標が、かつての大ドイツ主義的ナショナリズムを復活させる可能性を懸念し、一九九〇年の統一に対しても批判的スタンスをとっていた。このような反「ネーション」的、反国民国家的スタンスを取ってきたグラスが、二〇〇〇年代に入って、一九四五年一月に起きた東プロイセンからの大量の避難民を載せた豪華客船ヴィルヘルム・グストロフ号沈没事件を題材にした小説を発表したのである。ノーベル文学賞を受賞したばかりのグラスの小説は、ドイツでベスト・セラーとなった。グストロフ号沈没の生き残りである「母」、典型的な戦後世代のジャーナリストである「私」、そして極右に向かう「息子」の三世代間の関係を中心に展開されるこの小説は、戦後を通じてグストロフ号事件が「タブー」になり、それが最近になってようやく語られるようになっていく変化を、巧みにうつしだしている。三人に加えて、時折登場するグラス本人と思しき人物（「御老体」）が、次のように語っている。

御老体には気になってならない。彼が言うには、東プロイセンの避難民のことをきちんと書いておくのは、自分の世代の使命というものだ。冬のさなかに西に向けて逃れた。吹雪のなかの数知れない死者たち。道ばたや氷の穴で死んでいった者たち。凍りついたばかりの干潟に爆弾が落とされ、また馬車の重みで、いちめんに亀裂が走ったこと。にもかかわらずソ連軍の暴虐に脅え、東プロイセンの町ハイリゲンバイルを出た人の列が、なおのこと数を増しながら、どこまでもつづく雪原を移動していく……逃避行……雪の中の死……彼が言うには、これほどの苦難に口をつぐんではならない。見据えるのを避けて、極右の連中にゆだねてはならない。わが罪を思い知り、悔いと痛みをずっと持ち続けていたにせよ、かかる怠慢は万死に値する……。（Grass 2002：99＝2003：111［邦訳］）

小説の中の記述とはいえ、ここにあるのはすでに一九九〇年代末以後メディアや連邦議会などの公共的言論界で繰り返し語られるようになったものと一致している。すなわち、ナチスの罪を認め、それに対する悔恨の情を持ち続けながらも、同時に戦争末期から戦争直後にかけての「追放」や「避難」という苦難の過去についても語らなければならない。その語りを極右の政治的武器にしてはならない。国民に広く共有され、語られる歴史にしなければならない。二〇〇〇年代に入って急速に進行した「追放」のルネッサンスは、ホロコーストの過去、その罪に対する責任を否定したり、緩和化したりする「相対化」の意図のもとで行なわれたものではない。すでに体制化し、「凡庸化」[17]さえしているホロコーストの過去と共に、もう一つの過去を提起すること、つまり過去の「並列化」が求められている。こうした「過去」をめぐる言論状況の変化が、グラスの小説のベストセラー化の背景にはあるはずである。

「追放」問題と被追放者諸団体

『蟹の横歩き』の「御老体」が望んでいたように、「追放」は被追放者諸団体や極右団体などに限定された集団が語るテーマから脱却し、より広いオーディエンスを獲得するようになった。逆に、被追放者諸団体は、そのような状況をうまく利用しようとした。特に一九九八年に被追放者連盟会長に就任したエリカ・シュタインバッハは、活発にメディアを利用して「追放」の問題を国民世論に広めることに成功している。

エリカ・シュタインバッハ（Erika Steinbach 1943–）は、西プロイセンのラーメル生まれ[18]。現在に至るまで被追放者連盟の会長を務め、またキリスト教民主同盟の連邦議会議員でもある。彼女が、先代までの被追放者連盟会長と決定的に違うのは、（もちろん女性であるということもあるが）「追放」の個人的な記憶が全くないことである（SZ, 5.5.1998）。「追放」の時彼女はまだ幼児であり、彼女の「記憶」は母親から語り聞かされたことによって形成されたものだった。また彼女の父は国防軍の軍人として戦争中に家族と共に西プロイセンに駐留することになったので、何世代にもわたって「東方」に住んできた多くの被追放者とは異なっていた。その点で、彼女の被追放者としての「真正性」には最初から疑問をもたれていた。しかし彼女は新聞のインタビューで、その点に関する質問に答えて、「追放はドイツ国民全体にかかわる問題なので、追放の直接的体験を全く持たないドイツ人が会長になることが、今後は望ましい」という趣旨の発言をしている（Z, 27.5.2004：2）。たしかに、ナチスの過去がそうであったように、「追放」も直接的体験から切り離されることによって、国民全体の集合的記憶となる可能性はある。実際彼女はその後、「追放」とは直接の関係を持たない、さらにはこれまで被追放者諸団体に批判的だった人々とも協力関係を構築していくことになる。

シュレーダー首相も二〇〇〇年九月に被追放者連盟最大のイベントである「故郷の日」に出席し、スピーチをしている。社会民主党の首相がこの大会に出席したのは、これが最初だった。そこでシュレーダーは、シュタインバッハの「反追放センター」構想（後述）には消極的姿勢を明確にしたが、社会民主党はこれまで一度も「追放」を正当と認めたことはなかったと述べ、また被追放者連盟がこれまで極右的ナショナリズムに傾斜したことがなかったことを称えた。シュタインバッハも、シュレーダーの大会への参加を「連帯への印」であると賞賛した（FAZ, 4.9.2000）。

以下、シュタインバッハが会長に就任して以後、被追放者諸団体（あるいはその幹部の一部）が主導する運動のうち、特にメディアの関心を引いてきたものを二つ紹介したい。その一つが「反追放センター」の運動であり、もう一つが「プロイセン信託会社」の運動である。

反追放センター

被追放者諸団体の運動の中でも、とりわけ注目されたのが「反追放センター Zentrum gegen Vertreibungen」設立運動である。これは、「追放」に関する記録の収集や展示を行なう施設である。一九九九年三月二二日、シュタインバッハは記者会見で次のような声明を出している。シュタインバッハの提案は、この施設をドイツのベルリンに建設するというものである。

被追放者連盟会長エリカ・シュタインバッハの確信するところによれば、今世紀のドイツとヨーロッパの歴史に関する公共の資料整理とその再検討において一つの未開拓の部分がある。一五〇〇万人の被追放ドイツ人の全運命がそれである。

これまで起きた中でも最大規模の追放と暴力の行為に関し、その全体を概観できるまとまった場所はどこにもないし、被追放者と彼らの故郷の文化と歴史を関連付けて知ることのできる場所もない。第二次大戦後しばらく続いた移送や強制労働所、拷問台、暴力、そして二〇〇万以上の死に関して知ることのできる場所もない。……

ドイツはベルリンにおいて、この劇的で深刻な全ドイツの歴史の一部に関し、一五〇〇万人の追放の犠牲者の苦難の道に関する常設展示・特別展示を伴った情報収集、資料収集、出会いの中心的な場を必要としている。……このセンターは同時に、人間的出会い、諸民族の友好関係、相互理解と和解の場であらねばならない。それはさらに、追放を非難し抑止する人間への警告であらねばならない。（BdV 1999：35）

この被追放者連盟の「反追放センター」構想を受け、翌年（二〇〇〇年）の九月六日に「反追放センター財団」が設立された。ここで重要なのは、この財団の会長にシュタインバッハと共に、社会民主党のペーター・グロッツが就任したことである。またこの財団の構想の特色は、単に「一五〇〇万人のドイツ人の運命」だけでなく、二〇世紀におけるヨーロッパの他の諸民族の強制移住やジェノサイドを並列して展示するというところにある。財団のホームページ[19]によると、その「目的」の「第一」と「第二」はドイツ人の追放と被追放者に集中しているが、その「第三」にその他の諸民族の追放やジェノサイドの犠牲について、同様に記録し展示することを挙げている。「人権は不可分であるということを、われわれは強調したい。他の諸民族との対話もまた、不可欠のことである」とされ、「追放」をドイツ一国の問題ではなく、広くヨーロッパの、さらには世界全体の問題へと「普遍化」していこうという志向が打ち出されている。それはこのセンターの名称が、「追放」を従来のように単数形でなく、複数形（Vertreibungen）で用いていることにも表わされている。

たしかに財団の構想がドイツ中心主義的ニュアンスを持つことは否定できない。だが「追放」を、ヨーロッパ全般の歴史的コンテキストの中で捉えなおそうというところは、この財団の提起した新しい観点であったことは強調してよい。

この反追放センター構想は、被追放者諸団体の活動に懸念を抱く各方面から、様々な批判を浴びた。しかしこの構想の公表以後、「追放」問題が従来の被追放者諸団体関係者の閉鎖的サークルを超えて、広い範囲からの関心や支持を集めることができたことは否定できない。自身ズデーテンラントからの被追放者であるが、社会民主党の幹事長までつとめたグロッツが、シュタインバッハと共に反追放センター財団の代表になったことは、その点で象徴的である。また、社会民主党の内務大臣オットー・シリーも、当初は財団の反追放センター構想に共感を示していたのである。

さらに注目すべきは、戦後ドイツ人がホロコーストの過去を心理的に隠蔽・抑圧するという「第二の罪」に加担したことを厳しく指摘し、しかも被追放者諸団体のバイブルとも言える「故郷被追放者憲章」（一九五〇年）を「歴史的隠蔽のすぐれた実例」と批判していた（Giordano 1987＝1990）ユダヤ系ジャーナリスト、ラルフ・ジョルダーノが、財団の反追放センター構想に支持を表明したということである。これはドイツの言論界の中では驚きをもって受け取られた。

ジョルダーノは、二〇〇四年七月三〇日に『フランクフルター・アルゲマイネ』紙に寄せたエッセーの中で、自らの「変節」について説明している。そこで彼が指摘している最も重要な点は、被追放者連盟がナチスの時代にドイツ人が行なった不正・犯罪について、被追放者連盟が明確に認めたというところにある。反追放センター財団の構想においても、ホロコーストと「追放」は同じく犯罪として「並列化 gleichsetzen」されている。「追放」はホロコーストの犯罪を隠蔽するものであってはならない（「故郷被追放者憲章」の段階での被追放者諸団体はそうであったというのがジョルダーノの見解である）。だが、同じく「追放」も「ナチスの罪は追放を正当化するものではない」のだと、ジョルダーノは主張するのである（FAZ, 30.7.2004）。

その後、二〇〇二年には「反追放センター」が連邦議会の論題に上った。まず、野党のキリスト教民主／社会同盟が「反追放センター」をベルリンに設立することを求める決議提案を行なった。この提案は、明らかに財団の構想に近いものだった。だが、それに対し連立与党である社会民主党と緑の党、自由民主党も、それぞれ独自の「反追放センター」提案を行なった（BT-DS 14/8594, 14/9033, 14/9068）。

連立与党提案は、明らかに野党側の提案とは異なったスタンスを示していた。それには「ヨーロッパに向けての反追放センター」という名称が付けられ、「ヨーロッパの対話」を通じて二〇世紀のヨーロッパにおける「追放」を包括的に記録することを求めていた。設立場所もベルリンとは特定されていなかった。

結局与党の提案が賛成多数で採択され、野党のものは否決された。与党の提案が、ドイツ中心的なキリスト教民主／社会同盟の提案を骨抜きにする意図を持っていたことは明らかである。しかしここで注目したいのは、与野党の間の対立よりも、むしろ両者の間の「合意」の方である。旧民主共和国のドイツ社会主義統一党の流れをくむ左翼政党である民主社会党を除き、連邦議会の諸政党は、ニュアンスの差はあれ、「避難と追放」の歴史を展示し、その犠牲者たちのことを追憶する施設を設置するということに関しては同意していたのである（Schlögel 2003：6）。与党案を連邦議会で報告した社会民主党のマルクス・メッケル[20]は、次のように「追放を追憶」することに関する広範な合意を指摘している。

われわれは追放について思いを寄せ、当事者たちとその運命について胸に刻み、それを追憶する必要があります。数年前には、これほど広範かつ明確に、このような合意を得ることは不可能だったと思います。……われわれは追放を否定します。なぜならそれは不正だからです。このようなことはあってはなりません。というのも、それが常に集合的犯罪の考え方に基づいているからです。そのような措置を誰も正当化できませんし、その人権侵害を、われわれは受け入れられません。（BT 14/236：23590）

ポーランド政府やポーランドの国内世論は、与党案の採択に対してさえ反発した。ポーランドの有力週刊誌『フプロスト（Wprost）』は、「殺人者の子供達が親の苦労を追憶している」と批判した。一九九五年に外相として連邦議会に招待された際の演説で、ポーランドの「追放」に関する加害者性に言及していたバルトシェフスキも、「反追放センター」には反対し、「ユダヤ人と共にドイツ人も第二次大戦の犠牲者であったという、誤った意識を作り出してしまう」と述べた（Urban 2005：161–162）。財団の構想であろうが、連立与党の構想であろうが、ドイツ人が「追放」について提起すること自体が、「加害者」を「被害者」であると偽る歴史的欺瞞であると見なされたのである。一九九〇年代に「和解と対話」のムードが支配していたドイツ―ポーランド関係は、二〇〇〇年代に入ってにわかに対立的なものになった【図13[21]】。

ポーランドで高まった反ドイツの感情は、『フプロスト』二〇〇三年九月二一日号の表紙に掲げられたモンタージュ写真によって強烈に表現されている【図13】。「ドイツ的トロイの木馬」と中央にタイトルが書かれたこの写真では、ナチス親衛隊（SS）の制服を着たシュタインバッハがシュレーダーに馬乗りになっている。ナチスと同一視されたシュタインバッハが、ドイツの首相を意のままに操っている様子が皮肉っぽく描かれている。ポーランドでは概して被追放者連盟の力が過大視されてはいるのだが、連盟が二〇〇〇年代に入ってその政治的な存在感を増大させていることに対するポーランドでの警戒心がここには示されている。しかも表紙の左側には「第二次世界大戦でドイツ人はポーランド人に十億ドルの支払い義務がある」と書かれている。この背景には、次に論じる一部の被追放者からの喪失財産権補償要求がある。

【図13】『フプロスト』（2003年9月21日）の表紙。

しかし「反追放」の議論は、その後ドイツ一国を越え、ドイツと中東欧諸国の政治家や学者の対話と交流を通じて進められてゆく。二〇〇四年三月には社会民主党系の研究財団であるフリードリッヒ・エーベルト財団の呼びかけにより、ドイツと中東諸国の研究者が会議を行ない、「ヨーロッパ・ネットワーク——二〇世紀の強制移民と追放」と題された「ボン宣言」を発表した（Kruke 2006）。同年四月には、ドイツ、ポーランド、チェコ、スロヴァキア、ハンガリー、オーストリアの六カ国の文化（文部）大臣がワルシャワで会合を開き、やはり「二〇世紀の強制移民と追放」に関する資料収集のための「ヨーロッパ・ネットワーク」の創設についての合意を発表した。これは六カ国にある展示・研究施設をネットワーク化し、研究、資料収集、展示、対話を促進するという構想である（VEE：122–139）。この運動は、その後二〇〇五年二月に、チェコが抜け、オーストリアが「オブザーバー」に退いた形で、残り四カ国による「記憶と連帯のヨーロッパ・ネットワーク」の創設へとつながった。ここにおいて、反発の強かった「追放」

概念は前面から退き、戦争や全体主義的支配の他の犠牲と並列されて語られている（Ibid.：216–221）。

このような「反追放センター」をめぐる論争を通じて明らかになってきたことは、「追放」という問題の公共の場でプレゼンスが高まり、ドイツ人の「追放」が二〇世紀ドイツ史の（さらにはヨーロッパ史の）一部として広く認知されるようになってきたということである。一九九〇年以前の連邦共和国における言論状況と比較すれば、その違いは明らかである。このような最近の状況を象徴するのが、二〇〇五年一二月からボンの連邦共和国歴史館（コール首相のイニシアチブで開設され連邦政府の予算で運営されている）で始まった「避難・追放・統合」の特設展示である。「追放」の前史とドイツ人の「避難と追放」の歴史、被追放者の「統合」の経緯からドイツ統一以後の「和解」、そして最近のメディアの「追放」ブームまでを一通り展示した大規模な展示は、春から夏にかけてはベルリンに移動し、さらに二〇〇六年一二月から二〇〇七年四月にかけてライプチヒに移って行なわれた。この展示プロジェクトのリーダーであるヘルマン・シェーファーは、この展示のために編集されたカタログに寄せた論文の中で、「第一にわれわれは、避難、追放、統合がドイツ史の重要な部分であることを示したいのである」（Stiftung Haus der Geschichte 2005：13）と述べている。また、この歴史館の展示と並行して、反追放センター財団が、ベルリンにおいて「強制された道」という展示を、二〇〇六年八月から一〇月にかけて行なった。被追放者連盟との関係の強いこの財団の展示開催に、国内およびポーランドから強い非難の声もあがった。「追放」を強調することが、ナチスの犯罪の過去を曖昧にしてしまうという反発は依然存在している。しかし「追放」が、ナチス犯罪と並ぶ、二〇世紀ドイツの「もう一つの過去」としての地位をしめつつあるのは確かである。[22]

プロイセン信託会社

もう一つの問題は、被追放者たちによる、「追放」の際に没収された財産権の補償要求である。被追放者が「故郷」に残した財産は、戦後そこを統治するようになった諸国家によって没収された。一九四九年以来、連邦政府はその財産没収を財産権の侵害であるとしてきた。[23] 一九七〇年のワルシャワ条約により、オーデル＝ナイセ線を西側国境とするポーランド国家の存在を事実上容認するようになった後も、その立場に変わりはなく、連邦憲法裁判所も、ワルシャワ条約によって被追放者達の財産権要求が放棄されたわけではないと解釈してきた。つまり財産権問題は、国境線問題とは別次元の問題として（属人的「故郷権」の問題として）主張されてきたのである。ドイツ側のこの解釈は、一九九〇年の国境最終確定以後にも持ち越された。それに対しポーランド側では、領土問題の最終的解決と同時に、財産権問題も解決されたと見なした。この解釈の不一致は、一九九一年の善隣友好協力条約においても解消されなかった。この条約の本文内で財産権問題に関する規定はなく、条約に付帯された書簡の中で「財産権問題に触れるものではない」という記述がなされている。

その後連邦政府は公式には財産権問題を未解決とする立場を撤回したことはなかったものの、その問題を公然と持ち出すこともなかった。他方、被追放者連盟は国境最終確定後も、財産権を被追放者の「故郷権」の問題としてたびたび取り上げていて、その解決をポーランドのＥＵ加盟の条件にせよと要求さえしていた。

だが、財産権問題が、とりわけドイツ内外で注目を浴びるようになったのは、二〇〇〇年に東プロイセン同郷人会とシュレージエン同郷人会が中心になって、株式合資会社「プロイセン信託会社 Preußische Treuhand」を設立してからである。この会社は、ＥＵの東方拡大を視野にいれ、被追放者の個人的賠償請求をヨーロッパ裁判所に提訴しようということを主たる目的にしていた。ポーランドがＥＵに加盟することで、そのような法的手段をとることが可能になるのである。「追放」が被追放者に対する不当な権利侵害であるならば、それに際して行なわれた財産没収もやはり不当であるという法的原則論を、東方拡大する「ヨーロッパ」という場で提起しようというのが、この会社の戦略だった。

しかしながら、プロイセン信託会社の動きは、ドイツ国内でほとんど支持を得られなかった。連立与党は以前から被追放者の財産権回復要求に批判的だったが、野党のキリスト教民主／社会同盟もこの運動を支持しなかった。例えば、キリスト教民主／社会同盟の連邦議会議員による「追放と避難」のワーキング・グループは、「この団体は、ポーランドとドイツの実り多い共存関係になんら寄与するものではない」と批判している。シュレージエン同郷人会の名誉会長のフプカでさえ、「たしかに追放と財産没収は不正であるが、信託会社はドイツとポーランドとの対話において危険な混乱をもたらす」と述べていたのである（Urban 2005：37）。

さらには、被追放者連盟会長のシュタインバッハも、財産権要求が隣国の不安を招いてしまうという理由からプロイセン信託会社に対して「距離」を置き、その主張が被追放者連盟の立場とは異なることを明言した。たしかにプロイセン信託会社には、被追放者連盟の下部組織の幹部が関わってはいた。しかしプロイセン信託会社の中心メンバーは、被追放者諸団体内部では少数の「右派」であり、シュタインバッハの国民的合意形成路線とは一線を画す立場をとっていた。シュタインバッハがプロイセン信託会社からとった「距離」は、被追放者連盟を「右傾化」から防御しようという試みだったと言えよう（SZ, 6.9.2004）。

だが、被追放者の財産権問題が解決されたわけではなかった。その問題は、二〇〇四年八月、ポーランドのワルシャワ蜂起六〇周年の日にシュレーダー首相がワルシャワ蜂起記念碑の前で行なった発言をきっかけに再燃した。首相は「こんにちドイツからの財産権回復要求の余地はありません。……連邦政府も、ドイツの他の全ての重要な政治勢力も、個々の財産権要求を支持することはないでしょう」と、被追放者の財産権要求を明確に否定したのである（VEE：163）。政府の態度を示したこの発言は、キリスト教民主同盟内部からも支持が寄せられたが、反発も招いた。シュタインバッハは、財産権問題の法的な解決がなされていないにもかかわらず、このような発言をおこなった首相を「不誠実」であると批判し、法的整備の必要性を主張した。またポーランド側でも、法的拘束力のないシュレーダーの発言を不十分であるという不満の声が上がった。そして二〇〇四年九月には、ドイツが第二次大戦中にもたらした被害に対する補償要求決議が、ポーランド議会（セイム）において全員一致（一名棄権）で可決されることになったのである（SZ, 11/12.9.2004）。

このように被追放者の財産権問題は、東方領土問題がオーデル＝ナイセ線確定以後も、依然存続していることを示すものである。国境線に関しては法的な解決がついていても、被追放者の権利の問題までが解決されたわけではなかった。「反追放センター」とは異なり、ドイツ国内においても、その大多数はプロイセン信託会社の主張に批判的である。だがプロイセン信託会社は「ヨーロッパ」という新たな公共の場を得た。二〇〇六年一一月、プロイセン信託会社は実際に、二二件の財産権回復要求をヨーロッパ人権裁判所に提訴した[24]。今後もこの問題は、ヨーロッパの枠

組みにおいて議論されていくことになろう。(25)

過去の「並列化」と「記憶の文化」

様々な批判はあるものの、被追放者諸団体のイニシアチブにより、二〇〇〇年代に入って「追放」は確実にドイツ(およびヨーロッパ)の公共的言論界において公然と問題にされるテーマになってきた。この問題自体がタブーに近かった一九九〇年以前の時代から、その状況は大きく変化している。

だが、なぜ今になって「追放」なのか。これまでの議論を踏まえつつ、その背景にあるいくつかの要因を指摘しておこう。

第一にあるのは、一九九〇年のオーデル゠ナイセ線の最終確定である。国境問題の法的決着がついたことにより、「追放」を含めた東方領土に関連する非領域的問題が、かえって議論されやすい環境が生まれたのである。

第二に、冷戦の終結以後バルカン半島で展開された民族紛争、特に「民族浄化」の衝撃である。その結果として、ドイツの公共的言論界において第二次大戦期のドイツ史を比較可能なものとして議論できる環境が生まれたのである。まず「ホロコースト」が「民族浄化」の暴力と比較可能なものとして論じられるようになった。(26) さらに、ドイツ人の「追放」もまた「民族浄化」の一種として論じられるようになる。シュレーダー首相は二〇〇〇年九月に「故郷の日」に招かれた演説をしたさい、コソボへの連邦軍の派遣を「追放に対する戦いである」と述べた(FAZ, 4.9.2000)。「追放」は「民族浄化」と同様「暴力支配の犠牲」を生み出す。このように「追放」を語ることを「ドイツ人の報復主義」であると批判する論法は、もはや説得力を失った。「追放」はいまやドイツ一国・一民族の「悲劇」としてではなく、二〇世紀ヨーロッパの悲劇の一つとして語ることが可能となった。

「追放」への公共的な関心を高めた第三の要因は、ホロコースト・アイデンティティの体制化である。ホロコースト・アイデンティティが体制化される中、ナチズム時代の記憶自体がドイツ連邦共和国の政治文化の一部になっていった。このような状況は、二つの対照的な帰結をもたらしている。一つは、これまで問題にならなかった(あるいはタブーになっていた）、ナチス時代の「普通の」（つまりナチズムの主導者だけでない）ドイツ人の「加担」の歴史までが語られるようになった。「普通の」ドイツ人が進んでユダヤ人虐殺に加担していたことを明らかにしたダニエル・ゴールドハーゲンの本『ヒットラーの意に喜んで従った死刑執行人たち――普通のドイツ人とホロユースト』がベストセラーになり、それまで「清廉潔白」とされてきた正規のドイツ国防軍兵士が、ナチス同様に戦争犯罪に加担していた事実を展示した「国防軍の犯罪」展が大きな話題になったりしたことは、連邦共和国の「記憶の文化」を確認しあう集合的イベント、すなわちデュルケーム的な意味での「儀礼」としての意味を持っていた。かつての「歴史家論争」とは異なり、そこでの主役は歴史学者ではなく一般のドイツ国民であった。ゴールドハーゲンの本は、専門の歴史学者からはむしろその稚拙な立論が批判の対象となることが多かったし、「国防軍の犯罪」についてもそこに展示されていた事実は歴史学者にとっては以前から知られたものばかりであった。にもかかわらず、多くの一般ドイツ人がゴールドハーゲンの本を買い、国防軍の展示に出かけることにより、これらを文化的なイベントへと押し上げたのである。

しかし、こうしたドイツにおける「記憶の文化」は、もう一つの意外な帰結ももたらした。それが、第二次大戦期のドイツ人犠牲者についての語りの広がりである。「記憶」の語りの恒常化がナチズム時代の一般のドイツ人の歴史にまで及んだとすれば、それが今度は同時代におけるドイツ人の犠牲や被害の歴史にまで及んだとしても不思議ではない。第二次大戦末期の連合国による空襲の犠牲についての語り、そして何よりも「追放」についての語りは、このようにして拡大した（Frevert 2003）。メディアにおける「「追放」のルネッサンス」は、一九九〇年代から進行した「記憶の文化」形成の一環としてとらえることができる。

そして第四に、ＥＵ統合への動きと共に、「ヨーロッパ」という新たな規範の枠組みが登場したことである。「ホロコースト」という過去は、もはやドイツ一国にとっての規範ではなく、ヨーロッパ全体の「人権」規範の根拠となった。そのような中、「追放」や在外マイノリティの問題は、もはやドイツ一民族の権利の問題ではなく、ヨーロッパでの「人権保護」という規範的基準に依拠して語ることが出来るようになった。(27) しかもＥＵ東方拡大により、チェコやポーランドという「追放国家」も「ヨーロッパ」の規範枠組みの中に加入することになったのである。一九九〇年代の「和解」ムードの基盤にあったのは、東欧諸国との「加害＝被害関係を前提とした相互の配慮」（川喜田 2005a：62）であった。だがＥＵ拡大の中、そのような前提が崩れつつある。今や、ドイツと東欧諸国との関係は「加害者対被害者」という従来の関係構図ではなく、「ＥＵ加盟国」という対等な関係の構図において議論されるようになった。プロイセン信託会社が、ヨーロッパの人権裁判所に提訴したということも、こうした規範枠組みの「ヨーロッパ化」という事態を物語るものである。

このような四つの要因が複合的に作用した結果、「追放」に関する公共的な関心が高まり、様々な言論が生まれていったのである。今やナチス犯罪の「過去」はそれとして認めつつ、同時に「追放の不正」についても主張するという、「過去の並列化」の論法が可能になった。

例えば、エリカ・シュタインバッハは『フランクフルター・アルゲマイネ』紙の中で次のように述べている。

多くの人たちが、ドイツ人の犠牲者を悲しむことが、ナチズムに対するドイツ人の責任を相対化するのではないかと恐れている。しかし何百万人もの苦しみをわれわれが悲しんだり追憶したりすることが、歴史がわれわれに課したわれわれ固有の責任からの抜け道になるというのだろうか。もちろん、そんなことはない。（FAZ, 3.10.2004）

このような流れを、「歴史修正主義」の再来であり「右傾化」であると捉えて批判的に見ることもできる。たしかに現在のドイツでは、日々メディアで繰り返し伝えられるナチス犯罪に、その事実を否定はしないにしても、ある種の疎ましさを感じている人々は少なくはない。ドイツ人が「被害者」となる「追放」の物語は、そのような「ナチス一辺倒」への疎ましさを紛らわす格好の題材になっているという面は否定できない。

だが、別の見方も出来る。ドイツの「過去」の語りにも、複数の判断基準が許容されつつある。考えてみれば、ナチス犯罪がいかに大きなものとはいえ、その「過去の克服」という単一の基準だけで、ドイツという一国の歴史を語りつくせるものだろうか。一九九〇年代のゴールドハーゲン論争、「国防軍の犯罪」展論争などを引き合いに出し、ドイツでもナチスの過去は完全には「清算されていない」とする議論が少なくない（木佐 2001）。しかも、ナチスの過去が「清算」されていないばかりでなく、「追放」というさらにもう一つの厄介な過去が浮上してきているのである。

ナチズムの歴史学的研究の進展、そのヨーロッパ的・地球的な視点からの再考の動き、そしてドイツにおける「記憶の文化」形成の状況を考えると、ナチズムの過去だけを「比較不可能」なものとして神聖視するホロコースト・アイデンティティの基盤は、ドイツをとりまく現在の歴史的・文化的環境からの負担に耐え切れるものではない。「「追放」のルネッサンス」と本書が呼んだ状況、すなわち「追放」への公共的関心の高まりは、ドイツの「開かれた公共圏」が、一度は必ず通過しなければならない過程なのではないか。そのように考えると、「追放」という「もう一つの過去」をナチスという過去と並列して語ることが可能になりつつあるという状況は、ドイツの公共的言論界がより多様な判断基準を許容可能になったという意味において、むしろ「成熟」の（ないしは「進化」の）兆候なのではないか。しかし、複数の「過去」への語りの基準が共存するようになった公共的言論界はまた、不安定にもなる。ドイツの公共的言論界は、新たなヨーロッパ的・世界的環境の中で、「追放」の語りをいかにコントロールしていくかという新たな課題を背負うことにもなるのである。

終章　結論

本書は、戦後ドイツ連邦共和国の東方領土問題をテーマにしたドイツ現代史研究であるとともに、このテーマを題材として用いたナショナリズム研究でもある。本書の目的も、ドイツ現代史研究に新しい視点を持ち込もうということと同時に、ドイツの東方領土問題という事例を通じてナショナリズム研究の理論枠組みに対して何らかの貢献をなしたいという二つの面があった。ナショナリズム研究の理論的側面としては、第1章で「ナショナル・アイデンティティ」や「公共的言論界」などの概念についての基礎的考察を行なったので、ここでは繰り返さない。本書全体の「結論」である本章では、ドイツ東方領土問題に関し、本書の分析的観点がいかなる知見をもたらしたのかについて、以下五点に分けてまとめておいた。

ナショナル・アイデンティティと領土問題

一九世紀以後の近代国民国家の時代にあって、一つの国民国家が領有すべき領土はナショナル・アイデンティティを通じて理解され、主張され、正当化されている。領土問題とは二つ以上の国民国家が、自らが「領有すべき」領土についての解釈図式を用いて同一の土地に対して領有権を主張するところから発生する。例えば戦後のドイツ東方領土に関して言えば、オーデル＝ナイセ線以東の土地に対し、ポーランドは元来ポーランド人に帰属する「原ポーランド領」であり、戦後の領土変更はこの「原ポーランド領」が「回復」されたにすぎないと主張した。しかしドイツ連邦共和国は、同一の土地に対し、戦前の「一九三七年のドイツ帝国」の一部であるとして領有権を主張したのである。

それぞれの領土主張は、多面的で複雑な歴史的事実の中から自らの主張と論理整合的な諸事実を抽出し、その歴史解釈に基づいて自らのナショナル・アイデンティティを基礎づけている。

しかし本書が主として関心を寄せてきたのは、そうした国家間の領土紛争におけるナショナル・アイデンティティの役割ではなかった。ナショナル・アイデンティティは、国家内での領土問題をめぐる論争の中でも大きな役割を果たしている。領土問題に関するスタンスは、国家内において必ずしも一枚岩ではない。例えば、政府の領土問題についての政策や方針に対し国内から批判や疑問の声が上がることもある。時に当該国家が領有すべき領土の範囲に関して異なった意見が表明されることもある。領土をめぐる論争において、政府、政党や利益団体、世論におけるオピニオン・リーダーなど様々な国家内の政治アクターは、自らが前提とするナショナル・アイデンティティの解釈図式を用いて領土に関する政策や理念を主張し、国内における支持や合意を訴える。同時にそれを通じて、彼らは政治の場で自らの存在をアピールし、優位な位置を占めることもできる。領土問題に関する論争は、ナショナル・アイデンティティについて相互に共鳴しあい、批判しあい、さらに再確認しあう政治過程であり、それを通じてナショナル・アイデンティティは維持され、また変容する。

本書がとりあげた東方領土問題は、ドイツとポーランドの間の国境紛争であると同時に、ドイツ連邦共和国内での大きな論争のテーマでもあった。当初東方領土奪回を国是に掲げ、国内世論も大多数それを支持していたにもかかわらず、その後激しい論争を得て、最終的にはその領土を放棄するに至る。その変化の過程でどのようなことが行なわれていたのか、ドイツのナショナル・アイデンティティはその変化とどのようにかかわっていたのか。それが、本書が取り組んだ中心的テーマであった。

帝国アイデンティティと東方領土の「失地回復」

一九四九年の建国から一九五〇年代にかけて、ドイツ連邦共和国の政府と主要政党はそろってオーデル＝ナイセ線を否認し、ポーランドとソ連に対し東方領土の「失地回復」を主張していた。世論の大部分もそのような立場を支持していた。このような合意を支えていたのが「一九三七年一二月三一日時点の領域におけるドイツ帝国は存続する」という理解の仕方であった。これを本書では「帝国アイデンティティ」と呼んだ。ロンドン議定書やポツダム協定など連合国が戦後処理のために発した法的文書に由来するこのアイデンティティは、ドイツが東方領土に対して主張を行なう際の規範的枠組みとして作用することになる。それは「外来」の法的文書に依拠するものの、敗戦と政治的分断にもかかわらず「全ドイツ」の歴史的継続性を主張することのできる有効な概念的資源だった。このアイデンティティの枠組みに依拠することで、連邦共和国の政府や主要諸政党はオーデル＝ナイセ線の設定がドイツの「民族自決権」を侵害する「不当」な領土剥奪であることを主張することができた。またそのような一方的な国境線設定の不当性の認識は、同じく不当なドイツ人の大量追放の記憶とも結びつき、一九五〇年代の支配的なナショナル・アイデンティティの解釈枠組みを構成した。

一九五〇年代の半ばになって、東方領土の回復が事実上不可能であることが明白になってきた後も政府や主要政党はこのアイデンティティの規範的枠組みに拘束され、オーデル＝ナイセ線の承認に踏み出すことができなかった。特に東方領土問題の最大の当事者であり、また東方領土回復に対し最も強硬な立場をとる被追放者たちの諸団体は、帝国アイデンティティの枠組みを動員することで、政府・主要政党の政治家に規範的・政治的な圧力をかけた。連邦共和国人口の六分の一を超える被追放者の票を重視する諸政党の政治家達も、被追放者諸団体の主張を全く無視することはできなかった。

ホロコースト・アイデンティティと東方領土の「放棄」

このような硬直化した国内的合意は一九六〇年代に解体していく。まず国内世論の中から政府や主要政党の東方政策の硬直性に対する批判の声が上がり始め、社会民主党と自由民主党がポーランドとの「和解」のためオーデル＝ナイセ線を承認すべきであるという方針が採用されるようになった。そしてブラント政権が一九七〇年にモスクワ条約とワルシャワ条約を締結し、オーデル＝ナイセ線をポーランドの西側国境として承認したのである。このような東方政策の劇的転換の背後には、一九六〇年代に進展した連邦共和国の政治文化の変化があり、それにともなう特殊戦後的なナショナル・アイデンティティの広まりがあった。

一九六〇年代に入りテレビや出版メディアを介した政治ジャーナリズムが台頭し、また戦後生まれの若者世代が登場し、連邦共和国の公共的言論の状況は変化する。特に重要なのは、アイヒマン裁判やアウシュヴィッツ裁判をきっかけにナチスの過去に対する国内での公共的関心が高まったことである。ナチスの過去に真摯に向き合い、それを「克服」することを戦後ドイツ人の「特別な義務」であるとする理解の方法が広まっていく。そのようなアイデンティティを、本書では「ホロコースト・アイデンティティ」と呼んだ。

ホロコースト・アイデンティティは東方政策とも結びついた。東欧諸国、特にかつてナチスが侵略したポーランドと「和解」を達成し、ヨーロッパの「平和」に貢献することが、ナチスの「過去」を背負ったドイツの重要な義務であると解釈されるようになったのである。そのためにはオーデル＝ナイセ線の承認は避けて通れない。このようにしてオーデル＝ナイセ線の承認は、ドイツ人が「過去の克服」のために果たすべき責務であると主張されるようになる。しかもそれはドイツの国際的な信頼を回復することにもなるとされた。ブラント政権の東方政策は、そのような「和解」と「平和」の理念によって説明され、正当化された。国内の世論の多数派も、彼の東方政策を支持した。

しかし、そのような政府の政策に対し、野党にまわっていたキリスト教民主／社会同盟と被追放者からなる諸団体は激しく抵抗した。両条約が批准された後も、被追放者諸団体と野党保守派を中心とする少数派は依然としてオーデル＝ナイセ線を承認せず、「ドイツ帝国」の存続を依然主張し、東方領土に関連したドイツ人の権利に対する主張を繰り返した。そこには社民／自民政府も無視することのできない法的正当性があった。

このような多数派を占める国境承認派と少数派の国境非承認派との攻防戦は、一九九〇年のドイツ統一によって決着する。統一と同時に連邦共和国はオーデル＝ナイセ線を正式に承認し、東方領土を最終的に放棄したのである。コールを始めとする政府の指導者達は、ドイツ人の平和への意志を示すために国境承認は必要であるということ、そして今後はポーランドとの「和解と相互理解」を重視しなければならないことを強調した。統一の代償として国境線承認を受容するため、彼らはホロコースト・アイデンティティの語法と論法を取り入れたのである。連邦議会も圧倒的多数が国境線を承認した。被追放者諸団体を除き、国内からも大きな反対の声は上がらなかった。

しかしこれで帝国アイデンティティが完全に消滅してしまったわけではない。たしかに国境線は決定した。しかし在外ドイツ人マイノリティ、「東方のドイツ」の文化や歴史、そして被追放者の「故郷権」や「追放」の非人道性など、帝国アイデンティティを構成する非領域的問題は再テーマ化され、むしろ以前よりも公共的な場で積極的に語られるようになったのである。

被追放者諸団体の制度的統合

なぜドイツ連邦共和国は、戦前のドイツ領の約四分の一の広さに当たる東方領土を「放棄」することができたのか。その理由の一つは、ナチス犯罪の「克服」という義務の観念に依拠するホロコースト・アイデンティティが、ドイツ人の公共的規範の枠組みとして広く受け入れられ、それが東方領土の「放棄」を正当化する言論として作用したということである。

しかしながら、このアイデンティティの規範的圧力だけが、ドイツ東方領土の「放棄」を可能にしたわけではない。規範のもつ理念的な力だけで社会を統合することは出来ない。なぜなら、強制的な権力が作用しない限り、規範はそれを拒絶したり、批判したりすることが可能だからである。特に東方領土問題の最大の当事者でもあった被追放者たちの諸団体は、このホロコースト・アイデンティティの規範に全面的に屈したことはない。被追放者諸団体のリーダー達は一貫して、「ナチス犯罪によって「追放」の不正が相殺されるわけではない」という主張を繰り返し、自分たちの「故郷権」を取り下げることはなかった。一九七〇年のワルシャワ条約にも、一九九〇年の国境条約にも、被追放者諸団体は反対した。その結果、被追放者諸団体は反動的な「修正主義者」集団とみなされるようになった（一九七六年の「教科書勧告」には、はっきりとそう書かれていた）。

だが重要なのは、国内の少数派勢力に転落し、世論の中でも周辺化された存在になっていったにもかかわらず、被追放者諸団体が反議会的なラディカリズムに陥ることはなかったことである。被追放者諸団体は、常に「憲法への忠誠」「法」「民主主義」を強調し、一度国会で決定された法律は尊重する立場をとった。また、国内の主要諸政党も、被追放者諸団体の孤立と極右化を恐れ、自分達の支持基盤に被追放者を統合しようと試みた。一時被追放者諸団体との関係が悪化していた社会民主党も、シュレーダーが首相として政権として返り咲くや、被追放者連盟の大会に出席して関係の良好さをアピールしたのである。また連邦政府は、連邦被追放者法第九六条に基づく被追放者諸団体への財政的援助を削除したことはなかった。さらに被追放者諸団体の方も、政府や諸政党へのロビー活動の回路を維持し、世論に向けては出版メディアなどを通じて、自分たちの見解を公表し続けた。たしかに被追放者諸団体は、連邦政府の東方政策とその理念に合意しなかったかもしれないが、ドイツ連邦共和国の民主的憲法体制の下に制度的に統合されていったのである（Ahonen 2003：266–279）[1]。

たしかに被追放者諸団体は、しばしば政府の方針と反する「修正主義的」主張を行ない、国外・国内からはしばしば疑惑の目で見られていた。だがその活動は、常に「民主主義的」で「法的」な手続きに従っていた。被追放者連盟は、「故郷」を追われた政治難民の団体という意味で「ドイツのＰＬＯ」と呼ばれたことがある（DOD 29/3, 1987）。しかし、被追放者諸団体がテロリスト的活動にかかわったことはない。このことはむしろ、驚くべきことかもしれない。東方領土やその他の東欧地域からの一方的で暴力的なドイツ人住民の強制移動は、彼らを過激な運動へと駆り立てたとしても決して不思議ではなかったからである。実際には、被追放者たちの諸団体が過激化することなく、常に合法的手段によって「故郷」への権利と「追放」の不正を主張しつづけた。ドイツ連邦共和国は、オーデル＝ナイセ線の承認という政府の基本方針に反対したこれらの諸団体の存在を許容してきた。このような、対立する意見を持つ集団を包含する多元的な政治制度こそが、東方領土の「放棄」を可能にした一つの鍵になっているのではないか。たしかに連邦共和国は対外的には東方領土を放棄した。しかし国内において、東方領土に関する主張を全面的に否定したわけではない。被追放者諸団体の活動は、連邦共和国がオーデル＝ナイセ線を最終的に承認した後も現在に至るまで続いている。その運動の現在の中心的目標は、一九七〇年代以後タブー化されていた「追放」の歴史を、ドイツ史認識のメインストリームの中に復権させることである。東方領土は「放棄」された。しかし、その記憶までもが放棄されたわけではないのである。

ナショナル・アイデンティティと「記憶の文化」

集合的記憶はナショナル・アイデンティティにおける本質的な因子である。本書がホロコースト・アイデンティティと呼んだ戦後ドイツ固有のナショナル・アイデンティティにおいては、ナチス犯罪が否定的な形でその記憶の核を形成した。そこではナチスの過去を反省し、その悲劇を繰り返さず、さらにそれを克服して「平和」や「人道」のために貢献しようという努力の上にアイデンティティが基礎づけられたのである。当初周辺的でアドホックなものにとどまっていたこのアイデンティティは、一九六〇年代に公共の場での論争通じて結晶化し、一九七〇年代には広く国民化されるようになった。しかしその自己否定的なアイデンティティの形態に対しては抵抗や反発も多く、一九八〇年代にはナチスの過去に「終止符」を打ち、長い歴史と伝統の継続性の認識の上に「普通の」ナショナル・アイデンティティを取り戻そうという動きも進んだ。しかし一部の左派知識人の危惧とは反対に、統一を果たして「普通の」国民国家となったドイツにおいて、ナチスの過去に対する「終止符」が打たれることはなかった。逆にナチスの過去に依拠したホロコースト・アイデンティティが新しい「ベルリン共和国」の自己理解の基礎として体制化されていったのである。ドイツの政治家やオピニオン・リーダーたちは、ナチス犯罪に対する責任をドイツ人の義務として語るとともに、連邦共和国が戦後ナチスの過去をいかに「克服」してきたかについて誇りをもって語るようにさえなった。現大統領のホルスト・ケーラーも演説の中で「ショーアに対する責任はドイツ人のアイデンティティの一部なのです」と述べている。(2)

そのようなホロコースト・アイデンティティの国民化・体制化の影で、戦前の東方領土や「追放」が行なわれた地域一帯のドイツ人の歴史は、一時忘却されていくかに見えた。一九七〇年代以後、これらの歴史については一部の被追放者諸団体のサークル以外では、あまり公共の場で語られることがなくなっていった。逆にこの歴史に言及すること自体がナチスの犯罪を「相殺」する反動的で極右的な試みとして批判の対象となることさえ少なくなかった。しかし一九九〇年のドイツ統一は、ここでも大きな変化をもたらした。ドイツ統一はその代償として東方領土に対する領土要求を正式に放棄することを決断させた。しかしそのことがかえって、「東方のドイツ」の文化や歴史、東方からのドイツ人の「追放」の歴史などに関し、公共の場で語られる機会を拡大したのであった。国境線が確定したことで、国境外のドイツ人の歴史について語りやすい環境がむしろ整えられたのだと言えるだろう。

特に戦後ドイツ人の「追放」に対する公共的関心が、二〇〇〇年代に入って急速に高まってきた。テレビ・ドキュメンタリーや出版物を通じて、「追放」の物語が広く語られるようになってきたのである。被追放者諸団体の活動も活発になり、公共的言論界のメインストリームにも浸透する傾向を見せている。「追放」の歴史についての展示を行なうという「反追放センター」構想は、狭い被追放者諸団体サークルを越えて社会民主党議員を含めた広い範囲からの支持を得ている。二〇〇五年一一月に新たに首相になったキリスト教民主同盟のメルケルも、その就任演説の中で「ベルリンに追放の不正を記憶する目に見える目印を置く」と述べた（BT 16/4：83)。

こうした「追放」をめぐる「ルネッサンス」状況は、ホロコースト・アイデンティティを中心としたドイツの記憶の文化に変質をもたらしている。ホロコーストやアウシュヴィッツという言葉に代表されるナチス犯罪の過去だけでなく、ドイツ人の「追放」をめぐる苦難と悲劇の物語が、もはや「タブー」ではなく、ドイツのもう一つの過去として語られているようになったのである。それは「追放」だけでなく、戦争時の空襲被害の記憶など、ドイツ人による犯罪行為の歴史だけでなく「戦争犠牲者」としてのドイツ人の歴史に注目する最近の動き全体とも関連している。

このような最近のドイツの「記憶の文化」をめぐる変化を、ナチス犯罪を「相対化」する「歴史修正主義」の再来として批判的に捉えることもできるであろう。だが、もはやかつてのようにナチズムの過去を「比較不可能」なものとして神聖視することが不可能となった状況の中で、ナチズムの不正は認めつつ、「追放」の歴史を国民の歴史の中に取り戻そうという傾向（それを本書では「過去の並列化」と呼んだ）が強まるのは当然であろう。とすれば最近の変化は、ドイツの公共的言論界が過去に対する複数の語りの基準を許容するようになったという点において、「記憶の文化」が新たな段階に入ったことを意味するものと見ることができるのではなかろうか。しかしその「追放」の語り方について安定したパターンが共有されているわけではない。また対外的にも誤解や批判を招いている。「追放」の歴史を、拡大するヨーロッパという文脈の中で、いかに内外で受け入れ可能な「国民の物語」へと構成していくのかは、今後に残された問題となっている。

《補論》東方領土問題と日本
——二つの領土問題

本書への補論として、これまで論じてきたドイツの東方領土と戦後日本の領土問題についての比較論を試みてみたい。現在世界には様々な領土紛争・領土問題があり、それぞれに異なった歴史的背景をもっている。それを単に領土の領有や国境線画定をめぐる紛争であるからといって、安易に比較することには慎重でなければならない。全く事情の違う二つのケースを比較しても、あまり意味はないからである。

だが、ドイツの東方領土問題と日本の北方領土問題には、その比較を有意味なものにするいくつかの共通点が存在している。その第一は、双方とも第二次大戦の敗北によって喪失した領土の回復をめぐる問題であるということである。しかも双方とも、第二次大戦末期におけるソ連の「暴力的」な軍事侵攻と「不当」な占領によってもたらされたものだった。またどちらの領土喪失とも、敗戦という国民的・民族的な「トラウマ」と深く結びついたものだった。それに加え、ドイツと日本は共に第二次大戦の敗戦国であり、かつ第二次大戦開戦や大戦中の様々な犯罪的行為への「責任」を、戦後現在に至るまで背負わざるを得なかった。ドイツの東方領土と日本の北方領土は、「敗戦」と「戦争責任」（ないし「ナチス犯罪の責任」）という、二重に「負」の過去を持った両国が、ソ連の「不当」な領土占領にいかに抵抗しえるのかというテーマを突きつけているのである。

しかしながら、二つの領土問題の現在までの経緯は大きく異なっている。ドイツは東方領土を正式に放棄し、少なくとも国境線に関する問題は解決をみている。それに対し、日本は依然として北方領土を放棄してはいない。ソ連ないしロシアとの間の領土問題は、いまだ解決されていない。この違いをどう考えていくのか。終章では、日本の北方領土とドイツ東方領土の問題のされ方と処理のされ方の類似点、相違点を検討してみる。

1　ヘルムート・シュミットと北方領土

ここでまず紹介したいのは、一九八八年四月二一日の『ニューズウィーク日本版』に掲載された、連邦共和国元首相ヘルムート・シュミットのインタビューである。そこでシュミットは北方領土について質問を受けている。二〇年近く前の、ドイツでは統一が現実的な政治課題として浮上する以前のインタビューではあるが、シュミットの指摘は現在でもなおリアリティを失っていない。日本の北方領土問題について多くのことを考えさせてくれる、示唆と含蓄に富んだものである（逆にそれは、日本の北方領土問題がいかに進展していないのかということの裏返しなのかもしれないが）。長くなるが、その部分を全文引用してみたい。なお、当時の日本の首相は竹下登であった。

――仮にあなたが竹下首相の立場に立つとしたら、北方領土問題にどう対処するか。

シュミット　何もしない。北方領土は日本とそのアイデンティティーにとって、どれほど重要だろうか。いま住んでいる日本人は皆無で、戦前もごくわずかだった。

ポーランド人のことを考えてみてほしい。彼らは第二次大戦後領土の半分を失い、代わりに若干のドイツ領を得た。母国から追い出され、さらにはドイツ人を追放しなければならなかったのだ。

また、ハンガリーやフィンランド、それに二つに分断されたドイツのことも考えてみればいい。皆が失地を回復しようとすれば、第三次大戦を招くことになろう。

ドイツと日本が火ぶたを切り、そして敗れたあの戦争には、払うべき代償があるのだ。日本人の孤立主義がそのことの理解を妨げている。フィンランド人やハンガリー人、あるいはドイツ人が払った代価に比べれば、北方領土など小さなものだ。

私は無抵抗主義者ではない。だが、われわれが戦争を始めるつもりはない。ソ連の指導者の言いなりになるつもりはない。だが、われわれが戦争を始め敗れたのだということを、私は深く理解している。その上われわれは、実に残酷な戦い方をした。いったい何百万、何千万の人々を殺したことだろうか。

戦前と同じ世界に戻せといっても、何にもならない。日本が中国を攻撃していなかったなら、満州国を樹立していなかったなら、朝鮮半島やフィリピンを侵略していなかったなら……すべてそういうことだ。

北海道には十分な広さがある。なぜあんな小さな島々が必要なのか。ソ連の占領は不法だと私は思う。それにソ連は戦争が終わる直前に日本に宣戦布告したのだ。だが、あれからすでに四五年もたっている。それでも本当に、日本人は第二次大戦の結果をなかったことにしたいと思っているのか。

もっと現実を認識すべきだ。北方領土には日本の社会や国家、あるいはアイデンティティーにとって死活的な重要性はない。それはあなた方が四〇年以上も持ち続けてきた、一つの心理的・政治的な主張に過ぎない。(1)

日本の北方領土をめぐる現在の状況は、一九五〇年代前半のドイツ連邦共和国に似ていなくはない。日本政府と国民の多くが国後島、択捉島、色丹島、歯舞諸島のいわゆる「北方四島」を「日本固有の領土」と見なし、それを否定するような発言は公的な場ではほとんどタブーにさえなっている。北方領土に関し多くのものが書かれてきたが、いまだに北方四島の放棄をはっきりと提言するようなものはあまり見あたらない。政治家がそのようなことを主張すれば、「売国奴」として政敵のみならず世論からもバッシングを浴び、政治生命が危うくなることは間違いない。(2) このような背景からシュミットの(二〇年近く前の)見解を読むと、それは実に新鮮で、ショッキングでさえある。北方領土は日本にとって必要ではない、放棄せよ。そうシュミットは提言しているのである。

これを、日本の歴史や事情をよく理解していない一外国人政治家の個人的見解と切って捨てることはできない。ここでシュミットが、ドイツ東方領土の問題を念頭において発言していることはほぼ確実だからである。ポーランド、ハンガリー、フィンランドに比べると、ここでのドイツへの言及はやや直接性に欠いている。「分断されたドイツ」という表現で、われわれは東西の二国家への分断をイメージするかもしれない。だが全体を通してシュミットの頭にあるのは、東西両ドイツ国家以東にあった東方領土の問題であることは間違いない。

本書でこれまで考察してきたように、ドイツは戦争によって戦前の領土の四分の一にあたる東方領土を喪失し、また東方領土を含めた中東欧一帯から約一四〇〇万のドイツ人が「追放」された。しかもシュミットは、ブラントと共に、国内からの様々な抵抗を排して、その

「放棄」を積極的に推進してきた政治家である。ソ連とポーランドによるドイツ東方領土の占領も、やはりドイツを排除した国際的合意によって決定されたという意味で「不当」なものであった。そのことを、シュミットはもちろん認識しているはずである。にもかかわらず彼は、東方領土の「放棄」を一貫して推し進めてきたのである。シュミットの日本の北方領土に関する見解は、こうした彼自身の政治的経歴と関連させて理解する必要がある。彼は、ドイツ東方領土問題の経緯を踏まえた上で、「ドイツ人が払った代価に比べれば、北方領土など小さいものだ」と述べているのである。

シュミットという政治家は、歴代の連邦共和国首相の中ではおそらく最も東方領土問題に関して冷淡な人物だった。ブラントでさえ、一九六五年以前には被追放者の集会に出席し、「放棄は裏切りである」と叫んで彼らの歓心をひきつけていた。筆者の知る範囲で、シュミットはそのような発言は一度もしていない。国防軍の一兵士として東部戦線で戦った経験を持つシュミットが、東方領土問題に関して無知だったわけではない。しかし彼には明確な政治哲学があった。それは、東欧諸国の「和解」、ヨーロッパの「平和」への貢献によって諸外国との友好関係を深め、ドイツに対する国際的信頼を回復することが、連邦共和国の行動の選択肢を広げ、結果的に「国益」に繋がるという考え方である。それは敗戦、ナチスの過去、そして冷戦による東西分裂という状況の中にあって、連邦共和国がとり得た一つの現実的な外交戦略であった。そしてオーデル＝ナイセ線の承認は、その外交戦略の不可欠の要素だった。ブラント、シュミットと続く社民―自民連立政権は、そのような政策を、連邦共和国の東方政策の基本パターンとして確立した。シュミットに続くコール政権でさえ、その政策との「継続」を打ち出さなければならなかった。それについては、本書の第6章から第8章にかけて論じてきたところである。

シュミットはまた、日本の外交政策の停滞を、連邦共和国の東方政策との比較の中で見ている。彼は、先に引用した発言に先立つ部分で日本の外交政策に触れ、日本が国際社会において「友人がいない」という点に厳しい評価を下している。ブラントとシュミットの外交路線は、ナチズムの歴史によって失った諸外国（とりわけ東欧諸国）からの「信頼の資本」を、時間をかけて回復し、国際社会の中に「友人」を増やしていくというものだった。ブラントのポーランド訪問は、その路線の構築において決定的に重要な意味をもっていた。シュミットは、ブラントのポーランド訪問と日本の外交姿勢と比較しながら、次のように述べる。「西ドイツがポーランドと国交を回復した時、当時のブラント首相はワルシャワを訪れ、対独戦の犠牲者が葬られている墓地でひざまずいた。あれはすばらしい意思表示だった。日本はそんなことは決してしない。あまりにも誇りが高すぎるのだ」。社会民主党の外交政策の「自賛」とも受け取れるが、またそこにシュミットの強い信念が表われている。

「和解」を前面に掲げるブラントとシュミットの外交政策は、単に「過去の克服」という道徳的な意思表示を意味するだけではない。それは連邦共和国への信頼を獲得し、国際政治上の存在感を高めるという意味で、現実的な「国益」に貢献するものでもあった。それと比較してシュミットは、日本とソ連（当時）との外交関係の停滞を指摘し、次のように述べている。日本の「対ソ関係は控えめに言っても冷え切っている。ときどき訪問しあうという通常の外交関係さえあれば、北京からもワシントンからも日本は一目置かれよう」。つまり、日本がソ連とある程度の外交関係の停滞が、日本の外交の自主性を妨げ、結果的に対米依存をもたらしているということである。「アメリカがわれわれの主人となるべきではない。彼らもときにまちがいをする。われわれは自らの利益に従って行動する能力を確立し、それを維持すべき」なのだ。日本の対ソ外交の低調の最大の理由が北方領土問題の停滞ということになれば、北方領土への拘泥が日本の「国益」を阻害していることになる。シュミットの提言には、そのような認識が示されている。

2 「追放」と「引揚げ」

——北方領土は日本とそのアイデンティティーにとってどれほど重要だろうか。いま住んでいる日本人は皆無で、戦前もごくわずかだった。——

領土喪失の人的負担

シュミットが日本に領土放棄を提言する根拠の一つがその「小ささ」にあった。しかしそれは、単に面積的な小ささだけを意味するのではない(3)。むしろシュミットが注目しているのは、その人的な負担の小ささである。

本書でも繰り返し強調してきたように、領土喪失は、単に地図上での国境線の変更だけを意味するものではない。領土喪失には必ず人間に対する負担が伴う。むしろ大きな問題なのは、領土喪失がもたらす住民への人的負担の方である。ドイツの東方領土問題で言えば、その負担は三つの問題に分けて捉えることが出来る。すなわち(1)戦争直後にドイツ東方領土から強制的に移住させられたドイツ人被追放者、(2)その後もオーデル＝ナイセ線以東に残留した在外ドイツ人、(3)戦後継続的に連邦共和国に移住したドイツ人移住者（アウスジードラー）の問題である。第7章で見たように、この中の三つ目の問題であるアウスジードラー問題は、シュミットが首相在任中最も真摯に取り組んだ（取り組まざるを得なかった、という方が正確かもしれないが）テーマだった。

シュミットも指摘しているように、この三つの点に関して、日本の北方領土が「日本人」にもたらした負担は、量的に見ると比べようもなく小さい。ドイツの被追放者に相当するのが、日本における「引揚者」である。内閣府北方対策本部のホームページによれば、終戦時に北方四島に居住する日本人の数は、約一万七〇〇〇千人とされている。[4] よって、引揚者の数も一万七〇〇〇を越えることはない。[5] それは、東方領土からの約七〇〇万の被追放者を抱えることになったドイツ（連邦共和国だけで約四四〇万）とは比較にならない。また、現在北方領土には、「日本人」は一人も存在していないとされている。[6] よって日本の北方領土には「在外同胞」問題や、「アウスジードラー」に相当する問題も、存在しないことになる。

だが、領土喪失による被害を、単に量的な問題だけに還元するのは一面的であろう。その被害が、戦後社会全体においてどのように認識され、どれほど「国民的」に共有されていたのかという質的な問題も重要である。ドイツの場合、一九五〇年代の連邦共和国において、領土喪失の最大の被害者集団である被追放者たちは戦争におけるドイツ人犠牲の象徴的存在であった。彼らは失われた「故郷権」の回復、「民族の自己決定権」の要求、法的に存続しているはずの「一九三七年のドイツ帝国の再確立」という諸概念に訴えることにより、政府や主要政党、国民世論に対して規範的な圧力をかけることができた。それに加え被追放者は組織化された政治的動員力ももっていた。一九五七年に結成された被追放者連盟は、強力な利益団体として政治的影響力を行使し、政府や主要政党も彼らの声を無視することは出来なかったのである。それはオーデル＝ナイセ線承認を妨げた最大の要因の一つであった。つまりドイツの被追放者は、自分たちの被った被害を公共的な次元で語りうる共通前提を、少なくとも一九五〇年代の連邦共和国においては確立していたのである。

　では、北方領土からの引揚者の場合はどうか。ドイツの「被追放者」も、日本の「引揚者」も、領土喪失の最大の被害者であり、その意味で領土問題の最大の当事者であることには変わりはない。日本の引揚者が自らの被害を公共的な次元で語ることのできる「国民的」な前提は、日本では確立していたのか。また引揚者たちは、その共通前提に依拠して政府や世論に対し規範的・政治的な力を行使しえたのだろうか。以下で、戦後の北方領土問題において引揚者（「元島民」と呼ばれることが多い）の果たした役割について検討してみよう。

引揚者と北方領土

　戦争の直後、引揚者たちの領土返還運動はかなり活発だったようだ。千島方面からの引揚者を中心に「北海道島嶼復帰請願委員会」が根室において結成され、マッカーサーに対して歯舞諸島、色丹、国後・択捉（後の「北方四島」）返還の陳情を数回行なっている。(7) 一九四六年八月の陳情では「これら諸島が本来日本の領土であることは歴史が明白に証明し、父子相続して三代ないし六代も漁業その他の業を営み、開拓に苦心しているものが少なくありません。すなわち侵略や交換によって日本領となったものではないのであります」と書かれ、ソ連の「占拠の解除」が陳情されている。(8) ここにはすでに、後の北方四島返還論の根拠となる「固有の領土論」の語法が姿を現わしている。またこの陳情では、「固有の領土」というナショナルなレベルの概念と、漁業という引揚者の地域生活レベルでの「苦心」とを連結させて論じている点が注目される。

　また、国会でも北海道選出議員が領土返還要求に動いている。一九四七年一〇月の衆議院において国後、択捉、色丹の復帰を請願しようという動きがあった。以下は坂東幸太郎という北海道選出の議員が、衆議院外務委員会において紹介している請願文書の一部である。(9)

　現在ソ連軍の占領しております千島諸島のうち、擇捉島、國後島及び根室國の一部であります色丹諸島、その色丹諸島の名前は色丹、多樂、志發、水晶、エリ、アキユリの各島でありますが、これらは日本固有の附屬諸小島であるにかかわらず、現在ソ連軍の占領下にあつて、北海道本島と一切の交通を遮斷されておるために、地方の民衆が多大の困難を感じておる事情を申し述べてあるのであります。

その内容を申し上げますと、現在ソ連軍の占領下にありますす北海道色丹諸島は、行政的にすでに徳川時代から北海道本島の根室の一部をなしておりました。……擇捉島、國後島には二百年以前より日本民族が居住して漁業を經營しております。すなわち明治維新を去ること百數十年前よりわが民族が居住し、異民族が居住した事實がなく、その傳統は實に歴然としておりまして、殊に北海道住民との間には血族の關係からいつても、經濟上の關係からいつても、深くかつ古い結びがあるのであります。しかるに今これらの諸島は北海道本島とは完全に切り離されていて、その結果北海道北部の漁民は、かに、さけ、ます、たら等の最も重要な漁場であり、こんぶの採取場であるこれら諸島附近の水域を失つたのみならず、出漁する度に霧の深いこの水面でソ連軍占領下の諸島の水域に迷い入つて抑留されたりして、多大の不便を感じております。……北海道本島においては、すでに米占領軍の理解ある指導のもとに、民主政治の発展漸く顕著なるものがあり、かかる情勢下に北海道島民の自由な意思によりその代表として選ばれ、国会に席をおくわれわれとしましては、わが親愛なる郷土、郷民の一部が、かかる鉄のカーテンの後ろに切り離されておる事態につき、かねがね憂悶を禁じ得なかつた次第であります。

請願書は、詳しい歴史的論拠を並べて（長くなるのでここでは省略したが）、国後、択捉、色丹が日本「本来の領土」であることを明らかにしようとしている。同時に請願書はまた、地域住民の生活にとっての「多大な不便」についても詳しく報告している。このように、千島列島からの引揚者たちや北海道北部の漁民達は、一九四〇年代の段階ですでに、北方四島の回復要求を請願という形で公共に表明していた。その語法には、単に北方諸島に関する歴史的解釈のみならず、「民衆が多大な困難を感じ」、「多大の不便を感じ」ているといった地域生活での利害関心に言及が行なわれていた点が注目される。

しかし、このような「下から」の領土返還請願に対し、政府の対応は消極的で冷淡だった。条約局長の萩原徹は、「政府といたしましては國會からこういう請願があれば、國會でこういう請願があつたそうであるということを、連合國司令部に傳えることはもちろんできると思いますが、それ以上國會でこういう決議があつたから、ぜひこうしてもらわなければならないということを、交渉する地位には現在ないと思います」と、いかにも官僚的な答弁に終始している。外務委員会の委員も、「この領土の問題は非常にデリケートな關係にあるし、またわれわれとしては實はそうにいつた希望を述べるのもどうかという多少の遠慮もあるし、殊にこの請願の題目の、日本領土に復歸というような文字なども、はなはだ、適當じやないと考えます」と、明らかに及び腰である。占領下にあった敗戦国日本の事情があったとはいえ、請願運動が主張している「固有の領土」論は、「本土」の官僚や政治家を動かしているようには見えないのである。

だが、サンフランシスコ講和条約締結以前において、変遷されるべき日本の領土に関する合意はまだ存在していなかった。そのため、今日の意味での「北方四島」以外に対する返還要求もまだ多く見られ、「固有の領土」概念はまだ定着していなかったのである。例えば、千島全島返還や南樺太の返還も広く議論されており、そこでもしばしば「固有の領土」論が用いられていた。例えば、北海道で結成された民間団体「千島および歯舞諸島返還請願同盟」は千島全島の返還を要請していた[10]。また、南樺太からの引揚者からなる「全国樺太同盟」は、南樺太を「古来からの日本の領土」と見なし、その返還のための請願書をやはりアメリカ大統領やマッカーサーに提出している[11]。

一九五一年のサンフランシスコ講和条約は、このような分散状況を一変させた。日本はこの条約により、国際法的に「千島列島（クリール・アイランズ）」と「南樺太」を放棄したのである。だが、その「千島列島」とはどこなのか。それが条約締結直後の国会審議で問題にされた（ここでもやはり北海道選出議員が提起していた）。その問題に対する政府の見解は一貫していた。「千島列島」には国後と択捉が含まれるという見解がそれである（和田 1990：33–38）。つまり、国後・択捉を日本が放棄したことを、政府はこの時点では認めていたのであ る。よって、領土紛争の対象は歯舞・色丹に限られることになる。衆議院が一九五三年七月七日に採択した「領土に関する決議」も、「歯舞及び色丹島等の復帰を図ること」となっている。千島列島返還や南樺太返還は、こうして一旦は撤回されることになった[12]。

しかしその後、政府の「千島列島」に関する定義が変化する。一九五五年六月に日ソ国交回復交渉が始まって以後、日本政府は突如、国後・択捉二島からなる「南千島」は、サンフランシスコ講和条約で放棄した「クリール・アイランズ」には入らないという新解釈を打ち出し、歯舞・色丹・国後・択捉の「北方四島」の返還を主張するようになるのである。その後、国後・択捉二島は「千島列島」には属さないという解釈が定着し、それが現在の日本政府の「北方四島返還論」の根拠となった（和田 1990：38–42）。また日本共産党を除く主要政党と国民世論の大半も、この政府の四島返還論を共有するようになった[13]。

では、なぜそのような政府の見解の変化があったのだろうか。その理由は、日ソ国交回復をめぐる国内での政治対立にある。四島返還論は、日ソ交渉を妨害しようとする対ソ強硬派によって持ち出されたのである（和田 1990：134–218）。日ソ交渉の中で、ソ連は歯舞・色丹の返還を提案してきた。日本がこれを受け入れれば、ソ連との平和条約締結が可能となった。実際に重光葵全権は、二島返還で合意し、平和条約を締結することを考えていた。だが、それに対し国内の対ソ強硬派は、四島返還論を主張して条約締結の実現を阻んだのである。アメリカもまた「日ソ交渉に関する覚書」（一九五六年九月）を発して、四島返還論を支持した（アメリカは当然、日本が独自にソ連と平和条約を締結するなどという「自主外交」を認めるはずがなかった）。その結果日ソ交渉は、平和条約締結には至らず、「日ソ共同宣言」（一九五六年一〇月一九日）に終わり、領土問題は未解決のままとなったのである。

このような経緯の中で、引揚者や北海道北部漁民を担い手とした「下から」の要求はほとんど考慮されていない。この段階での彼らの運動は「四島返還」に固執したものでは必ずしもなかった。一九五六年五月二七日に根室町で開かれた「日ソ国交回復促進根室地方大会」では、彼らはむしろ「歯舞、色丹諸島の返還をもって日ソ国交の成立を計」り、平和条約を締結することを主張している（岩下 2005：201）。地元住民、特に漁業関係者にとっては、その方が「利益」にかなったのであろう。しかしこのような声が政府に省みられた形跡はない。また彼らの運動が、国民世論に大きな影響を及ぼすほどの力を持っていたわけでもなかった。たしかに政府の四島返還論は、戦争直後の引揚者たちによる「固有の領土」論の語法を継承しているかに見える。だが多くの点においてそれは、米ソの冷戦対立の中で、日本政府（およびアメリカ政府）の反共政策の一環として形成された面が強い。そしてその後も、四島返還論は（アメリカ政府の支援を受けた）日本政府の対ソ外交の「問題」として維持され、次第に国民の間にも定着していくことになる。

サンフランシスコ条約以後も、引揚者（「元島民」）や北海道道民を中心とした民間の運動が消滅したわけではない。引揚者たちにより一九五五年に結成された「千島列島居住者同盟」（一九五八年に「千島歯舞諸島居住者連盟」と改称）が活動を続けていた。この団体は署名活動を通じて世論の啓発を行ない、北方領土問題の認識を国民レベルに広めることに努めてきた（千島歯舞諸島居住者連盟 1997：155–156）。その後、北方領土返還を推進する団体が形成され、行政とも一体となって返還運動が行なわれるようになっていった。しかしその中で、外務省の通達により国後・択捉を指していた「南千島」の呼称は使われなくなり、北方の「四島」を一括して「北方領土」として返還要求の対象とするよう指示が下された（岩下 2005：204）。その結果「元島民」たちの運動は、「北方四島」返還論の枠組みの中で行なわれるようになる。「千島列島」の名は、依然として彼らの団体名の中に残されてはいる。しかし彼らの返還要求の対象は「千島」ではなく「北方四島」である(14)。

領土問題の最大の当事者である引揚者（元島民）はその枠組みの中で、北方領土問題の「啓蒙」活動などにおいて一定の役割を果たしてきた。しかし彼らが、自らの被害の経験や記憶に基づき、領土問題に関して独自の「声」を打ち出すことの出来る機会は限定されていた。北方領土問題の方針をリードしたのは、やはり政府であった。その点において、自らの「故郷権」の概念に依拠し、政府の外交方針に抗してまで東方領土問題への主張を続けたドイツの被追放者の諸団体とは異なる。

そのような引揚者の「声」の自律性の低さがより顕著に現われるのは南樺太（サハリン）の方であろう。しばしば忘れられがちだが、戦争で失った領土として、南樺太は「北方四島」よりもはるかに大きかった。一九〇五年ポーツマス条約で日本がロシアから獲得したこの地域は、面積にして北方四島の約七倍にあたり、昭和一六年の国勢調査では約四〇万人の日本人が住んでいたとされる[15]。そこでは鉄道、港湾、道路などがつくられ、水産業、林業、鉄工業、林業などの産業が発展した。学校も建設され、新たな日本人の生活文化も築かれていた。従って終戦時の「引揚げ」による被害は、北方四島のそれよりもはるかに大きかったに違いない[16]。また、サンフランシスコ講和条約以前の時点で、南樺太の回復要求には十分な法的正当性があった。南樺太はカイロ宣言によって定義された「日本の侵略によって奪取した」地域には当てはまらないと主張することができたからである（朝鮮半島や台湾については、そのような主張は不可能だった）。しかも南樺太は、終戦直前の一九四三年に、大日本帝国の「内地」に編入されていた。そのため、前述のように南樺太の返還運動も行なわれていたのである。

サンフランシスコ講和条約締結以後も返還運動は続けられた。日ソ交渉開始直前には、「南樺太返還期成同盟」が結成され、政府や世論に対するアピールに努めた（樺太終戦史刊行会 1973：640）。だが、その運動はほとんど意味ある影響力をもちえなかった。講和条約それ自体を認めない日本社会党が一時南樺太と千島全島を含めた返還論を主張していたことはあったにせよ（和田 1990：240）、一部の極右団体によるものを除き、南樺太がその後領土変遷要求の対象となったことはなかった。

日本政府は講和条約で南樺太の放棄を受け入れたため、以後南樺太の返還要求は行なっていない（その一方で、ソ連がこれに調印しなかったため、いまだ南樺太のロシアへの帰属を公式に認めていない）。その結果、官民一体になって「啓蒙活動」が展開された北方四島とは対照的に、南樺太について公共的な場において語られる機会は減少した。これは戦後日本において、戦争で喪失した領土が、主として地理上の国境線修正問題としてだけテーマ化され、喪失した領土からの移住や人的被害の問題としてはテーマ化されなかったということを示しているだろう[17]。それは戦後ドイツ連邦共和国において、被追放者の被害が、国境問題からは相対的に独立した「故郷」喪失の問題としてテーマ化されてきたことと対照的である[18]。

被追放者と引揚者

一九五〇年代のドイツ連邦共和国において、被追放者は政治的動員力に加え、規範的な動員力も持っていた。

「故郷権」や「一九三七年のドイツ」などのような帝国アイデンティティの諸概念を用いて、政府、主要政党、世論に対し、オーデル＝ナイセ線否認への影響力を行使しえた（第3、4章参照）。その意味で東方領土は、シュミットの言葉にならって言えば、ナショナル・アイデンティティにとっての重要性をもっていた。

このことは、「追放」という被害体験に対する**公共的認知度の高さ**とも関係している。すでに述べたように、「被追放者」は第二次大戦におけるドイツ人の戦争被害の象徴的存在であった。彼らは、国内での様々な保護政策の対象となった。移住直後の彼らの生活の困窮に対する社会経済援助（食糧支援、住宅建設、職業支援など）が行なわれただけではない。特筆すべきは、一九五二年に制定された「負担均衡法」による、彼に対する国民規模での補償政策である。この法律は、被追放者が失った資産に対し、戦禍を免れた国内の資産に課された五〇％もの税金を財源にして補償しようというものである。その補償総額の半分以上は、被追放者に支払われている。補償の対象は、被追放者のみならず、空襲被害者など戦争の被害にあった民間人の損害全般に向けられていたが、その補償額の六四％が被追放者に対して支払われていた（Moeller 2001：45）。ドイツの「負担均衡」は、その名の通り、戦争での被害を国民全体で「均等に負担」しようという、「共同体的」な発想に導かれたものだった[19]。

それに対して、日本の引揚者はどうだったであろうか。引揚者も被追放者同様、保護政策の対象となった。日本政府は戦争直後から引揚者の「帰還」を積極的に推進した。引揚者の総数は政府の統計で約三一〇万人（厚生省援護局 1978：690）。正式に登録されていない引揚者の数を加えれば三五〇万を越えるだろうと言われている（若槻 1995：250）[20]。終戦当時の日本の人口が約七二〇〇万とすると、その約四・八パーセントが引揚者だったということになる。その数量的規模をドイツの被追放者と比較してみると、たしかに少ない。だが、ドイツ人の「追放」の場合同様、「引揚げ」が大規模な「民族移動」であったことは間違いない[21]。引揚者の保護も、やはり戦争直後の疲弊した日本にとって一大国家事業だった。すでに一九四五年の時点から、浦賀、舞鶴、博多など引揚げ者上陸港に地方引揚援護局が設置され、厚生省の管轄のもと、引揚者受け入れと援護の政策が行なわれた[22]。一九四六年には厚生省の外局として引揚援護院が設置され（一九四八年には引揚援護庁に改組）、引揚げ事業を統括した。引揚げ後の援護政策としては、住宅建設と更正資金の貸付があった。そのための財源はすべて国庫から出された（若槻 1995：266–267）。

しかしながら日本の引揚者保護は当初、困窮した引揚者に対する社会経済的支援というレベルに留まってい て、彼らの被害に対する「補償」が試みられたわけではなかった。それに対し引揚者たち自身の側では、戦後早い時期から喪失した在外財産の補償を要求してきた。一九四六年一一月には、「引揚者団体全国連合会」が結成され、衆議院での座り込みなどを行なった（厚生省援護局 1963：145–156）[23]。国会でも一九四八年五月に衆参両院において可決された「引揚同胞対策に関する決議」において、「引揚者が海外において喪失した財産については、戰爭犧牲者負担を公平化する原則に基き、國家はできる限りの方途を講ずるべきである」という、ドイツの負担均衡法を連想させるような文言が決議されている[24]。

だが当時の日本において、引揚げによる被害を特別なものとする考え方はほとんど広まらなかった。彼らの被害の実態に対し、どれだけの認識があったのかも疑わしい[25]。よって彼らの被害を日本人全体の「負担均衡」により「補償」しようという、ドイツ連邦共和国のような政策が実際に試みられたことはなかった。しかも日本政府は、サンフランシスコ講和条約で日本国民の国外財産請求権を放棄してしまうのである。

その後引揚者団体は日本政府と国会を相手どった補償要求運動を展開していく。それに対し、政府と自民党も在外財産補償の問題に関する調査と審議を始め、最終的に引揚者団体との妥協でできあがったのが一九五七年の「引揚者給付金等支給法」だった[26]。この「給付金」は年齢に応じて一律に、国債によって支払われた。その額は一月の平均月収を少し上回る程度のものであったという。また、一定以上の年収のあるものには支払われないことになっていた。つまり「引揚者給付金」は、生活援助的な色彩が強く、「補償」というには程遠いものであった。政府も自民党も、これが「補償」であるということを否定していた（若槻 1995：285）。

その後、再び引揚者による在外財産補償運動が再燃し、一九六七年「引揚者等に対する特別交付金の支給に関する法律」が制定される[27]。この法律は、一年以上外地に滞在した引揚者全員の「特別な損害」に対して「交付金」を支払うものだった。引揚者はこの法律において、終戦後すでに二〇年以上を経て、ようやく戦争被害者の中でも「特別」な存在であることが認められた。しかし、この支払いも「補償」とはみなされなかった。

　このように戦後日本において、引揚げは戦争による犠牲の中で特に高い位置を占めていたわけではなかった。それは、ドイツの被追放者が戦後連邦共和国において占めた象徴的な位置と異なるものである。その理由としては、第一に彼らの多く（特に満州からの引揚者）が短い期間しか現地に滞在しておらず、「故郷を喪失した」という言い方が通用しにくかったことがあるだろう[28]。また第二に、引揚者が「帝国主義の加担者」という否定的な見方にさらされることが多かったということもあげられる[29]。また第三に、戦後日本の戦争被害としては、広島・長崎の原爆が圧倒的だったということも指摘できるかもしれない[30]。しかしより根本的には、軍人が日本における戦争被害の象徴であり、引揚者に限らず、民間人の戦争被害に対する公共的な認知度が一般的に低かったという事情があるだろう。

　旧軍人とその遺族たちに対する厚遇ぶりは明瞭である。日本が主権を取り戻した直後の一九五二年に早くも「戦傷病者戦没者遺族等援護法」が成立し[31]、「国家補償の精神に基づき」、傷痍軍人や旧軍人の遺族たちへの経済的援護が規定された[32]。軍人遺族も早くから団体を結成し、軍人とその遺族を「遺族は戦争の最大の犠牲者」であり、「国家が当然補償すべき」であると主張していた（田中・田中・波田 1995）。それに対し、民間の戦争被害者に対してその「補償」を行なうという発想自体日本には定着していなかった。「補償」に関する軍人と民間人との「差別」に対しても、政府内ばかりでなく国民世論の中からもそれほど大きな批判は現われなかった[33]。

　被追放者の「追放」体験と、引揚者の「引揚げ」体験に対する公共的認知度の違いは、両国における公式記録の作成へのコミットメントの高さの違いにも現われている。第3章で述べたように、連邦共和国政府は、国内の錚々たる歴史学者を動員し、全五巻八冊からなる『中東欧からのドイツ人追放の記録』という大部な公式記録を作成した。そこには詳しい「追放」の経緯と共に、七〇〇以上もの被追放者自身の体験談・目撃談が収録されていた。一九七〇年代に入って「追放」の歴史に対するタブー化が急速に進みはするが、五〇年代に始められたこの公式記録には、「追放」をドイツ人の国民的記憶に残しておこうという連邦政府と歴史家たちの意思が反映されている。被追放者大臣のハンス・ルカシェクの言葉を用いるなら、この記録は「追放の恐ろしさとそれに伴う諸状況を、公衆の目の前に明らかにする」というものだった（Beer 1999：106）。

「追放」の記録化に相当する試みが、日本で全く行なわれなかったというわけではない。日本でも『引揚援護の記録』（引揚援護庁 1950）、『続・引揚援護の記録』（厚生省引揚援護局 1955）、『続々・引揚援護の記録』（厚生省援護局 1963）の三つの「記録」が公刊されている。しかしこれは、基本的に行政側の視点から書かれた「援護」の記録であって、「引揚げ」そのものの経緯については簡単な概略しか述べられていない。引揚者自身の声もほとんど記録されていない。「引揚げ」体験を国民的な記憶に残そうという意思を、そこに見出すことは難しい。

他方、引揚者の視点からのものとして、引揚者自身の手により、これまで沢山の手記や回想録が書かれてきた。特に藤原ていの『流れる星は生きている』（一九四九）はベストセラーとなり、映画化もされた。しかしこれらの手記や回想録は、引揚者の私的な（個人ないし家族の）体験談として語られるに留まっている。[34]「被爆」体験などとは異なり、「引揚げ」体験は、第二次大戦にまつわる日本の「国民的物語」にはならなかったのである（Watt 2002：239）。[35]

3　ホロコースト・アイデンティティと日本
――もっと現実を認識すべきだ。北方領土には日本の社会や国家、あるいはアイデンティティーにとって死活的な重要性はない。――

一九五〇年代の連邦共和国において、「一九三七年のドイツ帝国の存続」という概念は国内で広範な正当性をもっていた。数百万規模で国内に存在した被追放者の諸団体は、この概念を前提に「民族自決」や「故郷権」に訴えてオーデル＝ナイセ線否認に向けての規範的な圧力を行使していた。また彼らの被った被害もまた、国内で幅広い公共的認知を得ていた。しかし、にもかかわらず一九七〇年代初頭、連邦政府はオーデル＝ナイセ線の暫定的な承認に漕ぎ着けたのである。なぜか。「現実を認識」したからなのか。たしかにシュミットは、一九六〇年代中ごろからしばしば党大会などで「現実の認識」の重要性を強調していた。この時代、国際的状況から見て、たしかに東方領土回復の客観的可能性はほぼ失われていた。しかしながら、本書で論じてきたように、連邦共和国は決してそのような「現実の認識」からだけで東方領土を放棄しえたわけではなかった。東方領土の「放棄」にあたって、それを「すべき」ものとして積極的に正当化する、何らかの妥当性根拠が必要だったのである。その妥当性根拠としての機能を果たしたのが、ナチス犯罪の克服をドイツ人の義務と見なす自己理解、すなわち「ホロコースト・アイデンティティ」であった。ポーランドとの「和解」により、ナチスの過去を「克服」することにつながるという論法が、オーデル＝ナイセ線の承認を正当化した。「一九三七年のドイツ帝国」に固執する被追放者諸団体や保守派勢力の法的原則論に対抗しえたのは、そしてドイツ連邦共和国国民の多くがそれを納得しえたのは、そのような戦後的アイデンティティの持つ規範的な力ゆえのことであった。そして何よりもシュミット自身が、その最大の「イデオローグ」の一人だった。

以上のようなドイツ連邦共和国における東方領土の「放棄」の経緯を通して日本の北方領土問題を見るとどうなるだろうか。日本においても、ただ「現実を認識」するだけでは北方領土を「放棄」することは無理であろう。すでに多くの政治家や国民は、現実問題として北方四島を回復するのは極めて困難であることを認識している。にもかかわらず北方領土を放棄しようという動きがほとんど見られないのは、「固有の領土」論が大部分の国民にとって自明なものとして受け入れられているからである。「固有の領土」論の持つ規範的拘束により、北方四島返還要求に疑問を呈するような言論には強い非難が向けられ、政治家であれば政治生命を危険にさらすことになる。それはオーデル＝ナイセ線の承認の可能性に公共の場で言及することがタブー視されていた一九五〇年代のドイツ連邦共和国の状況に近似している。

このような状況の中、シュミットが提言するような北方領土の放棄が可能になるような事態は起こりうるであろうか。「固有の領土」論に合意が確立している限り、それに違背するような政策を政府が推進することはできない。なぜなら、そのような政策は国民国家としての存立を支える正当性を侵害することになるからである（「固有の領土」を守れないような国家が国民国家足りうるだろうか）。もし日本が北方領土の放棄を行ないうるとすれば、それは「固有の領土」論に対抗する別種のナショナル・アイデンティティが、北方領土の放棄を積極的に正当化しうる妥当性根拠を提供する場合である。ドイツ連邦共和国では、ホロコースト・アイデンティティが、そのような対抗的アイデンティティの役割を果たした。日本で、それに相当するような、「固有の領土」論を相対化し、それに対抗するようなアイデンティティの資源は見出すことができるだろうか。

結論から言えば、少なくともドイツのホロコースト・アイデンティティと機能的に等価なものに関する限り、それを見出すのは難しいと言わなければならない。それは、次の二つの点から言えることである。

第一に、日本は紛争相手国のソ連あるいはロシアに対し、贖罪の感情を喚起するような「過去」が記憶されていないからである。その点で、ドイツとポーランドとの関係とは、その歴史的事情が決定的に違う。むしろ日本にとって、ソ連は一方的に中立条約を破って侵攻してきた、しかも多くの日本人をシベリアに抑留した戦争加害国である。そのような相手に対し、自国の「罪」への贖罪感情に依拠した自己理解を持ち出し、「和解と平和」のために自らの領土を「放棄」しようなどという議論は成立しそうにも思えない。

第二に、そもそも日本にはドイツのホロコースト・アイデンティティのような過去の「罪」の反省の上に成り立つアイデンティティが確立しているかどうか疑わしい[36]。本書で指摘したように、ドイツ連邦共和国では、「戦後のドイツ人に罪はないが、ナチス犯罪の責任を負う道徳的義務がある」という認識に対し広範な合意が成立し、それが現在は「体制化」さえしている（第10章参照）。それに対して、日本において、自国の戦争における被害者性と加害者性は、むしろ現在に至るまで論争事項である。ドイツのように「過去の克服」が公共的な規範として受け入れられているわけではない（石田 2005：195–203）。自国の第二次大戦中の「犯罪」に依拠した、例えば「南京大虐殺アイデンティティ」のようなものを、日本において想像するのは難しい[37]。

戦争の記憶との関係で言うと、むしろ日本においては広島・長崎での「被爆」の過去に依拠したナショナル・アイデンティティが形成されてきた（Orr 2001；藤原 2001）。このような「ヒロシマ・アイデンティティ」は、「反核運動へと導く固有な使命」を日本人に与えており（Saito 2006：373）、日本政府の外交・安全保障政策に対して、被爆経験に基づく平和主義が一定の作用を及ぼしていたこと（例えば、日本がいまだに「軍隊」を持てないこと、核兵器の保有を公式に拒否していることなど）も否定はできない。しかしドイツのホロコースト・アイデンティティと異なり、これが北方での国境問題と結びつくことはなかったし、結びつくべき内在的理由も見出すことは出来ない。

日本がドイツと異なり、いまだに「固有の領土」というプリミティブな歴史主義的論理で領土の主張を続けることができることの理由の一つは、その論理を相対化しうるような代替的な解釈図式が入手不可能だからである。北方四島が「日本固有の領土」であるという認識は、現在では疑われることのない共通前提である。こうした状態は当分変化しそうにもない。

だがここで、次のようなことを指摘しておくことは重要だろう。歴史的に見て「固有の領土」という論理は、領土要求の根拠としては、国際的には必ずしも絶対的なものではないということである。仮に、世界の国々が皆その理屈を持ち出せば、各地で戦争が勃発してしまうであろう。例えば、「わが国の祖先が最初に開拓した……」と言い出せば、イギリスは現在のアメリカ東海岸の領有権を主張できてしまうであろう（ちなみに、千島列島に対するロシアの領有権の主張の歴史的根拠は、「ロシア人が最初に発見し進出した」というものである）。領土問題において国際的により重視されているのは、やはり国際法的な規定である。しかしそれとても絶対的ではない。ドイツ連邦共和国のように、法をも越えた政治的・道徳的な決断によって領土を「放棄」する場合もあったのである。

北方領土の放棄を示唆するシュミットの提言は、日本人の国民感情を逆なでするものかもしれない。また日本の北方領土問題とドイツの東方領土問題とでは、歴史的事情と政治的環境において大きく異なっていることは確かである。だが、北方領土返還がどれほどの日本の「国益」になるのかを、「固有の領土」論にこだわらず、「現実の認識」に基づいて、そして戦争に敗れたという事実を「深く理解」した上で、再検討してみてもよいであろう[38]。その際、ドイツ東方領土問題の経緯から日本が参考にできることもあるのではないだろうか。

注

第1章

（1）このように「集合的記憶」と「ナショナル・アイデンティティ」とは不可分の関係にある。「われわれの歴史」を語ることそれ自体が、そのままその集合体の自己理解になりうるからである。社会学の祖マックス・ヴェーバーが言うように、ネーションとは「記憶の共同体」である（佐藤 1999；Vujacic 1996）。しかし「集合的記憶」が常に「ナショナル」なものではないことは言うまでもない。様々な「集合体」がありうるからである。なお「集合的記憶」は、最近の文化社会学や歴史学における重要なテーマの一つになっている。文化社会学の文献としては Olick and Robbins（1998）、Schwartz（1996）、Zerubavel（1996）などがある。

（2）この点は、Chaterjee（1993：9）においても指摘されている。

（3）ブルーベイカーとクーパーは、「アイデンティティ」という概念があまりに多くの意味をもち過ぎているので、それをいくつかの別の概念に分解して使用する方が分析上はるかに有効であると主張している（Brubaker and Cooper 2000）。筆者は彼らの主張に賛成である。本書で用いる「アイデンティティ」概念の意味は限定されており、彼らの提案する代替概念に従うなら「自己理解」の意味に近い。そこに集団的共同性や情緒的コミットメントなどが自動的に付随するものではない。にもかかわらず、本書であえて「アイデンティティ」概念を使用し続けるのは、「自己理解」という語が日本語の学術的概念としての「落ち着き」が悪い（筆者の語感では）からであり、また「アイデンティティ」という言葉に自己理解の形式（ある定型化された表現の仕方）という意味を持たせたかったからである。

（4）ブルーベイカーの「認知的アプローチ」を参考にしている（Brubaker 1996；Brubaker 2004；Brubaker et al.：2006）。このアプローチをとると、ネーションだけでなく人種・ジェンダー・階級などあらゆる社会集団が「認知カテゴリー」として分析することが出来る。なお注意すべきなのは、本書は「そもそもネーションは集合体なのか認知カテゴリーなのか」という存在論的な議論を提起しようとしているわけではないと言うことである。集合的実体としてではなく認知カテゴリーとしてネーションを取り扱おうという本書のアプローチは、純粋に分析上の方法的要請から来ている。「ネーションは認知的カテゴリーである」という前提から出発した方が、ナショナル・アイデンティティの多義性や変異をよりよく理解できると思われるからである。

(5) この問題はまた、盛山（2006）によっても展開されている。そこで社会学的研究の課題は、対象世界に存在している意味世界よりも「より良い」解釈を提示することであると論じられている。

(6) 「解釈図式 Deutungsschema」は、シュッツの名著『社会的世界の意味構成』における重要概念であり、この書の全体にわたって散りばめられているが、特に Schütz（1932＝2006：135［邦訳］）を参照せよ。

(7) "discourse" の概念は、日本語では一般に「言説」と訳されるが、ここでは「言論」の語を用いる。程度の問題でしかないが、「言論」の方が実際に社会的場面において「語っている」という行為のニュアンスが出るように思われるからである。それに対し、「言説」はすでに書かれた「テキスト」というニュアンスが強い。

(8) 「界」ないし「場」と訳される "field" の概念は、ピエール・ブルデューが導入し発展させたことにより、社会学で広く用いられるようになった。この概念自体は元来は物理学の用語だったようだが（「重力の場」「磁界」など）、社会学においては、固有の論理においてなされる特定の社会領域の関係や活動を、「競技場」や「戦場」のメタファーで把握する概念となっている。特に最近のアメリカ社会学では、"field" の概念が理論的にも洗練され、経験的研究にも積極的に活用されるようになっている（Martin 2003；Sapiro 2003；Benson 1999；2006；Olick 2007：92–97）。また、ネーション研究において "field"（「場」）の概念を取り入れたものとして佐藤（1995）や Brubaker（1996）がある。

"field" 概念による社会関係の把握のしかたは、一般的に以下のような特徴を持っている。第一に、その「競技」に参加するアクターは、その「場」に固有の目標・価値関心・ルールを共有し、それに拘束されていること。第二に、その「場」において相手を出し抜き、可能な限り有利な位置を確保すべく競争・闘争の関係にあること。第三に、各アクターの戦略や利害関心は「場」の勢力関係における当該アクターの位置によって規定されているということ。

本書はこのような "field" 概念を用いて、ドイツ連邦共和国における公共的言論の状況を、「ナショナル・アイデンティティ」という共通の価値関心の下に構成された「界（場）」として把握している。

(9) これは、ナショナル・アイデンティティが公共的言論の一種としてしか語られないということを意味するものではない。

「私的」な場や「親密」な関係性の中で語られることもある。そこでは、公共的言論界とは異なったコンテキストが形成されていて、ナショナル・アイデンティティが語られることの意味や利得もまた異なっているはずである。ナショナル・アイデンティティが語られるコンテキストは様々であるが、筆者は本書で言う公共的言論界、特に国家と民間社会との境界領域で形成された公共的言論界は、ナショナル・アイデンティティが語られるコンテキストの中では最も「原初的」なものだと考えている。なぜならば、「ネーション」というカテゴリーは（特に近代的な意味でのネーション概念に関しては）国家との関係の中で形成され、意味を持つものだからである。注（11）も参照。

(10) ハーバーマスの用いる「市民的公共圏」の概念は、自由主義的・民主主義的な団体の活動しか含んでいないという点で視野が狭い。社会主義団体、保守主義的団体、宗教団体、極右的団体等、多様な団体が「市民的公共圏」に参加しているはずである。このようなハーバーマスの公共圏概念の視野の狭さを修正する試みとして Calhoun（1992）や Eley（1992）がある。

(11) ここで公共的言論界と国家との関係が重要である。ハーバーマスは武力行使を独占した主権国家が「公共」をも占有することへの対抗から「市民的公共圏」が生まれたと論じている（Habermas 1991［1962］）。その後もハーバーマス的な民間レベルの「公共圏」と国家とは対立や妥協（ハーバーマスの言う「国家への拍手喝采」も含めて）が繰り返されてきた。本書ではこうした「公共圏」と国家との関係性全体を「公共的言論界」ととらえている。それは国家という権力を集中させた制度を機軸とする「公共」をめぐる争いとして形成されてきた。その中で特に「ネーション」の概念は、国家との関係性において特別な意味を獲得してきた。例えばアンダーソンはネーションを境界づけられ、主権を持ち、横断的な政治共同体として「想像される」ものと論じているが（Anderson 1991＝1997：18–19［邦訳］）、このような「想像」の成立も国家との関係なくしてはあり得ないのである。

また近代国家は一体化された制度ではなく、様々な機能をそれぞれに分担しあう諸機関が集積された複合的な制度である。これをマイケル・マンは「多形性的国家」と呼んだ（佐藤 2006）。

(12) もちろん、ナショナル・アイデンティティを語ることの効用は、国政に関することばかりではない。吉野耕作は、いわゆる「日本人論」を概念的資源とするナショナル・アイデンティティが、企業人が「職場組織を理解する視点」として受け入れられ、利用されているということを明らかにしている（吉野 1997）。「日本人論」は企業人にとって、職場の人間関係を円滑に運営する上での「効用」を持ったのだと考えられる。

(13) 周知のように、「ヘゲモニー」の概念はイタリアのマルクス主義者アントニオ・グラムシに由来する。ヘゲモニーとは、「知的・道徳的リーダーシップ」によって生み出される権力掌握のための条件であるのことであるとされている(Gramsci 1971 : 57)。それを本書の用語法で表現すれば、ヘゲモニーとは政治的意思決定を正当化する妥当性の根拠として機能する、当該社会において優勢な規範的・認知的解釈図式ということになる。

また歴史学者のジェフ・イリーは、グラムシのヘゲモニー概念をハーバーマスの公共圏概念と結び付け、様々な社会的集団によって担われる複数の「公衆」間の対立や交渉の過程を記述できるように公共圏概念を拡張する必要性を主張している(Eley 1992 : 321–325)。本書で用いる「公共的言論界」の概念は、このようなイリーの議論から示唆を受けている。

(14) 文化の持つ意味付与作用を、それを用いるものにとっての社会的・政治的効用という視点から見るアプローチとして、最近のアメリカ社会学において展開されている「文化レパートリー」論(Swidler 1986 ; Lamont 2001)や「文化イディオム」論(Skocpol 1985)がある。リン・スピルマンやロジャース・ブルーベイカーがこのようなアプローチを用いてネーション(ないしナショナル・アイデンティティ)を分析している(Spillman 1996 ; Brubaker 1992 = 2005)。しかし、このアプローチには道具主義的な傾向が強く、ナショナル・アイデンティティに内在する意味連関にまでは踏み込まない面がある。本書は、こうした「文化レパートリー」論や「文化イディオム」論とは異なり、ナショナル・アイデンティティの意味連関の内在的な「解釈」を重視する「解釈学」的方法をとっている。しかしながら、この「解釈学」的方法は、意味連関の内実に着目するあまりに、その意味解釈がなぜ行なわれているのかという意味連関の外部を問題にしない傾向を持ちがちであることも否定できない。そのため本書では、「解釈学」的方法を「公共的言論界」というコミュニケーションの集合的場の中に置くことによって、ナショナル・アイデンティティの「解釈」をめぐる政治的布置状況全体を明らかにするという方法をとっている。

(15) ドイツ史研究における「ドイツ特殊な道」の批判的考察として Blackbourn and Eley (1984) がある。

(16) これはタルコット・パーソンズが、ヴェーバーの「理念型」概念を批判する中で用いたロジックと同じものである。彼はヴェーバーが研究者が構成した「理念型」を現実の具体的現象と同一視する誤りを批判し、それを「置き換えられた具体性の誤謬」と呼んだ(Parsons 1937 = 1989)。コーンの犯しているあやまりは、まさにこの「置き換えられた具体性の誤謬」

にあたる。

(17) ドイツにおける「ネーション」概念の意味の多義性や変異の偏差は、他のケースにも増して大きいように思われる。その理由として、ドイツ特有の歴史的事情をいくつか指摘することができる。第一に領域的分裂の時期が長いこと。ドイツに最初の統一国家が現われたのは一八七一年であり、それ以前は多数の領土に分裂していた。また第二次大戦後も分裂した。ドイツのネーション概念は、そのような領域的分裂にもかかわらず形成されたのである。第二の理由は、国境線の変更が多いということである。ドイツは第一次大戦の敗戦で領土の一部を喪失し、ヒットラーの時代に拡大し、第二次大戦で再び喪失する。国境線の変更は既存のネーション概念との間に緊張を来たし、それをどのように解釈するかで対立も発生する。本書であつかう東方領土問題は、そのような問題の一つである。第三の理由は、「エスニック」な意味でのドイツ人（民族的なドイツ人）が国境を越えて存在し、ドイツの「民族 Volk」が「国家 Staat」とは別の存在として認識されることが多かったということ。それは「在外ドイツ人問題」としてしばしば政治的テーマともなった（佐藤 2000；佐藤 2007）。第四に、国内の政治的スペクトルが広いということである。極左から極右まで（ローザ・ルクセンブルクからヒットラーまで、ネオ・ナチから緑の党まで）幅広く、その上宗派対立まで加わっていた。各党派はそれぞれ異なった仕方でネーション概念を解釈するので、ネーション概念の意味の偏差もまた大きくなった。

(18) ブルーベイカーの分析の問題点については、邦訳に付した筆者の解説（2005）に詳しく論じたので参照してほしい。

(19) Wimmer and Min（2006）の議論を参照せよ。彼らはこの論文で、「帝国」から「国民国家」への国家統治システムの転換を、数量的データを用いて鮮やかに示している。

(20) むしろ一九九〇年の国境線確定の後になって、「七〇〇年にわたるドイツ文化の歴史」という形で「東方ドイツの歴史」が語られることが多くなっている（第10章参照）。しかしそこには、領土要求への直接の含意は見られない。

第2章

(1) レーマン（Lehmann 1979：66）によると、東方領土の広さは一一万四三四二平方キロメートルで、本文で示したヴァインホルトの数字よりも微妙に小さい。ここでは、より最近に出版されているヴァインホルトのものを採用した。ヴァインホルトが示している東方領土の内訳は、以下の通り。

東プロイセン…………三万六九九六平方キロ
ポンメルン…………三万一三〇一平方キロ
ブランデンブルク……一万一三二九平方キロ
シュレージエン………三万四五二九平方キロ
ザクセン…………………一四二平方キロ

（2）Blanke（1993）や Brubaker（1996：55–76）を参照。またこの時代のドイツとポーランドの国境紛争が、ドイツのナショナリズムにもった意味については佐藤（2000）を参照。

（3）この節の以下の記述では、Wagner（1964）、Lehmann（1979）、Bühler（1990）、Raack（1990）、Lilge（1995）、Hartenstein（1997）などの研究を参照した。外交上の文書については、資料集ＱＥに収録されているものを参照している。なお、ここでは細かな参照指示は行なわない。

（4）「なおケーニヒスベルク市とその周辺地域」については、ポツダム協定第六条の中で、「ソ連邦への最終的委譲 transfer」に合意したとされている（QE：296）。

（5）ポーランドとソ連は、ポツダム協定締結の二週間後の八月一六日に国境条約を締結し、ポーランドとソ連との国境を確定した。その結果ポーランドは、戦前の三八万九〇〇〇キロ平方メートルの領土のうち、東部の一八万平方キロをソ連に割譲することとなった。それに伴い、ソ連に割譲された東部ポーランドから、一九四八年末までに約一五一万七〇〇〇人がポーランドが「再獲得」したドイツ東方領土に強制移住させられた（Urban 2004：154, 158）。

（6）シュレージエンの首都ブレスラウ（ポーランド名はブロツワフ）の「ポーランド化」に関する興味深い歴史研究として Thum（2003）がある。町の道路標示、店名の表示から、墓石の碑銘の表示にいたるまで、ドイツ語からポーランド語に変えられたという。

（7）Lehmann（1979：154–155）、Hartenstein（1997：99）を参照。なお、「平和国境」はドイツ語で "Friedensgrenze"。

（8）戦後連邦共和国の東方政策を、冷戦という「全般的」な対立と、ドイツ固有の「特殊的」な対立という二つの面から見る必要性について論じた、レーヴェンタールの議論（Löwenthal 1974）を参考にしている。

（9）「追放」ないし「避難と追放」に関しては大量の文献がある。やはり基本は、後でも触れることになるテオドア・シーダーら連邦共和国の代表的歴史学者が加わって被追放者省によりまとめられた『中東欧からのドイツ人追放の記録』（DVDと略称）であろう。その他数量的なデータとしては Reichling（1986）やBundesministerium für Vertriebenen, Flüchlinge und Kriegsgeschädigte（1966）がある。「追放」の複雑な過程の整理として J. Henke（1985）、Beer（2004）、Halder（2005）などが便利である。また、テレビ・ドキュメンタリーと関連して書かれた Knopp（2002）や Franzen（2001）などは、一般読者向けの歴史書として書かれており、写真もふんだんに使用されている（こうした一般向けの歴史書が二〇〇〇年代に入って増加するという事実そのものが、「歴史の記憶」問題として興味深いのだが、その点に関しては第10章で論じる）。なお、本書では、「避難と追放」を総称した「追放」という概念を用いることにする。

（10）本来は普通名詞であるはずの「追放」ないし「避難と追放」は、ドイツ語においてそれだけで特定の歴史とその記憶を連想させるシンボリックな語句になった。マティアス・ベーアは次のように記している。「ドイツ語において、「避難と追放」は一つの暗号になっている。それは何十万人もの犠牲者出した一二〇〇万人以上のドイツ人の強制移住、そして第二次大戦終結におけるヨーロッパの強制移民における量的な最大部分を表わすものである。「避難と追放」という概念の組み合わせは、ドイツ人において、強制移民の筆舌に尽くしがたい側面を表現する中核的概念になった」（Beer 2004：39）。

（11）「追放」に巻き込まれて死亡したドイツ人の数については論争があり明確になっていない。連邦共和国の公式の統計では、死者の数は約二一〇万とされていた（Bundesministerium für Vertriebene, Flüchtlinge und Kriegsgeschädigte 1966：Tafel 4）。しかしこの数字は、戦前のドイツ人人口からドイツに移住した被追放者の数と残留するドイツ人の数を引き、さらに兵士として死んだドイツ人の数を引いて出した数字であり、死亡が確認された人間の数ではない。よってそこには、東部戦線における民間人死者の数も含まれており、誇張された数字であると言われている（Ahonen 2003：21）。しかし、現大統領のホルスト・ケーラーは、二〇〇六年の「故郷の日」の演説の中で「二〇〇万人」を用いている（DOD 9/2006：45）。最近ドイツで論争の的になっている「反追放センター」（第10章参照）のホームページにおいては「ほぼ二五〇万人」とされ、さらに五〇万人多くなっている。しかし他方で、一九七四年五月の連邦公文書館の報告では、「ソ連への連行による犠牲者も含めて総数で六〇万人以上」の死者数を推定している（Kulturstiftung der deutschen Vertriebenen 1989：53）。この数字をもとに、死亡者数を五〇万から六〇万と推定する歴史学者もいる（Overmans 1994）。このように、追放による死亡者数の推定には大きな開きがある。なお、「追放」にかかわる数量的データとして最も頻繁に参照されるゲルハルト・ライヒリンクの研究によれば、「追放」の過程で死亡したものが一四四万人、ソ連に連行されて死亡したものが五八万人であり、合計して二〇二万人の死者が指摘されている（Reichling 1986）。「追放」をめぐる統計データとしては、本書では基本的にこのライヒリンクの数字を用いている。

（12）なお、ソビエト占領地区およびドイツ民主共和国では、この一連の出来事を「移住 Umsiedlung」という言葉で呼んでいた。「移住」という語には、「追放」という言葉に含意された強制性をあいまいにする側面がある。「追放」の主たる動力因となったソ連の軍事侵攻から注意をそらそうという意図を、そこに見出すことが出来る。詳しくは次章を参照。

（13）ネンマースドルフ［Nemmersdorf］は東プロイセンの小さな村で、一九四四年一〇月に東から侵攻してきたソ連軍に住民が虐殺された。その数は、当初の報告では二六名だったが、はっきりした数字はわかっていない。ナチスのゲッペルスは、この村における住民の虐殺を、その惨たらしい映像と共に反ソ連のプロパガンダに用いたことにより、戦後も「追放」の悲惨さのシンボルとして記憶された。Knopp（2002：37–51）が詳しい。

（14）ヴィルヘルム・グストロフ［Wilhelm Gustloff］号は、ナチスが労働者の「歓喜力行 KdF」政策に用いた豪華客船で、その乗客定員数は約一四〇〇人。一九四五年の一月に、乗客定員数を大きく上回る約一万人のドイツ人避難民を乗せてダンツィヒを出航した後、バルト海の沖合でソ連の潜水艦の爆撃を受け沈没する。それは奇しくも、ナチス権力掌握（ヒットラーの首相就任）の日に当たる一月三〇日であった。死者は九〇〇〇人以上となり、有名なタイタニック号沈没での死者一五一七人の約六倍にものぼる、史上最大の海難事故となった。現在約一二〇〇人の生存者が確認されている。その経緯については Knopp（2002：86–143）を参照。また日本語でも竹野弘之によるわかりやすい紹介がある（竹野 2006）。なお、二〇〇二年に出版されベストセラーになった、ギュンター・グラスの小説『蟹の横歩き』（Grass 2002＝2003）は、この事件を題材にしたものである。ダンツィヒ出身のグラスが、「追放」にまつわるテーマを題材にしたことの意味については、第10章で論じることにしたい。

（15）この段階での「追放」の体験談を一つ紹介しておこう。東プロイセン出身のある女性は、一九四五年一月末の体験を次のように回想している。

「わたしたちは、ロシア人たちが夜間、すでに町を攻撃していたことを知りました。……とっさの決断で、わたしたちは子供の支度をし、日曜の食事が竈の上でまだ湯気を立てているにもかかわらず、リュックサックとカバンをつかんで街道に向かって駆け出したのです。二人の兵士（彼らは負傷兵を一人背負っていました）に会いました。彼らは、ロシア人はあらゆる方角からやって来る、すでにガス製造所から撃っている、と告げました。メルティンスドルフ、レッツェン、ロッセル、ラステンブルクへの道は、どれももはや通ることはできませんでした。ダムに沿って歩き、そこから古い農家に向かう三キロある農道を通るしか方法はありませんでした。わたしたちは絶望的な気持ちで、乳母車を軋ませながら深い雪の中を引っ張っていきました。今日の［一九四五年］一月二八日日曜日こそが、われわれ皆の死亡日になるに違いないと思いながら」（DVD Ⅰ/1：91）。

(16) この段階の「追放」に関しては、Brandes（2005：411–419）、Nitschke（2004：89–122, 169–187）を参照。

(17) 以下は、ブレスラウ出身のあるタイピストの女性の体験である。

「一九四五年六月二五日、ポーランドからの最初の強制移住が発生したのです。……夜の九時半でした。わたしは他の大勢の人と一緒に藁の中に入ろうとしていました。そこでポーランド人将校の命令が聞こえました。「外へ出ろ。列を組んでそのままでいろ。乳母車も持って出てではいけない。」わたしたちは言うとおりにして列を組みました。「壁に向かえ。男は右、女は左。手を高く上げろ。全員射殺する。」二人の子供を抱えた女性が、手を高く上げていないと怒鳴られていました。将校はわたしたちに銃を向けています。わたしたちは、これでいっかんの終わりだと思いました。将校はわたしたちの体を検査し、装飾品、時計、万年筆など、まだ持っていたものを奪ったのです。ご機嫌そうなそのポーランド人将校は、私には本物の悪魔のように見えました。朝早く、わたしたちは村を去らねばなりませんでした。でなければ将校は私たちを射殺したでしょう」（DVD Ⅰ/2：701）。

その後この女性は、一年間の強制労働をさせられた後、西部ドイツへと強制移住させられるのである。

(18) ここでも体験談を一つ紹介しておこう。オーバーシュレージエン出身の男性の体験である。

「一九四六年一月二四日深夜零時、突然ポーランド人の声が響きました。「外に出ろ、一〇分以内に外に出ろ！」。わたしたちは、いくらかの食料と僅かな持ち物を急いでつかみ、凍りつく寒さの中、街道を一五キロ行進させられることになったのです……。夕方に列車に乗り込みました。わたしたちは六八人と三台の乳母車で中型の家畜車の中に入れられていました。氷のように詰めたい床の上には、ほんの僅かの隙間しかありませんでした。屋根の裂け目から水がわれわれの方に垂れてきていました。電車は、日中はほとんど停止したままで、夜にだけ動きました。そのため、シュレージエンを通過するのに三日かかったのです。……飢えと寒さ、きちんと休むところもありません。毎日毎日、毎晩毎晩、何週間もです。手と足は寒さで膨れ上がり、凍りつきました。わたしたちはそれを経験したのです。……毎朝、飢えと寒さで死人が出ました。「まだまだ死人が足りないな」、ポーランド人は荒っぽく言い放ちました」(DVD Ⅰ/2：782–783)。

(19) これらの法律・法令の一部ポツダム協定成立以前に発布されている。その法律・法令の文書はDVD Ⅰ/3、Ⅳ/1に収録されている。チェコスロヴァキアで出された法令は、大統領の名にちなんで「ベネシュ令」と総称されている。それらは現在まで効力ももち、被追放者諸団体はその撤廃を要求している。

(20) 例えば、ハンス・レンベルクの論文「「民族浄化」――民族問題解決のための方法の一つなのか?」(Lemberg 1992)、マティアス・ベーアによって編集された著作『民族的に純粋な国民国家への道?――過去および現在のヨーロッパ』(Beer 2004 a)、バーデン＝ビュルテンベルク州の「故郷の館 Haus der Heimat」が編集した冊子『国際問題としてのドイツ人の移住、避難、追放』(Haus der Heimat des Landes Baden Württemberg 2005)(冊子の執筆顧問に、ベーアの名もあがっている)、フィリップ・テアの「強制移民の世紀――「民族浄化」の起源と帰結」(Ther 2001)などが、このような視点を強く打ち出している。またアメリカの歴史学者ノーマン・ネイマークが二〇世紀における「民族浄化」の歴史を考察しているが、その中でドイツ人の「追放」問題も大きく扱われている(Naimark 2001)。アメリカの国際法学者アルフレッド＝モーリス・ディザイアス(de Zayas 1994)も、「追放」を「民族浄化」の一つとして論じている。また、先駆的研究としては、『中東欧からのドイツ人追放の記録』の編集代表者テオドア・シーダーの論文がある(Schieder 1960)。本書での以下の記述は、これらの研究に負うところが大きい。

「民族浄化」という語が示唆しているように、このような議論が提起される背景には、一九九〇年代におけるバルカン半島での「民族紛争」の発生があることは間違いない。ドイツ人の「追放」をバルカンにおける「民族浄化」と比較するという観点は、一九九〇年代にドイツでもしばしば議論されていた。これに関しては第10章を参照。

(21) 例えば一九四〇年五月、歴史家のアーノルド・トインビーを座長とする委任委員会は、「ヨーロッパ戦後の安定」と題された戦後プランを提出した。そこでは、チェコスロヴァキアからのズデーテン・ドイツ人の強制移住が「平和」のための方法の一つとしてあげられている(Beer 2004：35)。

(22) 日本の戦後における、内地の朝鮮人の「祖国」への帰還や国籍の一方的剥奪、また海外に在住した日本人の「引揚げ」などの戦後処理政策も、同じく「民族的に純粋な国民国家」概念を理想型としている点で共通している。これが、「単一民族国家」概念として定着していくことになる。日本の「引揚げ」については、本書の最後に付された補論を参照せよ。

(23) ここでは、被追放者の統計として最も頻繁に用いられるライヒリンクの著作(Reichling 1986)の数字を用いており、関連表もこれを参考にして作成している。しかし注意しなければならないのは、ライヒリンクの統計が一九五三年に成立した「連邦被追放者法」によって定義された「被追放者」を基準にしていることである。この法律によって、「被追放者」の資格は世襲されることになった。よって、直接的に「追放」を経験したわけではない戦後生まれの人間も、親が「追放」されたという理由で「被追放者」として資格を得ることになる。そのため、ライヒリンクがあげている「被追放者」の数は、実際に「追放」されたドイツ人の数よりも若干多めに計算されている(連邦被追放者法については、第3章で説明する)。なお、連邦被追放者法以前の被追放者の統計としては、連邦統計局が一九五三年に発表している数字がある。これによれば、一九五一年初めの時点での「故郷被追放者」の数は七九四万六〇〇〇人になっている(Statistisches Bundesamt 1953:5)。この数字は、「難民証 Flüchtlingsausweis」の保持者の数であるとされている。

(24) 以上の数字は Ther(1996:800)、Stickler(2004:137)、Beer(2004:25)からとった。

(25) この問題に関しては、連邦共和国において膨大な研究の蓄積がある。特に一九八〇年代半ば以後、被追放者の「統合」をめぐる研究は急速に発展してきた。ここでは、Frantzioch(1987)、Holtmann(1993)、Hoffman, Kraus, und Schwartz(2000)などを参考にしている。

(26) 被追放者は、西側の新たな居住地において、地域住民から様々な差別や敵意に遭遇することになる。その背景の一つに、仕事や住宅をめぐる対立があった。被追放者に対する一般の西側地域のドイツ人住民の態度の変化について、ヘルガ・ヒルシュは次のように述べている。「最初の数週間、数ヶ月の間、避難民と被追放者は現地住民からの同情を受けた。どの人々も、東部からやって来たドイツ人の滞在は一時的なものであると確信していたからである。しかし彼らが定住するということがわかってくると、多くの場所で怒りが湧き起こった。というのは、住宅事情から見て、すでに人が住んでいる部屋も被追放者たちに明け渡さなければならないからである」(Hirsch 2003:19)。

(27) この法律により、被追放者は、証明可能な財産の被害額に応じた金額を保証として受け取ることになる。そのための財源は、財産及び抵当権・債権収入に課された税によって賄われた。財産税では、一九四八年時点での財産の評価額の五〇パーセント（農場の場合は二五パーセント）を三〇年に分けて支払うことになっていた。しかしこの負担均衡法に基づく補償は、被追放者が喪失した財産の平均二二パーセントが償還されたに過ぎず、決して十分なものではなく、これが実際に被追放者の物質的生活条件に寄与した部分は必ずしも大きいものではなかった（Grosser 2000：138）。しかし、この補償が被追放者統合のために果たした社会心理学的・象徴的役割は無視できないと言われている（Schillinger 1985：Ther 1996）。

（28）対照的に民主共和国では、「移住者」のみを対象とした特別な政策は行なわれなかった。連邦共和国では、一九五三年の連邦被追放者法により被追放者を法的に規定することになるが、民主共和国では被追放者を特別な人口集団であるという概念化はなく、統計的に把握することも行なわれていなかった。名称も、「追放」という出来事を想起させない「移住者Umsiedler」（あるいは「新国民 Neubürger」）と言う名が用いられていた。民主共和国政府にとって、戦後早いうちから「移住者」問題は解決済みであるとされ、問題自体がタブー化されていった（Ther 1996；Schwartz 1997：Schwartz 2003）。この問題については第3章で論じている。

（29）しかし被追放者の「統合」は、それほどスムーズに進んだわけではなく、被追放者と現地住民の格差も長く残存していた。被追放者統合という成功物語の「神話」性を指摘した研究に、Lüttinger（1986）がある。

（30）これはドイツで通常用いられている“Vertriebenenverbände”（複数型）の直訳である。

第3章

（1）以上の記述は、Rautenberg（1988）とUrban（2000：66–89）に依拠している。

（2）例えば、一九四九年九月にザクセン＝アンハルト州の一地区から上がった声に、次のようなものがある。これは後の社会主義統一党には全く見られないような、実に激しい党指導部批判である。

「ポツダム決議において、オーデル＝ナイセ線は平和条約締結までのあいだ設定されているに過ぎないとされているのにもかかわらず、平和国境について語るのは果たして正当だろうか。ピーク議長がワルシャワ会議においてオーデル＝ナイセ国境を平和国境として認めてしまったのは、果たして正当だろうか。東側地区の住民や党員は、このことについて合意しているのかどうか、いったいどこで尋ねられただろうか。議論することなしに、平和国境が認められてしまったのだ！」（Malycha 2000：204における引用）。

（3）社会主義統一党の指導者の中でも、特にピークは被追放者の故郷喪失に対して理解を示していた人物だった。その彼も、一九五〇年一〇月に彼の生まれた町グーベンで次のような発言を行なっている。「われわれは狭い故郷は失ってしまったが、大きな平和の故郷を、民主的で平和を愛するドイツを得たのである」（Schwartz 1997：178からの再引用）。

（4）ただし、「移住者」概念のタブー化は、文芸的活動や私的なコミュニケーションの領域までには貫徹していなかったようである（Schwartz 1997：183）。

（5）たしかに一八七一年から一九一八年までの第二帝政時代、「帝国」概念は世界支配を目指す「帝国主義的」な自己理解と結びつくこともあった。しかし常にそうではない。むしろ一五世紀以後の「ドイツ・ネーションの神聖ローマ帝国」において、「帝国」概念は、皇帝の選挙手続き、帝国議会や各種裁判所などの複雑な諸制度を束ねる法的な枠組みとしての役割を担っていて、古代ローマ帝国時代の普遍的支配という意味での「帝国」の含意はすでに失っていた（Willoweit 2006）。その時代から、「帝国」概念（おそらく「帝国」という訳語は誤解を招きやすいであろう）はドイツの法的・領域的な枠組みとして、「ドイツ」の連続性を支えてきた。その意味で、オットー・ダンがドイツのことを「帝国ネーション Reichsnation」と呼ぶのは適切である（Dann 1993）。

（6）Blumenwitz（1989：35），Fromme（1999：122）を参照。

例えば、一九五七年に出された帝国政教条約（一九三三年）に関する判決文の中では、次のように書かれている。「〔ナチスドイツの〕解体の後も存在することを止めたわけではないドイツ帝国は、たとえ基本法を通じて構築された組織〔連邦共和国のこと―引用者注〕が暫定的に帝国領の一部に限定されているとはいえ、一九四五年以後もまた存続し続ける。よってドイツ連邦共和国はドイツ帝国と同一〔identisch〕である。」（BVerfGE 6, 309, Reichiskonkordat, Abs. 166より引用。判決文は http://www.oefre.unibe.ch/law/dfr/bv006309.html からとった。）

（7）もっとも基本法における「ドイツ」概念の意味は一様ではない。ヨゼフ・フォーシェポートによれば、四つの解釈がある。一つは「一九三七年のドイツ」、二つ目はオーデル＝ナイセ線以西のドイツ、三つ目は連邦共和国としてのドイツ、四つ目はそれにベルリンを加えたドイツ（Foschepoth 1988：58）。その中で、統一以前の連邦憲法裁判所の判断は、「一九三七年のドイツ」だった。後に見るように、一九六〇年代までの地図上での「ドイツ」の表記は、これが一般的だった。

（8）ハンス＝ペーター・シュヴァルツによれば、アデナウアーは次のように語ったとされる。

「彼は一方で法的に、他方で政治的に論じた。連邦議会もドイツの世論も、オーデル＝ナイセ線の向こう側の国とこちら側の国とに区別を付けられる状況にはないこと。もしそれをあえてしようとすれば、何百万もの被追放者たちが、西側諸国との条約を拒否すべく圧力を駆使するであろうこと。そうすれば、社会主義勢力とネオナチ的勢力が条約に反対して連合を組むであろうこと。そして、そこから「中立するドイツ」が生まれてしまうかもしれないということ。それらを彼は論じたのである」（Schwarz 1989：891）。

つまり、ドイツ条約がオーデル＝ナイセ線を承認するようなものであれば、西側連合国が最も忌避したい「中立ドイツ」が帰結してしまうであろうという議論である。これは、アデナウアーから西側首脳に対する最大限の抵抗の努力であった。

（9）当時の代表的な被追放者政治家であったリヌス・カテアは、「敗戦国の唯一の武器は法である。そして連邦政府の課題は、この武器を鋭利にしておくことである」（BT 2/156：8546）と述べている。

（10）それはおそらく、ボンに首都をおいていたということとも関連するであろう。ボンというドイツ西部の小都市は、過去の「ドイツ」の栄光や挫折の歴史を想起させることの極めて少ない都市であった。その意味で戦後の連邦共和国の新たな出発点として相応しい首都であった。また、「一九四五年五月八日」（ナチスドイツ降伏の日）を「ゼロ地点 Stunde Null」と呼んでいたことも、このような過去との断絶の認識を背景にしている。もちろん、実際にはナチズム時代との間に様々な「連続性」は存在していた。だが、ヤン＝ホルガー・キルシュの言うように初期の連邦共和国において「ゼロ地点」という呼び方は、「ナチズム時代の前例のない犯罪の後に来る人間の共同生活の価値と条件についての根本的自己理解」の形と考えられていたのである（Kirsch 2005：63–64）。

（11）政府は公式にドイツ民主共和国を「東ドイツ」と認めてはいなかったが、主要政治家を含め、ドイツ民主共和国の地域を「東」と見なすことは実際には行なわれていた。呼称をめぐる問題は連邦議会でもとりあげられている。一九五四年三月一一日、キリスト教社会同盟の議員ヴァルター・リンケ（オーバーシュレージエン出身の政治家）が、「中部ドイツ」であるはずの「ソビエト占領地区」（連邦共和国では、この呼称や「いわゆるドイツ民主共和国」という呼称が用いられた）を「東地区」とする呼称が広まっていることを指摘し、政府の見解を質している（BT 2/18：619）。全ドイツ問題大臣のヤコブ・カイザーは、次のように答えた。

「一九五〇年四月にすでに全ドイツ問題省の提案に基づいて、内閣では「ドイツのソビエト地区（Sowjetzone

Deutschland)」の呼称を用いました。ドイツの世論は、ソビエト地区はドイツ東部でないということを自覚しなければなりません。「ドイツの東方領土」と言えば、オーデル＝ナイセ以東のドイツの土地以外、考えられるものはないからです。

（与党ならびに社会民主党からの拍手）

「ソビエト占領地区」は中部ドイツです。ですから、事実としても、政治的にも、ここを「東地区」と呼ぶのは不適切なのです」（Ibid.）。

政府の「ドイツ」の地理的呼称についての公式見解が、ここに明確に述べられている。しかし、ドイツ民主共和国の地域を「東ドイツ」という呼び方も広まりつつあったため、「東ドイツ」という言葉には曖昧さが付きまとった。

現在ではもちろん、「東ドイツ」と言えば旧ドイツ民主共和国の地域を指している。戦後六〇年をかけて、「東ドイツ」の意味が大きく変化したのである（Lau 1995）。

(12) ただ、一九五〇年の段階では、二つの国家の存在は必ずしも明示的に表記されていない。それは両国とも「一つのドイツ」という立場をとっていたからである。連邦共和国の地図では一九六〇年頃から、括弧つきで「「ドイツ民主共和国」」という表記が現われた。民主共和国の地図では、一九五八年発行のものになって、初めて両ドイツ国家の国境が通常の国境として表記されるようになっている。

(13) 一九五〇年代のドイツ人の戦争被害の記憶を分析したロバート・メラーは、「一九五〇年代において、被追放者とソ連での戦争捕虜の物語は、西ドイツ人全員の話となった。これらの人々の運命は、戦後ドイツの運命を代表するものとなった。赤軍が一九四五年春に西へと侵攻する際に行なったドイツ人女性の強姦は、ドイツ国民の強姦となり、東部における家屋や持ち物の喪失は、何世紀にもわたり中央ヨーロッパに存在したドイツ人の故郷 Heimat の根絶を意味するものとなった」と述べている（Moeller 2001：7）。しかし、そのドイツ人犠牲の「過去」の物語の中で、ドイツ人による犠牲者のことについてはほとんど触れられることがなかったのである。このような「過去」の認識は、一九六〇年代に入って大きく変化することになる。

(14) 記録文書全体の構成は、以下のようになっている（カッコ内は発行年）。

第Ⅰ巻：オーデル＝ナイセ以東の領土からのドイツ人住民の追放

Ⅰ／1（一九五四）：第一部　赤軍からの避難

Ⅰ／2（一九五四）：第二部　東ドイツ人住民の生活基盤の破壊
第三部　オーデル＝ナイセ以東の領土からのドイツ人住民の駆逐
Ⅰ／3（一九六〇）：ポーランドの法律と政令、一九四四―一九五五
第Ⅱ巻（一九五六）：ハンガリーにおけるドイツ人の運命
第Ⅲ巻（一九五七）：ルーマニアにおけるドイツ人の運命
第Ⅳ巻（一九五七）：チェコスロヴァキアからのドイツ人住民の追放（二冊）
第Ⅴ巻（一九六一）：ユーゴスラヴィアにおけるドイツ人の運命
別冊一（一九五五）：ポンメルンからの日記、一九四四―一九四六
別冊二（一九五七）：プラハからの日記、一九四五―一九四六
別冊三（一九六〇）：東、西プロイセンからの記録、一九四五―一九四七
全巻の中心となる体験談・目撃談の記録の数は、第Ⅰ巻が三八二と最も多く、第Ⅱ巻は五二、第Ⅲ巻は九三、第Ⅳ巻は一三七、第Ⅴ巻は八四である。

(15) ただし初版が出版された時代に、この五巻の記録集はあまり世論の関心を惹かなかったようである。むしろ個人の日記を編纂した別冊の方が、世論の関心を呼んだ。五巻の記録集が連邦共和国内で広く読まれるようになったのは、ずっと時代を下って一九八四年、タッシェンブッフ版が出版されてからである（Beer 1999：116–117）。

(16) 被追放者を定義した第一条全文は以下のようである。

§1　被追放者

(1) 被追放者とは、ドイツ国籍保持者あるいはドイツ民族帰属保持者として、差し当たり外国の行政下にある東方領土に、または一九三七年一二月三一日時点でのドイツ帝国国境の外部にある領土において居住地を持ち、その居住地を第二次大戦と関連して追放の結果、特に駆逐や避難により失った者のことである。いくつかの居住地がある場合には、その当事者の個人としての生活状況に決定的であった居住地でなければならない。戦争のために、第一文で示された領土に居住地を移住した場合に関しては、その者が戦争の後この領土に継続的に定住しようとしていたという事情においてのみ被追放者である。

(2) 被追放者とは（また）、ドイツ国籍保持者あるいはドイツ民族帰属保持者として、以下のような者である。

一、一九三三年一月三〇日以後、政治的信念、人種、信仰、世界観を理由にその者を脅かしたり、その者に対して行使された国民社会主義の暴力措置の故に、第一段落で示された領土を去り、ドイツ帝国外部に居住地を得た者。

二、第二次大戦中締結された国家間条約を理由にドイツ外部の領土から移住させられた者、あるいは同時期にドイツの行政機関の措置を理由に、ドイツ陸軍に占領された領土から移住させられた者。（移住者）

三、全般的な追放措置が終結したあと、差し当たり外国の行政下にあるドイツ東方領土、ダンツィヒ、エストニア、ラトヴィア、リトアニア、ソビエト連邦、ポーランド、チェコスロヴァキア、ハンガリー、ルーマニア、ブルガリア、ユーゴスラヴィア、あるいはアルバニアを離れた（または離れる）者。ただし一九四五年五月八日以後に初めてここの領土に居住地を定めた者を除外する。（アウスジードラー）

四、居住地は持たないが、第一段落に示した領土に継続的に仕事あるいは職業を営んでいて、追放の結果その活動をやめざるを得なかった者。

(3) 被追放者とはまた、自らはドイツ国籍保持者あるいはドイツ民族帰属保持者ではないが、被追放者の配偶者として第一段落に示された領域において居住地を失った者を言う。（BGBl 22/1953）

(17) 第2章の注27も参照。また、この法律が制定されるまでの政治過程を Hughes（1999）が論じている。「負担均衡」の方法については政府の各機関や諸政党によって意見の対立があったものの、被追放者の戦争被害の負担を国民の間で「均衡」するという点に関しては大多数の合意があった。

(18) 以下の記述は Boehm（1959）、Wambach（1971）、Schoenberg（1970）, Frantzioch（1987）, Ahonen（2003）, Stickler（2004）などの研究を適宜参照している。

(19) ザール問題とは、一九五四年一〇月にパリで締結された諸条約（この中にはドイツ条約も含まれた）において規定された、「ザール規約」に関する問題である。ザール規約は、ザールラントを西ヨーロッパ連合の弁務官の下において「ヨーロッパ化」するという内容だった。GB／BHEはザール規約が東方領土の将来の処遇に対しても影響を与えるものと捉え、反対にまわった。

(20) 一九五三年の連邦議会選挙後の政党別の議席分布は、キリスト教民主／社会同盟二四三、社会民主党一五一、自由民主党

四八、ＧＢ／ＢＨＥ二七、ドイツ党一五、中央党三であった（Fischer Chronik 2001 : 135）。キリスト教民主／社会同盟は、前回から大きく議席数を伸ばし、前回同様自由民主党との連立を維持するだけで十分に政権を維持することができたのである。

第４章

（１）この「放棄のムード」については、何人かの被追放者諸団体幹部が記している。リヌス・カテア（注２を参照）は回想録の中で、一九五六年に「放棄の傾向」が強まったと述べ、連邦共和国国外における出版物の影響がその原因であると説明している（Kather 1965 : 128）。またバルト地方出身の被追放者でキリスト教社会同盟の政治家でもあるゲオルク・フォン・マントイフェル＝ツェーゲは、一九五九年八月一四日付けの日記の中で「悪いことにはまた、世論はますます東方に関して放棄のムードに陥っていることである。東方領土は被追放者の問題なのであって、ドイツ民族のものではないと見られている。被追放者のリーダーは、新聞では「幹部 Funktionären」へと格下げされている。ヒットラーの時代、ドイツ民族は過度に民族の主張に陥り、今日ドイツ民族は過度の放棄に陥っているのだ」（Stickler 2004 : 100における引用）。これは、被追放者諸団体が強硬に「放棄のムード」を批判すればするほど、連邦共和国の言論界の中で「格下げ」されていくという状況を指摘している。このような状況は、一九六〇年代に入り、いっそう強まることになる。

（２）リヌス・カテア（Linus Kather 1893–1983）は、被追放者政治家の中でも、オーデル＝ナイセ線問題に関し議会においてとりわけ目立った主張を続けた人物である。東プロイセン出身、戦前はカソリック政党である中央党の政治家だった。「追放」後、キリスト教民主同盟に所属して政治家のキャリアを再開し、一九四九年以来連邦議会議員として活躍する。一九四九年から一九五一年までは被追放者ドイツ人中央協会（ＺｖＤ）の、一九五一年から一九五八年までは被追放ドイツ人連盟（ＢｖＤ）の代表もつとめるなど、五〇年代の被追放者政治の中心的存在であった（Stickler 2004 : 19–20）。一九五三年には、負担均衡法の成立に際して大きな役割を果たしている（Hughes 1999 : 173–176）。一九五四年、アデナウアーと対立してキリスト教民主同盟からＧＢ／ＢＨＥに移籍、野党政治家として政府の外交政策、特に東方政策を激しく批判した。本文で紹介した発言も、そのような例の一つである。

その後一九五七年の選挙で落選したカテアは、一九六〇年代末に極右のドイツ国民民主党（ＮＰＤ）に移籍し、同党の候補として一九六九年の連邦議会選挙に立候補し、落選している。カテアは、常に被追放者としての意見を明確に主張することによって自らの政治的名声を得ようという手法をとり続けた。だがそのような、極端な彼の政治手法は、次第に被追放者の間でさえ孤立していったのである。カテアは強い政治的野心をもった政治家だったようで、一九五四年にGB／BHEに移籍した理由も、政策や理念上の問題というよりも、むしろ被追放者大臣に彼を任命しなかったアデナウアーへの幻滅からだったという（Neubach 1989：156）。しかし政権与党の連邦議会議員から極右政党の政治家へというカテアの政治キャリアの変遷（与党→野党→極右）は、次第にマージナライズされていく被追放者の連邦共和国における政治的位置づけの変化を象徴しているとも言えよう。

彼よりも一世代若い代表的な被追放者政治家ヘルベルト・フプカは、カテアについて次のように述べている。「彼を被追放者の熱烈な弁護人と呼ぶことは出来るだろう。しかし彼は、極めて強烈な自己顕示欲から解放されることがなかった。そのため彼は無謀で、彼自身のためにもならないような政党政治上の立場の変更を行なってきたのである」（Hupka 1994：186）。なお、『被追放者の無力化』（！）というタイトルが付けられたカテアの回想録（Kather 1964–1965）は、彼の政治的スタンスを示していて興味深い。

（3）アデナウアーが東方領土を「放棄」していたのかどうかについては、論争がある。論争は、ドイツ外交政策協会研究所の所長であったカール・カイザーが、一九八九年夏にワシントンで行なったスピーチの中で、アデナウアーがドイツ条約の交渉の過程の中で、オーデル＝ナイセ線を最終的なドイツとポーランドの国境として、文書で認めていたという発言を行なったところから始まっている。『フランクフルター・アルゲマイネ』がこれを一面記事で報道したことによって、この発言が話題となった（FAZ, 13.7.1989：1）。カイザーは、その文書の日付が一九五一年一一月二一日であることを、その後明らかにした。しかし、カイザーはその存在を人づてに聞いたに過ぎず、その文書自体は発見されなかった（Frohn 1996：486；Czaja 1996：101）。

そのような公式の文書が存在するにせよしないにせよ、アデナウアーが一九五〇年代半ばに、戦前のような形で東方領土がドイツに回復されることが、事実上不可能であることを認識していたことは確かのようである。西側連合国が、オーデル＝ナイセ線を認めるという立場を明確にしており、ドイツ条約の交渉も、それを前提に行なわれていた。彼はその現実を認めざるをえなかった。しかしアデナウアーはそのことを公共の場で発言することはなかった。もしアデナウアーが東方領土の放棄を認めていたことが明らかになれば、国内世論の反発を買うことは明らかだった。一九五三年にアデナウアーは、東方領土の「共同管理」提案などを行なっていたが、それさえ被追放者諸団体やＧＢ／ＢＨＥなどからの批判を招いていた。野党も、この問題を材料にしてアデナウアー批判に回ることが予想された。そのため、あくまでアデナウアーは、「平和条約締結までドイツの国境の最終確定は延期される」という立場を貫徹したのである。第3章の注（8）も参照。

（4）このアデナウアー発言の真偽に関しては二つの問題がある。第一に、この発言の日付に、「一九五五年八月三〇日」としているもの（Elsing 1984：57；Stehle 1988：85）と、「一九五三年八月三〇日」としているもの（Frohn 1996：522；Küsters 1992：507）の二つの研究があることである。最近の論稿は「一九五三年」だがこの年号の不一致に関し、「一九五三年」をとる研究者からは何ら言及がない。ビンゲンは「一九五三年」として紹介しているが、この発言に言及しているのは「一九五五から一九六一年まで」と題された章においてである（Bingen 1996：44）。アホネンは一九五五年前後のアデナウアーの同種の他の発言には触れているが、オーレンハウアーへのこの発言については言及していない（Ahonen 2003：135）。

第二に、フローンによって、この発言の記録自体の信憑性に疑義が呈せられている（Frohn 1996；522）。この発言は、ジャーナリストのフリッツ・ゼンガーがオーレンハウアーから聞いたことのメモから採られたものである。しかし、一九五三年八月（フローンは「一九五三年」という前提で議論している）のアデナウアーのスケジュールにはオーレンハウアーとの会談がないこと、九月の総選挙直前に首相がこのような重大な発言を野党のリーダーに対して行なうはずがないということなどの理由をあげて、この発言の真偽を疑っている。また、ゼンガーはこのメモの記述に関してオーレンハウアーにも確認をとったとしているが、その記録も存在していないという。

本書では、一九五〇年代半ばにアデナウアーが私的な会話の中で、同種の認識を少なからず示していたことをかんがみて、その代表的な発言としてあつかった。

（5）アデナウアーは、一九六〇年七月一〇日の東プロイセン同郷人会大会で次のように発言している。「われわれが平和と自由という二つの良き価値に忠実であれば、われわれの同盟国に忠実であれば、世界に平和と自由が再びもたらされ、あなた方にも美しい故郷の土地東プロイセンが戻ってくるのだと、希望しなければなりません」（DDF 2：462）。曖昧な、しかし被追放者の歓心を買う美辞によって表現された、典型的な「日曜演説」である。「東方領土は消滅した！」という非公式の発言との落差は大きい。だがこの同郷人会大会での発言は、即座にポーランドのゴムウカから「報復主義的・攻撃的傾向」

という批判を受けることになる。

（6）この項の議論はアホネンの研究（Ahonen 1998；Ahonen 2003：147–154）に負っている。

（7）その経緯に関しては、Bingen（1998：55–56）、Stickler（2004：387–391）を参照せよ。

（8）ヴェンツェル・ヤークシュ（Wenzel Jaksch 1896–1967）は、南ボヘミア出身で、第一次大戦前からオーストリアの社会民主主義者として政治活動を始めていた。第一次大戦後はチェコスロヴァキアのドイツ社会民主党に所属し、一九三八年にはその党首となった。一九三九年にイギリスに亡命し、ロンドンでチェコスロヴァキア亡命政府においてズデーテン・ドイツ人の利害を表明し、ベネシュのドイツ人追放計画にも抵抗した。第二次大戦後チェコスロヴァキアに戻ることが出来ず、連邦共和国に移住することになった（よって、「追放」の現場の経験者ではない）。一九五〇年から五三年までヘッセン州の被追放者・避難民局長を務め、一九五三年以後は死ぬまで社会民主党所属の連邦議会議員として活動した。同時に、ズデーテン・ドイツ同郷人会の指導者の一人であり、一九六四年から死ぬまで被追放者連盟の会長を務めた。社会民主党と被追放者諸団体とを繋ぐ重要な政治家として活躍したが、一九六七年不慮の交通事故で死去した。Stickler（2004：35）やhttp://www.exil-archiv.de/html/biografien/jaksch.htm［Martin K. Bachstein 執筆の短いバイオグラフィー］を参照。

第5章

（1）被追放者の「統合」に関する問題については、第2章で簡単に論じてある。これは被追放者研究の中でも最も集中的に行なわれてきたテーマの一つである。

（2）カソリック教会でも同時期に動きが見られた。一九六五年一一月に、ポーランドのカソリック教会司教団からドイツ司教団に対して「対話」を呼びかける書簡が送られたのである。そこでポーランドの司教団は、オーデル＝ナイセ問題をとりあげ、ポーランドの現状における西側国境線の修正不可能性、また歴史的に見た場合のこの国境線の正当性を論じつつも、「何百万もの避難民と追放されたドイツ人の苦痛」に対しても理解を示し、「赦し」を求め「対話の開始」を呼びかけた（DDF 4：3–4）。翌一二月に、ドイツの司教団からポーランド側への書簡が返信された。そこでは、ドイツ人によって始められた戦争においてポーランド人が被った苦痛や不正に対する謝罪が述べられ、また対話や相互理解の重要性が述べられている。だがドイツ・カソリック司教団は、被追放者の「故郷権」を主張し、オーデル＝ナイセ線の問題には言及しなかった。

書簡には「わがシュレージエン人、ポンメルン人、東プロイセンたちは古い故郷に合法的に住んでいたのであり、この故郷に結びついたままなのです」とある（DDF 4：28–29）。

このように、ドイツのカソリック教会ではオーデル＝ナイセ線の承認には踏み出さなかった。しかし両国のカソリック教会の「対話」への動きは、「和解」に向けての世論の動きを後押しするものにもなった。

カソリック教会内部での「和解」への胎動は、一九六八年三月に一部の著名なカソリック教徒が公表した「ベンスベルガー・メモ」に繋がっていく。ドイツ＝ポーランド関係に関するこの「メモ」では、オーデル＝ナイセ線承認に関して積極的な論を展開している（Bingen 1998：88）。「被追放者たちが、この［オーデル＝ナイセ線を認めざるを得ないという］認識を、彼らに要求された放棄とばかり見なすのではなく、国家を超えた平和秩序への貢献と理解することが出来るのであれば、彼らにとってそれを受け入れることが容易になるかもしれない」（DDF 5：57–60）。いわば「メモ」は、被追放者に対し、ホロコースト・アイデンティティへと視点を転換することを促しているのである。しかし被追放者連盟は、この「私的なサークルのメモ」を「否定的で破壊的な政治的効果」をもつものとして厳しく批判している（EDP 1：139–140）。

（3）キリスト教民主／社会同盟の議員団長、ライナー・バーツェルは、一九六五年一一月二九日の連邦議会において、「いわゆるオーデル＝ナイセ線をめぐる現下の議論」に関連して、次のように述べている。

「われわれは、全ての民族との平和を、全ての隣国との友好関係を望んでいます。それは東方においても同じです。……互いに接近しようとするのであれば、互いに他を理解しなければなりません。われわれは戦争におけるポーランド人にもたらされた苦痛を知っています……。他方の側からも、追放され避難させられたわれわれドイツ人の苦痛や苦境を知っているのだということを見せてもらわなければなりません。……われわれに国境問題に関する説明を求める者は、誰もがその根拠として、われわれが全てのドイツ人を代表するという独占代理の権利を認知しています。それは、ドイツ人の意志によるだけでなく、国際法によっても、ドイツが法的に一九三七年の国境において存続しているということを前提としています。このことをわれわれは、連邦政府と同様強く主張するものです。平和条約のみが、新たな法をつくりだすことができるのです。平和条約への道は、ドイツ条約第七条のなかで拘束力を伴って規定されています」（DDF 4：24）。

ニュアンスの相違はあれ、国境問題の見解に関して、このバーツェルの発言は社会民主党の声明とほぼ同じ語法と論法をとっている。

（4）その時の被追放者連盟会長であったヤークシュ（第4章注（8）参照）は、一九六五年一〇月二七日の『シュピーゲル』誌でインタビューに応じている。そのインタビューは、『覚書』の議論に共感し、被追放者諸団体の修正主義的立場に懐疑的なインタビュアーと、あくまでオーデル＝ナイセ線は認めないとするヤークシュとの認識と感性のズレが反映されていて興味深い（Sp 27.10.1965：47–51、以下の引用は47）。

ヤークシュ：……われわれは、第二次世界大戦の戦勝国が、ポツダム協定においてドイツの東方国境の問題は平和条約の規定に委ねるとした、全く言い争いのない歴史的事実から出発するのです。……。

シュピーゲル誌：トルーマン、スターリン、アトリーによる［ポツダム協定の］調印は二〇年前に行なわれました。それから今までの間、オーデルとナイセの向こう側では多くのことが起こり、多くのことが確定されました。あなたは、いかにしてこの事実の力に対抗しようというのですか。

ヤークシュ：あなたの質問の前提にあるのは、既成事実を国際法的な拘束力のあるものとする認識です。このような哲学から、隣接する民族の人権への侵害を根拠付け、事後的に事実の規範的な力に依拠することができてしまうのです。……。

シュピーゲル誌：福音教会の『覚書』の著者たちは、神学的議論からは被追放者の故郷権は根拠付けられないと言っています。

ヤークシュ：『覚書』の著者たちは、民族や民族集団全体の大量追放を、故郷権が政治手段として用いられているという、後から付け足されたような副次的議論で正当化できるのかどうかという基本問題を回避しているのです。

（5）この一九六八年党大会でのブラントの演説は、社会民主党が「オーデル＝ナイセ線承認」の路線を確定したものとして有名である。だがよく読むと、その発言は依然として両義的である。というのは、ここでブラントは「平和条約締結までのオーデル＝ナイセ線の承認ないし尊重」と述べている。これは、平和条約締結後については未定であるということ、つまりオーデル＝ナイセ線を最終的に承認してはいないということを意味している（Rehbein 2006：262）。これはドイツ条約での「平和条約規定」（第3章参照）を取り込んだ形の言論である。「否認」の論法は、依然としてここでも作用していたのである。

（6）この一九六二年三月から四月にかけて作成されたショルヴァーの覚書は、一九六四年八月に公表された（DDPIV/8：376–389）。

（7）『シュピーゲル』誌における「テレビの被追放者狩り」という記事でオットー・ケーラーは、被追放者が「一九四五年に追放され、一九六八年にもドイツのテレビ局という強力な機関による、激しい憎しみを伴った迫害によってさらにまた追放されている」と述べている。この記事は、このようなメディアによる「被追放者狩り」に対し、被追放者連盟が問題のあるテレビ番組の「ブラックリスト」を州政府に送ったということを報告している。その「ブラックリスト」によれば、「時事番組において被追放者は「いつもただ攻撃の対象」である。バラエティ番組における被追放者に対する扱いは、まるで「被追放者狩り」とでも特徴づけられる」（Sp 23.12.1968：14）。その他、当時のメディアにおける「被追放者狩り」全般については、Kittel（2007：31–58）を参照せよ。

（8）その他、オーデル＝ナイセ問題に関係する極右団体として、極右活動家ゲアハルト・フライの協力の下に一九六二年に結成された「アクション・オーデル＝ナイセ（以下AKON）」がある。これはその名の通り、オーデル＝ナイセ問題を中心に据えた団体であり、その指導部にはヨアヒム・ドリシェルやゲアハルト・ヘンケといった被追放者も参加している。しかしながら、被追放者連盟の幹部会は、「AKONとの協力は連盟の利益にはならない」として、政府からも危険視された極右的なAKONから距離を置くという立場を明確にしていた（Stickler 2004：335–336）。

（9）例えば『ツァイト』一九六九年五月三〇日号には、「右傾化する被追放者」と題された一ページ大の論説が掲載されている（Z. 30.5.1969：8）。その論説では、一九六八年社会民主党の党大会での「承認ないし尊重」決議が、被追放者にとって「辛苦」であったことをあげ、「当時すでに何人かの同郷人会幹部は、もはやNPDしかないと認めていた」とし、NPDを「被追放者の政党」として描き出している。

（10）コンラード・ジャローシュとミヒャヒル・ガイヤーは、戦後連邦共和国において形成されたナショナル・アイデンティティを「ポスト・ナショナルなアイデンティティ」と特徴づけ、ギーゼンの「ホロコースト・アイデンティティ」概念にも言及している。

「二〇世紀後半の、過度なナショナリズムを贖おうとするドイツ人の努力は、根本的に異質なポスト・ナショナルなアイデンティティを生み出した。……前線での死、銃後での爆撃、東方からの避難などのトラウマとなる記憶は、ナショナリズムとミリタリズム（軍国主義）の正当性を殺ぎ、また経済的繁栄、輸入される消費財、海外旅行の発展などが生活の地平を広げ、コスモポリタン的な装いをつくりだしたのである。ギュンター・グラスやクリスタ・ヴォルフのような知識人は、罪の負担を強く認識し、人類悪の否定的な代表例としてのドイツ人の罪に立脚した、真の「ホロコースト・アイデンティティ」を発展させたのである。この距離化の過程が、ヨーロッパ統合への強力な支持を動機づけている」(Jarausch and Geyer 2003：240–241)

筆者は、この議論に大筋で賛同する。本書の中で筆者は、この「ポスト・ナショナルなアイデンティティ」(それはたしかに、ナショナリズムを否定する新種のナショナル・アイデンティティである)が、東方国境をめぐる公共的言論界の中でどのような作用を果たしていたのかを論じている。しかし本書は、そのようなアイデンティティが、過去の認識や記憶をめぐる論争の中で常に争点にされてきたということ、そして「追放」を始めとする「トラウマとなる記憶」が、ホロコースト・アイデンティティに対抗的なアイデンティティに脈々と概念的資源を提供し続けていることにも着目している。また、このような「ポストナショナル」化を字義通り単純に「コスモポリタン化」ないし「西欧化」と同一視する彼らの議論には若干の疑念も感ずる。このアイデンティティはまた、極めて「(戦後)ドイツ的」であるとともに、「ドイツの国益」とも密接に関連してきた。それは本書のこれからの議論で明らかにされていくであろう。

(11) もちろん、このような一連の「過去」に対するスタンスは、占領軍による「非ナチ化」政策から大きな影響を受けていることは間違いない。西側占領地域では、ニュルンベルクにおける軍事裁判のほかに、一連の「再教育」プロパガンダが実施されていた。また、全ての成人ドイツ人は、ナチスとのかかわりに関する質問票に回答しなければならなかった。たしかに多くのドイツ人は、これら一連のプロセスを恣意的なものないし茶番に近いものと見なしていたようである。事実、「大物」の多くがこの非ナチ化の後も連邦共和国の支配的地位に留まった。しかしながら、反ナチス的なスタンスは、すでに初期連邦共和国の指導層の間には共有されていた(Olick 2007：43)。

(12) しかしコールのイスラエルへの補償政策は、西ドイツ国民の間では不人気であった。当時の世論調査によれば、それを支持したのはわずか一一パーセント(二五パーセントが留保つきの支持)で、約五〇パーセントが反対を表明しているのである(Wolffsohn 1988＝1995：50, 179［邦訳］)。またアデナウアーと同一会派(キリスト教民主／社会同盟)内においても、さらには閣内においてさえ、イスラエルへの補償政策に反対するものが少なくなかった。イスラエルへの補償政策は、こうした内部からの反対に抗して進められたのである。そこで反対派を説得するための手段の一つとしてアデナウアーは、本文で示したようなホロコースト・アイデンティティ的な論法を用いたのだった。このような道義的観点の他に、アデナウアーはまた、世界のユダヤ人は経済的影響力を持っているから、彼らの好意を取り付ければドイツの輸出にとっても有利であるという経済合理主義的観点も出していた。ユダヤ系ドイツ人の歴史学者ミヒャエル・ヴォルフゾーンはアデナウアーの対イスラエル補償政策を評して「贖罪意識と自尊心のないまぜになったものが、彼のイスラエルとユダヤ人に対する歴史政策を特徴づけている」（Ibid.：51）と述べている。

（13）占領時代の「非ナチ化」の中で導入された「人道に対する罪」は、連邦共和国の刑法には引き継がれなかった。そのため、連邦共和国の司法体系には、「ナチス犯罪」を裁く特別な法律はなく、通常の刑事犯罪にあたる「謀殺罪 Mord」（刑法二一一条に規定された計画的な殺人）と「故殺罪 Totschlag」（刑法二一二条に規定された衝動的、突発的な殺人）によって裁かれた。ナチス犯罪を裁く特別な法律を導入することに対しては、遡及効にあたるとして反発する考え方が強かったのである（石田 2003：180–182）。その後の時効の延長と廃止は、刑法上の謀殺罪一般に関してなされたものである。

（14）オーバーレンダーはチューリンゲン生まれだが東プロイセンのケーニヒスベルク大学で職を得、ナチス時代は東方民族問題の専門家として活動していた（Stickler 2004：76）。戦後は、第二次および第三次アデナウアー内閣の被追放者大臣として入閣していた（所属は当初ＢＨＥ、後にキリスト教民主同盟に移籍）。しかし一九六〇年にドイツ民主共和国でのナチ犯罪攻撃の対象となり、彼が不在の法廷で無期懲役の判決まで受けることになる。このことの影響で、オーバーレンダーは閣僚を辞任することとなった。ポンメルン出身のクリューガーは、一九五八年に被追放者連盟初代の会長になり、一九六三年には被追放者大臣に就任する。だが彼も、ドイツ民主共和国からナチス犯罪に関わった件で「死刑判決」を受け、大臣職を辞すことになった（Ibid.：96）。オーバーシュレージエン出身でありながらズデーテン・ドイツ人同郷人会の会長を務めていたゼーボームも、やはりナチス犯罪に加担した嫌疑をかけられていた。しかし彼は、一九四九年から一九六七年まで交通大臣の職に留まった（Ibid.：48）。

オーバーレンダーやクリューガーに対する「判決」とその後の閣僚辞任は、連邦共和国の世論にも大きな作用を及ぼしたようである。マンフレート・キッテルはそれについて次のように述べている。「とりわけ騒々しい閣僚辞任劇は、記憶の文化という面において顕著な結果をもたらした。それは、ナチスに加担した東ドイツ人［＝オーデル＝ナイセ以東出身のドイツ人という意味―引用者注］の特別な罪という、会食中の素人談義から知的サークルに至るまで、国内で様々に語られるテーゼに、格好の題材を提供してしまったのである」（Kittel 2007：18）。

（15）それが、ナチス犯罪の犠牲者の中でユダヤ人を特権的な位置へと押し上げていたことも確かである。しかもその特権性は長らく曖昧に認識されていた。例えば、一九七〇年のブラントのワルシャワ訪問の際の「跪き」も、ポーランド人蜂起の記念碑の前ではなく、ユダヤ人ゲットー記念碑の前で行なわれた。しかしそれが、ドイツとポーランドとの「和解」の象徴とされたのである（次章参照）。だが、一九八〇年代後半頃から、ユダヤ人以外のナチス犠牲者にも光が当てられ、ユダヤ人の特権性に対する批判も行なわれるようになっていった。二〇〇五年にベルリンに完成した「ホロコースト警鐘碑」建設論争においても、このユダヤ人の特権的地位が争点の一つになっていた。

（16）もちろん、「ホロコースト」という過去が戦後ドイツ連邦共和国の政治文化に与えた影響ははるかに広範なものである。ジェフリー・オリックは次のように述べている。「戦争直後から現在に至るまで、ナチズムの過去の強力なイメージが西ドイツを形作ってきたといってよい。ほとんど全ての制度の組織化や個々の政策は、ある意味において、この運命的な十数年のドイツの記憶に対する反作用とさえ言える。さらにホロコーストは、長らくドイツの政治行動を評価する基準になってきた」（Olick 2007：37）。

第6章

（1）この法律に関しては、第3章を参照。第九六条は、その後東方のドイツ人文化の歴史の研究、博物館の創設や展示などを促進する法的枠組みとなる。一九九〇年の国境線確定以後、むしろその重要性の比重は高まっている。

（2）一般にモスクワ条約、ワルシャワ条約をあわせて「東方諸条約 Ostverträge」と呼ぶ。ブラント政権は、この二つの条約の他に、ドイツ民主共和国との間に「基本条約 Grundlangevertrag」と「通商協定」とを締結し、ドイツ民主共和国を国家として認めると同時に、同国との関係を規定した。

（3）モスクワ条約では第三条にオーデル＝ナイセ線の記述がある。

第三条

……ドイツ連邦共和国とソビエト連邦は、この条約署名の時に現存するヨーロッパの全ての国家の領土的一体性が、今日も将来も不可侵 unverletzlich であるとみなす。その中には、ポーランド人民共和国の西側国境 Westgrenz をなすオーデル＝ナイセ線と、ドイツ連邦共和国とドイツ民主共和国との国境もふくまれる。

（4）ただ、ブラントが、なぜポーランド人蜂起の記念碑でなく、ユダヤ人ゲットーの記念碑の前で跪いたのかという問題がある（この問題は、すでに第5章の注（15）でも述べた）。ポーランドに対して「和解」の気持ちを伝えたいのであれば、論理的にはポーランド人蜂起の記念碑の前で跪くのが筋だからである。だがその矛盾も当時はそれほど大きく意識されなかった。ユダヤ人に対する跪きを、ポーランド人政治家たちは自分達に対する「和解」の徴と受け取り、連邦共和国国内でもそれをポーランドとの「和解」のシンボルと受けとったようである（木佐 2001：145–164）。

（5）ポーランドにおける同化や抑圧の圧力、そして西ドイツの経済復興により、多くの残留ドイツ人が連邦共和国への移民を希望するようになった。連邦共和国はそれを「アウスジードラー」として受け入れ、彼らの国籍を「回復」させた。ポーランドも、「家族再会」という名目で、一部彼らの出国を認めた。特に「雪解け」ムードの中、「家族再会」が緩和され、一九五八年から一九五八年までの間に二五万人が連邦共和国への移住した。しかしその後、人口流出を恐れたポーランド政府は、再び移住を制限し、一九五九年には国内に僅か三〇〇〇人のドイツ人しか生存していないと発表した。ところが一九六〇年だけで約七〇〇〇人がポーランドからドイツ人移民が連邦共和国にやってきていて、ポーランドの発表した数字と矛盾している。連邦共和国では、一貫してドイツ人マイノリティの存在を認めず、残留ドイツ人の数を極端に低く見積もるポーランド政府の姿勢が批判されていた。例えば、一九六一年のヤークシュ報告（第4章参照）でも、ポーランド政府の虚偽報告が指摘されている（BT 3/2807：4）。戦後ポーランドの残留ドイツ人政策についてはRautenberg（1988）、Urban（2000）などを参照。

（6）ヘルベルト・チャーヤ（Herbert Czaja 1914–1997）は、フプカと並び、一九七〇年代以後の被追放者政治家の中の中心的存在であり、一九七〇年から一九九四年までの二四年間の長きに渡って、被追放者連盟の会長をつとめあげた人物である。また、ポーランド側から見れば「ドイツ修正主義」のシンボル的存在であった。オーバーシュレージエンのテッセンの生まれ。ここは彼が生まれたときはオーストリア領、第一次大戦後はポーランド領となった町である。クラクフとウィーンで学び、その後クラクフ大学の助手となる。「追放」後は、キリスト教民主同盟に入り、一九五三年から一九九〇年まで連邦議会議員として活躍し、東方領土や追放、被追放者に関する問題を、さかんに提起し続けた（Urban 2004：173）。これらの問題に関して彼が採用した徹底的な法的原則主義は、一九七〇年代以後の被追放者政治の基本路線となる。論文・エッセーなど著述の量も膨大である。晩年彼が出版した回想録『最小ドイツへの陥落』（Czaja 1996）は、チャーヤの政治的スタンスを表わすものであると同時に、戦後ドイツ政治と被追放者政治に関する一級資料でもある。その巻末には彼の著作目録もついている。

（7）この場面について、チャーヤは後年回想録の中で次のように書いている。

「［連邦議会での東方諸条約をめぐる］討論の最中、私はカルロ・シュミートのひどくもったいぶった演説に際して途中質問をした。それは、彼が議会評議会やその後でも、ドイツはコンスタンツからケーニヒスベルクまでの範囲で存続していることに議論の余地はないと明言していたのに、今になってなぜ違った考えをもつようになったのか、というものであった。彼は少し驚き、こう答えた。時代と状況が変わったのだ、と。深い根拠もなく立脚点を放棄してしまう政治家が、昔からよくする言い分である」（Czaja 1996：357）。

（8）一九七〇年一月一四日の「国民の情勢」演説の中で行なわれた発言（BT 6/22：840）。ここでブラントは、分裂したドイツネーションの一体性を主張する文脈の中で、「歴史的現実と共通の政治的意志」に基づくネーション概念を用いている。

（9）連邦参議院においても、五月一九日に可決された。その時も、賛成二〇、棄権二一だった。社会民主党が政権をとっている州では賛成、キリスト教民主／社会同盟の政権をとっている州では棄権というように、ここでも両党派の立場の相違が明瞭に現われた。

（10）この点に関しては、その後連邦議会でも被追放者議員からの質問がなされた。地名がポーランド語で表記されるならば、東方諸条約が東方領土の状況になんら変化をもたらさないという連邦政府の釈明には誤りがあるのではないか、それに対する連邦政府の回答は、地図の表記は利用者の目的にそったものを用いているのであって、連邦共和国の公式の立場とはなんら関係がないというものだった。例えば、一九七五年一月三〇日におけるフプカの質問に対する、交通省次官ユンクの回答（BT 7/146：Frage 73）等がある。

第7章

（1）アウスジードラーの数については、佐藤（2007：20）に掲げられた表を参照せよ。ここではその表から一九六九年から一九七五年までのポーランドからのアウスジードラーの数だけを抜き出しておく（上図）。表に示されているように、ワルシャワ条約

（人）

1969年	9536
1970年	5624
1971年	25241
1972年	13482
1973年	8903
1974年	7825
1975年	7040

締結から批准までの間に急増したものの、その後減り続けている。

（2）教科書会議の経緯に関しては、*Aus Politik und Zeitgeschichte*［『政治と現代史から』］, B47/77（1977）の「序言」、Jacobsen（1991：45–46）、近藤（1998：58–60）を参考にした。また「教科書勧告」全文は前出『政治と現代史から』一九七七年第四七号に掲載されている。また近藤（1993：145–221）は二六の勧告を個別に検討している。連邦政府の「教科書勧告」への姿勢に関しては、被追放者議員たちの質問に対する外務次官カール・メルシュの答弁を参考にした（BT 7/170：11887–11889；7/196：13500–13502）。なお、ドイツ連邦共和国では学校教育に関する権限は州にあり、連邦政府は各州の教育権限には介入できない仕組みになっている。被追放者諸団体の影響力の強いバイエルン州とバーデン＝ビュルテンベルク州では、この勧告を受け入れていない。

（3）シュミットが、一九九六年の「国防軍の犯罪」展に対して、明確な拒否の態度を示したことは、彼がドイツ人全体が犯罪者であるとする「マゾヒズム」から距離を置こうとしていたことの現われであろう（木佐 2001：68–70）。

（4）シュミットはまた、イスラエルとの関係を「正常」なものにしようと努力していた政治家でもあった。彼は一九八〇年サウジアラビアにレオパルド二型戦車を輸出することを決定した。その直後シュミットは、オフレコながら「ドイツ外交は、もはやアウシュヴィッツの影に覆われることはあり得ないし、そうなることはないだろう」と語ったことが知られている。しかしそのシュミットの見立ては甘かった。シュミットの決定に反発したイスラエルの首相ベギンは、旧国防軍中尉であったシュミットがナチス犯罪の共犯者であり、ドイツ国民には集団的罪があると批判したのである。それは連邦共和国内にも反響を呼び、結局シュミットの戦車輸出政策は実現されずに終わる（Wolffsohn 1988＝1995：71–76［邦訳］）。このシュミットの政策は、皮肉にもドイツ外交がいかに「アウシュヴィッツの影に覆われていたのか」を実証する結果となってしまった。

（5）東方諸条約の批准に反対していた国境非承認派は、条約批准を阻止することが困難なことが明らかになってきた段階で、最後の逆転手段として東方諸条約の違憲性を連邦憲法裁判所に訴えるという方法を考えていたようである（Sp 8.5.1972：80–81）。

（6）ポーランドからのドイツ人移民には東方領土外から来る場合もあるが、そのようなドイツ人も基本法第一一六条一項の意味で「ドイツ人」となる。連邦政府は基本法第一一六条一項の意味での「ドイツ人」の「基本権」を守る義務があるということを、議会でも繰り返し言明している。例えば外務政務次官カール・メルシュの発言を参照（BT 7/58：3377）。

（7）「民族集団権［Volksgruppenrecht］」はドイツ語特有の概念で、少なくとも英語やフランス語にはそれに相当する概念を見出すのは困難である。もちろん、日本語でも馴染みのない概念である。学術的用語法で言えば、「民族集団」は、エスノ文化的な「ネーション」と「エスニック集団」のほぼ中間の意味にあたる。民族マイノリティ、多民族国家の諸民族などが「民族集団」の具体的な例である。

一九六〇年代後半から、被追放者諸団体において「民族集団権」が公式に用いられるようになった（Salzborn 2001：36–41）。一九六六年に、被追放者連盟の「全ドイツ問題委員会」（後に「政治国際法委員会」と改名）に「民族集団権ワーキング・グループ」が設置され、「諸民族から成るヨーロッパ」構想が提起されていた。ワーキング・グループのリーダーは元ナチスの民族理論家テオドア・ファイターであった。このグループの指導原理案には、「民族集団権」について以下のように説明している。

「民族［Volk］と国家の関係は、理論においても実践においても変化しやすいものである。ヨーロッパにおいては、原則的に国家の存在は民族的現実と一致していない。多くの国家において、その国家の政策は民族および民族集団の保護や発展の権利に十分適合的ではない」（Salzborn 2001：37における引用）。

「民族集団権ワーキング・グループ」のヨーロッパ秩序構想は、既存の国家の枠組みを相対化するものであった。このヨーロッパ秩序案は、一九六九年には『国際的民族集団権の体系』と題された三巻本の計画へと結実し、一九七〇年から七八年にかけて刊行された（EDP 1：170–172）。

このようにして展開されていた「民族集団権」概念は、東方諸条約をめぐる論争の中で、「東方領土におけるドイツ人の民族集団権」という形で、「自己決定権」や「故郷権」と並んで、ブラントやシュミットの東方政策に対抗する国境非承認派の主張の国際法的根拠の一つとして利用されるようになった。

しかしながら「ドイツ人の民族集団権」は、必ずしも東方領土のドイツ人だけに限定されるものではない。むしろこの概念は、東方領土のドイツ人とそれ以外の在外ドイツ民族とをまとめて議論する時に用いられることが多い。例えば、一九七六年七月一二日に被追放者連盟幹部会が発表した「被追放者連盟のドイツ政策・東方政策上の任務」には次のような文章がある。

「被追放者連盟は、オーデル＝ナイセ領、ポーランド、チェコスロヴァキアにおけるドイツ人の民族集団権（特に母語使用の権利と文化保護育成の権利）の交渉と実現を、今まで以上に推進するよう要求する」（EDP 2：221）。

なお、テオドア・ファイターの「民族集団権」概念については、彼自身の論文「近代的民族集団権への道」（Veiter 1975）がある。また「民族集団権」に関する、より全般的な分析として Salzborn（2005）がある。

（8）その他に東方領土の問題に関して「勧告」批判派が問題にしていたのは、戦後の東方国境に関する第二一勧告「領土変更」である。そこで批判派が問題にした記述は、東方領土がポツダム会談時には事実上ポーランドの主権下におかれ、連合国もそれを修正可能とは見なしていなかったということを根拠に、ドイツとポーランドの国境が「戦争の結果と見なすことが出来る」とした部分であった。批判派から見れば、これはポツダム協定での平和条約規定（最終的な国境線は平和条約締結時まで延期される）を無視した記述であった。

（9）ヘルベルト・フプカ（Herbert Hupka 1915–2006）は、チャーヤと並ぶ一九七〇年代以降の代表的な被追放者政治家で、一九六八年から二〇〇〇年までの長きに渡り、シュレージエン同郷人会の会長を務めた。東方諸条約批准をめぐる論争が行なわれている最中の一九七二年二月、社会民主党を脱党してキリスト教民主同盟に移籍した（EDP 1：254–255；Hupka 1996：196–209）。現在のスリランカの生まれ、その後ドイツに移りオーバーシュレージエンのラティボアで育つ。ナチス時代には母親が「半ユダヤ人」としてテレージエンシュタットに収容される。フプカもそのことを隠して軍隊に入隊したため逮捕される。戦後はミュンヘンに移り、ジャーナリストとして活動を始めるかたわら、シュレージエン同郷人会に入会。一九六九年から社会民主党から出馬して連邦議会議員に。キリスト教民主同盟に移籍した後も、一九七八年まで議員をつとめる。彼はポーランドにおいて、チャーヤと並ぶ代表的な「修正主義・報復主義の政治家」として知られていたが、一九九〇年以後は頻繁にポーランドを訪れ、ラティボア（ドイツ名）市から名誉市民の称号を与えられた（Urban 200：171）。

（10）「教科書勧告」全文が掲載された『政治と現代史から』誌一九七七年第四七号（注（2）参照）には、彼の論文「一つの批判的立場」も同時に掲載されている（Hupka 1977）。その他にも『フランクフルター・アルゲマイネ』（一九七六年一二月一〇日付）には「歴史から真実が追放された」と題されたエッセーを寄稿し（FAZ 10.12.1976）、被追放者連盟の機関紙『ドイツ東方業務』（一九七五年一月二三日付）にも「勧告」批判の文章を書いている（EDP 2：126–128）。これらの文章の基本的主張は、連邦議会での発言の趣旨と一致している。

(11)「教科書勧告」をめぐる、その後のドイツ連邦共和国国内での動きについては、近藤（1993：225–263）を参照。ここで興味深いのは、一九八〇年代に至り、キリスト教民主同盟が政権を持つ州においても、「教科書勧告」が次第に受け入れられていったことである。一九八五年にはコール首相でさえ、共同教科書委員会がポーランドとの「和解と相互理解」に大きな貢献をなしたことを認めている（Ibid.：237）。本書の視角からすれば、これはホロコースト・アイデンティティのさらなる「国民化」を反映するものと解釈することができる。さらに近藤は、「今日、勧告および教科書共同委員会の活動は、ドイツ社会からほぼ完全に承認されていると考えてよいであろう」（Ibid. 238）と述べている。この一九九三年段階での近藤の判断は、現在でも通用するものと思われる。このような状況は、本書の第10章で論じる「ホロコースト・アイデンティティの体制化」を示す兆候の一つとして理解することが出来る。しかしそれは、ドイツとポーランドとの間の「共通の歴史理解」が達成されたことを意味するものではない。「追放」がいまだ両国・両民族の歴史解釈の争点として残っているのである。

(12) これは、「教科書勧告」をめぐる議会での討論の中で、東プロイセンからの被追放者議員ヘルムート・ザウアーの発言からとっている。外務政務次官のメルシュが、「勧告」の著者たちは「法的状況よりも事実が説明されるべきと考えていたのだろう」（第二二勧告に関して）と答弁したのに対して、彼は「法［Recht］より力［Macht］が優先されるのか！」と言い返している（BT 7/196：13502）。

第8章

(1) 例えば、コールがドイツ民主共和国のホネッカーとの接近を試みた際にも、「ドイツの二つの国家にとってのヨーロッパの平和と安定のための特別な責務」を強調した。一九八五年三月にモスクワで両首脳が発した共同コミュニケの中で、「ドイツの土地から二度と戦争が発生してはならない。ドイツの土地からは平和が生まれなければならない」と述べられているのである（Ash 1993：167–173）。しかしこの「平和政策」の語法は、どうやらコールのオリジナルではないようである。それは一九八〇年代初頭に米ソによる中距離核ミサイルのドイツ配置に反対して両ドイツで展開された平和運動から生まれたものであった。この平和運動は、東西両ドイツ国家の知識人や教会を接近させるという「全ドイツ的」側面をもっていた（Hassner 1982）。一九八一年一二月に東ベルリンで行なわれた会議において、そこに参加したギュンター・グラスは次のように述べている。「二つの世界大戦がドイツの土地から発生した。ドイツ人はこんにちにおいてもなお、その結果に対する罪と責任を負っている。それゆえ、両ドイツの政治家たちは両超大国に批判的な同盟関係をつくる義務がある。全てのドイツ人は、われわれ自身とヨーロッパにとっての平和への責任を負っている」(Engelmann u a. 1982 : 28)。コールは、このような平和運動での語法を、彼の「ドイツ政策」のために利用したのである。

(2)「シュレージエンは全てのドイツ人の所有物 Eigentum」であるという記述に関して、フプカは回想録の中で「追放、そして実際行なわれた所有物の略奪の後、所有物とその正当な所有者に関する問いはもはや立てられないのかどうかが問われなければならない。これは、盗まれた時計は、所有者あるいはその子孫がその時計を再び自分の所有物とすることができるまで盗まれた時計であり続けるという、古い法律家の知恵である」と述べている(Hupka 1994 : 340)。この被追放者の「盗まれた時計」の「所有者」に関する問題は、国境が確定されて一五年以上たった現在でも、完全に解決されているわけではない。現在も、被追放者の「財産権回復」の問題として再び提起され、ドイツとポーランドの外交関係のしこりになっている。

(3)ドイツ語では"40 Jahre Vertreibung――Schlesien bleibt usere Zukunft――im Europa freier Völker"である。元の標語が"40 Jahre Vertreibung――Schlesien bleibt unser"だったから、実は一文字も「修正」はしていない。"unser"の後に新たな文字と語と付け加えただけである。これによってシュレージエン大会は、何ら立場に変更を加えたわけではないという体裁をとりつつ、政府にとっても受け入れ可能な標語に変更したのである。

(4)石田勇治によれば、「コールは、歴史政策を政府の政策として明確に位置づけた戦後初の首相である」(石田 2002 : 264)。

(5)「歴史館 Haus der Geschichte」は、一九四五年以後のドイツ現代史に関する展示を行なう博物館で、コールが一九八二年一〇月一三日の政府声明演説で提唱したものである。「われわれは、できれば連邦共和国の首都ボンに、一九四五年以後のドイツ史に関する資料を収集し、われわれの国家と分裂したネーションに捧げる博物館を建設することをめざしたいと思います」(BT 9/121 : 7227)。だが「歴史館」が開館したのは、ドイツ統一後の一九九四年だった。

(6)ベルリンのドイツ歴史博物館については一九八三年五月四日の演説(BT 10/4 : 73)で触れられている。戦後に限らないドイツの「共通の歴史」に関する展示を行なう。ドイツ歴史博物館はその後、ベルリン七五〇年記念に合わせて、一九八七年に帝国議会の場所(当時は西ベルリン)につくられた。統一後、ウンター・デン・リンデンのツォイク・ハウスに移された。

(7) 現在の「ドイツ一体の日」は、一九九〇年にドイツ統一が成立した一〇月三日だが、統一以前の連邦共和国では六月一七日が「ドイツ一体の日」とされていた。一九八三年はその三〇周年に当たる。連邦共和国で六月一七日が記念日扱いされていたことの背景には、ドイツ民主共和国の「独裁制」と連邦共和国の「自由と民主主義」とを対比しようという反共主義があった。それは、ドイツ民主共和国が連邦共和国を「ファシズム」を受け継いだ国家として批判するのと好対照を成している。

(8) コールによる一九八五年二月二七日の政府声明演説でこれらの歴史について触れられている（BT 10/122：9010）。

(9) この点が、「戦後民主主義」批判を身上とする（アメリカによる「押し付け民主主義」批判など）日本の歴史修正主義と異なる点である。一九八〇年代ドイツの歴史修正主義は、決して連邦共和国の民主主義を否定することはなく、むしろ連邦共和国の戦後民主主義の歴史を「誇り」とし（特にドイツ民主共和国の「独裁制」との対比で）、その歴史的根源を一九世紀の自由主義運動の歴史にまで遡るという歴史理解の方法をとった。その点において、ナチスの過去の相対化をはかる保守派の歴史修正主義と、ハーバーマスによって代表される左派リベラルの「過去の克服」派との間にはある種のコンセンサスが見られる。そのようなコンセンサスが、一九九〇年代後半にホロコースト・アイデンティティが「体制化」する背景にあると思われる。この問題に関しては、第10章でより詳しく論じることにしたい。

(10) ビットブルク問題についてはMorris (1995) を参照。これはドイツ連邦共和国国内のみならず、アメリカ国内でも大きな問題になり、国際的な批判をも巻き起こした。しかしドイツに関するかぎり、ビットブルク問題を単なるコールの失策と見るのは適切でない。石田勇治が鋭く指摘するように、コールの一見稚拙に見えた外交手法は、連邦共和国の国民世論の中に根強い「終止符願望」に支えられてもいた。それは、レーガンのビットブルクへの墓参に賛成する者の割合の多さ（アレンスバッハ研究所の世論調査によると六〇パーセント）にもあらわれている（石田 2002：338）。

(11) 「歴史家論争」での重要な論文は、*Historikerstreit: die Dokumentation der Kontroverse um die Einzigartigkeit der nationalsozialistischen Judenvernichtung* (München：Piper：1986)（HSと略称）に収録されている。以下、この論文集に収録されている論文を参考にしている。また邦訳『過ぎ去ろうとしない過去――ナチズムとドイツ歴史家論争』（人文書院、1995）はその一部訳である。

(12) ダン・ディナーは「アウシュヴィッツは理解の及ばぬ人跡未踏の地であり、解明のブラック・ボックスであり、歴史上の解釈の試みをすべて飲み込む、歴史外的な意味を帯びた真空地帯である」(強調原文)(Diner 1987 : 73) とまで言っている。ヴォルフガンク・ヴィッパーマンによれば、「ナチズムのユダヤ人虐殺は唯一のものであるばかりでなく、結局のところ説明不可能な出来事である」と述べた者さえいたそうである (Wippermann 1997 = 1999 : 42)。この「ナチズムのユダヤ人虐殺」を、例えば「万系一世の皇室が統治する国体」に入れ替えても、十分に意味が通じてしまう。「過去の克服」派にとって、ホロコーストという唯一無二の出来事とは、ナショナル・アイデンティティの根幹となる「聖域」だったのである。

(13) コールは、「歴史家論争」でも活躍する歴史学者のシュトゥルマーをブレーンに起用していた (HSに所収された論文を参照)。それに対し外交史研究家として有名なヒルグルーバーは、コールの歴史政策からは注意深く距離を置いていた。だが彼が一九八六年に出版した『二重の陥落――ドイツ帝国の粉砕とヨーロッパユダヤ人の終焉』はそのタイトルが示唆するように、ナチスによるユダヤ人虐殺とソ連軍による東方戦線でのドイツ帝国の解体とを並列的に論じたものであり、ハーバーマスにより「歴史意識に修正主義の手術を受けた一患者」としていち早く批判されたものである。

(14) ハーバーマスは『ツァイト』に掲載された論文 (一九八六年一一月七日)「歴史の公共的利用について」の中で、「何よりもまずわれわれドイツ人は、偽ることなく、しかも単に頭の中でだけでなく、ドイツ人の手によって虐殺された人々の苦しみの記憶を呼び起こし続けなければならないという義務がある」と述べている (前掲の論文集HSに所収)。

(15) 演説の当日、キリスト教社会同盟の党首でバイエルン州の首相フランツ=ヨーゼフ・シュトラウスは会場に姿を見せなかった (石田 202 : 282)。

(16) すでにヴァイツゼッカーの演説以前 (一九八五年四月二一日) に、ヘルムート・コールはレーガン米大統領来独の際のベルゲン・ベルゼン強制収容所前での演説で、次のように述べている。ベルゲン・ベルゼン強制収容所は、ビットブルク論争の結果、両首脳がビットブルクの軍人基地とともに訪問先として選んだ場所である。

「生存者や犠牲者の子孫の方々との和解は、われわれが歴史をありのままに受け入れ、われわれドイツ人が自分たちの恥と歴史的責任を認識し、人間の自由と尊厳を抑圧しようというあらゆる試みに対決する必要性をわれわれが認識する場合にのみ、可能になるのです。……強制収容所解放の四〇年後の今日、われわれは [ナチス犯罪に由来する] この歴史的責任を認識し続けます。われわれドイツ人が、自分たちの心の中であのわれわれの歴史の暗い時代を決して忘れてはならないからこそ、私はあなたとあなたの同胞の方々に対し、ドイツ連邦共和国の首相として演説をしているのです。われわれは歴史の教訓、とりわけ今世紀の歴史の教訓から学びました。人間の尊厳は不可侵なものです。平和はドイツの土地から生まれなければならないものです」(Hartman 1986：249における引用)。

明らかに「外国向け」の演説ではあるが、コール自身ホロコースト・アイデンティティの概念的資源を取り入れざるを得ない状況を示している。

(17) しかし被追放者諸団体に対し「改称」を助言しているフォルマーの発言は、被追放者諸団体との対話を試みていると言う点において、被追放者諸団体の側に立った発言ではあった。このようなスタンスは、緑の党においては珍しい。フォルマーはこの後も、緑の党の中にあって被追放者諸団体との対話を試み続けた政治家である。だが一般的にいって、緑の党のみならず、「六八年世代」の政治家たちの被追放者諸団体に対する一般的なイメージは否定的なものであった。被追放者連盟会長のチャーヤは自著の中で、他の政党だけでなく自会派であるキリスト教民主／社会同盟内の「六八年世代」からも、「戦争推進者」などの攻撃を受けたと述べている(Czaja 1996：626)。

第9章

(1) 以下の記述は(Teltschik 1991＝1992)、(Bingen 1998：261–283)、(Miszczak 1993：369–423)、(Müller 1997：28–35)、(高橋 1999) などを適宜参照した。

(2) 会派内での一部の反対派からの強い抵抗に会い、コールは一時辞任の考えをほのめかしたことさえあったという(Bingen 1998：268)。

(3) 反対者は、ヘルベルト・チャーヤ、ヘルムート・ザウアー、ハインリッヒ・ヴィンデレン、フリッツ・ヴィットマンといった被追放者諸団体所属議員が中心であった。被追放者連盟会長のチャーヤは、決議当日の連邦議会で「東ドイツの放棄[Preisgabe Ostdeutschlands] にはノーと言います」と述べて反対の意を唱えていた(BT 11/217：17244)。だが、被追放者諸団体の議員が、皆反対したわけではない。東プロイセン同郷人会のオットフリート・ヘニックは賛成にまわった。だが彼は後に連邦議会で、「私が連邦議会に属してきた一五年の中で、一九九〇年六月二一日ほど辛い日はありませんでした」と語っている(BT 12/50：4090)。

（4）例えば幹事長のガイスラーは、一九八九年九月の党大会で、国境問題の方が「自由、人権、民主主義」よりも「重要性が低い unwichtiger」と述べている（CDU 37：44）。

（5）一九八六年の「歴史家論争」の中でエルンスト・ノルテが用いた論文のタイトル「過ぎ去らない過去」という表現を用いている。

（6）前章の注（16）で見たように、この論法をコールはすでに一九八五年四月のベルゲン・ベルゼン強制収容所前の演説で披露している。

（7）外務大臣のゲンシャーにおいては、すでにベルリンの壁崩壊以前から、この「和解」の論理は一貫していた。例えば一九八九年九月の国連総会の演説では、「歴史の車輪は逆には戻りません。われわれはポーランドと共に、将来のよりよいヨーロッパに向けて活動していくことを願っています。国境の不可侵性はヨーロッパにおける平和的共存の基礎なのです」（BW：95）と、オーデル＝ナイセ線承認への積極的な姿勢を打ち出し、連立与党を形成するキリスト教民主／社会同盟よりもむしろ社会民主党からの支持を得ていたのである。彼は統一交渉が始まってからも、国境承認に対して積極的で、コールの立場としばしば齟齬を来たした。一九九〇年一一月の国境条約締結の際にも彼は、「オーデル川とナイセ川の国境線の承認は、平和への要請から生まれたものです」と述べている（Bingen 1998：281）。

（8）オットー・ダンは、「一九九〇年のドイツ統一においては、多くの点においてドイツ帝国との国民史的連続性との結びつきがあったにもかかわらず、ドイツ帝国とその諸制度を引き合いに出した政治家はいなかった。統一はむしろ、その帝国の国境要求の決定的な放棄と結びついていた」（Dann 1993：322）と指摘している。だが、一つドイツ帝国と統一以後のドイツをつなぐ伝統があるとすれば、それは首都としてのベルリンであろう。連邦議会は、統一後ベルリンへの首都移転を決定した。現在連邦議会は、かつての帝国議会の場所に建てられた。その正面玄関は、帝国議会のもの（「ドイツ人民（民族）へ」という文字が書かれている）をそのまま使っている。だが、その内部は全く新しく建て直されている。

（9）ポーランドに存在するドイツ人マイノリティの人数に関しては、ドイツ側とポーランド側で異なった把握をしていた。ドイツ側では一〇〇万人弱、ポーランド側では三〇万から四〇万人という数字が上げられていた（Miszczak 1993：342）。しかし「ドイツ人」が多く居住するとされるオーバーシュレージエンや東プロイセンでは、住民の意識が多義的で、機会主義的に帰属を選択できるような場合が多いので、その数字を確定することは困難であろう。

（10）一九九〇年以後、ポーランド人マイノリティの政治参加も高まり、一九九一年一〇月の選挙は計八人のドイツ人国会議員も登場していた（Miszczak 1993：367–368）。

（11）ハルトムート・コシク（Hartmut Koschyk 1959–）は両親がオーバーシュレージエン出身。一九八七年から一九九一年前半にかけて彼は被追放者連盟の書記長として活動し、被追放者連盟の機関紙『ドイツ東方業務』でも数多くの記事・論文を執筆している。被追放者連盟での彼の活動の特徴は、ポーランドのドイツ人マイノリティとの関係を重視し、彼らとの協力関係の形成に努めたことである。一九九〇年七月には、実際にオーバーシュレージエンを訪問し、同地のドイツ人マイノリティ団体との交流を深めている（DOD 32/28, 13.7.1990）。そのような彼の「属人的」問題を重視するスタンスは、チャーヤに代表される旧世代の「ドイツ帝国の存続」を重視する法的原則論とは一線を画すものでもあった。だが、本文の中でも後述するように、ドイツ＝ポーランド善隣友好協力条約の批准をめぐって会長チャーヤとの間で意見が対立した。国境条約と共に善隣友好協力条約にも反対するチャーヤに対し、コシクはドイツ人マイノリティの権利について規定した後者には賛成の立場をとったのである（DOD 33/27, 5.7.1991；Salzborn 2001：92–99）。一九九一年六月の連邦大会ではチャーヤの路線が多数派を占め、「ベルリン宣言」が採択されることとなった。コシクはこの大会の後、正式に書記長の地位を退くこととなる。ポーランドにおけるドイツ人の「民族集団」としての権利が認められることが、ドイツとポーランドは相互の文化的伝統を尊重しあう真の「和解」の達成につながるだろうというのが、コシクの考えであった。国境線最終確定以後の東方領土問題に関する、「脱領域化」されたスタンスを、彼は体現していた。

一九九一年一一月におけるドイツ通信社（dpa）とのインタビューにおいて、コシクは以下のように述べ、ポーランドとの二つの条約を共に肯定している。

「ドイツとポーランドとの条約は、議会の多数派の意志だけでなく、住民の意志に即したものでもありました。両国の新たな関係の構築はまた、ヨーロッパにおける政治変動にも即したものでもあります。そこにおいて国境問題は次第に背景に退いていきました。自分たちのアイデンティティを守ることのできる人々にとって、どの国家の領土に住んでいるのかは、最終的には重要でないのです」（DOD 33/46, 15.11.1991：3）。

またコシクは、一九九三年に公刊された『敵が友になる』という本に「被追放者連盟——和解の連盟？」という題の論文を寄稿し（この本には他にブラント、シュミット、ヴァイツゼッカーなども寄稿している）、被追放者連盟（Bund der

Vertriebenen）はドイツと東欧諸国との間の「和解連盟 Bund der Versöhnung」としての役割を果たすことが出来るだろうと論じている（Koschyk 1993）。振り返ってみれば、一九八〇年代後半に緑の党のアンティエ・フォルマーが連邦議会で類似の提案をしていた（第8章参照）。

被追放者連盟の幹部の地位は退いた後も、コシクはキリスト教民主／社会同盟議員団の「被追放者・避難民」問題ワーキング・グループの代表を務め、被追放者問題に関わり続けている。なお、彼のプロフィールは、彼自身のホームページで公開されている（http://www.koschyk.de/start/）。

（12）ドイツのゲンシャー外相とポーランドのスクヴィシェフスキ外相の間で交わされた同一内容の往復書簡。日付は条約締結と同日の一九九一年六月一七日になっている。その書簡の第五項が「両サイドが一致して以下のことを明らかにする。この条約は国籍の問題と財産権問題には関連しない」となっている（Bulletin 68, 18.6.1991：541–546）。

第10章

（1）ドイツ連邦議会のホームページ上にある http://www. bundestag. de/geschichte/gastredner/bartoszewski/index. html を参照。ここでバルトシェフスキの演説が全文ドイツ語で掲載されている。

（2）特に象徴的なのは、ヘルベルト・フプカやヘルベルト・チャーヤといった、これまで「ドイツ修正主義」の権化のように言われてきた被追放者政治家が、国境線問題解決以後、ポーランドを訪れ、彼らの「故郷」との繋がりを深めたということである。フプカは一九九八年、彼の育った町ラティボア市から名誉市民の称号を授与された（DOD 40/33, 14.8.1998）。また一九九六年にチャーヤが故郷を訪れた際、母校であるクラクフ大学が彼のために歓迎会を催し、ドイツの占領期に彼がポーランドの学者を支援したことの功績を称えた（Urban 2004：173）。

（3）以上の数字は、一九九二年三月一九日に与党議員によって提出された決議提案（BT–DS 12/2311）、および一九九四年二月二五日に社会民主党による決議提案（BT–DS 12/6901）をめぐる連邦議会での社会民主党フレイムート・ドゥーヴェ議員の発言（BT 12/235：20661）から採っている。

（4）連邦被追放者法第九六条に基づく東方におけるドイツ文化事業の報告書が、連邦議会に定期的に提出されている。そこには各年にどのような事業が行なわれていたのかが報告されている（BT–DR 12/7877；BT–DR 13/6796；BT–DR 13/8096；

BT–DS 14/2312；BT–DS 14/9163が一九九〇年代をカバーしている）。

（5）この問題に関する議会討論を見てみると、提案者の社会民主党よりも、旧ドイツ民主共和国のドイツ社会主義統一党の後継政党である民主社会党（ＰＤＳ）の方が、より批判的である。民主社会党は、民主共和国時代の「反ファシズム」の語法を、少なくとも被追放者問題に関しては受け継いでいるように見える。以下はウッラ・イェルプケの発言。

「「ドイツ文化と植民史の保護」の名の下にヒットラー・ファシズムの征服戦争をイデオロギー的に準備した「『旧プロイセン研究』のような」新聞が、一九八九年には連邦内務省の財政援助によって再版されました。批判的検討もなく、学問的機関による審査なく、距離を置いて論じた序言もなく、フェルキッシュで人種主義的で反ユダヤ主義的なナチス時代の文書が広められているのです。この種の「東方ドイツの文化保護」は、これだけではありません。東欧における過去七〇〇年の文化遺産とドイツ植民史を言い立てることは、被追放者諸団体のこうした政治的志向に不可避的に結びついてしまうのです」（BT 12/235：20663–20664）。

（6）やはり批判は左派系の知識人や政治家から上がっている。前記の民主社会党議員の発言はその一例だが、その他に歴史学者ヴォルフガンク・ヴィッパーマンの「ヨーロッパ東部のドイツ史」シリーズに対する批判もあげることができる（Wippermann 1997＝1999：81–82［邦訳］）。彼は「東方ドイツ」への関心を戦前の大ドイツ主義の復活と関連させて見ている。

（7）この問題に関しては、すでに多くの文献が存在する。Winkler（1994）、Jarausch（1995）、Roth（1995：340–386）、Parkes（1996：130–135, 179–183, 184–201）などを参照せよ。

（8）このような観点から、グラスやハーバーマスなどは統一そのものに否定的ないし消極的な姿勢をとった。例えば、次のグラスの発言は、統一前の一九九〇年二月に行なわれたものである。

「私は統一国家を拒否します。それが成立しなければ、どんなにかほっとすることでしょう。……私たちが意識しなければならないことは、この統一国家がどれほど多くの悲しみの原因になったか、どれほど大きな不幸を他人と私たちにもたらしたかを、私たちの隣人はよく知っているということです。アウシュヴィッツという概念の下に総括され、何物によっても相対化されない大量虐殺という犯罪は、この統一国家の責任です」（Z, 9.2.1990）。

（9）例えば内務大臣のヴォルフガンク・ショイブレ（キリスト教民主同盟）は（多少時期は後になるが）インタビューの中で

次のように述べている。

「ありがたいことに、ドイツの歴史はアウシュヴィッツや経済の驚異からだけでなりたっているのではありません。ドイツ人の共属感情には、マルティン・ルターが、ナポレオン、ゲーテ、あるいはシュタインらのプロイセンの改革者などと同じく寄与しています。よい経験と悪い経験を含んだ、こうした理解から、感情的な紐帯が生まれてくるのです」(Sp, 19.9.1994)。

(10) こうした外交政策上のドイツの「普通さ」ないし「正常さ」への回帰については、McKenzie (1996)、Morris (1995) を参照せよ。例えばモリスは次のように述べている。「ポスト冷戦における普通さとはそれゆえ、ナショナルなアイデンティティや利害を、暴力的・非暴力的双方においてより強力に主張するということを意味していた」(Morris 1995 : 93)。

(11) ドイツ連邦議会のホームページ上にある http://www. bundestag. de/geschichte/gastredner/bartoszewski/index. html よりとった。

(12) 国連の承認のないNATOによるコソボへの連邦軍派遣は、国内で論争となった。そこで外相のヨシュカ・フィッシャーや国防相のルドルフ・シャーピンクは、ミロシェヴィチの民族浄化政策とナチスのユダヤ人虐殺政策を比較しつつ「再びアウシュヴィッツは起きてはならない」という言葉で連邦軍派遣を正当化した。それはフィッシャーが党首をつとめる緑の党の内部を含む国内の左派勢力から「新たなアウシュヴィッツの嘘」と批判された (SZ 9.4.1999, TAZ 24.04.1999)。

(13) すでに歴史学者のハンス・モムゼンは、一九八〇年にこのことを指摘していた。「ナチス政治がもたらしたあらゆる側面における帰結と向き合うことによって生まれる、ナチス以後の世代の諸経験が、彼らに全ドイツ的な繋がりを想起させたのである。未だ克服されていないこの共有された歴史的経験が、民主共和国と連邦共和国の市民を結びつけているのである」(Mommsen 1980)。これは一九八〇年前後に、東西ドイツ国家の知識人たちの間で展開された平和運動を背景にして書かれたものであった。

(14) 『シュピーゲル』誌一九九五年五月八日号に興味深い世論調査の結果が掲載されている (Sp, 8.5.1995 : 77)。ナチスについて、「悪い側面があった」と「良い側面と悪い側面があった」との二つの選択肢をあげて尋ねたところ、回答に世代による違いが顕著に現われた。六五歳以上（つまりナチス時代を直接経験している世代）では、「悪い側面」が四三パーセント、「良い側面と悪い側面」が五四パーセントで、後者が上回った。つまり直接経験世代においては、ナチスに対するスタンスは依然として微妙な部分が多く残されていたのである。それに対し、一八歳から三四歳（つまり若い世代）では、「悪い側面」が六五パーセント、「良い側面と悪い側面」が三二パーセントだった。前者の割合が約二倍であり、若い世代ほどナチスに対して否定的なスタンスを持っていることがわかる。これは、連邦共和国の政治文化において、ナチスの過去を否定的に語るパターンが根付いてきていることを示すものであろう。また、同じ調査によれば、教育レベルが高いほど、ナチスに対する否定的スタンスもより強くなっていることがわかる。

ホロコースト・アイデンティティが連邦共和国の政治文化として根付いてきたことを示すもう一つの例が、一九九六年のいわゆる「ゴールドハーゲン論争」である。その詳しい経緯については多くの研究が出されているのでそちらに譲るとして（例えば Wippermann 1997＝1999など）、ここで興味深いのは、ゴールドハーゲンの著作を批判した左派リベラル系の歴史家達と、連邦共和国の一般読者との乖離である。「歴史家論争」でノルテらの保守派に対して批判的論陣を張った左派リベラル系の歴史学者たちの多くは、ゴールドハーゲン論争においては、ゴールドハーゲンの歴史学的分析法や議論の方法の稚拙さを問題にして彼に対する批判的な立場を明確にしていた。ナチスのユダヤ人虐殺の原因を、一部のナチス指導者ではなく、「普通のドイツ人」に内在する反ユダヤ主義に帰するゴールドハーゲンの単一要因論的考察は、たしかに問題をはらんでいる。だが、そのような学者たちの批判をよそに、一般読者はゴールドハーゲンの本を歓迎し、分厚い歴史書でありながらこの本は一六万部もの売り上げを上げた。一九九六年九月にゴールドハーゲンが来独し、講演・討論旅行を行なった際、彼は「聴衆の大いなる賛同と共感を博し」た（Ibid.：192［邦訳］）。ゴールドハーゲンを評価する数少ない歴史家の一人であるヴィッパーマンは、彼が「この国の政治文化に貢献した」とまで述べたのである（Ibid.：193）。ここでヴィッパーマンがゴールドハーゲンを評価する理由が、もっぱら政治文化的なものであり、決して学術的なものでないことに注意しておく必要がある。大部分の歴史学者とヴィッパーマンとでは、評価の基準自体が違っていたのである。

（15）ホロコースト警鐘碑建設に至る過程を、ドイツの「歴史の記憶」の問題と関連させて詳細に分析したものとして Kirsch（2003）がある。また日本語では城（2004）が警鐘碑建設に至るまでのドイツの公共的言論界の情況を詳しく検討している。双方の研究とも、ナチズムの過去を自己の集合的記憶の中に取り込むことによって、統一ドイツ（ベルリン共和国）の新たなナショナル・アイデンティティ形成への模索が行なわれていることを示唆している点で、本書の論旨と近い。

（16）ホロコースト警鐘碑の正面で無料で入手できるパンフレット"Information – Denkmal für die ermordeten Juden Europas"

の中の「Q&A」における記述である。

(17)「凡庸化」は、一九九八年一〇月に、作家マーティン・ヴァルザーが行なったスピーチで用いた「善の凡庸 Banalität der Guten」からとっている。そこでヴァルザーは、ナチスの過去についての報道や議論が内容のないものへと「儀礼化」され、しばしばそれが「政治の道具」ないし「道徳の棍棒」と化している状況を指摘し、「善の凡庸」という言葉を用いているのである(この言葉は、直接はホロコースト警鐘碑を指して用いたものであった)。このヴァルザーの演説は、ユダヤ系ドイツ人のヴァルター・ブービスから激しい反発を浴び、いわゆる「ヴァルザー=ブービス論争」に発展していく。だが、ヴァルザーが「アウシュヴィッツ」をめぐるドイツの言論状況について指摘したことは、必ずしも誤っているわけではない。

(18) シュタインバッハのプロフィールや活動、考え方などについては、彼女自身のホームページ(http://www.erika-steinbach.de/)が参考になる。

(19) http://www.z-g-v.de/index1.html を参照。

(20) 旧民主共和国出身で元外相。「二プラス四」条約には、民主共和国の代表として参加していた。メッケルは「追放」問題に関しても積極的にかかわり、二〇〇二年初頭には、ポーランド知識人と共同で、「追放資料センター」をブレスラウに設立する構想を打ち出していている。この構想は、連邦共和国の左派リベラル系の人々からの共感も得ていた(Urban 2005:162)。

(21) しかしポーランド国民の世論が全て反追放センターに反対していたわけでもないようである。二〇〇四年六~七月に行なわれた世論調査によれば、調査対象者のポーランド人のうち三二パーセントが反追放センター構想を「良い考え」と答え、三四パーセントがその構想を否定したとされている(Peterson 2005:96)。一般に思われているよりも、ポーランドにおいて反追放センターについての考えは割れているということになるだろう。

(22) 二〇〇五年一一月に「大連立」政権の首相になったキリスト教民主同盟のアンゲラ・メルケルは、選挙戦の時から「反追放センター」への支持を明確にしていた。一一月三〇日の首相就任演説では、「われわれは和解の精神においてまた、追放の不正を追憶するため、目に見える目印[sichtbares Zeichen]をベルリンに設置するつもりです。しかもそれをヨーロッパの文脈の中で行なうでしょう」(BT 16/4:83)と述べている。しかし、ここで「目に見える目印」とは何のことだか今ひとつ明らかではない。連立を組む社会民主党に配慮して「反追放センター」という語は用いられなかったが、「反追放センター」と同義と解釈することも可能な曖昧な表現がとられている。メルケルはその後も、キリスト教民主／社会同盟議員団が二〇〇六年九月に開催した「追放」を追憶する大会においても、連立政権の合意事項として、ベルリンに「和解の精神において目に見える目印を設置するつもり」であると繰り返した。メルケルはさらに、それを「記憶と連帯のヨーロッパ・ネットワーク」と結びつけてそれを行なうことを考えているとも述べている（DOD 48/12：6）。メルケルはこのように、「追放の不正」の記念施設構想に積極的であるのと同時に、首相就任直後の一二月にポーランドを訪問して「対話と信頼の構築」をアピールするなど、ポーランドとの外交関係にも配慮している。

（23）以下の記述は川喜田（2005a）、（Urban 2005a）を参考にしている。被追放者の財産権の法的問題については小林（2002）がある。

（24）プロイセン信託会社のホームページ内「プレス報告 Pressemitteilung」を参照（http://www.preussische-treuhand.de.vu/）。

（25）スティーヴ・ウッドも指摘するように、「ヨーロッパ」という文脈は被追放者諸団体の政治に新たな活動の余地を開いた。それは「反追放センター」に関しても、また（本章2節⑵で簡単に触れたが、本書でそれを詳しくとりあげることはしなかった）チェコに対するベネシュ令撤廃要求問題についても言えることである（Wood 2005）。

（26）ナチズムの比較可能化はまた、社会主義国における「全体主義的」支配の実態解明とも結びついていた。（Goschler 2005：880–881）。ナチズムの比較不可能性 Unvergleichbarkeit がホロコースト・アイデンティティの基礎であったとすれば、このような歴史的比較可能性の余地の広まりは、その規範的拘束力に大きな打撃を与えるものだった。また、このようなナチズムの比較可能性の余地の増大は、次に述べる「犠牲者」言論の広まりとも関係している。「犠牲者」はもはやナチズムによる直接の犠牲者（特にユダヤ人）だけに限らない。第二次大戦期のドイツ人犠牲者もやはり犠牲者である。このような「犠牲者」概念の一般化は、一九九〇年代に進行していた。

（27）それまでドイツ一国の問題として論じられてきた「ホロコースト」でさえ、最近は「ヨーロッパ」の問題として議論されるようになっている。そこには、ドイツ以外の諸国で、それぞれの「ホロコースト」の過去が明らかにされてきたという事情がある（石田 2002：311–324）。

（1）社会が統合されるには規範の理念的圧力だけでなく諸制度による理念外的な作用も重要であるということについては、タルコット・パーソンズの社会理論が繰り返し強調していた。例えば Parsons（1951＝1974）などを参照せよ。

（2）二〇〇五年二月二日イスラエルにおける演説。www.bundespraesident.de の中にその演説原稿が掲載されている。

《補論》

（1）『NEWSWEEK（日本版）』一九八八年四月二一日、二七頁。

（2）例えば、先ごろの鈴木宗男代議士と佐藤優外交官をめぐる一連の事件では、彼らが「二島先行論」を主張して日露交渉を進めているというだけで、「四島返還」という国是を放棄したと見なされ、激しい政治的バッシングを受けることになった（鈴木・佐藤 2006）。これは「北方四島」をまとめて「日本固有の領土」とする見方がいかに根強いものであるのかを示している。なお、外務省が出している『われらの北方領土』では、「北方四島」を「いまだ一度も外国の領土となったことがない我が国固有の領土」とうたっている（http://www.mofa.go.jp/mofaj/press/pr/pub/pamph/pdfs/hoppo6_2006_a01.pdf）。同様の記述は外務省のホームページでも見られる。

　しかし日本政府は、少なくとも公式には、冷戦時代の「四島一括返還」論をそのまま続けているわけではないようである。ソ連が崩壊してロシア連邦が成立した後、「四島への日本の主権が確認されれば、実際の返還の時期、様態及び条件については柔軟に対応する」というスタンスに変わった。それは、外務省の『われらの北方領土』においても一九九三年版から記述されるようになっている（東郷 2007：160–161）。しかしそのようなスタンスの変化が国民に対して十分に説明されたわけではなく、国民世論にも浸透してはいない。国民世論おいては現在でも「四島一括返還」が国是であるかのような受けとめられかたがされている。

（3）ドイツの東方領土と面積を比較すると、ドイツ東方領土が約一一万五〇〇〇キロ平方メートルであるのに対し、日本の北方領土は約五〇〇〇キロ平方メートルである。「一九三七年のドイツ帝国」に対する旧東方領土との面積の比率が約一対四であったのに対し、北方領土を含めた現在の日本の領土（三七万八〇〇〇平方キロ）と北方領土の比率は、約一・三対一〇〇である。戦前の日本帝国の領土（台湾、朝鮮、樺太を含む）との比率はもっと低くなる。

（4）http://www8.cao.go.jp/hoppo/hoppo/hoppo5.html を参照。

（5）北方領土からの「引揚者」の数字は九五六八人とされている（北方領土問題対策協会『北方領土返還運動五〇年史』1999：43）。その他は「引揚者」として登録されていない脱出者である。

（6）千島歯舞諸島居住者連盟（1997：42）による。これは北方四島の元島民が編集した出版物である。

（7）最初の陳情は一九四五年一二月一日のもので、根室町長安藤石典が代表となってなされたものだった。その後請願委員会が結成された。一九五〇年三月八日、衆議院外務委員会での立憲養成会議員浦口鉄男（やはり北海道選出）の発言によれば、陳情は一九五〇年までに五回行なわれているという（第七回国会　衆議院外務委員会　第七号　昭和二十五年三月八日、国会会議議事録検索システム http://kokkai.ndl.go.jp/SENTAKU/syugiin/007/0082/main.html）。

（8）北方領土対策協会編『北方領土問題資料集』（1972）、四七頁より。

（9）第一回国会、衆議院外務委員会　第二〇号、昭和二十二年十二月八日（国会会議議事録検索システム http://kokkai.ndl.go.jp/SENTAKU/syugiin/001/0082/main.html）。

（10）サンフランシスコ会議直前の一九五一年二月五日、千島及び歯舞諸島返還請願同盟の副会長で根室町長、岸田俊雄が参議院外務委員会の参考人として発言している。これは講和条約以前の返還運動についての情報として貴重なものである。ここではその名の通り、千島及び歯舞全域が請願の対象となっている。そこで岸田は、「四百万道民の輿論を結集」して運動を行なっていると述べている。しかし岸田は、択捉以南を「日本固有の領土」とし、それより北の千島列島はそこに含めていない（択捉より北の島々への要求の根拠は、主として国際法である）。よってここでの「固有の領土」は、やはり北方四島にとどまっているということになる（第一〇回国会　参議院外務委員会　第二号　昭和二十六年二月五日、国会会議議事録検索システム http://kokkai.ndl.go.jp/SENTAKU/sangiin/010/0082/main.html）。

（11）樺太終戦史刊行編『樺太終戦史』（1973）を参照。

（12）しかしながら、「全面講和」を主張し、サンフランシスコ講和条約を認めなかった日本共産党、日本社会党は、この条約の「千島列島放棄」の規定に拘束される必要がなかった。

（13）日本共産党は、現在に至るまで千島全島返還論である。もちろん現実性には乏しいが、いかにも共産党らしい「筋」の通った、一聴に値する議論である。日本共産党の見解については、同党ホームページ（http://www.jcp.or.jp/faq_box/2002/02-0303faq.html）を参照せよ。

(14) 千島歯舞諸島居住者連盟編『元島民による北方領土返還運動の歩み』(1997)には、「得撫島以北の千島列島は、わが国の領土なのであり」(八五頁)と記述されている部分がある。そうであるとすれば、連盟は千島全島の返還を主張する必要があるはずだが、そのような主張を表立っては行なっていない。「千島歯舞諸島居住者同盟別海支部青年部」のホームページ(http://www.aurens.or.jp/hp/chishima/)には、「私たちは日本固有の領土である北方四島が平和裏に日本に戻ってくることを願っています」と書かれており、その主張は「私たちの島(北方四島)」に限られている。しかし、なぜ「千島歯舞諸島居住者」の島がこの四島に限られるのかは明らかではない。

(15) 全国樺太連盟のホームページによる(http://www12.ocn.ne.jp/~kabaren/sitte.html)。

(16) 厚生省の報告では、「千島・樺太」からの引揚者(軍人を除く)の数が約二九万人である。そのうちの大部分は南樺太からの引揚者になる。また、樺太からの「引揚げ」は、千島からのそれよりもはるかに過酷を極めたとされている(若槻 1995：96–118)。

(17) もちろん、それに抗する動きがないわけではない。現在社団法人「全国樺太同盟」が存在し、北海道の旧庁舎には「樺太関係資料館」が設置されている。全国樺太同盟のホームページには次のように書かれている。「現在は、故郷を失った者同士の連帯の上に立って、激しく変化する内外諸情勢に対応しながら、会員の福祉の増進、関係団体との連絡協調を図るほか、次の事業活動を行なっています。／今、樺太はだんだんと人々の記憶から薄れつつありますが、樺太連盟は決して樺太を忘れないために平成一六年樺太関係資料館を北海道庁旧庁舎赤れんが庁舎内に設立しました」(http://www12.ocn.ne.jp/~kabaren/zenzu.html)。この趣旨は、ドイツの被追放者同郷人会を髣髴《ほうふつ》とさせるものがある。だが、この団体が自分たちの「記憶」を公共的な次元において語ることのできる国民的前提が、(満州や北方四島に比しても)あまり確立されていないように思われる。また、現在サハリンには、日本人のいわゆる「未帰還者」がかなりいるのではないかと思われる。その数は、平成二年の時点で一三〇人とされているが(若槻 1996：118)、実際はさらに多い可能性がある。

(18) 「被追放者」は、公式の領土回復要求の範囲に入っていなかったズデーテンラント、西プロイセンなど、広範な東欧地域からの敗戦に伴う強制移住者全体を含めた概念である(第3章参照)。また、国境線問題が解決した一九九〇年以後も、彼らが財産権や記憶の問題に関して主張を続けている(第10章参照)のも、「追放」という被害が単なる国境線設定以上の問題であるという認識が前提にあったからである。

(19) マイケル・ヒューズによれば「全てのヨーロッパの国々は戦争被害を被った国民同胞に対していくらかの補償を行なったが、これほどの規模で行なったのは西ドイツだけである」(Hughes 1999：2)。「西ドイツの戦後補償」というとナチス犯罪への補償が有名だが、連邦共和国がドイツ人戦争被害者に対して行なった補償の総額は、ナチス犯罪に対する補償総額の約七・五倍に達している(石田 2002：133)という事実は忘れられがちである。戦争直後の連邦共和国において、ドイツ人犠牲者に対する補償(そこにはソ連戦争捕虜も含める)が何よりも第一義的重要性を持っていたのである(Moeller 2001：21-50)。しかしながら、負担均衡法による補償では、被追放者が失った財産のうち、平均して約二二パーセントが償還されたに過ぎず、十分と言うには程遠いものであった(第2章、注27参照)。

なお負担均衡法は、その前文で「被追放者が残した財産返還への要求の主張を放棄したことを意味するものではない」(BGBl I 1952：442)と明記している。これが現在に至るまで続けられている被追放者の財産権返還要求の一つの法的根拠になっている。

(20) 「引揚者」として登録されていない「個人的な脱出者」が数十万人存在していると考えられる。また、その他に軍人軍属の復員がやはり約三一〇万人いた。政府関係の資料や引揚げ関連の著作に良く出てくる「六六〇万人の引揚者」という言い方は、推定で三五〇万人の一般人引揚者に軍人軍属の復員を合わせた数だが、これはミスリーディングである。民間人である「引揚者」と軍人の「復員者」とは区別すべきである。

(21) しかし、なぜ外地在住の日本人が「引揚げ」なければならなかったのかについては、もう一度考え直しても良い。本書の第2章で詳しく述べたように、ドイツの場合、ドイツ人住民の「移送」がポツダム協定第一三条により決まっていた。それに対し日本が受託したポツダム宣言には、戦後の領土変更に関する規定はあったが、日本人の移住に関する規定は書いていない。つまり、日本人が「引揚げ」なければならなかった国際法的な理由は、実は何もないのである(引揚援護庁 1950：10)。日本政府も、ポツダム宣言を受託した八月一四日には、海外日本人の残留を訓令していた(前掲：1)。しかしその後、ソ連軍の侵攻、終戦による現地の混乱の中、日本人の残留は事実上困難になっていく。そのため連合国軍と日本政府は、日本人の「帰還」を積極的に推し進めることになる。日本政府や「内地」の引揚者援護団体などは、「引揚げ」を「祖国への帰還」として歓迎した。また当時から現在に至るまで書かれた引揚者による手記や回想録の多くも、「引揚げ」を「祖国日本に帰る」こととして(時には「まだ見ぬ祖国へ」という場合さえある)強調している。たしかに満州に一時的に赴任していたものなどにとっては、「引揚げ」は「祖国への帰還」かもしれない。しかし樺太や朝鮮南部、台湾などには、すでに現地で生活基盤を築いていた日本人も多かったはずである。彼らにとっての「故郷」は、果たして「日本本土」であったと言えるのだろうか。戦後の「引揚げ」に関する言論は、そうした「外地」での生活体験についてあまり語っていないように見える。また、日本現代史研究においても、「引揚げ」は「植民地支配」を行なった日本人が当然行なわなければならない「加害者責任」として考えられているようだ。しかし、「外地」(ちなみに、樺太は一九四三年に「内地」に編入されている)から引揚げたことが、自動的に「加害者責任」を果たしたことになったのかどうかは疑問である。むしろ、終戦による一斉の日本人引揚げは、かえって過去との対峙や周辺アジア諸国との対話の回路を戦後ながらく閉ざしてしまうことにもつながったのではないか。

(22) 引揚げ援護事業については、木村(2005)の研究がある。厚生省援護局(1978)が行政側の資料として公刊されている。だが引揚援護庁(1950)の古い資料だと、引揚事業にはかなり民間の援護団体が協力したとされている。また引揚者を受け入れた地方レベルでも様々な定着援護事業が行なわれていた。この辺の経緯については、まだ詳しい研究はなされていないようである。

(23) 在外財産補償要求運動についてはCampbell(1977)、若槻(1995:280–295)、Orr(2001:156–169)、Watt(2002:133–139)、木村(2005:144–146)などでも論じられている。

(24) 衆議院は五月二五日(http://kokkai.ndl.go.jp/SENTAKU/syugiin/002/0512/main.html)、参議院は五月二六日(http://kokkai.ndl.go.jp/SENTAKU/sangiin/002/0512/main.html)に、それぞれ可決している。

(25) それは「引揚げ」という呼び方にも反映しているかもしれない。「引揚げ」は、自主的選択で行なわれた行為であるかのようなニュアンスを持っている(「引揚げ」は動詞の能動態である)。それは、「被追放者」が他から強いられた行為(「被追放者 Vertriebene」は受動態の名詞化である)というニュアンスを持つのと対照的である。また、日本では引揚者が「帰還する」という言い方をするが、ドイツでそれに相当する言い方はない。連邦共和国では「避難」あるいは「追放」であり、やはり被害者性が強いのである。

(26) 昭和三二年五月一七日法律第一〇九号。法律の全文は http://law.e-gov.go.jp/htmldata/S32/S32HO109.html(電子政府法令検索)に載せられている。厚生省援護局(1963:145–160)がそれに至る経緯を詳しく追っている。

（27）昭和四二年八月一日法律第一一四号。法律全文は http://law.e-gov.go.jp/htmldata/S42/S42HO114.html（電子政府法令検索）に載せられている。

（28）もちろん「外地」で生まれた日本人は（満州を含め）少なくなかったのであり、かれらにとって引揚げは「故郷喪失」であっただろう。しかし前述のように、このような「外地」生まれの日本人にとっても引揚げは「祖国への帰還」と見なされたのである。

（29）「帝国主義の手先」呼ばわりもされたといわれる（引揚援護庁 1950：87；Watt 2002：221–222）。

（30）ただ、多くの研究が指摘するように、広島・長崎の被害の「記憶」が広く認知されるようになったのは、一九五四年の第五福竜丸事件以来のことである（Orr 2001；Saito 2006）。広島・長崎は現在に至るまで、第二次大戦における日本の戦争被害の象徴的存在である。

（31）昭和二七年四月三〇日法律第一二七号。法律の全文は http://law.e-gov.go.jp/htmldata/S27/S27HO127.html（電子政府法令検索）に載せられている。

（32）軍人遺族は早くから組織化され、政府や世論に向けて「遺族は戦争の最大の犠牲者」であり、「国家が当然補償すべき」であると主張していた。旧軍人遺族は「日本遺族会」というユニークな利益団体を結成し、自民党との繋がりを通じて政府や世論に影響を行使した。特に靖国神社の「復権」は、彼らの運動の中心的なシンボルであった（田中・田中・波田 1995）。しかし傷痍軍人やその遺族が、（一九五〇年代ドイツ連邦共和国での被追放者のように）戦争犠牲の象徴として国民的合意を得ていたかというと、それには留保をつける必要がある。というのも日本には、「被爆者」というもう一つの強力な戦争犠牲者集団が存在していたからである。それは日本の「一国平和主義」的ナショナル・アイデンティティの中核となった（Orr 2001）。こうして、傷痍軍人とその遺族を戦争犠牲の象徴とするか、「被爆者」を象徴とするかは、日本の政治的イデオロギー対立と結びつき、現在まで至っている。

（33）日本における、引揚げ被害の国民的な認知度の低さは、その後の日本政府の「中国残留孤児」政策にも関係してくるだろう。日本には、「残留孤児」に対する受け入れ・援助の制度的枠組みが存在していなかった。それに対し、ドイツ連邦共和国では、残留ドイツ人の移民を「アウスジードラー」としてドイツ国籍を無条件で与え、彼らに対し戦争直後の被追放者に相当する社会経済的保護を行なう制度が整備されてきた。ドイツ連邦共和国では、アウスジードラー受け入れを、戦争の帰結に伴う「特別な義務」と見なされてきたのである。

(34) 成田龍一の研究によれば、一九六〇年代に引揚げ手記の刊行は一時減り、一九七〇年代以後急速にその数を増やしていると言う。そして「引揚げ手記の圧倒的部分は、一九八〇年以降に執筆され刊行されたものが占め、それ以前に刊行のものとの比率はおおよそ七対一で、自費出版も多い」(成田 2003：149)。

(35) 一九八〇年代後半になって、日本でも「引揚げ」の記憶を保存しようという公式の動きが始まった。一九八八年に「平和祈念事業特別基金」が総理府の認可によって設置され、東京新宿住友ビルに「平和祈念展示資料館―戦争体験の苦労を語りつぐ広場―」が二〇〇〇年に開館した。この資料館のホームページによれば、「いわゆる恩給欠格者の方、戦後強制抑留者の方、引揚者の方などの苦労について理解を深めていただくことを目的として」いる(http://www.heiwa.go.jp/tenji/)。また Watt (2002：140–152) も参照。なお、この基金は二〇〇九年九月までに廃止されることが決まっている。

(36) これは、そのような「贖罪」のアイデンティティの中核的資源となるような、第二次大戦における日本固有の「罪」や「責任」(これを日本では「戦争責任」という言い方で表現するのが慣例であるが) の概念が明確にされていないということから来ている。その最大の原因の一つが、東京裁判での判決の解釈枠組みにあることは、すでに多くの論者によって指摘されている(木佐 2001；小菅 2005)。そこでは、戦争犯罪一般から日本固有の犯罪(ドイツのナチス犯罪のような)が明確に区別されていないこと、日本人内部における加害者と被害者との区別が曖昧なままであったこと、そして日本の「侵略主義」を裁くといいながらアジア近隣諸国への具体的な侵略行為をほとんど不問に付しているということなどを指摘することができる。また、それに加え小菅信子が指摘しているように、東京裁判の記録が戦後一九六八年まで(英語版は一九八〇年代まで)出版されなかったという事実も見逃してはならない。それに対しニュルンベルク裁判の記録は、閉廷後すぐに出版されている。一九六〇年代に始まるドイツ連邦共和国におけるナチス追及は、この裁判記録の出版なくしてはありえなかった。日本で裁判記録の出版が遅れた理由としては、不備の多かった東京裁判の記録が公開されることをアメリカが快く思わなかったこと、また冷戦下での同盟国として日本のかつての「敵国性」を忘却しようという意図が働いたことなどがあげられる(小菅 2005：77–78)。

(37) この表現に関しては、筆者の同僚である法政大学の奥武則氏に示唆を受けた。

(38) しかし最近になって、岩下明裕のような北方領土に対する新たなアプローチを提起する論者もあらわれている。「一度も法的に外国領になったことのない土地を手放すことは忍び難いが、ここがいにしえからの日本領でもなかったことは銘記されるべきだろう。かつて日本人が血と汗を流した土地を手放すのが惜しいと言う意味であれば、私たちはすでにその多くを手放したことを思い出すべきであり［例えば南樺太などもその一つであろう―引用者注］、その契機となった先の敗戦の意味を今一度かみしめなければならない」（岩下 2005：247）という議論に、筆者も全く同感である。なお、岩下もやはり、中国とロシアの国境交渉という他の例との比較の視点から、北方領土問題を考察している。また、ドイツ東方領土問題と日本の北方領土問題を比較した上で、日本の「固有の領土」論が国際的に説得力を持たないことを論じたものとして林忠行の論稿（林 2006）もある。

関連年表（一九三八―二〇〇六年）

年	ドイツ史（連邦共和国史）全般	東方領土、被追放者関係
一九三八	（三月）オーストリア併合 （九月）ミュンヘン会談（ズデーテンラント併合）	
一九三九	（八月）ドイツ／ソ連秘密協定 （九月）ポーランド侵攻開始（→第二次大戦勃発）	（一〇月）ポーランド西部の併合
一九四一	（六月）ドイツのソ連攻撃開始 （八月）大西洋憲章調印（英米）	
一九四三	（二月）スターリングラードの戦い （一一月）テヘラン会談	
一九四四	（九月）ロンドン議定書（一二日）	（一〇月）ソ連軍東プロイセン侵攻（「避難」の開始）
一九四五	（二月）ヤルタ会談 （五月）ナチス・ドイツ降伏（八日） （六月）ベルリン宣言（五日） （七月–八月）ポツダム会談（→ポツダム協定締結）	（一月）ヴィルヘルム・グストロフ号沈没 （八月）ソ連／ポーランド国境協定 （秋）連合国による「移送」の開始
一九四六		（九月）バーンズのシュトゥットガルト演説
一九四九	（五月）連邦共和国基本法採択 （九月）アデナウアー政権成立	（四月）統一東ドイツ同郷人会（ＶＯＬ）、被追放者ドイツ人中央協会（ＺｖＤ）結成
一九五〇		（一月）キールでＢＨＥ結成 （六月）連邦議会オーデル＝ナイセ線否認決議 （七月）ゲルリッツ協定 （八月）故郷被追放者憲章採択
一九五一		（一一月）被追放ドイツ人連盟（ＢｖＤ）結成

一九五二	（五月）ドイツ条約調印	（五月）負担均衡法成立 （一一月）統一同郷人同盟（VdL）結成
一九五三		（三月）連邦被追放者法成立
一九五四	（一〇月）パリ諸条約調印	『中東欧からのドイツ人追放の記録』刊行開始（〜一九六一年）
一九五五	（五月）連邦共和国主権獲得（パリ諸条約発効） （九月）アデナウアーのモスクワ訪問	
一九五六		（五月）ブレンターノ外相の「放棄」発言
一九五七		（一〇月）被追放者連盟（BdV）結成
一九五九	（七月）ジュネーブ外相会談 （一一月）社会民主党のゴーデスベルク綱領	（一〇月）フランスのドゥブレ首相「国境の尊重」発言
一九六一	（八月）ベルリンの壁建設	（六月）ヤークシュ報告書連邦議会に提出
一九六二		（二月）『テュービンゲン・メモ』公表
一九六三	（一二月）アウシュヴィッツ裁判始まる	（五月）『ブレスラウのポーランド人——ある都市の肖像』放映
一九六五	（三月）ナチス犯罪時効論争	（一〇月）ドイツ福音協会『覚書』
一九六八	（三月）社会民主党ニュルンベルク党大会	（三月）社会民主党オーデル＝ナイセ線の「承認ないし尊重」決議
一九六九	（一〇月）ブラント政権成立	
一九七〇	（八月）モスクワ条約調印 （一二月）ブラントのワルシャワ訪問、ワルシャワ条約調印	（三月）チャーヤ被追放者連盟の会長就任
一九七二	（五月）東方諸条約批准	（↓オーデル＝ナイセ線をポーランド西側国境として承認）
一九七三		（七月）基本条約に対する連邦憲法裁判所の判決（↓「ドイツ帝国の存続」）
一九七五	（八月）ヨーロッパ安全保障協力会議（ヘルシンキ）最終文書、ドイツ＝ポーランド協定調印	（七月）東方諸条約に関する連邦憲法裁判所の判決

一九七六	（四月）「教科書勧告」の発表	
一九七七	（一一月）シュミットのアウシュヴィッツ訪問	
一九七九	（一月）『ホロコースト』ドイツで放映	
一九八二	（一〇月）コール政権成立	
一九八三		（一月）ツィンマーマン内相の発言
一九八五	（一月）ビットブルク問題浮上	（一月）シュレージエン大会標語問題浮上
	（五月）ヴァイツゼッカー演説	
一九八六	（六月）ノルテ論文の発表（→歴史家論争）	
一九八八		（一月）ゲンシャーのワルシャワ訪問
一九八九	（一一月）ベルリンの壁崩壊	（一一月）コールのポーランド訪問
一九九〇	（二月）「二プラス四」会談始まる	（四月）被追放者連盟「自由な決議による平和」署名運動開始
	（九月）「二プラス四」条約	（六月）オーデル＝ナイセ線承認共同決議
	（一〇月）ドイツ統一	（一一月）ドイツ＝ポーランド国境確定条約
一九九一		（六月）ドイツ＝ポーランド善隣友好協力条約
一九九二		（一一月）戦争の帰結清算法成立
一九九四	（八月）ヘルツォークのワルシャワ訪問	（四月）「東方のドイツ人」展始まる
一九九五	（五月）バルトシェフスキドイツ連邦議会で演説	
一九九八	（一〇月）社会民主党―緑の党連立政権成立	（五月）シュタインバッハ被追放者連盟の会長就任
一九九九	（六月）ホロコースト警鐘碑決議	
	（九月）ベルリンに首都機能移転	
二〇〇〇		（九月）反追放センター財団設立
		（一一月）プロイセン信託会社設立
二〇〇二	（二月）グラス『蟹の横歩き』	（七月）連邦議会で「反追放ヨーロッパセンター」決議
二〇〇四	（八月）シュレーダーのワルシャワ訪問	
二〇〇五	（一一月）「大連立」政権成立	（一二月）「避難、追放、統合」展示始まる
二〇〇六		（八月）反追放センター財団の「強制された道」展示始まる
		（一一月）プロイセン信託会社、ヨーロッパ人権裁判所に財産権問題を提訴

表　世論調査に見るオーデル＝ナイセ線の承認（アレンスバッハ研究所）

年	承認する	承認しない	未決定
1951	8	80	12
1956	9	73	18
1959	12	67	21
1962	26	50	24
1964	22	59	19
1966	27	54	19
1967	46	35	19
1969	42	38	20
1970	58	25	17
1972	61	16	21
1989.8	42	32	26
1989.12	59	13	29
1991.9(A)	70	15	15
1991.9(N)	76	12	12

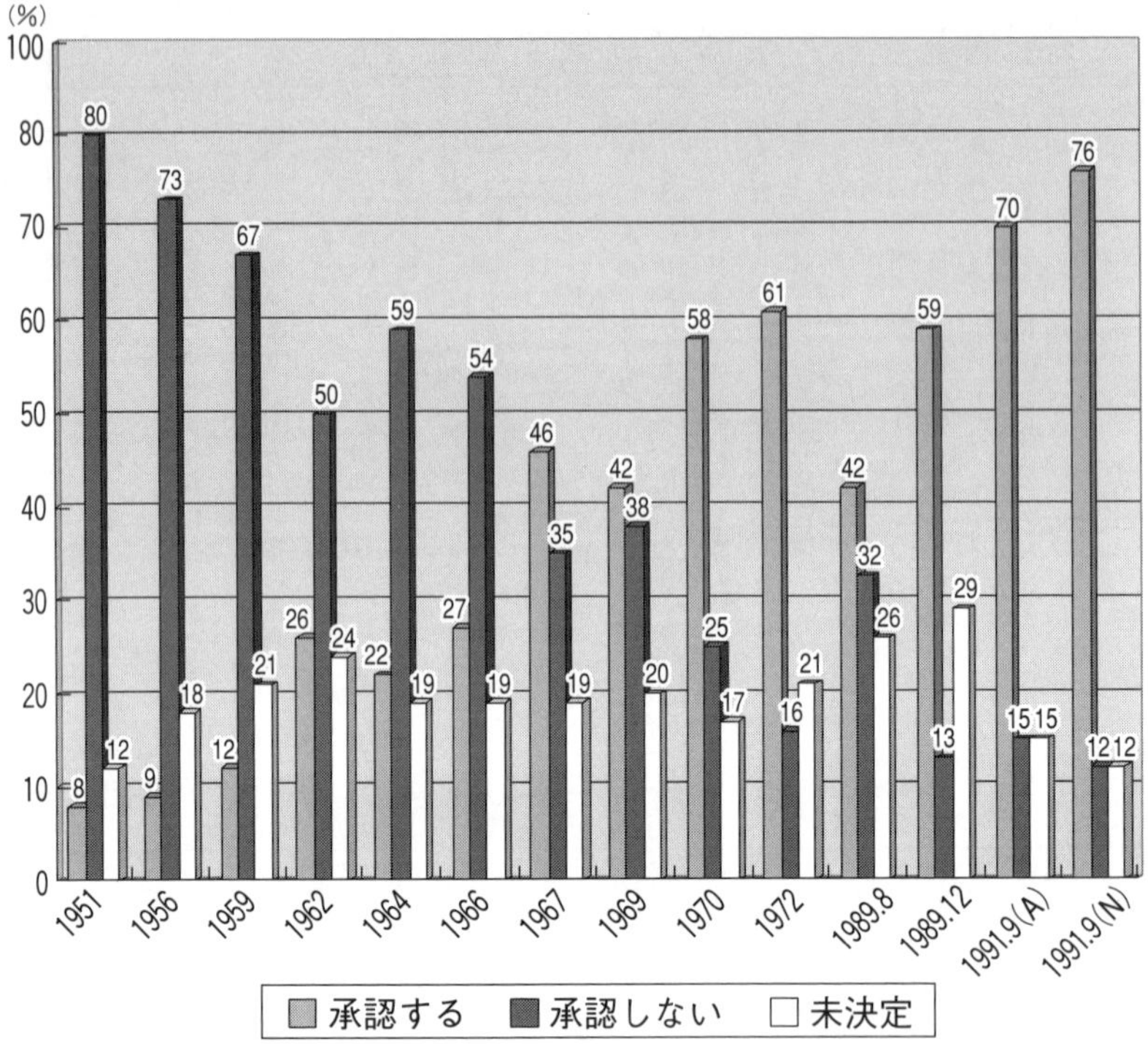

（A…旧来からの連邦共和国の諸州、N…新たに加わった諸州）
（Noelle–Neumann 1983：525、Noelle–Neumann & Körcher 1993：991-992より）

あとがき

「理論と実証の総合」という言葉がある。実証のない理論は空論に等しく、理論のない実証は学問ではない。理論は実証研究によって用いられ、また絶えず検証されなければならない。実証は理論を通じて問題を発見し、理論を利用して問題を説明・分析しなければならない、等々。すでに使い古されて久しい言葉だが、社会科学にたずさわる者でこの言葉を真っ向から否定しようというものは、今でもほとんどいないだろう。

社会学を専門にしてきた私も、大学院生時代からこの言葉を、どこか遠くに仰ぎつつ勉強・研究を続けてきたように思う。もちろん、言うは易く行なうは難い課題であるにはちがいない。おそらくその「総合」が完璧に実現されることなどないのだろう。そもそも何が「理論」であり、どのような方法が「実証」なのかについて、色々な考え方がある。だが本書の中で、私はこの困難な課題について、自分なりの解答を示そうと努力してみたつもりである。ネーションやナショナリズムに関する理論的分析枠組を構築するという関心と、戦後ドイツの東方領土がどのように論じられてきたのかという歴史的な問題を実証的に明らかにするという関心。この二つが結節した地点において本書は書かれている。ここで私が試みた「理論と実証の総合」が果たしてどこまで成功しているのか。それは読者の判断に委ねる以外にはない。

ナショナリズムの研究は、ヨーロッパでの冷戦体制崩壊以後、英語圏を中心として世界各国で急速に進んだ。すでに一九八〇年代にゲルナー、アンダーソン、ホブズボーム、スミスらの著作が出版されてはいたが、人文社会諸科学全般においてネーションやナショナリズムに関する研究の波が高まるのは、やはり冷戦時のイデオロギー対立が（少なくともヨーロッパでは）解消し、それに代わって国民国家の分立や民族紛争が顕著になってきてからである。日本でも、そのような世界での研究動向に連動してナショナリズムへの関心が広まった。

しかしながら私は、日本でのナショナリズム研究は現在のところ、一つの研究領域として確立されているとは言えないと考えている。日本におけるネーションやナショナリズムの研究の多くは、他の問題（国家や民主主義に関する政治学的研究、公共性を論じる政治哲学、日本近代史研究など）を専門としてきた研究者の「持ち出し」として行なわれることが多く、「ナショナリズム」自体を専門とする研究者は、皆無と言うわけではないにせよ、それほど多くはない。例えば私の所属する社会学界においては、マイノリティや移民を主たる研究対象とする「エスニシティ研究」は現在それなりに盛んだが、そこでのネーションやナショナリズムの位置づけはやはり副次的なものにとどまっている。確かに「エスニシティ」と「ナショナリズム」は研究領域として近く、交差する側面も少なくはない。しかし学術的アプローチとして異なった系譜を持ち、分析上の観点も微妙に食い違っている。

ナショナリズム研究が一研究領域として確立されていないことの背景には、日本の学界において「ナショナリズム」を自分の専門分野として打ち出しにくくするような、ある種の「磁力」のようなものが働いているような気がしてならない。おそらくその磁力は、戦前・戦中の歴史の記憶に由来する、日本独自の「左右」の対立に関係している。戦後の日本において「ナショナリズム」といえば、「超国家主義」「軍国主義」「ファシズム」「対外侵略主義」の問題と捉えられ、「右傾化」や「反動」などの概念と結び付けられることが多い。そのように理解されたナショナリズムは、当然批判され、克服されるべき「悪」であり「病理」に違いない。そのためナショナリズム研究は多くの場合、ある種の「イデオロギー批判」という観点からなされてきた。そのような中で、例えばベネディクト・アンダーソンの名著『想像の共同体』なども、ナショナリズムに対するイデオロギー批判として読まれてきたのである（すこし丁寧に読めば、この著作が決して単なるナショナリズムの「イデオロギー批判」などでないことは明らかなのだが）。

逆にネーションやナショナリズムをイデオロギー批判としてではなく、それ自体のリアリティや歴史的役割に即して研究しようとすると、研究者自身の「右派的」ないし「保守的」な立場性を勘ぐられてしまうことになる。そのため研究者の方も、そのような立場性の読み込みに対して自分の立場を擁護しなければならなくなる（「私は右翼ではきたのである。

ない」というようなメッセージとして)。ナショナリズム研究は、そのような独特な立場性の磁場の中で試みられてきたのである。

確かに最近、このようなナショナリズム研究の磁場の力も大幅に減退してきている。それを示すような著作も増えている。例えば小熊英二、浅羽通明、井関正敏らによる近年のナショナリズム論は、日本のナショナリズムを「超国家主義」や「ファシズム」と単純に同一視するこれまでの理解から脱したものになっている。しかしながら依然として日本の学界の大勢においては、ナショナリズムを「右翼」や「反動」に結びつけ、ナショナリズム研究に特定の政治的立場を付与する力は、消滅してはいないように思われる。

このような力はナショナリズム理解を狭いものにしている。アメリカの大学でナショナリズムについて勉強をはじめた私は、このような傾向に対して違和感を感じてきた。アメリカを含めた英語圏でのナショナリズム研究がこれまで明らかにしてきたように、ナショナリズムは様々な現われかたをする。それは決して「右翼」や「反動」に限定されるものではない。ネーションやナショナリズムは近代社会(見方によってはそれ以前からの社会)を構成する重要な要素の一つであり、少なくとも近代社会に暮らす人間は、どこかの「ネーション」への帰属意識を自明なものとして共有してきた。政治的にもナショナリズムは、極右から極左、保守から革新・リベラルに至るまで様々な政治的立場や党派に結びついてきた。ナショナリズムと宗教や階層との結びつきも一様ではない。ナショナリズムと政治党派や社会層との結びつきは、個々のケース毎に明らかにされるべき問題である。ナショナリズムを「右翼」や「反動」と同一視する日本の学界に見られる傾向は、ナショナリズムの持つこうした多面性を見えにくくしてしまう。

私は、ナショナリズム研究がその国の歴史の記憶に左右されること自体を否定しようとは思わない。それはその国の「ナショナル」な政治文化の一部ということになる。しかし、ナショナリズム研究がそのような政治文化に導かれた立場性の磁力に無自覚なままに支配されているとすれば、それはやはり問題である。

この磁力に抗するためにはどうすればよいのか。一つの方法として、やはり地道な学術的研究の蓄積が必要となるだろう。大澤真幸は近著の中で「立場性の桎梏に対抗できるのは、透徹した理論のみである」と述べている(『ナショナリズムの由来』講談社　二〇〇七年、八七六頁)。私はこの言に全く賛成である。理論は確かに、立場性の磁力それ自体を自省し、対処するための重要な糧になる。しかし「透徹した理論」はまた、具体的事例についての実証的・経験的研究に供されてはじめてその有効性を示しうる。実証研究は理論によって導かれ、理論は実証研究に用いられなければ意味はないという社会科学的方法の基本を、ここで再び確認しておきたい。理論と実証を絶えず往復することによって学術的研究の知見は高まっていく。そのような過程を踏めば、立場性の磁力に抗してナショナリズム研究を一つの研究分野として確立していく道も開けるだろう。

もちろん、私はここで立場性の磁力から全く自由な学術的パラダイスを考えているわけではない。ナショナリズムの問題に限らず、社会科学の研究において立場性の問題は絶えずつきまとうものである。だが研究者はまた、そのような立場性を自覚しつつも、それに抗するため可能な限り「中立」的な記述や分析の前提を共有しておく必要がある。

本書でとりあげた戦後ドイツの東方領土問題は、一部のドイツ現代史研究者を別にすれば日本の一般読者には馴染みのないものであろう。しかしドイツでは、戦後ドイツ人の「追放」や旧東方領土に対する関心が、世紀転換期から急速に高まってきており、現在はドイツ現代史のなかでも最も「旬なテーマ」の一つといえるかもしれない。私の知る限り、本書はこの「旬」な問題を主要なテーマとして掲げた日本で最初の研究書である。

しかし私は、「旬」であるという理由でこのテーマを選んだわけではない。私がこのテーマに最初に関心を持ったのは、むしろドイツでこれが盛んに論じられるよりも以前のことだった。私が研究を進めていくのと並行して、いつの間にかドイツでこのテーマについて盛んに論じられるようになっていたのである。その中でこの問題に関する研究状況も進展し、私自身の問題意識も少なからず変化してきた。そのため、一度組み立てた自分の議論を新たに組みなおさなければならないような事態も生じた。

では、いったいなぜ私がこのテーマに関心を持ったのか。よく尋ねられる質問である。一言で説明するのは難しいが、ともかく最初に関心を持ったきっかけは、この問題を知った時の素朴な驚きであった。

一九九四年から九五年にかけて、私はドイツに短期間留学した。ドイツの統一が実現し、ポーランドとの国境条約が結ばれてまだ間もないこの時期、ドイツでも「東方のドイツ」という名でオーデル＝ナイセ線以東のドイツ史について広く語られるようになっていた。ドイツ歴史博物館の展示「東方のドイツ人」が開かれ、いくつかの歴史書も出版された（これらについては本文中で論じた）。テレビでも時々ドキュメンタリー映像が流されていた。

私はそこで、どうやら自分がよく知らないドイツ史の一コマがあるらしいということに気づいた。先ず私は、「追放」や「東方のドイツ」に関すること（例えば「東プロイセン」とは何なのか、など）について、辞典などを利用して簡単に調べてみた。するとそこには、単に「ドイツ史の一コマ」というだけでは済まないような大きな歴史的出来事が存在していた。私自身、歴史的知識としてドイツの境界概念が頻繁に変化してきたということはよく知っていた。だが第二次大戦直後に行なわれた国境変更とそれに伴う住民移動は、私の想像をはるかに超えるほど規模の大きなものだった。その時私は、既に日本やアメリカでドイツ近現代史をいちおう勉強していたはずだった。にもかかわらず、なぜこのような大きな歴史的出来事についての知識が私に欠落していたのか。自分自身のドイツ史に関する知識の欠落と、その出来事のスケールの大きさとの間のギャップに対するそうした自覚から、私はこの問題にこだわるようになった。

しかし、この問題の研究に本格的に取り組み始めたのは、その後大学に職を得て、二〇〇〇年に科学研究費補助金（奨励研究A）を受けることができてからである。この研究費を二年間受託した私は、東方領土問題について詳しく調べることができた。当初は二年間でこの研究を終えることを予定していた。しかし議会の議事録や雑誌や新聞の記事、さらには被追放者諸団体関係の資料を調べていく中で、この問題の持つ複雑さが次第に明らかになってきた。また東方領土問題についての言論が、戦後ドイツ連邦共和国の政治文化の変遷とも密接に関係していることにも気づいた。こうして私の研究は、当初の予想を超えた深みへと嵌っていった。そうしてできあがったのが本書である。

東方領土問題もまた、研究者の立場性が鋭く問われる問題である。この問題は、連邦共和国において長い間（特に一九七〇年代以降）、言及の仕方を間違えると、「報復主義」「領土修正主義」などというレッテルを貼られかねない、政治的に極めて「センシティブ」な問題であった。最近そのような状況はかなり変化し、優れた学術的研究もいくつか現われてはいる。だが東方領土や「追放」をめぐる問題は、現在でもなおドイツとポーランドとの間の外交問題の火種の一つであり、ナチズムと並ぶドイツのもう一つの「過去」の問題としてしばしば政治的争点の一つになっている。東方領土の喪失や「追放」の歴史に言及することは、ナチズム時代のドイツ人の罪を「相対化」するものであるという批判がある一方で、ドイツ人が被った歴史的に重大な被害について忘れずに語り継いでいくべきであるという議論がある。東方領土問題を研究しようとする場合、このような「歴史の記憶」をめぐる対立的な見解に対し、どのような立場をとるのかが問われざるを得ない。

私は本書の中で、こうした立場性の問題からもできうる限り「中立的」「客観的」たらんと試みてきたつもりである。もちろん完全に「中立的」「客観的」な立場はありえない。だが、本書で用いた手法は、双方の立場を共に相対化し、双方の立場自体を対等に分析対象として俎上に載せることに少しは役立ったのではないかと考えている。しかし、仮に本書がある程度「中立的」「客観的」研究を実現できていたとして、学術的手法以上に重要だったのは、私がドイツ人でもなくポーランド人でもない、日本人という第三の立場の人間だったからではないか。ネーション／ナショナリズム研究において、その研究者がいったいどの「ネーション」に帰属するかは、依然として重要な問題だからである。

本書の研究にあたっては、二〇〇〇～二〇〇一年に学術振興会科学研究費補助金（奨励研究A）、二〇〇三～二〇〇五年に同補助金（基盤研究C）と二度にわたって研究費を受けた。この補助金により、ベルリン州立図書館やボンの被追放者連盟（BdV）本部の図書館での資料調査を実施することができた。またこの過程で被追放者連盟のMarkus Leuschner 氏にお世話になった。氏からは、被追放者連盟本部（ボン）の図書館を使用できる便宜を図っていただいたほか、いくつかの貴重な資料を無料で譲っていただいた。

本書は、二〇〇六年に提出した科学研究補助金（基盤研究C）の成果報告書を土台にしている。だがその後この報告書に大幅な加筆修正を行なったので、実質上本書は全面的な書下ろしである。しかし、脱稿に至るまでの過程で、いくつかの機会でその内容の一部ないし概要を報告してきた。その中でも特に私にとって重要だったのは次の四つである。

（1）二〇〇六年一月一五日、シュッツ＝パーソンズ研究会での報告。この研究会は中村文哉氏（山口県立大学）らを中心として年数回行なわれている理論社会学系（ちなみに、私のホームグラウンドは社会学理論研究である）の研究会だが、ここで私ははじめて現象学的社会学の理論に準拠した分析枠組みを用い、東方領土問題をめぐる「ナショナル・アイデンティティの解釈学」を試みたのである。その理論的枠組みに関する成果は、本書の第1章となって結実している。

（2）二〇〇六年一〇月一三日、第九回日独社会科学学会［German–Japanese Society for Social Sciences］大会での報告。これはドイツと日本からの社会学者と心理学者を中心として組織された学会で、この年の大会は金沢大学で、同大学の楠根重和氏を世話役として開催された。これはこの研究の成果をドイツ人研究者の前で報告する初めての機会となったが、東方国境をめぐる言論状況の変化をナショナル・アイデンティティという概念を用いて説明する私の議論は、概ね理解されたのではないかと思う。しかし、それにもまして私にとって興味深かったのは、色々な世代のドイツ人の参加者達が、報告の後「追放」や被追放者に関する個人的な経験や知識を色々と話してくれたことである。

（3）二〇〇七年四月二二日、国家論研究会での報告。これは私自身が主催するナショナリズムに関する研究会であり、比較的若手の研究者が集まり、毎月一回ずつ研究報告会を行っている。私の報告に対して寄せられた批判・コメントのおかげで、領土問題とナショナル・アイデンティティの関係やナショナルアイデンティティの類型化の問題に関する私の考えはより明確になったと思う。

（4）二〇〇七年一〇月六日、第三一回ドイツ研究学会［German Studies Association］大会での報告。この学会はアメリカのドイツ研究者の領域横断的な大規模な学会で、ドイツやオーストリアからの参加者も多い。今年はカリフォルニア州のサンディエゴで行なわれた。私が報告したのは Randall Halle 氏（ピッツバーグ大学）によって組織された「ドイツ／ポーランド国境研究［German–Polish border studies］」と題されたパネルの一つにおいてであった。私と近い関心を持つ研究者が集まったこのパネルでの報告は、私にとっても非常に貴重な体験となった。特に私と同じパネルで報告されたワルシャワ大学の Adam Chmielewski 氏から大変にポジティブなコメントを頂き、励みにもなった。

その他にも多くの方々と対話や討論をする機会があり、それらは本研究を進めるにあたっての貴重な着想の源になった。しかし、その方々への謝意に個別に言及することは、ここでは控えておきたい。

最後に、本書の刊行を引き受けていただいた新曜社、そして特に編集を担当していただいた小林みのりさんと高橋直樹さんに感謝したい。お二人には、本書の構成や文章表現の方法などについて、著者である私には気がつかない点をいくつも指摘していただいた。また、私からの色々な要求に対しても、誠実に応えていただいた。そもそもあまり一般的とはいえないテーマを扱ったこの本が少しでも読みやすいものになっているとすれば、それは小林さんと高橋さんのおかげが大きいだろうと思っている。

二〇〇八年一月

佐藤成基

著者紹介

佐藤成基（さとう　しげき）

1963年東京生まれ。

東京大学大学院人文社会系研究科博士課程中途退学。

カリフォルニア大学ロサンゼルス校大学院修了。Ph.D.（社会学）。

日本学術振興会特別研究員，茨城大学助教授を経て，現在，法政大学准教授。比較ナショナリズム研究，歴史社会学，社会学理論専攻。

主な著書・訳書
『理論社会学の可能性』（共著，新曜社，2006年）
R.ブルーベイカー著『フランスとドイツの国籍とネーション』（共監訳，明石書店，2005年）
『ナショナリズム論入門』（共著，有斐閣，近刊）など。

新曜社
ナショナル・アイデンティティと領土
戦後ドイツの東方国境をめぐる論争

初版第1刷発行　2008年3月28日©

著　者　佐藤成基
発行者　塩浦　暲
発行所　株式会社　新曜社

〒101-0051 東京都千代田区神田神保町2-10
電話(03)3264-4973・FAX(03)3239-2958
e-mail：info@shin-yo-sha.co.jp
URL：http://www.shin-yo-sha.co.jp/

印刷　三協印刷　Printed in Japan
製本　イマヰ製本
ISBN978-4-7885-1098-2 C1030

ま　行

や　行

ら　行

わ　行

事項索引

あ 行

か 行

さ 行

た 行

な　行

は　行

ま 行

や　行

ら　行

わ　行

参考文献

［ホームページ、参照回数の少ない雑誌・新聞・定期刊行物
については、参照箇所を「注」に直接記載した。］

●議会資料

BR＝*Deutscher Bundesrat : Plenarprotokol*（1.– Sitzung）［連邦参議院議事録（第1回議会 - ）］

BR–DS＝*Deutscher Bundesrat : Drucksache*［連邦参議院議事資料］

BT＝*Deutscher Bundestag : Plenarprotokoll*（1.– Wahlperiode /1.– Sitzung）［連邦議会議事録（第1期—／第1回議会—）］

BT–DS＝*Deutscher Bundestag : Drucksache*［連邦議会議事資料］

●その他の刊行資料（資料集を含む）

BW＝*Bonn–Warschau 1945–1991 : Die deutsch–polnischen Beziehungen, Analyse und Dokumentation*（herausgegeben von Hans–Adolf Jacobsen und Mieczyslow Tomala），Köln : Verlag Wissenschaft unt Politik, 1992.

CDU＝*Protpkol. 37.Bundesparteitag der CDU. 11.–13. September 1989, Bremen.*

DB＝*Dokumentation der deutsch–polnischen Beziehungen 1945–1959*（herausgegeben von Jahannes Maass），Bonn/Wien/Zürich : Siegler, 1960.

DD＝*Dokumente zu Deutschland 1944–1994*（bearbeitet von Peter März），München : Bayerische Landeszentrale für politische Bildungsarbeit, 1996.

DDF＝*Dokumentation zur Deutschlandfrage*, Hauptband 1–（zusammengestellt von Heinrich Siegler），Bonn–Wien –Zürich : Verlag für Zeitgeschichte, 1963–

DDP＝Dokumente zur Deutschlandpolitik（herausgegeben vom Bundesministerium für Innerdeutsche Beziehungen），Reihe 4–5/Bund 1–, 1971–1987.

DO＝*Die deutsche Ostpolitik 1961–1970 : Kontinuität und Wandel*（herausgegeben von Boris Meissner），Köln : Verlag Wissenschaft und Politik, 1970.

DP＝*Deutsche Parteiprogramme 1861–1961*（herausgegeben von Woflgang Treue），Gottingen : Musterschmidt Verlag, 1968.

DVD＝*Dokumentation der Vertreibung der Deutschen aus Ost– und Mitteleuropa*. 5 Bde.（bearbeitet von Theodor Schieder. Herausgegeben von Bundesministerium für Vertriebene, Flüchtlinge und Kriegsgeschädigte），Bonn : Bundesministerium für Vertriebene, Flüchtlinge und Kriegsgeschädigte, 1954–1961.

EDP＝*Earklärungen zur Deutschlandpolitik*, Dokumentation Teil Ⅰ–Ⅲ（Bund der Vertriebenen），Bonn : Kulturstiftung der deutschen Vertriebenen, 1984–1987

HS＝*Historikerstreit : die Dokumentation der Kontroverse um die Einzigartigkeit der nationalsozialistischen Judenvernichtung*., München : Piper, 1986.（＝徳永恂ほか訳，1995,『過ぎ去ろうと

しない過去──ナチズムとドイツ歴史家論争』人文書院）
LV＝*Die Lage der Vertriebenen und das Verhältnis des deutschen Volkes zu seinen östlichen Nachbarn : Eine evangelische Denkschrift*（EKD Denkschrift）（1965）, in Henkys, Reinhard（Hrsg.）, *Deutschland und die östlichen Nachbarn. Beiträge zu einer Evangelischen Denkschrift*. Stuttgart und Berlin : Krenz–Verlag, 1966.
MO＝*Materialien zu Oder–Neisse–Fragen*（ausgewählt von Herbert Czaja）, Bonn : Kulturstiftung der deutschen Vertriebenen, 1982
QE＝*Quellen zur Entstehung der Oder–Neisse–Linie in den diplomatischen Verhandlungen während des Zweiten Weltkrieges*, 2. erweiterte Auflage.（Gesammlete und Herausgegeben von Gotthold Rhode und Wolfgang Wagner）, Stuttgart : Brentano Verlag, 1959
TDP＝*Texte zur Deutschlandpolitik*, Band 1–, Bonn/Berlin : Bundesministerium für innerdeutsche Beziehungen, 1967–.
VEE＝V*ertreibungsdiskurs und europäische Erinnerungskultur : Deutsch–polnische Inisiativen zur Institutionalisierung : Eine Dokumentation*（Herausgegeben von Stefan Troebst）, Osnabrürck : fibre Verlag, 2006.

●雑誌・新聞・定期刊行物

AdG＝*Archiv der Gegenwart*
Bulletin＝*Bulletin*（Presse–und Informationsamt der Bundesregierung）
BdV＝*BdV Jahresbericht*
BGBl＝*Bundesgesetzblatt*
DOD＝*Deutscher Ostdienst. Nachrichtenmagazin des Bundes der Vertriebenen*
FAZ＝*Frankfurter Allgemeine Zeitung*
Sp＝*Der Spiegel*
St＝*Stern*
SZ＝*Süddeutsche Zeitung*
TAZ＝*Tageszeitung*
Z＝*Die Zeit*

●研究書・論文・回想録・政府刊行物など

阿部安成・加藤聖文，2004，「「引揚げ」という歴史の問い方（上）（下）」『彦根論叢』349号
Ahonen, Pertti, 1998, “Domestic Constraints on West German *Ostpolitik* : The Role of the Expellee Organizations in the Adenauer Era,” *Central European History*, 31(1–2)
——— 2003, *After the Expulsion : West Germany and Eastern Europe 1945–1990*. Oxford : Oxford University Press.
Anderson, Benedict, 1991, *Imagined Communities. New York : Verso.*（＝白石さや・白石隆訳，1998，『想像の共同体』NTT出版）
浅野豊美，2004，「折りたたまれた帝国」，細谷千博・入江昭・大芝亮編『記憶としてのパール

ハーバー』所収，ミネルバ書房

Ash, Timothy Garton, 1993, *In Europe's Name*. New York : Vintage Book.

Aust, Stefan und Burgdorff, Stephan, 2002, *Die Flucht : über die Vertreibung der Deutschen aus dem Osten*. München : Deutscher Taschenbuch.

Beer, Mathias, 1998, "In Spannungsfeld von Politik und Zeitgeschichte," in *Vierteljahrshefte für Zeitgeschichte* 46.

——— 1999, "Die Vertreibung der Deutschen aus Ost–Mitteleuropa : Hintergrund – Enstehung – Ergebnis – Wirkung," *Geschichte in Wissenschaft und Unterricht*, 50.

——— 2004, "Die Vertreibung der Deutschen. Ursachen, Ablauf, Folgen," in *Flucht und Vertreibung. Europa zwischen 1939 und 1948* (Mit einer Einleitung von Arno Surminski). Hamburg : Ellert & Richter Verlag.

——— (Hrsg.), 2004a, *Auf dem Weg zum ethnisch reinen Nationalstaat? : Europa in Geschichte und Gegenwardt*. Tübingen : Attempto.

Bender, Peter, 1995, *Die〉Neue Ostpolitik〈und ihre Folgen : Vom Maubau bis zur Vereinigung*. München : Deutscher Taschenbuch Verlag.

Benson, Rodoney, 1999, "Field Theory in Comparative Context : A New Paradigm for Media Studies," *Theory and Society* 28(3).

——— 2006, "News Media as a 'Journalistic Field' : What Bourdieu Adds New Institutionalism, and Vice Versa," *Political Communication*, 23.

Benz, Wolfgang (Hrsg.), 1985, *Die Vertreibung der Deutschen aus dem Osten : Ursachen, Ereignisse, Folgen*. Frankfurt am Main : Fischer Taschenbuch Verlag.

Bingen, Dieter, 1998, *Die Polenpolitik der Bonner Republik von Adenauer bis Kohl 1949–1991*. Baden–Baden : Nomos Verlaggesellschaft.

——— 2005, "Die deutsche–polnische Beziehungen nach 1945," *Aus Politik und Zeitgeschichte*, 5–6/2005.

Blackbourn, David and Geoff Eley, 1984, *The Peculiarities of German History.* Oxford : Oxford University Press.

Blanke, Richard, 1993, *Orphans of Versailles : Germans in Western Poland, 1918–1939*. Lexington, Ky : University Press of Kentucky.

Blumenwitz, Dieter, 1979, "Die Darstellung der Grenzen Deutschlands in kartographischen Werken," *Die rechtliche Situation Ostdeutschen und der Gebiete östlich von Oder und Neisse* (Bericht über eine Tagung am 5./6. Juli 1979). Bonn : Kulturstiftung der deutschen Vertriebenen.

——— 1989, *What is Germany? Exploring Germany's Status after World War II*. Bonn : Kulturstiftung der deutschen Vertriebenen.

——— 1991, "》Die Grenze, die die beiden Völker nicht trenne,n sondern einigen soll…《" *Politische Studien*, 319.

——— 1999, "Oder–Neisse–Linie," in Werner Weindenfeld /Karl–Rudolf Korte (Hrsg.), *Handbuch zur deutschen Einheit 1959–1989–1999*. Frankfurt / New York : Campus.

Boehm, Max Hildebert, 1959, "Gruppenbildung und Organisationswesen," in Eugen Lemberg und Friedrich Eddings（Hrsg.）, *Die Vertriebenen in Westdeutschland : Ihre Eingliederung und ihr Einfluss auf Gesellschaft, Wirtschaft, Politik und Geistleben,* Bd.1.. Kiel : Ferdinand Hirt.

Böke, Karin, 1996, "Flüchtlinge und Vertriebene zwischen dem Recht auf die alte Heimat und der Eingliederung in die neue Heimat : Leitvokabeln der Flüchtlingspolitik," in Karin Böke, Frank Leidtke und Martin Wengeler, *Politische Leitvokabeln in der Adenauer–Ära,* Berlin/New York : Walter de Gruyter

Brandes, Detlef, 2005, *Der Weg zur Vertreibung 1938–1945*. München : Oldenbourg.

Brubaker, Rogers, 1992, *Citizenship and Nationhood in France and Germany*. Cambridge, Mass. : Harvard University Press（＝佐藤成基・佐々木てる監訳，2005，『フランスとドイツの国籍とネーション——国籍形成の比較歴史社会学』明石書店）

——— 1996, *Nationalism Reframed*. Cambridge : Cambridge University Press.

——— 2004, *Ethnicity without Groups*. Cambridge, Mass. : Harvard University Press.

Brubaker, Rogers and Frederick Cooper, 2000, "Beyond 'Identity'," *Theory and Society* 29（1）.

Brubaker, Rogers, Margit Feischmidt, Jon Fox, and Liana Grancea. 2006. *Nationalist Politics and Everyday Ethnicity in a Transylvanian Town.* Princeton : Princeton University Press.

Brües, Hans–Josef, 1972, *Artikulation und Repräsentation politischer Verbandinteressen, dargestellt am Beispiel der Vertreibenenorganisationen*（Ph.D. Dissertation, Universität zu Köln）.

Bühler, Philip A., 1990, *The Oder–Neisse Line : A Reappraisal under International Law*. New York : Columbia University Press.

Bund der Vertriebenen, 1995, *Die Vertreibung der Deutschen : Ein unbewältiges Kapital europäischer Zeitgeschichte*（Eine Ausstellung des Bund der Vertriebenen）. Bonn : Bund der Vertriebenen.

Bundesministerium für Vertriebene, Flüchtlinge und Kriegsgeschädigte（Hrsg.）, 1966, *Tatsachen zum Problem der deutschen Vertriebenen und Flüchtlinge*. Bonn : Bundesministerium für Vertriebenen, Flüchlinge und Kriegsgeschädigte.

Burleigh, Michael and Wolfgang Wippermann, 1992, *The Racial State : Germany 1933–1945*. Cambridge : Cambridge University Press.

Calhoun, Craig, 1991, "Indirect Relationships and Imagined Communities : Large–Scale Social Integration and the Transformation of Everyday Life," in Pierre Bourdieu and James S. Coleman, eds, *Social Theory for a Changing Society*. Boulder : Westview Press.

——— 1992, "Introduction," in Calhoun（ed.）, *Habermas and the Public Sphere.* Cambridge, Mass. : MIT Press.

Campbell, John Creighton, 1977, "Compensation for Repatriates : A Case Study of Interest–Group Politics and Party–Government Negotiations in Japan," om T.J.Pempel（ed.）, *Policymaking in Contemporary Japa*n. Ithaca : Cornell University Press.

Chatterjee, Partha, 1993, *The Nation and Its Fragments : Colonial and Postcolonial Histories*. Princeton : Princeton University Press.

千島歯舞諸島居住者連盟編，1997，『元島民による北方領土返還運動のあゆみ』社団法人千島

歯舞諸島居住者連盟
Czaja, Herbert, 1996, *Unterwegs zum kleinsten Deutschland?* Frankfurt am Main : Knecht.
Dann, Otto, 1996［1993］, *Nation und Nationalismus in Deutschland 1770–1990*. München : Beck.（＝末川清・姫岡とし子・高橋秀寿訳，1999,『ドイツ国民とナショナリズム 1790–1990』名古屋大学出版会）
Delfs, Silke, 1993, "Heimatvertriebene, Aussiedler, Spätaussiedler," *Aus Politik und Zeitgeschichte* 48/93. 3–11.
Deutsches Historisches Museum Berlin（Hrsg.）, 1994, *Deutsche im Osten : Geschichte, Kultur, Erinnerungen*. München/ Berlin : Koehler & Amelang.
Diestelkamp, Bernhard, 1985, "Rchtsgeschichte als Zeitgeschichte : Historische Betrachtungen zur Entstehung und Durchsetzung der Theorie vom Fortbestand des Deutschen Reiches als Staat nach 1945," *Zeitschrift für Neuere Rechtsgeschichte*, 7.
Diner, Dan, 1987, "Zwischen Aporie und Apologie : Über Grenzen der Historisierbarkeit des Nationalsozialismus," in Diner（Hrsg.）, *Ist der Nationalsozialismus Geschichte?* Frankfurt am Main : Fischer.
Dubiel, Helmut, 1999, *Niemand ist frei von der Geshichte : Die nationalsozialistische Herrschaft in den Debatten des Deutschen Bundestages*. München & Wien : Hanser.
Eckert, Rainer, 2004, "Flucht und Vertreibung : Eine genauso notwendige wie überfällige Diskussion," *Deutschland Archiv* 1/2004.
Elsing, Ludwig Wilhelm Maria, 1981, *Sozialdemokratie und Polen : Die Polenpolitik der SPD bis zum Warschauer Vertrag*（Ph.D. Dissertation, Rheinische Friedrich–Wilhelm–Universität zu Bonn）.
——— 1984, "Polenpolitik der SPD 1960 bis 1970," in Werner Plum（Hrsg.）, *Ungewöhnliche Normalisierung : Beziehung der Bundesrepublik Deutschland zu Polen.* Bonn : Verlag Neue Gesellschaft.
Eley, Geoff, 1992, "Nations, Publics, and Political Culture : Placing Habermas in the Nineteenth Century," in Craig Calhoun（ed.）, *Habermas and the Public Sphere.* Cambridge, Mass. : MIT Press.
von Engelhardt, Michael, 2005, "Biografien deutscher Flüchtlinge und Vertriebener des Zweiten Weltkrieg," in Stiftung Haus der Geschichte der Bundesrepublik Deutschland（Hrsg.）, *Flucht, Vertreibung, Integration*. Bielefeld : Kerber Verlag.
Engelmann, Bernt u. a.（Hrsg.）. 1982. *"Es geht, es geht" : Zeitgenösiche Schriftsteller und ihr Beitrag zum Frieden–Grenzen und Möglichkeiten.* München : Goldmann
Faulenbach, Bernd, 2002, "Die Vertreibung der Deutschen aus den Gebieten jenseits von Oder und Neiße. Zur wissenschaftlichen und öffentlichen Diskussion in Deutschland," *Aus Politik und Zeitgeschichte*, 51–52/2002.
——— 2004, "Flucht und Vertreibung in der individuellen und kollektiven Erinnerung und als Gegenstand von Erinnerungspolitik," in *Flucht und Vertreibung. Europa zwischen 1939 und 1948*（Mit einer Einleitung von Arno Surminski）. Hamburg : Ellert & Richter Verlag.
——— 2005, "Vertreibungen – Ein europäisches Thema," in Stiftung Haus der Geschichte der

Bundesrepublik Deutschland (Hrsg.), *Flucht, Vertreibung, Integration*. Bielefeld : Kerber Verlag.

Die Fischer Chronik Deutschland : Ereignisse, Personen, Daten. 2001, Frankfurt am : Fischer.

Flucht und Vertreibung. Europa zwischen 1939 und 1948 (Mit einer Einleitung von Arno Surminski). 2004, Hamburg : Ellert & Richter Verlag.

Foschepoth, Josef, 1985, “Potsdam und danach – Die Westmächte, Adenauer und die Vertriebenen,” in Wolfgang Benz (Hrsg.), *Die Vertreibung der Deutschen aus dem Osten : Ursachen, Ereignisse, Folgen*. Frankfurt am Main : Fischer Taschenbuch Verlag.

——— 1988, “Westintegration statt Wiedervereinigung : Adeanuers Deutschlandpolitik 1949–1955,” in Josef Foschepoth (Hrsg.), *Adenauer und die Deutsche Frage.* Göttingen : Vandenhoeck und Ruprecht.

Frantzioch, Marion, 1987, *Die Vertriebenen : Hemmnisse, Antriebskräfte und Wege ihrer Integration in der Bundesrepublik Deutschland*. Berlin : Dietrich Reimer.

Frantzioch–Immenkeppel, Marion, 1996, “Die Vertriebenen in der Bundesrepublik Deutschland,” *Aus Politik und Zeitgeschichte*, 28/96.

Franzen, E. Erik, 2001, *Die Vertriebenen : Hitlers letzte Opfer*, München : Propyläen.

Frevert, Ute. 2003. “Geschichtsvergessenheit und Geschichtsversessenheit revisited : Der jüngste Erinnerungsboom in der Kritik,” *Aus Politik und Zeitgeschichte,* 40–41/2003

Fritsch–Bournazel, Renata, 1988, *Confronting the German Question*, Oxford : Berg.

Frohn, Axel, 1996, “Adenauer und die deutschen Ostgebiete in den fünfziger Jahren,” *Vierteljahrshefte für Zeitgeschichte* 44(4).

Fromme, Friedrich Karl, 1999, “Bundesverfassungsgericht,” in Werner Weindenfeld und Karl–Rudolf Korte (Hrsg.), *Handbuch zur deutschen Einheit 1959–1989–1999*. Frankfurt/New York : Campus.

藤原帰一，2001，『戦争を記憶する』講談社現代新書

Fulbrook, Mary, 1992, *The Divided Nation : A History of Germany 1928–1990*. New York/Oxford : Oxford University Press.

——— 1999, *German National Identity after Holocaust*. Cambridge : Polity Press.

Gellner, Ernest, 1983, *Nations and Nationalism*. Oxford : Blackwell.（＝加藤節訳，2000，『民族とナショナリズム』岩波書店）

Giddens, Anthony, 1976, *New Rules of Sociological Method*. London : Hutchinson.（＝松尾精文ほか訳，1987，『社会学の新しい方法規準』而立書房）

Giesen, Bernhard, 1993, *Die Intellektuellen und die Nation : Eine deutsche Achsenzeit*. Frankfurt am Main : Suhrkamp.

Giordano, Ralph, 1987, Die zweite Schuld oder Von der Last Deutscher zu sein. Hamburg : Rasch und Röhring.（＝永井清彦・片岡哲史・中島俊哉訳，1990，『第二の罪――ドイツ人であることの重み』白水社）

Goschler, Constantin, 2005, “““Versöhnung” und “Viktimisierung” : Die Vertriebenen und der deutsche Opferdiskurs,” *Zeitschrift für Geschichtswissenschaft*, 53(10).

Gramsci, Antonio, 1971, *Selections from the Prison Notebooks* (edited and translated by Quintin Hoare and Geoffrey Nowell Smith). New York : International Publishers

Grass, Günter, 2002, *Im Krebsgang*. Göttingen : Steidl Verlag. (＝池内紀訳, 2003,『蟹の横歩き――ヴィルヘルム・グストロフ号事件』集英社)

Grosser, Thomas, 2000, "The Integration of Deportees into the Society of the Federal Republic of Germany," *Journal of Communist Studies and Transition Politics*, 16(1–2).

Habermas, Jürgen, 1991 [1962], *Strukturwandel der Öffentlichkeit*. Frankfurt am Main : Suhrkamp. (＝細谷貞雄・山田正行訳, 1994,『公共性の構造転換』第2版, 未来社)

Hacker, Jans, 1987, "Die SED und die nationale Frage," in Ilse Spittmann (Hrsg.), *Die SED in Geschichte und Gegenward*. Deutschland Verlag.

Hahn, Eva und Hahn, Hans Henning, 2001, "Flucht und Vertreibung," in Etienne Francois und Hagen Schulze (Hrsg.), *Deutsche Erinnerungsorte*. Munchen : Beck.

Hailbronner, Key und Renner, Günter, 2005, *Staatsangehörigkeitsrecht*. München : Verlag C.H.Beck.

Halder, Winfrid. 2005. "„...in ordnungsgemäßer und humaner Weise"–Vertreibung aus den ehemaligen Ostgebieten des Deutschen Reiches und dem Sudetenland 1945–1947 : Voraussetzungen–Verlauf–Konjunkturen des historiographischen öffentlichen Diskurs," in Frank–Lothar Kroll und Matthias Niedobitek (Hrsg.), *Vertreibung und Minderheitenschutz in Europa. Berlin : Duncker & Humblot.*

Hartenstein, Michael A., 1997, *Die Oder–Neisse Linie*. Egelsbach/Frankfurt/St.Peter Port : Hansel–Hoenhausen.

Hartman, Geoffrey (ed.), 1986, *Bitburg : In Moral and Political Perspective*. Bloomington : Indiana University Press.

Hassner, Pierre, 1982, "Was geht in Deutschland vor ? Wiederbelebung der deutschen Frage durch Friedensbewegung und alternative Gruppe," *Europa–Archiv*, 17.

Haus der Heimat des Landes Baden–Bürttemberg, 2005, *Umsiedlung, Flucht und Vertreibung der Deutschen als internationals Problem*. Baden–Württemberg : Haus der Heimat des Landes Baden–Württemberg.

林忠行, 2006,「日本の外で「固有の領土」論は説得力を持つのか」, 岩下明裕編『国境・誰がこの線を引いたのか――日本とユーラシア』北海道大学出版会

Heimrod, Ute u. a. (Hrsg.), 1999, *Der Denkmalstreit – Das Denkmal?* Berlin : Philo.

Henke, Josef, 1985, "Flucht und Vertreibung der Deutschen aus ihrer Heimet im Osten und Südosten 1944–1947", *Aus Politik und Zeitgeschichte*, 23/1985.

Henke, Klaus–Dietmar, 1985, "Der Weg nach Potsdam – Die Allierten und die Vertriebenen," in Wolfgang Benz (Hrsg.), *Die Vertreibung der Deutschen aus dem Osten : Ursachen, Ereignisse, Folgen*. Frankfurt am Main : Fischer Taschenbuch Verlag.

Henkys, Reinhard, 1966, "Die Denkschrift in der Doskussion," in Henkys (Hrsg.), *Deutschland und die östlichen Nachbarn. Beiträge zu einer Evangelischen Denkschrift*. Stuttgart und Berlin : Krenz–Verlag.

引揚援護庁，1950，『引揚援護の記録』（＝2000, クレス出版）

Hintze, Peter（Hrsg.）, 1995, *Die CDU–Parteiprogramme. Eine Dokumentation der Ziele und Aufgaben*. Bonn : Bouvier.

Hirsch, Helga, 2003, "Flucht und Vertreibung : Kollektive Erinnerung im Wandel," *Aus Politik und Zeitgeschichte*, 40–41/2003.

Hoffmann, Dierk, Marita Kraus und Michael Schwartz（Hrsg.）, 2000, *Vertriebene in Deutschland : Interdisziplinäre Ergebnisse und Forschungsperspektiven*. Munchen : Oldenbourg.

Holtmann, Everhard, 1993, "Fluchtlinge in den 50er Jahren : Aspekte ihrer gesellschaftlichen und politischen Integration," In Axel Schildt und Arnold Sywottek（Hrsg.）, *Modernisierung im Wiederaufbau. Die westdeutsche Gesellschaft der 50er Jahre*. Bonn : Dietz.

Hughes, Michael L., 1999, *Shouldering the Burdens of Defeat : West Germay and the Reconstruction of Social Justice*. Chapel Hill and London : University of North Carolina Press.

Hupka, Herbert, 1977, "Eine kritische Stellungnahme." *Aus Politik und Zeitgeschichte*, 47/77.

——— 1994, *Unruhiges Gewissen : Ein deutscher Lebenslauf : Erinnerungen*. München : Langen Müller.

石田勇治，2002，『過去の克服――ヒトラー後のドイツ』白水社

——— 2005，『20世紀ドイツ史』白水社

岩下明裕，2005，『北方領土問題――４でも０でも、２でもなく』中公新書

Jacobsen, Hans–Adolf, "Bundesrepublik Deutschland – Polen : Aspekte ihrer Beziehungen," in Hans–Adolf Jacobsen und Mieczyslow Tomala（Hrsg.）, *Bonn – Warschau 1945–1991*. Köln : Verlag Wissenschaft und Politik.

Jahn, Hans Edgar, 1985, *Die deutsche Frage von 1945 bis Heute : Der Weg der Parteien und Regierungen*. Meinz : von Hasse & Koehler.

James, Harold, 1989, *A German Identity 1770–1990*. New York : Routledge.

Jarausch, Konrad H., 1995, "Normalisierung oder Re–Nationalisierung? : Zur Umdeutung der deutschen Vergangenheit," *Geschichte und Gesellschaft* 21.

Jarausch, Konrad H. and Michael Geyer, 2003, *Shattered Past : Reconstructing German Histories*. Princeton and Oxford : Princeton University Press.

城達也，2004，「統一ドイツのナショナル・アイデンティティ形成――ホロコースト慰霊碑論争に見る戦争の記憶」、中久郎編『戦後日本の中の「戦争」』世界思想社

Juncker, Horst, 2001, *Aussiedlerrecht : Aufnahme und Status von Vertriebenen und Spätaussiedlern*. Berlin : Berlin Verlag.

樺太終戦史刊行会編，1973，『樺太終戦史』全国樺太同盟

Kather, Linus, 1964–1965, *Die Entmachtung der Vertriebenen, Bd.1 : Die entscheindenden Jahre, Bd.2 : Die Jahre des Verfalls*. München : Olzug.

川喜田敦子，2001，「東西ドイツにおける被追放民の統合」『現代史研究』47号

——— 2005a，「ドイツ人「追放」問題の現在――「追放に反対するセンター」と財産権問題をめぐって」『ドイツ研究』39号

——— 2005b,『ドイツの歴史教育』白水社

Kimminich, Otto, 1980, “Die Rechtlage Deutschlands nach Grundgesetz und Grundvertrag,” *Politische Studien*, no.252.

——— 1991, “Die abschließende Regelung mit Polen,” *Zeitschrift für Politik*, 38/(4).

——— 1996, *Das Recht auf die Heimat : Ein universalles Menschenrecht*, Bonn : Köllen Druck+ Verlag.

——— 1996a, “Völkerrecht und Geschichte im Disput über die Beziehungen Deutschlands zu seinen östlichen Nachbarn,” *Aus Politik und Zeitgeschichte*, 28/96.

木村健二，2005,「引揚者援護事業の推移」『年報日本現代史』第10号

Kirsch, Jan–Holger, 2003, *Nationaler Mythos oder historische Trauer? : Der Streit um ein zentrales 》Holocaust–Mahnmal《 für die Berliner Republik*. Köln, Weimar, Wien : Böhlau Verlag.

——— 2005,“》Befreiung《und/oder》Niederlage《? : Zur Konfliktsgeschichte des deutschen Gedenkens an Nationalsozialismus und Zweiten Weltkriek,” in Burkhard Asmuss, Kay Kufeke, und Philipp Springer im Auftrag des Deutschen Historischen Museums（Hrsg.), *Der Krieg und Seine Folgen 1945 : Kriegsende und Erinnerungspolitik in Deutschland.* Berlin : Deutsches Historisches Museum.

木佐芳男，2001,『〈戦争責任〉とは何か——清算されなかったドイツの過去』中公新書

Kittel, Manfred, 2007, *Vertreibung der Vertriebenen? : Der historische deutsche Osten in der Erinnerungskultur der Bundesrepublik （1961–1982)*. München : Oldenbourg.

Klein, Eckhart, 1985, “Die Verantwortung der Bundesrepublik Deutschland für Deutschland als Ganzes,” in Gottfried Zeiger, Boris Meissner und Dieter Blumenwitz,（Hrsg.), *Deutchland als Ganzes : Rechtliche und historische Überlegung*. Köln : Verlag Wissenschaft und Politik.

Kleßmann, Christoph, 1991, *Die Doppelte Staatsgründung : Deutsche Geschichte 1945–1955*. Göttingen : Vandenhoeck & Ruprecht.（＝石田勇治・木戸衛訳 1995『戦後ドイツ史 1945–1955——二重の建国』未来社）

Knopp, Guido, 2002, *Die große Flucht : Das Schiksal der Vertriebenen*. Müchen : Ullstein.

小林公司，2002,「ドイツ・ポーランド間の残置財産の法的諸問題（序説） ——統一に伴う戦後処理・オーデルナイセ東部地域を中心として——」滝沢正編集代表『比較法学の仮題と展望　大木雅夫先生古希記念』信山社

近藤孝弘，1993,『ドイツ現代史と国際教科書改善——ポスト国民国家の歴史意識』名古屋大学出版会

——— 1998,『国際歴史教科書対話——ヨーロッパにおける「過去」の再編』中公新書

Koschyk, Hartmut, 1993, “BdV – Bund der Versöhnung? ” in Friedbert Pflüger und Winfried Lipscher（Hrsg.), *Feinde werdern Freunde*. Bonn : Bouvier.

厚生省援護局編，1963,『続々・引揚援護の記録』(＝2000, クレス出版)

——— 1978,『引揚援護三十年の歩み』ぎょうせい

厚生省引揚援護局編，1955,『続・引揚援護の記録』(＝2000, クレス出版)

Kossert, Andreas, 2003, “Noch ist Polen nicht verstanden,” *Die Zeit*, Nr.37, 4.9.2003(20).

小菅信子，2005,『戦後和解――日本は〈過去〉から解き放たれるのか』中公新書
Kruke, Anja,（Hrsg.）, 2006, *Zwangsmigration und Vertreibung : Europa im 20. Jahrhundert*. Bonn : Dietz.
Kulturstiftung der deutschen Vertriebenen, 1989, *Vertreibung und Vertreibngsverbrechen 1945–1948*. Bonn : Kulturstiftung der deutschen Vertroebenen.
Küsters, Hanns Jürgen, 1992, "Konrad Adenauer und Willy Brandt in der Berlinkrise 1958–1963." *Vierlteljahrshefte für Zeitgeschichte* 4.
Lagenbacher, Erik, 2003, "Changing Memory Regimes in Contemporary Germany," *German Politics and Society* 21(2).
Lamont, Michèle, 2001, "The Study of Boundaries in Comparative–Historical and Cultural Sociology," *Comparative–Historical Sociology*（Newsletter of the ASA Comparative and Historical Sociology Section）13(3).
Lau, Karlheinz, 1995, "Verlieren wir das historische Ostdeutschland aus dem Geshichtsbild?" *Deutschland Archiv*, 6 /1995.
Lehmann, Hans Georg, 1979, *Der Oder–Neisse–Konflikt*. München : C.H.Beck.
――― 1984, "Die deutsch–polnische Grenzfrage : Eine Einführung in den Oder–Neisse Konflikt," in Werner Plum（Hrsg.）, *Ungewöhnliche Normalisierung : Beziehung der Bundesrepublik Deutschland zu Polen*, Bonn : Verlag Neue Gesellschaft.
Lemberg, Hans, 1992, "'Ethnische Sauberung' : Ein Mittle zur Lösung von Nationalitätenproblemen? " *Aus Politik und Zeitgeschichgte*/46/92.
Lilge, Carsten, 1995, *Die Entstehung der Oder–Neisse Linie als Nebenprodukt allierter Gross–machtpolitik während des Zeiten Weltkrieg.* Frankfurt : Lang.
Link, Werner, 1994, "Zwei Staaten – Eine Nation," in Otto Dann（Harsg.）, *Die deutsche Nation : Geschichte, Probleme, Perspektive*. Vierow bei Greisfeld : SH–Verlag.
Löwenthal, Richard, 1974, "Vom kalten Krieg zur Ostpolitik," in Richard Löwenthal und Hans–Peter Schwarz（Hrsg.）, *Die zweite Republik*. Stuttgart : Seewald.
Lüttinger, Paul, 1986, "Der Mythos der schnellen Integration der Vertriebenen und Flüchtlinge in der Bundesrepublik Deutschland bis 1971," *Zeitschrift für Soziologie*, 15.
McKenzie, Mary M., 1996, "Competing Conceptions of Normality in the Post–Cold War Era : Germany, Europe, and Foreign Policy Change," *German Politics and Society* 14(2).
Malycha, Andreas, 2000, "'Wir haben erkannt, daß die Oder–Neiße–Grenze die Friedensgrenz ist' : Die SED und die neue Ostgranze 1945 bis 1951," *Deutschland Archiv* 2 /2000.
Martin, John Levi., 2003, "What is Field Theory?", *American Journal of Sociology,* 109(1).
Mechtenberg, Theo, 2005, "Getrennte Erinnerung : Der 60. Jahrestag des Kriegsendes und die deutsch–polnischen Beziehungen," *Deutschland Archiv,* 2 /2005.
Meritt, Anna J. and Richar L. Merritt（eds.）, 1970, *Public Opinion in Occupied Germany : The OMGUS Surveys, 1949–1949*. Urbana, Ill : University of Illinois Press.
――― 1980, *Public Opinion in Semisovereign Germany : The HICOG Surveys, 1949–1955*. Urn-

aba, Ill : University of Illinois Press.

Miszczak, Krzysztof, 1993, *Deklarationen und Realitäten : Die Beziehungen zwischen der Bundesrepublik Deutschland und der (Volks–) Republik Polen von der Unterzeihung des Warschauer Vertrages bis zum Abkommen über gute Nachbarschaft und freundschaftliche Zusammenarbeit 1979–1991*. München : tuduv.

南守夫，2001，「ナチズム・戦争の記憶とドイツの現在――ベルリン・ホロコースト警鐘碑とユーゴ空爆をめぐる論争から」『日本の科学者』Vol.36（No.2）

Ministerium für Vertriebenen, Flüchtlinge und Kriegsgeschädigte (Hrsg.), 1959, *Zeittafel der Vorgeschichte und des Ablaufs der Vertreibung sowie der Unterbringung und Eingliederung der Vertriebenen und Bibliographie zum Vertriebenenproblem.*

――― 1966, *Tatsachen zum Problem der deutschen Vertriebenen und Flüchtlinge.*

Moeller, Robert G., 1995, "Driven into 'Contemporary History' : The Expulsion from the East in the Public Memory of the Federal Republic of Germany," *Working Papers*, 5.30 (Center for German and European Studies, University of California, Berkeley).

――― 1996, "War Stories : The Search for a Usable Past in the Federal Republic of Germany," *American Historical Review*, 101(4).

――― 2001, *War Stories : The Search for a Usable Past in the Federal Republic*. Berkely and Los Angeles : University of California Press.

Mommsen, Hans, 1980, "Nationalismus und nationale Integrationsprozesse in der Gegenwart," *Aus Politik und Zeitgeschichte*, 9 /80.

Morris, David B., 1995, "Bitburg Revisited : Germany's Search for Normalcy," *German Politics and Society* 13(4).

Mühlen, P. von zur, Müller, B. und Schmitz, k. 1971, "Vertriebenenverbände und die deutsch–polnische Beziehungen nach 1945," in Carl Christoph Schweitzer und Hubert Feger (Hrsg.), *Das deutsch–polnische Konfliktverhältnis seit dem Zweiten Weltkrieg*. Boppard : Harold Boldt Verlag.

Müller, Reinhard, 1997, *Der "2+4"–Vertrag und das Selbstbestimmungsrecht der Völker*, Berlin : Lang.

Mildenberger, Markus, 2000, Brücke oder Barriere? : Die Rolle der Vertriebenen in den deutsch–polnischen Beziehungen, *Deutschland Archiv* 3 /2000.

Nagengast, Emil, 2003, "The German Expellees and European Values," in Steven Béla Várdy and Hunt Tooley, eds., *Ethnic Cleansing in 20th–Century Europe*. New York : Columbia University Press.

Naimark, Norman M., 2001, *Fires of Hatred : Ethnic Cleansing in Twentieth–Century Europe*. Cambridge, MA : Harvard University Press.

成田龍一，2003，「「引揚げ」に関する序章」『思想』No.955（11月号）

Neubach, Helmut, 1989, "Anteil der Vertriebene in Parlamenten und Regierungen," in Frantzioch/ Günter (Hrsg.), *40 Jahre Arbeit für Deutschland – die Vertriebenen und Fluchtlinge*. Frankfurt/ Berlin : Ullstein.

Nitschke, Bernadetta, 2004, *Vertreibung und Aussiedlung der deutschen Bevölkerung aus Polen 1945 bis 1949.* München : Oldenbourg（原著はポーランド語, 1999年刊）

Noelle–Neumann, Elisabeth, 1983, *Allensbacher Jahrbuch der Demoskopie 1978–1983*. München : K. G.Saur Verlag.

Noelle–Neumann, Elisabeth und Renate Köcher, 1993, *Allensbacher Jahrbuch der Demoskopie 1984–1992*. München : K.G.Sauer Verlag.

Ohliger, Rainer and Rainer Münz, 2002, "Minorities into Migrants : Making and Un–Making Central and Eastern Europe's Ethnic German Diaspora," *Diaspora* 11(1).

Olick, Jeffrey K., 2007, *The Politics of Regret : On Collective Memory and Historical Responsibility*. New York and London : Routledge.

Olick, Jeffrey K. and Joyce Robbins, 1998, "Social Memory Studies : From "Collective Memory" to the Historical Sociology of Mnemonic Practices," *Annual Review of Sociology*, 24.

Orr, James, 2001, *The Victim as Hero : Ideologies of Peace and National Identity in Postwar Japan.* Honolulu : University of Hawaii Press.

Overmans, Rüdger, 1994, "Personelle Verluste der deutschen Bevölkerung druch Flucht und Vertreibung," *Dzieje Najnowsze* 26.

Parkes, Stuart, 1996, *Understanding Contemporary Germany*. London and New York : Routledge.

Parsons, Talcott, 1937, *The Structure of Social Action*. New York : McGraw–Hill.（＝稲上毅・厚東洋輔・溝部明男訳，1976–1989,『社会的行為の構造』全５冊、木鐸社）

——— 1951, *The Social System,* New York : Free Press（＝佐藤勉訳，1974,『社会システム論』青木書店）

Petersen, Thomas, 2005, *Flucht und Vertreibung aus Sicht der deutschen, polnischen und tschechnischen Bevölkerung*. Bonn : Stiftung Haus der Geschichte der Bundesrepublik Deutschland.

Piskorski, Jan M., 2005, *Vertreibung und deutsch–polnische Geschichte : Eine Streitschrift*. Osnabruck : Fibre.（原著はポーランド語，2004年刊）

Raack, R. C., 1990, "Stalin Fixes the Oder–Neisse Line," *Journal of Contemporary History*, 25.

Rauschning, Diertich, 1991, "Die Wiedervereinigung vor dem Hintergrund der Rechtslage Deutschlands," *Juristische Schulung* 12.

Rautenberg, Hans–Werner, 1988, "Deutsche und Deutschstämmige in Polen – eine nicht anerkannte Volksgruppe," *Aus Politik und Zeitgeschichte* 55/88.

——— 1997, "Die Wahrnehmung von Flucht und Vertreibung in der deutschen Nachkriegsgeschichte bis heute," *Aus Politik und Zeitgeschichte*, 53/97.

Rehbein, Klaus, 2006, *Die westdeutsche Oder/Neiße–Debatte : Hintergründe, Prozeße und das Ende des Bonner Tabus*. Berlin : Lit Verlag.

Reichling, Gerhard, 1986, 1989, *Die deutschen Vertriebenen in Zahlen*, 2 Bde. Bonn : Kulturstiftung der deutschen Vertriebenen.

Renen, Ernest, 1887, "Qu'est–ce qu'une nation? " in *Oeuevres Cpmplëtes*, vol. 1, Calmann–Levy.（＝鵜飼哲訳，1997,「国民とは何か」『国民とは何か』インスクリプト）

Roos, Sören, 1996, *Das Wiedervereinigungsgebot des Grundgesetzes in der deutschen Kritik zwischen 1982 und 1989*. Berlin : Duncker und Humblot.

Roth, Florian, 1995, *Die Idee der Nation im politischen Diskurs*. Baden–Baden : Nomos.

Ruchniewicz, Krzysztof, 2002, "Die Problem der Zwangsaussiedlung der Deutschen aus polnischer und deustshcer Sicht in Vergangenheit und Gegenwart," *Bericht und Forschungen*, 10.

Saito, Hiro, 2006, "Reiterated Commemoration : Hiroshima as National Trauma," *Sociological Theory*, 24(4).

Salzborn, Samuel, 2000, *Grenzlose Heimat : Geschichte, Gegenward und Zukunft der Vertriebenenverbände*. Berlin : Elefanten Press.

——— 2001, *Heimatrecht und Volkstumskampf : Außenpolitische Konzepte der Vertriebenenverbände und ihre praktische Umsetzung*. Honnover : Offizin.

——— 2005, *Ethnisierung der Politik : Theorie und Geschichte des Volksgruppenrechts in Europa*. Frankfurt/New York : Campus.

Sapiro, Giesele, 2003, "Forms of Politicization in the French Literary Field," *Theory and Society*, 32(5/6).

佐藤成基, 1995,「ネーション・ナショナリズム・エスニシティ——歴史社会学的考察」『思想』8月号

——— 1999,「マックス・ウェーバーと「ネーション」」『ソシオロジ』第43巻第2号

——— 2000,「ナショナリズムのダイナミックス」『社会学評論』201号

——— 2002,「ナショナリズムとファシズム——歴史社会学的考察」『ソシオロジ』第46巻第3号

——— 2005,「監訳者解説」(佐藤成基・佐々木てる監訳, ロジャース・ブルーベイカー『フランスとドイツの国籍とネーション』明石書店)

——— 2006a,「国民国家の社会理論——「国家」と「社会」の観点から」(富永健一編『社会学理論の現在』新曜社)

——— 2006b,『東方領土問題と戦後ドイツのナショナル・アイデンティティ』平成15年度～平成17年度科学研究費補助金(基盤研究(C))研究成果報告書(課題番号15530318)

——— 2006c,「国家の檻——マイケル・マンの国家論に関する若干の考察」『社会志林』第53巻2号

——— 2007,「国家を超える「民族」——アウスジードラー問題の歴史的経緯」『社会志林』第54巻第1号

Schieder, Thodor, 1960, "Die Vertreibung der Deutschen aus dem Osten als Wissenschaftlichen Problem," *Vierteljahrshefte für Zeitgeschichte* 8(1).

Schillinger, Reinhold, 1985, "Der Lastenausgleich," in Wolfgang Benz (Hrsg.), *Die Vertreibung der Deutschen aus dem Osten : Ursachen, Ereignisse, Folgen*. Frankfurt am Main : Fischer Taschenbuch Verlag.

Schlau, Wilfried, "Gesellschaftliche Eingliederung der Vertriebenen," in Marion Frantzioch, Odo Ratza und Gunter Reichert (Hrsg.), *40 Jahre Arbeit für Deutschland : Die Vertriebenen und*

Flüchtlinge. Frankfurt/Berlin : Ullstein.

Schlögel, Karl. 2003. "Europa ist nicht nur ein Wort : Zur Debatte um ein Zentrum gegen Vertreibungen," *Zeitschrift für Geschichtswissenschaft* 51(1)

Schmidt, Helmut, 1987, *Die Menschen und die Mächte*. Berlin : Siedler.（＝永井清彦ほか訳，1989，『シュミット外交回想録』岩波書店）

——— 1990, *Die Deutschen und ihre Nachbarn*. Berlin : Siedler.（＝永井清彦ほか訳，1991，『ドイツ人と隣人たち』岩波書店）

Schmitz, Michael, 2005, "Erinnerung und Recht und Freiheit : Das Berliner Holocaust–Denkmal und die nationale Identität des vereinten Deutschlands," *Deutschland Archiv*, 2 /2005.

Schoenberg, Hans W., 1970, *Germans from the East : A Study of Their Migration, Resettlement, and Subsequent Group History since 1945*. The Hague : Martinus Nijhoff.

Schulze, Hagen, 1994, *Staat und Nation in der europäischen Geschichte*. München : Beck.

Schütz, Alfred, 1932, *Der sinnhafte Aufbau der sozialen Welt*. Wien : Springer.（＝佐藤嘉一訳，2006，『社会的世界の意味構成――理解社会学入門』改訳版, 木鐸社）

Schwartz, Barry, 1996, "Social Change and Collective Memory : The Democratization of George Washington," *American Sociological Review*, 56.

Schwartz, Michael, 1997, "Vertreibung und Vertreibungspolitik : Ein Versuch über geteilte Nachkriegsidentitäten," *Deutschland Archv* 2/1997.

——— 2003, "Tabu und Erinnerung : Zur Vertriebene–Problematik in Politik und literarischer öffentlichkeit der DDR," *Zeitschrift für Geshichtwissenschaft* 51.

——— 2005, "Dürfen Vertriebene Opfer sein? : Zeitgeschichtliche Überlegungen zu einem Problem deutscher und europäischer Identität, *Deutschland Archiv* 3 /2005.

Schwarz, Hans–Peter, 1989, *Adenauer : Der Ausstieg 1876–1952*. Stuttgart : DVA.

Schweitzer, Carl Christoph, 1979, "Konflikt und Kooperation zwischen der Bundesrepublik Deutschland und der Volkrepublik Polen seit dem Warschauer Vertrag von 1970," in Hans–Adolf Jacobsen et al.（Hrsg.）, *Bundsrepublik Deutschland, Volksrepublik Polen : Bilanz der Beziehungen, Probleme und Perpektiven ihrer Normalisierung*. Frankfurt : Alfred Metzner Verlag.

Seifert, Jürgen, 1989, "Die Verfassung," in Wolfgang Benz（Hrsg.）, *Die Geschichte der Bundesrepublik Deutschland, Bd. 1*. Frankfurt : Fischer.

盛山和夫，2006，「理論社会学としての公共社会学にむけて」『社会学評論』57巻１号

Seraphim, Peter–Heinz, 1954, *Die Heimatvertriebenen in der Sowjetzone*. Berlin : Duncker & Humblot.

Skocpol, Theda, 1985, "Cultural Idioms and Political Ideologies in Revolutionary Reconstruction of State Power : A Rejoinder to Sewell," *Journal of Modern History* 57.

Speckmann, Thomas, 2005, "Renaissance des Thema in den Medien," in Stiftung Haus der Geschichte der Bundesrepublik Deutschland（Hrsg.）, *Flucht, Vertreibung, Integration*. Bielefeld : Kerber Verlag.

Spillman, Lyn, 1996, *Nation and Commemoration : Creating National Identities in the United States*

and Australia. Cambridge : Cambridge University Press.
Spillman, Lyn and Faeges, Russel, 2005, "Nations," in Julia Adams et al., eds, *Remaking Modernity : Politics, History, and Sociology*. Durham : Duke University Press.
Statistisches Bundesamt（Hrsg.）, 1953, *Statistisches Taschenbuch über die Heimatvertriebenen in der Bundesrepublik Deutschland und in West–Berlin.*
Stehle, Hansjakob, 1988, "Adenauer, Polen und die Deutsche Frage," in Josef Foschepoth（Hrsg.）, *Adenauer und die Deutsche Frage.* Göttingen : Vandenhoeck und Ruprecht.
Steinert, Johannes Dieter, 1990, "Flüchlingsvereinigungen – Einigliederungsstationen? Zur Rolle organisierter Interessen bei der Flüchtlingsintegration in der frühen Nachkriegszeit." *Jahrbuch für Ostdeutsche Volkskunde*, 33.
Stickler, Mathias, 2004, *"Ostdeutsch heißt Gesamtdeutsch" : Organisation, Selbstverständnis und heimatpolitische Zielsetzungen der deutschen Vertriebenenverbände 1949–1972*. Düsseldorf : Droste.
鈴木宗男・佐藤優，2006，『北方領土「特命交渉」』講談社
Swidler, Ann, 1986, "Culture in Action : Symbols and Strategies," *American Sociological Review* 51.
高橋進，1999，『歴史としてのドイツ統一』岩波書店
竹野弘之，2006，「第二次大戦末期のドイツ客船「ヴィルヘルム・グストロフ」の悲劇」『学士会会報』No.856
田中伸尚・田中宏・波田永実，1995，『遺族と戦後』岩波書店
Teltschik, Horst, 1991, *329 Tage*. Berlin : Siedler.（＝三輪晴啓・宗宮芳和訳，1992，『歴史を変えた329日——ドイツ統一の舞台裏』NHK出版）
Ther, Philipp, 1996, "The Integration of Expellees in Germany and Poland after World War II : A Historical Reassessment," *Slavic Review*, 55,(4).
——— 1998, *Deutsche und polnische Vertriebene : Gesellschaft und Vertriebenenpolitik in der SBZ / DDR in Polen 1945–1956*. Gottingen : Vandenhoeck & Ruprecht.
——— 2001, "A Century of Forced Migration : The Origins and Consequences of "Ethnic Cleasing''," in his and Ana Siljak（eds.）*Redrawing Nations : Ethnic Cleansing in East–Central Europe 1944–1948*. Lanham ; Rowman & Littlefield.
Thum, Gregor, 2003, *Die fremde Stadt : Breslau 1945*. Berlin : Siedler.
東郷和彦，2007，『北方領土交渉秘録——失われた五度の機会』新潮社
Urban, Thomas, 2000, *Deutsche in Polen : Geschichte und Gegenwardt einer Minderheit*. München : Beck.
——— 2003, "Ein doppelter Dialog nützt niemandem," *Rzeczpospolita*, 16.9.2003（www.thomas–urban.pl）.
——— 2004, *Der Verlust : Die Vertreibung der Deutschen und Polen im 20. Jahrhundert*. München : Beck.
——— 2005a, "Historische Belastung der Integration Polens in die EU," *Aus Politik und Zeitgeschichte*, 5–6/2005.
——— 2005b, "Vertreibung als Thema in Polen," in Stiftung Haus der Geschichte der Bundesre-

publik Deutschland (Hrsg.), *Flucht, Vertreibung, Integration*. Bielefeld : Kerber Verlag.

Veiter, Theodor, 1975, "Wege zu einem modernen Volksgruppenrecht." *Aus Politik und Zeitgeschichte*, 18/75.

Vorhoff Hans–Peter (Hrsg.), 1980, *Grenzdarstellungen in Schulatlanten,* Frankfurt am Matin : Institut für Bildungsmedien.

Vujacic, Veliko, 1996, "Historical legacies, Nationalist Mobilization, and Political Outcomes in Russia and Serbia : A Weberian View," *Theory and Society*, 25(6).

和田春樹，1990，『北方領土問題を考える』岩波書店

Wagner, Wolfgang, 1964, *Die Entstehnung der Oder–Neisse–Linie in den diplomatischen Verhandlungen während des Zweiten Weltkrieges*. Marburg : Herdegesellschaft.

若槻泰雄，1995，『戦後引揚げの記録』時事通信社

Walczak, A. W., 1962, "The Concept of *Heimatpolitik* in the Foreign Policy of West Germany," *Polish Western Affairs* 3(1).

Wambach, Manfred Max, 1971, *Verbändestaat und Parteienoligopol : Macht und Ohnmacht der Vertriebenenverbände*, Stuttgart : Ferdinand Enke.

Watt, Lori, 2002, *When Empire Comes Home : Repatriation in Postwar Japan,1945–1958* (Ph.D. Dissertation, Columbia University, UMI Dissertation Services).

Weinhold, Manfred, 2003, *Deutschlands Gebietsverluste 1919–1945. Handbuch und Atlas*. Kiel : Arndt.

Weiss, Hermann, 1985, "Die Organisationen der Vertriebenen und ihre Presse," in Wolfgang Benz (Hrsg.), *Die Vertreibung der Deutschen aus dem Osten : Ursachen, Ereignisse, Folgen*. Frankfurt am Main : Fischer Taschenbuch Verlag.

ヴァイツゼッカー、リヒャルト・フォン（永井清彦訳），1986，『荒れ野の40年——ヴァイツゼッカー大統領演説全文、1985年5月8日』岩波書店

Wilds, Karl, 2000, "Identity Creation and the Culture of Contrition : Recasting 'Normality' in the Berlin Republic, *German Politics*, 9(1).

Willoweit, Werner, 2006, "Das Reich als Rechtsystem," in Heinz Schilling, Werner Heun und Jutta Götzmann (Hrsg.), *Heiliges Römischer Reich deutscher Nation 962 bis 1806 : Altes Reich und neue Staaten 1495 bis 1806. Essays*. Dresden : Sandstein Verlag.

Wimmer, Andreas and Bryan Min, 2006, "From Empire to Nation–State : Explaining Wars in the Modern World, 1816–2001," *American Sociological Review*, 71.

Winkler, Heinrich August, 1994, "Rebuilding of a Nation : The Germans Before and After Unirfication," *Daedalus* 123(1).

Wippermann, Wolfgang, 1997, *Wessen Schuld?* Berlin : Elefanten Press.（＝増谷英樹訳者代表，1999，『ドイツ戦争責任論争』未来社）

Wolf, Adolf, 1993, *Der Status des Spätaussiedlers nach dem Kriegsfolgenbereinigungsgesetz*. Wiesbaden : Kommunal– und Schul–Verlag.

Wolff, Stefan, 2002, "The Politics of Homeland : Irredentism and Reconciliation in the External Mi-

nority Policies of German Federal Governments and Expellee Organizations," *German Politics*, 11(2).

Wolffsohn, Michael, 1985, *Ewige Schuld ? : 40 Jahre deutsch–jüdisch–israelische Beziehungen.* München : Pieper.（＝雪山伸一訳，1995，『ホロコーストの罪と罰』講談社現代新書）［邦訳のための加筆補強部分あり］

Wolfrum, Edgar, 1999, *Geschichtspolitik in der Bundesrepublik Deutschland : Der Weg zur bundesrepblikanischen Erinnerung 1948–1990*. Darmstadt : Wissenschaftliche Buchgesellschaft.

Wood, Steve, 2005, "German Expellee Organizations in the Enlarged EU," *German Politics*, 14(4).

吉野耕作，1997，『文化ナショナリズムの社会学――現代日本のアイデンティティの行方』名古屋大学出版会

Zaborowski, Marcin, 2002, "Power, Security and the Past : Polish–German Relations in the Contexts of EU and Nato Enlargements," *German Politics*, 11(2).

de Zayas, Alfred–Maurice, 1994, *A Terrible Revenge : The Ethnic Cleansing of the East European Germans 1944–1950*. New York : St. Martin's Press.

Zerubavel, Eviatar, 1996, "Social Memories : Steps to a Sociology of the Past," *Qualitative Sociology*, 19.

人名索引

あ 行

か 行